本书的研究和出版得到复旦大学政治学

上海市高峰学科二期建设项目经费资助

左传

全文通识读本

刘勋 编著

第一册

中华书局

图书在版编目(CIP)数据

《左传》全文通识读本/刘勋编著. —北京:中华书局,2023.7
(2024.6 重印)
ISBN 978-7-101-16039-0

Ⅰ.左… Ⅱ.刘… Ⅲ.《左传》-通俗读物
Ⅳ. K225.04-49

中国版本图书馆 CIP 数据核字(2022)第 239708 号

书　　名	《左传》全文通识读本(全六册)
编 著 者	刘　勋
责任编辑	董洪波
责任印制	陈丽娜
出版发行	中华书局
	(北京市丰台区太平桥西里 38 号　100073)
	http://www.zhbc.com.cn
	E-mail:zhbc@zhbc.com.cn
印　　刷	河北新华第一印刷有限责任公司
版　　次	2023 年 7 月第 1 版
	2024 年 6 月第 3 次印刷
规　　格	开本/920×1250 毫米　1/32
	印张 90⅝　插页 13　字数 2700 千字
印　　数	5001-6000 册
国际书号	ISBN 978-7-101-16039-0
定　　价	398.00 元

刘勋　牛津大学生物化学博士，上海科技大学人文科学研究院教学助理教授，上海国学新知传统文化学习中心创始理事。2009 年回国后长期从事《左传》研究和普及工作，编著有《春秋左传精读》，著有《称霸：春秋国际新秩序的建立》《救世：子产的为政之道》《春秋十日谈》。

总目录

前　言

左氏之传，史之极也。文采若云月，高深若山海。

——贺循

《春秋左传》，又名《左氏春秋》，简称《左传》，先秦儒家经典之一，是一部主要从史事角度阐发《春秋》大义的编年体历史著作，与主要从义理角度阐发《春秋》大义的《春秋公羊传》《春秋穀梁传》并称"《春秋》三传"。

《左传》作者相传是春秋时期鲁国人左丘明，成书过程的传统说法大略如下：

> 孔子明王道，干七十余君，莫能用，故西观周室，论史记旧闻，兴于鲁而次《春秋》，上记隐，下至哀之获麟，约其辞文，去其烦重，以制义法，王道备，人事浃。七十子之徒口受其传指，为有所刺讥褒讳挹损之文辞不可以书见也。鲁君子左丘明惧弟子人人异端，各安其意，失其真，故因孔子史记具论其语，成《左氏春秋》。（《史记·十二诸侯年表》序言）

《左传》的真实作者和成书过程是一个众说纷纭的学术问题。笔者倾向于认为，《左传》不是一时一人所作，鲁国人左氏可能是初稿主要作者，之后由儒家学派的经师在长期传抄和教学过程中不断增补修订，最终成书年代在战国时期，而个别文句（如文公十三年"其处者为刘氏"）写入《左传》的年代甚至可能晚到西汉时期。

钱穆先生在《中国史学名著》一书中，这样评价《左传》在中国史学著作序列中的地位：

我们要研究古史，研究西周，研究商和夏，先要有个准备工作，有一个靠得住的基础和标准，那么一定要看《左传》。诸位要读廿四史，通常我们说，先读《史记》《汉书》，或者再加上《后汉书》《三国志》，合称四史，先把四史熟了，下边有办法。但《左传》又是读四史之基准。诸位莫说我要研究宋史，先去读《左传》有什么用？但研究宋史也要有个基准，从上向下。如诸位要进我这个客厅来听课，定要从大门进来，不能说这和我不相干。

《〈左传〉全文通识读本》是笔者在既有研究成果基础上的一个全新尝试：在现代文化氛围和读者知识结构下，如何有效地传承《左传》这部儒家经典和史学名著。

一、愿景

首先，笔者编著《〈左传〉全文通识读本》，是有志于探索《左传》整理和阅读的新模式，使得具有高中及以上古文水平的读者能够进行高标准、低"伪难度"的经典通识阅读，这也就是为什么笔者将本书命名为《左传全文通识读本》（以下简称《通识读本》）。这种新模式的核心思路是：

第一，保持"真难度"，降低"伪难度"。先秦经典难读，一方面是因为文本自身的"真难度"，一方面是因为历代古籍整理过程中各种复杂问题层累叠加而造成的"伪难度"。《通识读本》不提供全文白话译文，因为这会诱导读者"偷懒""图快"，而是鼓励读者直面《左传》文本的"真难度"，通过研读原文、查考注解、对照示意图从容前行，从而获得阅读先秦经典的深层次快乐和益处。为了帮助读者挑战"真难度"，笔者依据自身长期讲解《左传》的实践经验，直面当代读者的古汉语/古代文化知识实际水平，借鉴国外优秀经典读本的成功经验，在原文整理、索引构建、注解编写、示意图参照等多方面想方设法降低"伪难度"，希望为读者研读《左传》提供全方位的、实用的支持。

第二，帮助读者通晓《左传》文本，获得"小通识"。《左传》是一部文本体量庞大、内部结构盘根错节的先秦大书。读者对《左传》文本的整全性理解，或者说对《左传》的"通识"，会在很大程度上决定读者对文本中某一具体问题的理解水平。为了帮助读者构建对《左传》文本的通识，笔者在编写注解时特别注意"属辞比事"，也就是展现《左传》文本内部互相关联、互相印证、互相烘托的网络结构，并且撰写了大量短文及长篇专文（相应章节附有文章名和书名供参阅）来深入解析《左传》文本中的疑难问题，希望将自己十余年钻研所领悟到的《左传》"小通识"分享给读者，帮助读者向融会贯通《左传》文本的境界攀登。

第三，帮助读者通观春秋时代，获得"大通识"。春秋时代是中华文明发生轴心突破的时代，也是中华文明核心经典开始形成的时代。读者对春秋时代的整全性理解，或者说对春秋时代的"通识"，会在很大程度上决定对中华文明核心理念的理解水平。为了帮助读者构建对春秋时代的通识，笔者专门设立了《知识准备》模块来介绍正确理解春秋时代所必需的重要文化常识，并且在注解中为读者提供涵盖传世文献、出土文献、历史地理、族姓称谓、礼制官制、出土器物、文字演变等众多领域的大量拓展阅读材料，希望将自己十余年泛读相关文献所获得的春秋"大通识"分享给读者，帮助读者向全面理解春秋时代的境界攀登。

其次，笔者编著《通识读本》一书，是有志于把杨伯峻先生博采古今学术成果详解《左传》的事业继续进行下去。杨伯峻《春秋左传注》（以下简称《杨注》）是《左传》在当代的集大成注本，是先秦史领域最著名的经典读本之一，在先秦史研究者和爱好者中已经建立起了无可替代的口碑。然而，1991年该书出版修订本之后，就再没有进行过修订和更新，而且后续出现的《左传》注本基本上都是简注本，远没有达到《杨注》的学术广度和深度。与此同时，先秦史领域已经取得了长足进展，新材料、新观点不断涌现。笔者坚信，《左传》是春秋史、先秦史的基石，上述新成果应该被持续性地纳入《左传》读本中，从而能够使更大范围的研究者和读者受益。

笔者自幼热爱文史，阴差阳错，在本科、硕士、博士阶段接受了严格的理工科学术训练。2008年从牛津大学生物化学系博士毕业回国后，业余一直在围绕《左传》进行阅读、研究和写作，并于2017年成为上海科技大学人文科学研究院的教学助理教授，教授"中华文明通论"《春秋左传》精读"《论语》精读"等课程。笔者有志于继承长沙同乡杨伯峻先生的志向，将编著并持续修订《左传》读本作为自己一生的事业，使得《通识读本》在笔者的有生之年能够成为一部紧跟学术进展、形式内容不断进化、持续推出修订版的"活"读本。

　　笔者的专业背景是生物化学,纯粹是在"信而好古"的热情驱使下,走上了研读《左传》的道路,其间走过许多弯路,经历过许多挫折。2010年以来,笔者又一直在上海各种读书会里向各种知识水平的学友讲授《左传》。这两方面的经历使得笔者具备了"接地气"的独特优势,对当代读者的真实困难和需求有深切体会。在此基础上,笔者从《左传》文本自身的特点出发,根据自己多年阅读中西方经典的经验教训,汲取读书会众多学友的集体智慧,编著了《通识读本》的早期版本作为读书会讲义。2014年,这个早期版本以《春秋左传精读》的书名仓促出版,幸运地得到了许多读者的认可和支持,两年内即售罄,随后在坊间出现电子版、盗印版,继续流传。在《春秋左传精读》出版七年后,笔者和中华书局商定,正式出版大幅度升级改造后的《通识读本》,并计划在此基础上持续修订更新。

二、简介

（一）原文整理

1. 采用新的《春秋》《左传》分章和配合方式。

　　现有《左传》读本的篇、章系统是以鲁十二公分十二篇,按年分章。这种篇章系统的问题是造成许多跨年事件的割裂。《通识读本》按鲁十二公分十二篇,篇内除以年分章外,以《春秋》《左传》原文叙事的逻辑节点为分章依据,每章内原文或者是一独立事件,或者是一系列逻辑上关联的事件群,而不同章的原文在逻辑上则相对独立。举例来说,庄八年、庄九年、庄十年《左传》所叙史事浑然一体,为公孙无知之乱的起因、经过、后果、余波,在本书中分为一章,而不因其分属三年而分为三章。

　　现有《左传》读本的《春秋》《左传》配合方式有两种:(1)每章中《春秋》在前,《左传》在后,《春秋》《左传》都保持原有顺序,如杜预《春秋经传集解》以及采用杜预系统的大多数《左传》读本。(2)每章中将《左传》裁剪成片段配入每一条《春秋》下,《春秋》保持原有顺序,而《左传》顺序则有可能改变,如明人周统《春秋三传通经合纂》、1936年世界书局本《宋元人注四书五经》之《春秋三传》。本书采用的《春秋》《左传》配合方式是第 1 种，将上一段中所说的分章与《春秋》《左传》配合方式结合起来，形成本书分章的十种情况（详见《体例说明》）。

2. 对《左传》原文进行更加精细的划分。

具体说来：（1）《通识读本》对于结构复杂的原文进行了更加精细的分段，章下分节，节下分小节，有时小节下进一步分段。这样做的目的是：进一步彰显原文内部的逻辑结构，缩小读者需要集中精力阅读的原文段落体量，提高前后检索原文时的定位精度。（2）受到 *Bible Designed to be Read as Literature* 一书的启发，《通识读本》将《左传》原文中有些诗歌性较强的段落（如民谣、繇辞等）编排成诗歌形式，将有些二人反复问答的段落排成剧本形式，进一步彰显其文本特性，方便读者阅读。

3. 建立并深度应用更精细的段落标记。

与其他典籍相比，《左传》研读的一个鲜明特点是经常需要前后查阅、互参。要满足这个需求，就需要一个精细、方便的段落标记体系。在这方面，笔者认为做得最好的是基督教《圣经》读本。现有《圣经》读本都具备一个精细的章节标记体系，其注释、索引中所有称引都用这套标记进行定位，人们称引经文时也都会使用这套段落标记，比如"约翰福音 12 章 24 节"，或"约 12：24"。洪业、刘殿爵曾在其主持修纂的引得（即索引）里，为中国的经典建立和运用段落标记，但影响相对较小。又如，《杨注》在每节前标有节号，但其注释互参时却只提到某年，而并不使用节号标记，使其段落标记体系未能在该书中发挥更大作用。本书在前述的精细分节、分小节成果基础上，建立一套新的段落标记系统，标记精度达到小节。更重要的是，在全书的注释和人名索引中统一使用这套段落标记进行称引，便于读者迅速、准确地定位所称引文句的位置，而且不受排版、页码改变的影响。

4. 重排部分疑似语序错乱的《左传》原文。

对于原文疑似语序错乱的问题，传统做法是在注解中说明而不重排原文。方便读者阅读是笔者的核心编著理念，因此《通识读本》中对这些问题段落进行重排，将调整以后更合理通顺的文本展现出来。而通过在注解中说明重排文句的原有位置及调整理由，保证学术上的可追溯性。

（二）索引构建

1. 建立以"标准名"为核心的人名体系。

春秋时人物称谓情况复杂,同一个人在《左传》中往往有好几个称谓。笔者在对这些称谓方式进行分析整理的基础上,建立一套最简单的称谓体系,并以此体系为标准,为有多个称谓的人物选定或拟定一个"标准名",作为这类人物的"识别标签"。若此人以其他称谓出现,则在原文称谓后注出标准名,方便读者辨认。

2. 建立分散式的地名、人名索引体系。

与一般读本将索引集中附在正文之后、需要读者前后翻查不同,笔者建立了一个分散的索引体系,也就是在每章前设立一个地名索引和一个人名索引,将本章出现的地名和人名分别集中起来,方便读者查找。对于地名,如鲁、宋,指出其在本篇所附地理示意图中的名称;对于人名,如鲁隐公,指出其第一次出现的位置（即人物注释词条所在处）。

（三）注解编写

1. 采用新的原文、注解配合方式。

在古籍整理中,原文和注解的配合方式有:（1）文中注解;（2）文后注解。第1种方式便于将原文和注解进行对照,但长注对原文割裂严重,不便阅读。第2种方式保持原文流畅,便于阅读,但是在注解较多时不便于查找。《通识读本》采取一种"文中注解＋文后注解"的折中方式,力求最大可能地兼顾阅读上的流畅和便利。具体说来:（1）注音、通假字、人物标准名、省略成分等紧扣原文的短注采取"文中注解"的方式,直接排在原文中,一目了然;（2）字、词、句释义、人物、地理、职官、分析推理、文献对读等内容以"文后注解"形式放在原文下。由于已经对正文进行了较为精细的划分,绝大多数段落下的文后注体量不大,不难查找,因此不再在原文中标记文后注的序号,以最大限度地保持原文流畅。

2. 在文中注解里直接补充原文省略成分。

《春秋》《左传》文字简约,省略成分很多,往往成为阅读理解的难点。为了方便读者阅读,笔者不采取在文后注中描述省略成分的传统做法,而是根据原文文法和称谓规则写出省略成分,作为文中注的一部分直接排入原文中。

3. 在文中注解里标注通假字、合音字。

《春秋》《左传》是先秦文献，通假字、古今字较多，另外还有一些例如"诸"的合音字。为了方便读者阅读，笔者不采取在文后注中描述通假字和合音字的传统做法，而是将其纳入文中注里。

4. 将文后注解分为两类，标注内容来源。

为了方便阅读，《通识读本》的文后注解分为"注""解"两类，其中"注"是指直接解释正文中某字/词/句意、人物、地理、职官的文字，而"解"是指对某段或某章节进行整体翻译、分析、讨论，摘录传世/出土文献进行对读或者简介古代文化常识及考古学、古文字学成果的文字。为了便于读者追溯注释内容来源，《通识读本》在每条文后注解前用"正"（《春秋左传正义》）、"杨"（《杨注》）、"补"（《正义》《杨注》之外的增补）来表明内容来源。

5. 对文后注进行规范和补充。

主要有以下几方面：对于地名词条，概述其地理方位、归属流变，标明其在《中国历史地图集》（以下简称《图集》）上的坐标，并根据历史地理学的新研究成果对部分地名进行考证和订正。对于人名词条，概述其称谓、亲属关系、历任官职、生平大事。对于职官词条，在该类职官第一次出现时设置一个总论式词条，指出各诸侯国同类职官及其词条所在位置。对于《正义》及《杨注》中叙述迂曲难懂的注释进行转述，力图使行文流畅易懂。对于《正义》及《杨注》中不能令人信服或论述不透彻之处，则多方查考，择善而从，进行订正和补充。

6. 在文后解中摘录传世/出土文献进行对读，读者可扫码阅读（码在相应辑封页）。

（1）设立"传世文献对读"栏目，提供与正文相关的《国语》《春秋公羊传》《春秋穀梁传》《礼记》《史记》等传世文献的原文。

（2）设立"出土文献对读"栏目，提供与正文相关的清华大学藏战国竹简、上海博物馆藏战国楚竹书、铜器铭文等出土文献的释文。

7. 在文后解中简介重要周礼常识。

春秋时期是"礼崩乐坏"的时代，周礼在现实政治生活中的应用是《左传》的重要内容。《通识读本》文后解中专门提供一系列短文，介绍如昏礼、丧礼、聘礼等礼制概况，方便读者深入理解正文相关内容。

8. 在文后解中简介重要考古学成果。

新中国成立以来，特别是改革开放以来，先秦考古领域取得了显著进展，重要成果不断涌现。《通识读本》文后解中收录大量遗址考古、器物考古的发掘和研究成果。除了文字概述之外，还配有大量考古遗址图和出土器物图，帮助读者借助考古学成果来加深对正文的理解。

9. 在文后解中简介重要古文字学成果。

《左传》中不少字的意义接近于它的造字本义，而与它在当代的常用义不同。《通识读本》文后解中设立"古文字新证"栏目，简介相关古文字学成果，并配有字形演变图，帮助读者理解疑难字的古义。

10. 在文后解中探讨春秋史中的疑难问题。

《通识读本》文后解中有一系列短文，阐述笔者对《左传》中疑难问题的见解，或者链接到笔者其他著作中的相关章节，供读者阅读时参考。

11. 在正文之前设《知识准备》简介先秦文化常识。

考虑到普通读者对先秦文化常识的了解程度，除了在注释中就具体知识点进行介绍之外，笔者借鉴 The Landmark Thucydides: A Comprehensive Guide to the Peloponnesian War（以下简称"Landmark"）一书的做法，专门在正文之前设立《知识准备》栏目，分为"朝代""制度""技术"三部分，通过一系列短文，帮助读者快速了解阅读《左传》所需的最低限度的文化常识。

（四）示意图绘制

谭其骧《图集》春秋图组分为《全图》《秦晋》《郑宋卫》《齐鲁》《北燕》《楚吴越》6 张图，将春秋二百多年史事中出现的地名全部绘制在一组图上，一则地名众多不便查找，一则将历史流变的动态压缩成一张静态图，不便于展示历史变化。

《通识读本》借鉴 Landmark 一书的做法，建立了一个基于《图集》的示意图体系。每篇配套一组地理示意图，包括一张全图及四张分区图，每组地图中只出现该篇中提到的地名。由于闵公在位时间短，与庄公时期分享同一组配图，故《通识读本》有地理示意图 11 组，55 张，相当于将《图集》的春秋图组按时间分解成 11 个断面。此外，在正文前的《知识准备》中还有一张根据《图集》绘制的西周中心区域图，以及根据学者考证绘制的周道网络示意图。对于经过考证发现其位置与《图集》标注不同的地名,《通识读本》地理示意图中进行了相应的修改和标注。

除了上述不带地形的 11 组地图之外,对于某些需要结合地形才能够深入理解的段落,《通识读本》还配置了 13 张地形示意图。以上示意图,读者均可扫码阅读(码在相应辑封页)。

三、结语

笔者自 2008 年开始立志编著《通识读本》,历时 13 年而成此书,并有幸获得出版的机会,要感谢的人实在太多。笔者要感谢上海大学苟燕楠先生、同济大学中文系徐渊先生、上海博物馆葛亮先生、世纪文景但诚先生、常州市金坛区政协朱亚群女士的支持和帮助,以及妻子朴玲玲的鼓励和容忍。笔者要感谢自己担任主讲的各《左传》读书会的众多学友,多年来和笔者一同研读经典、字斟句酌,给读本写作提供了大量灵感和素材。笔者更要感谢中华书局的大力支持,使得这样一本"非主流"的《左传》读本得以与读书会之外的更多读者见面,感谢责任编辑董洪波为编辑这部书付出的辛苦劳动。现在《通识读本》正式出版了,这不是一个结束,而是一个新的开始。借助中华书局的高层次平台,笔者希望能够接触到更多高水平读者,得到大家的批评和建议,从而把这个读本做得更精致,为帮助普通读者研读先秦经典、重新亲近中华传统文化尽自己的一份绵薄之力。

体例说明

一、底本

（一）本书《春秋》《左传》原文以杨伯峻《春秋左传注》(以下简称《杨注》)为底本。

（二）本书注解以《春秋左传正义》(以下简称《正义》)、《杨注》为基础，并有较大幅度的修改、增补。

二、原文整理

（一）本书使用简化字，参考"中华国学文库"版《杨注》(中华书局,2018年),将繁体字原文转化为简体字，但酌情保留部分异体字、繁体字。另外，《通用规范汉字表》以外的字，不再类推简化。

（二）分章。本书原文按鲁君十二公分为十二篇，每篇中基本单位是章。除了下述 2 和 9 两种特殊情况，本书分章的基本原则是：每一章中，《左传》所叙述的内容为一独立事件或事件群。有时《左传》不间断地叙述 n 件事，这 n 件事可能发生地点、参与国家都有所不同，但在逻辑、事理上有明确关联，构成一独立事件群，在这种情况下，即使这 n 件事跨越多年，在本书中也属于同一章。时间上跨越庄八年、庄九年、庄十年的"庄八—庄九—庄十"章就是一个很好的例子。本书中《春秋》《左传》配合成章的规则共计有十种情况：

1. 有《春秋》A,有相应《左传》a,配合为一章，可以用[A,a]表示。这种是最常见的情况，例如"隐元·二"。

2. 有《春秋》A,无《左传》a,单独成章，可以用[A]表示。这种就是一般所说的"有经无传",例如"隐二·六"。

3. 有《左传》a,无《春秋》A,单独成章,可以用[a]表示。这种就是一般所说的"有传无经",例如"隐元·三"。

4. n条相关联《春秋》(A1－A2－A3)、n段相应《左传》(a1－a2－a3)配合为一章,可以用[A1－A2－A3,a1－a2－a3]表示。这种章一般叙述的是比较复杂、时间跨度较长的历史事件,比如内乱、战役等。例如"隐四·二"。

5. n－x条经(A1－A3)、n段同章传(a1－a2－a3)配合为一章,可以用[A1－A3,a1－a2－a3]表示。这样安排,是为了不破坏《左传》(a1－a2－a3)的逻辑关系。例如"隐元·四"。

6. n条相关联《春秋》(A1－A2－A3)、n－x段相应《左传》(a1－a3)配合为一章,可以用[A1－A2－A3,a1－a3]表示。这样安排,是为了不破坏《春秋》A1－A2－A3 的逻辑关系。例如"隐二·五"。

7. n＋x条《春秋》(A1－A2－B－C－A3)、n段相关联《左传》(a1－a2－a3)配合为一章,可以用[A1－A2－B－C－A3,a1－a2－a3]表示。此种情况下,同一章中,传为一连贯事件群(a1－a2－a3),而经除有与传对应条目(A1－A2－A3)外,还包括其他独立事件B、C,即传所书事发生期间的其他史事。例如"桓元—桓二"。

8. 《春秋》所书事和《左传》所书事不同,但都在同一时间段,亦配合为一章。例如,某年夏,《春秋》书 A 事,《左传》书 b 事,可以用[A,b]表示。这类章中,《左传》并不直接解释《春秋》内容,而是说明《春秋》所书事发生同时间段的另一史事,可看作一种对《春秋》内容的扩展。例如"桓八·二"。

9. 《春秋》《左传》相应而顺序不同。这种情况下,《春秋》《左传》原文顺序均不变,配合为一章,比如[A1－B－A2,a1－a2－b]。同一章中会有多个独立事件,这是为了不改动经、传原有顺序而进行的妥协。例如"襄二十六·六"。

10. 上述 9 种情况的综合。比如"宣八·一",就属于综合了 7 和 9 的复杂情况。

(三)分节。对于具有多层逻辑结构的原文进行细分。每一章中分节,在节前用【一】【二】等表示;节内分小节,在小节前用【一·一】【一·二】表示。小节下分段,不再标号。

（四）编排。对于有些诗歌性较强的段落，如民谣、繇辞等，编排成古诗形式。对于有些二人问对的段落，排成类似剧本的形式。对于某些注解量大的原文，排成一句一段、一分句一段的形式。

（五）调整。将一些疑似语序错乱的段落、文句进行调整，并在调整后的位置以注解形式说明调整的文句范围，其在通行本中的原来位置，以及调整的理由。

三、注解整理

（一）注解分类。本书注解分为文中注、文后注、文后解。

1. 文中注包括：鲁君纪年对应的公元年份；干支纪日对应的"（某月）某日"；生僻字／多音字注音；人物标准名（详见下）；省略成分，用"［省略成分］"标出；通假字，用"（本字）"标出；合音字对应词组，用"（词组）"标出。其中，干支纪日对应的日数以《杨注》中所推日数为准，《杨注》不确者酌改。

2. 文后注用"【所注原文】"标识，内容主要包括：字词释义，难句翻译及解释，人物、地理、职官、器物简介。文后解用"○"标识，内容主要包括：对整段原文的翻译、评述、讨论，对疑难学术问题的探讨，相关古代文化常识简介，相关重要考古发现简介，传世文献对读，出土文献对读，本段与前后文的关联，本段与笔者其他论著的关联。

3. 文后注、文后解的内容来源于孔颖达《春秋左传正义》的用 正 表示（包括杜预注、陆德明释文、孔颖达疏），来源于杨伯峻《春秋左传注》的用 杨 表示，来源于其他相关著作以及笔者考证、撰写的用 补 表示。

（二）注解格式规范。本书对文后注的人物、地理、职官词条的格式进行了规范化处理。

1. 人物词条格式为：称谓（姓、氏、名、字、谥）＋亲属婚姻关系＋官职及生平大事＋其他信息（采邑、时人评述等）

2. 地理词条：

（1）列国词条格式为：历经朝代＋爵位＋国姓＋迁徙存灭情况＋《图集》坐标＋其他考证

（2）城／地／山词条格式为：地理方位＋归属沿革＋《图集》坐标＋其

他考证

（3）水系词条格式为：今名＋现今流经情况＋《图集》所示春秋时期流经区域＋其他考证

3. 职官词条：对于某类官职第一次出现，设置一个总论词条，概述该官职掌，罗列各国类似职官词条位置。

（三）注解内容扩充。

对《正义》《杨注》已有注解进行修订增补，并进行大幅度扩充，扩充内容包括传世／出土文献对读、周礼／古文化常识、考古学成果、古文字学成果、疑难问题探讨等。除了文字之外，还补充出土器物线图／照片、古代遗址平面图、古文字字形演变图。文后注解中的传世／出土文献选段，可扫码阅读（码见相应辑封页）。

四、人物称谓整理

本书根据先秦时期最主要的称谓方式建立一个人物"标准名"体系，为每个在《春秋》《左传》中有多种称谓的人物确定一个"标准名"，若此人以其他称谓出现，则在原文称谓后注出标准名。确定标准名的主要规则是：

（一）若某人所有称谓中有含谥号的称谓，则以此称谓为标准名，如齐桓公、季文子等。

（二）若某人所有称谓中无含谥号的称谓，而有"氏／公子／公孙＋名"的称谓，则以此称谓作为标准名，如石碏、公子豫。

（三）若某人所有称谓中既无谥号，亦不能确定氏（或尚无氏），则以其字或"字＋名"作为标准名，如公锄、孔父嘉。

（四）对于在《左传》叙事过程中身份发生了重大转变的人物，比如先为公子／太子，后为国君者，则为其每一阶段选定一个标准名，例如公子忽→太子忽→郑昭公。

（五）对于一些特例进行个别处理。比如，夏代君王统一用"夏＋名号"，例如夏孔甲。商代帝王统一用"商＋名号"，例如商盘庚。文王诸子，用"封国＋排行＋名"，例如管叔鲜。

五、地名/人名索引

本书在每章前设立一个地名索引和一个人名索引,将本章出现的地名和人名分别集中起来。对于地名,指出其在本篇对应示意图中的名称;对于人名,则指出其第一次出现位置(也就是人物注释词条所在处)。

六、地理分布示意图绘制

本书示意图共 70 张,读者可扫码阅读(码见相应辑封页)。

(一)《知识准备》示意图

1.《知识准备》部分配 1 张西周诸侯国分布示意图,根据《图集》重新绘制而成,内容包括:

(1)西周时期周王室都城,用"大实心点+红字"表示;

(2)西周时期姬姓诸侯国,用"小实心点+红字"表示;

(3)西周时期非姬姓诸侯国,用"小实心点+黑字"表示,后面括号里注明国姓;

(4)古代水系,用蓝色表示;

(5)现代省名及省界,用浅灰色表示。

2.《知识准备》部分配 1 张周代道路示意图,为《周道:封建时代的官道》一书所附地图的彩色原图,由作者雷晋豪教授提供并授权使用。内容包括:

(1)西周时期周王室西都镐京及东都成周,用双黑圈实心点表示;

(2)西周时期周王室西都丰京及主要诸侯国,用双黑圈空心点表示;

(3)西周时期小国,用单黑圈实心点表示;

(4)西周时期地点,用小实心点或空心点表示;

(5)周代官道(用红黄相间连线表示);

(6)地形(等高线用不同颜色表示);

(7)现代省界(用粗红线表示)。

(二)正文部分地理示意图

1. 分隐、桓、庄闵、僖、文、宣、成、襄、昭、定、哀 11 组共 55 张,在《图集》基础上重新绘制而成。

2. 每组示意图包括春秋全图(某图1)及4张分区图(某图2至5)。示意图内容包括：

(1) 本篇出现的春秋时期周王室都城，用"最大实心点＋红字"表示；

(2) 本篇出现的春秋时期主要诸侯国，用"大实心点＋红字"表示；

(3) 本篇出现的春秋时期小国，用"中实心点＋黑字"表示；

(4) 本篇出现的春秋时期城邑，用"小实心点＋黑字"表示；

(5) 本篇出现的春秋时期关塞，用"叉号＋黑字"表示；

(6) 本篇出现的春秋时期津渡，用"短线＋黑字"表示；

(7) 春秋时期名山，用"实心三角形＋黑字"表示；

(8) 春秋时期山脉，用黑字表示；

(9) 春秋时期水系，用蓝色表示；

(10) 现代大城市名称(某图1)，用浅灰色表示；

(11) 现代省名及省界(某图2至图5)，用浅灰色表示。

3. 对于注解中对其方位有描述但《图集》无标注，或是《图集》虽有标注但与注解矛盾的地名，根据注解考证的结论在示意图上标出大致方位，用"地名＋?"标注。其中，大量地点重新定位的依据是《春秋列国地理图志》，少部分地点重新定位的依据是先秦城邑考古发现或其他考证。

(三) 正文部分地形示意图

共13张，读者亦可扫码阅读(码见相应辑封页)。

七、其他说明

(一) 鲁国君主简称。本书章名、图名提到鲁国君主名称时，用其谥号来指代，比如"鲁桓公八年·二"简称"桓八·二"。

(二) 下划线的使用。本书在两种情况下使用下划线：

1. 原文中的人名用下划线标记，比如"惠公"。

2. 注解、索引中引用某段原文时，写明引用原文所在的章节，其中与章名对应的部分用下划线标记，比如"定三—定四·五·四"。

知识准备 |

扫描二维码，
阅读参考资料

一、朝代

（一）唐、虞

唐即"陶唐氏"。唐尧时期,陶唐氏达到鼎盛,都于平阳(今山西临汾)。虞、夏、商时期,陶唐氏/唐国作为地方邦国继续存在。西周初年,周成王灭唐,作为其弟叔虞的封国,后来唐国旧地成为晋国的核心区。

虞即"有虞氏",见于文献的君长有幕、穷蝉、敬康、蛴牛、瞽叟、虞舜、商均、虞思、箕伯、直柄、虞遂、伯戏、虞阏父、胡公满等共 15 人。虞舜时期,有虞氏达到鼎盛。夏、商时期,有虞氏/虞国作为地方邦国继续存在,虞思曾帮助夏少康复国。周灭商之后,封胡公满于陈。有虞氏的居地和迁徙有多种说法,其中一种如下:有虞氏兴起于河东虞地(今山西永济),虞舜成为唐尧继承人后都于平阳。

1978 年,考古工作者在山西省临汾市襄汾县发掘出一座年代大约在公元前 2300 年至 1900 年的龙山文化遗址,也就是陶寺遗址。陶寺遗址的地理位置与文献记载的尧都平阳吻合,发掘出的古城址包括早期宫城(图 1.1)和中期大城(图 1.2),宫城面积约 13 万平方米,大城面积约 280 万平方米。遗址内发现了古观象台遗址,学者推测当时人们可能在此处通过观测日出方位来确定季节,这与《尚书·尧典》中关于唐尧派臣下观测日月星辰的记载相呼应。在大墓中出土了彩绘龙纹陶盘,上面的龙是中国最早的龙形象之一。有学者提出,陶寺遗址早期小城可能是唐尧都邑,而中期大城可能是虞舜都邑。

考古调查表明,陶寺文化遗址的分布,基本上限于陶寺都邑所在的临汾盆地(图 1.3)。陶寺文化遗址可以分为不同的等级,形成以陶寺都邑为中心的多层次聚落群。这里可以说是最早的"中国"所在。

（二）夏

中国第一个世袭制王朝,王族为姒姓,自夏禹至夏桀,共传十七君(后),依次为禹(鲧之子)、启(禹之子)、太康(启长子)、仲康(启之子,太康之弟)、相(仲康之子)、[羿、寒浞篡夏政]、少康(相之子)、予(《左传》作杼,古本《竹书纪

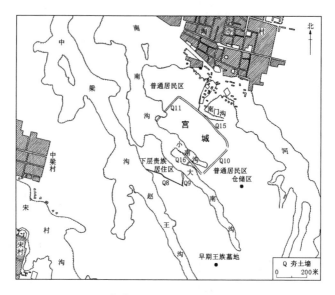

图 1.1　陶寺遗址(早期)(《先秦城邑考古》,2017 年)

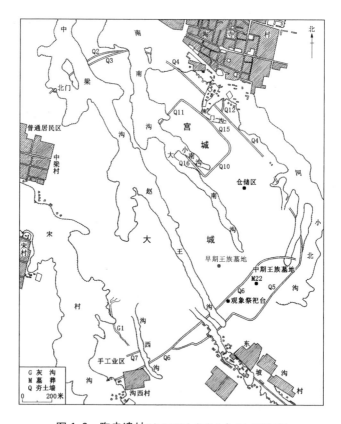

图 1.2　陶寺遗址(中期)(《先秦城邑考古》,2017 年)

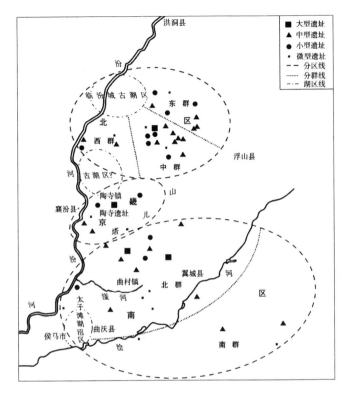

图 1.3　陶寺文化遗址分布(《何以中国——公元前 2000 年的中原图景》,2016 年)

年》一作宁,少康之子)、槐(古本《竹书纪年》作芬,予之子)、芒(古本《竹书纪年》作荒,槐之子)、泄(芒之子)、不降(泄之子)、扃(泄之子,不降之弟)、廑(古本《竹书纪年》作胤甲,扃之子)、孔甲(不降之子,扃之侄)、皋(古本《竹书纪年》作昊,孔甲之子)、发(古本《竹书纪年》又名敬,皋之子)、桀(发之子),共 471 年,其起止年份有前 2070 年—前 1600 年(夏商周断代工程)、前 2205 年—前 1735 年(《夏商周三代纪年》)等说法。

　　夏人始祖夏禹为虞舜之臣,分别九州,治理山川,制定贡赋,征伐三苗,有大功于天下,虞舜遂传帝位于夏禹。夏禹之子启替代夏禹选定的继承人伯益,成为世袭制下首位夏君,在其统治期间灭有扈氏。夏启死,其子太康即位。夏太康时,有穷氏君长羿掌握夏王室实权,废太康,另立其弟仲康,史称"太康失国"。夏仲康去世,其子夏相即位。羿废夏相,自立为夏君,史称"后羿代夏"。羿之臣寒浞又杀羿,而自立为君。羿之臣靡杀寒浞,而立夏相遗腹子夏少康。夏少康杀寒浞之子浇,恢复姒姓夏君世系,史称"少康中兴"。夏少康死,其子予立。夏予杀寒浞之子豷,铲除有穷氏。夏孔甲即位后,好鬼神,事淫乱,夏朝统治日益衰落,方国叛乱。夏桀立,不务德而武伤百姓,并曾囚禁商汤。商汤获释之后,得到诸侯拥护,率兵伐夏桀,夏桀兵败,出逃到鸣条,后被放逐至南巢而死,夏朝灭亡。周灭商之后,封夏之后于杞、鄫。

文献记载中夏都迁徙历程为:禹居阳翟(今河南禹州),迁于阳城(今河南登封),受禅后迁于平阳(今山西临汾)。启自平阳迁于阳翟。太康自阳翟迁于斟寻(今河南偃师)。仲康都斟寻。相从斟寻迁于帝丘(今河南濮阳;一说都斟灌,地在今山东莘县观城镇。两地相近)。少康自帝丘迁于阳翟,又迁于原(今河南济源)。予都原,又迁于老丘(今河南开封)。槐至扃所都不见于记载。廑都西河(今河南安阳)。孔甲都西河。皋、发很可能已经迁回河南西部旧地。桀都斟寻。

结合夏王朝史事和夏都变迁,可以归纳出夏王朝兴衰的大势:

1. 形成期(禹—少康):王朝历经磨难,改禅让为世袭,随后又是太康失国、后羿代夏,直到少康之世,王朝才完全稳固。

2. 稳定和开拓期(少康—廑):王朝不仅占有河南西部、山西南部等传统范围,还积极拓展河南东部、河南北部和山东西部地区,所以文献中多见这一阶段夏后征伐东夷或东夷臣服的记载。

3. 衰落期(孔甲—桀):转折点是孔甲好鬼神、事淫乱,导致后来他或他的儿子皋将都城迁回河南西部,不仅夏代中期拓展所得的东方丧失殆尽,还最终导致商汤灭夏桀。

自 20 世纪 50 年代末河南偃师二里头遗址(图 2.1)发掘以来,考古学意义上的夏文化(夏王朝时以夏民族为主体创造的文化)的探索已经取得了许多重大成果。关于夏文化的分期和地理分布,目前的主流观点有:

1. 以偃师二里头遗址为代表的二里头文化主体(一至三期)是夏文化,四期已经进入商代。偃师二里头遗址二、三期遗存很可能是晚期夏都斟寻遗址。二里头文化遗址的分布见图 2.2。

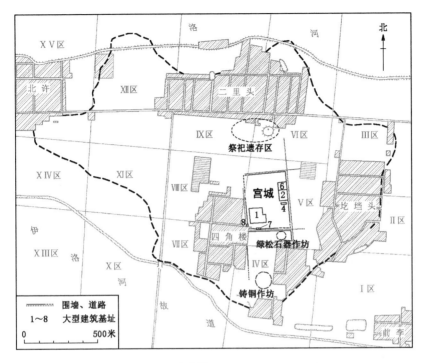

图 2.1　二里头遗址（《先秦城邑考古》,2017 年）

2. 在河南西部地区,龙山时期的王湾三期文化(以洛阳王湾遗址为代表)经由新砦期文化(以新密新砦遗址为代表)发展成为二里头文化。因此,王湾三期文化及新砦期文化可能是二里头文化之前的早期夏文化。

3. 二里头文化与周边地区的文化交流,就传播的广度和所占比重来看,是以二里头文化对周边文化的影响为主,而周边文化对二里头文化的影响居次。就时间来看,二里头文化主要在二、三期时对周边地区有较大影响,而接受周边地区下七垣文化、岳石文化的影响,则主要在四期。

（三）商

中国第二个世袭制王朝,王族为子姓,自商天乙(商汤)至商帝辛(商纣),共传三十王,依次为天乙(卜辞作"大乙")、外丙(卜辞作"卜丙",天乙之子)、仲壬(天乙之子,外丙之弟)、太甲(天乙长子太丁之子,仲壬之侄)、沃丁(太甲之子)、太庚(太甲之子,沃丁之弟)、小甲(太庚之子)、雍己(太庚之子,小甲之弟)、太戊(太庚之子,雍己之弟)、仲丁(太戊之子)、外壬(卜辞作"卜壬",太戊之

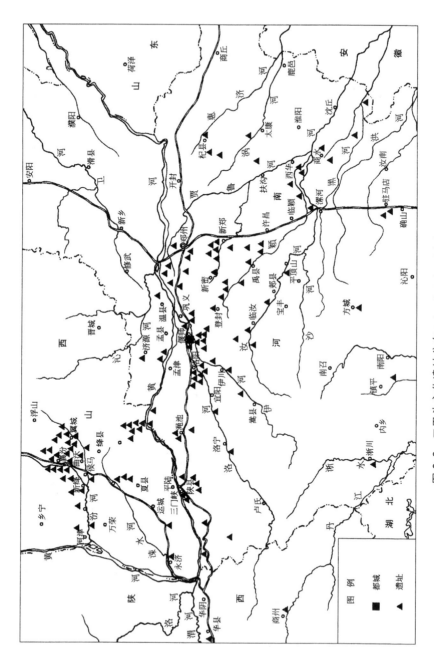

图 2.2　二里头文化遗址分布（《中国考古学·夏商卷》，2003 年）

子,仲丁之弟)、河亶甲(卜辞作"戋甲",太戊之子,外壬之弟)、祖乙(仲丁之子,河亶甲之侄)、祖辛(祖乙之子)、沃甲(祖乙之子,祖辛之弟)、祖丁(祖辛之子,沃甲之侄)、南庚(沃甲之子,祖丁堂弟)、阳甲(卜辞作"象甲",祖丁之子,南庚之侄)、盘庚(卜辞作"凡庚""般庚",祖丁之子,阳甲之弟)、小辛(祖丁之子,盘庚之弟)、小乙(祖丁之子,小辛之弟)、武丁(小乙之子)、祖庚(武丁之子)、祖甲(武丁之子,祖庚之弟)、廪辛(祖甲之子)、康丁(祖甲之子,廪辛之弟)、武乙(康丁之子)、文丁(武乙之子)、帝乙(文丁之子)、帝辛(帝乙之子)。其年数有 555 年(前 1600 年至前 1046 年,夏商周断代工程)、628 年(前 1734 年至前 1107 年,《夏商周三代纪年》)等说法。相传商始祖契封于商,故以"商"为族号,遂为王朝名称。盘庚迁殷之后的商朝又常被称为"殷"。

据《史记·殷本纪》,在建立商朝前的"先商"时期,商族君长依次为契、昭明、相土、昌若、曹圉、冥、振(卜辞作"王亥")、微(卜辞作"上甲")、报丁、报乙、报丙、主壬(卜辞作"示壬")、主癸(卜辞作"示癸")、天乙。商人始祖契为虞舜之臣,佐禹治水有功,封于商。先商时期,商族频繁迁徙,有"八迁"之说,最终定居于中原地区,实力不断壮大。成汤攻灭夏桀盟国韦、顾、昆吾,最终率诸侯在有娀之墟击败夏桀,建立商朝。自中丁至于盘庚,王室内乱不止,国都屡迁。盘庚迁殷之后,行汤之政,百姓安宁,殷政复兴。小辛立,殷政复衰。武丁即位后,求得傅说以为国相,殷政大治。祖甲淫乱,殷政复衰。武乙无道,田猎时遭雷击身亡。帝乙立,殷政益衰。帝辛自恃才俊,大兴土木,好酒淫乐,暴虐百姓诸侯。与此同时,周文王修德行善,得到诸侯拥护,势力不断壮大。周武王遂率诸侯之师伐纣,在牧野击败商师,帝辛自焚而死,商朝灭亡。周灭商之后,封商之后于宋。

文献所见商都迁徙历程为:天乙、外丙、仲壬、沃丁、大庚、雍己居亳(今河南商丘)。仲丁自亳迁于嚣(今河南郑州西)。外壬居嚣。河亶甲自嚣迁于相(今河南内黄)。祖乙自相迁于邢(今河北邢台),又迁于庇(今山东郓城)。祖丁居庇。南庚自庇迁于奄(今山东曲阜)。阳甲居奄。盘庚自奄迁于殷(今河南安阳)。自盘庚之后,至商亡,不再迁都。此外,帝乙时开始建设殷王畿南部的朝歌(今河南淇县),帝辛时以朝歌为政治、军事中心,而殷仍为宗庙所在。

自 20 世纪 30 年代殷墟遗址发掘以来,考古学意义上的先商文化(商朝建立以前商民族创造的文化)和商文化(商王朝时商民族创造的文化)的探索已经取得了许多重大成果。关于先商文化和商文化的分期和地理分布,目前的主流观点有:

1. 以漳河类型为中心的下七垣文化(以磁县下七垣遗址为代表)的一至三期是先商文化,这支考古学文化分布于北自涞水、南到杞县的地区。先商文化转变为早商文化(商代早期的商文化)的过程中有一段与其他周邻文化交错、碰撞、吸收、融合的发展过程;早商文化并非先商文化的简单延续。下七垣文化遗址分布情况见图 3.1。

2. 河南偃师商城一至三期第六段、河南郑州商城一至三期是商代早期都城,其始建和使用时期的商文化即早商文化。偃师商城、郑州商城的关系一直是学界争论的焦点,一种说法是二者都是商代早期的国都,其重点使用时间有交错。早商时期其他重要城址有山西垣曲商城、山西夏县东下冯商城、河南焦作商城、河南辉县孟庄商城、湖北黄陂盘龙城商城等。早商时期商文化遗址分布情况参见图 3.2。

3. 中商文化可分三期,第一期以河南郑州白家庄遗址第二层及小双桥遗址为代表,第二期以河南安阳洹北商城早期遗存以及河北藁城台西早期墓葬为代表,第三期以河南安阳洹北商城晚期遗存及河北藁城台西晚期居址与晚期墓葬为代表。中商时期重要遗址有河南郑州商城中商时期遗存、河南郑州小双桥遗址、河南安阳洹北商城、河北邢台中商遗址群等。中商时期商文化遗址分布情况参见图 3.3。

4. 河南安阳殷墟(图 3.5)是商代晚期都城,其对应的商文化即晚商文化。殷墟作为王都,从文献记载知始于盘庚,但从考古发现的材料看,其主体遗存是从武丁开始的。不过,洹北商城与殷墟宗庙宫殿区相距仅一公里多,应处于文献所记载的“殷”的范围内,因此,一种可能性是盘庚最初迁殷的地点在洹北商城,而以小屯为中心的都城是武丁时迁过去的。殷墟文化分四期,第一期年代约当武丁早期,第二期约当武丁后期至祖庚、祖甲时期,第三期约当廪辛、康丁、武乙、文丁时期,第四期约当帝乙、帝辛时期,最晚阶段可延续至西周初年。晚商时期商文化遗址分布情况参见图 3.4。

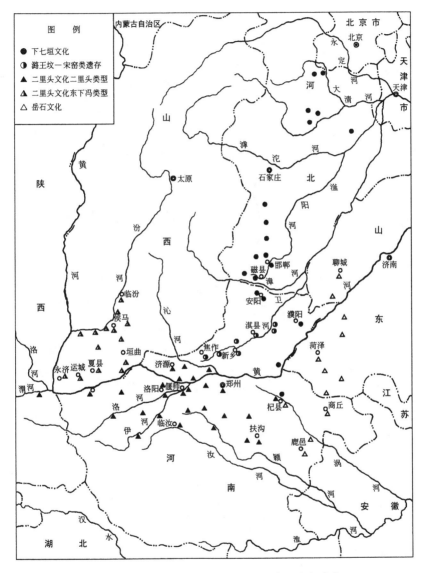

图 3.1　下七垣文化与同时期其他考古学文化分布

（《中国考古学·夏商卷》，2003 年）

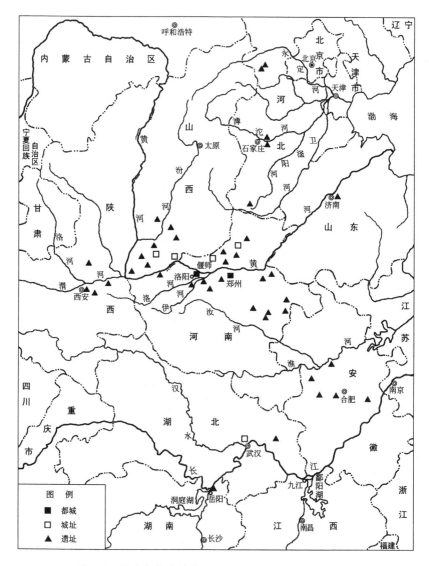

图 3.2　早商文化遗址分布(《中国考古学·夏商卷》,2003 年)

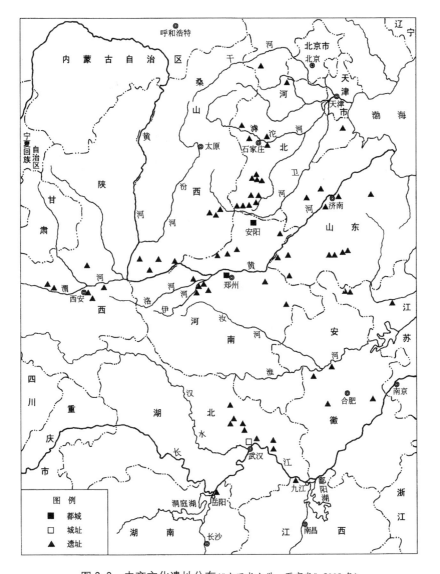

图 3.3 中商文化遗址分布(《中国考古学·夏商卷》,2003 年)

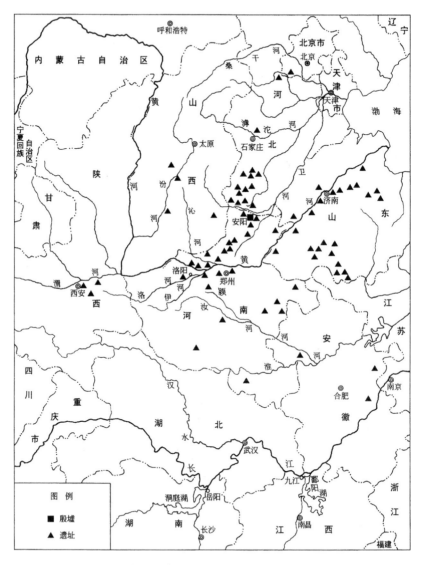

图 3.4　晚商文化遗址分布(《中国考古学·夏商卷》,2003 年)

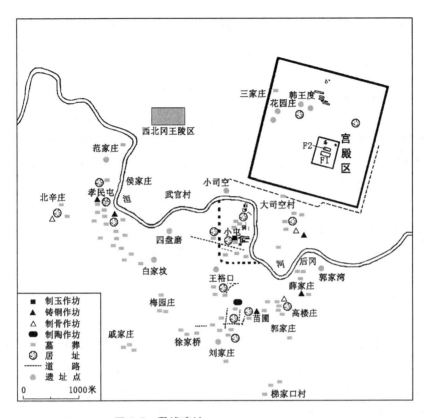

图 3.5　殷墟遗址(《先秦城邑考古》,2017 年)

（四）周

中国第三个世袭制王朝,王族为姬姓,自周武王至周赧王,共传三十七王,依次为武王(文王之子)、成王(武王之子)、康王(成王之子)、昭王(康王之子)、穆王(昭王之子)、共王(穆王之子)、懿王(共王之子,孝王之侄)、孝王(穆王之子,共王之弟)、夷王(懿王之子)、厉王(夷王之子)、[共和行政]、宣王(厉王之子)、幽王(宣王之子)、平王(幽王之子)、桓王(平王之孙)、庄王(桓王之子)、僖王(庄王之子)、惠王(僖王之子)、襄王(惠王之子)、顷王(襄王之子)、匡王(顷王之子)、定王(顷王之子,匡王之弟)、简王(定王之子)、灵王(简王之子)、景王(灵王之子)、悼王(景王之子)、敬王(景王之子,悼王之弟)、元王(敬王之子)、贞定王(元王之子)、哀王(贞定王之子)、思王(贞定王之子,哀王之弟)、考王(贞定王之子,思王之弟)、威烈王(考王之子)、安王(威烈王之子)、烈王(安王之子)、显王(安王之子,烈王之弟)、慎靓王(显王之子)、赧王(慎靓王之子),其年数有 798 年(前 1046 年至前 249 年,夏商周断代工程)、858 年(前 1106 年至前 249 年,《夏商周三代纪年》)等说法。

周朝分为两个时期:自武王灭商至平王东迁,称为"西周"(因其都城镐京在西);自平王东迁至秦统一天下,称为"东周"(因其都城王城、成周在东)。东周又分两个时期:自平王东迁至三家分晋,称为"春秋"(因与鲁史《春秋》记述年份大致相当而得名);自三家分晋至秦统一天下,称为"战国"(西汉末年刘向编辑《战国策》记述这个时期的历史,此后遂以"战国"为此时期名称)。

自 20 世纪 30 年代以来,我国在两周时期考古领域取得了一系列重大成果,主要包括周朝都城遗址、诸侯国遗址以及周边地区文化遗址的调查与发掘,其具体成果详见正文相关注解及配图。

(五)西周

在建立周朝之前的"先周"时期,周族君长依次为后稷、不窋、鞠、公刘、庆节、皇仆、差弗、毁隃、公非、高圉、亚圉、公叔祖类、古公亶父、王季、文王。周人发源于今陕西关中地区,始祖后稷为唐尧农官,始封于邰(今陕西咸阳杨陵区)。不窋末年,率族人窜于戎狄之间。公刘之子庆节复修后稷之业,迁于豳(可能对应陕西长武碾子坡遗址)。古公亶父为狄所逼,率族人迁于岐山之下的周原(今陕西岐山、扶风)。王季修古公遗道,诸侯顺之。文王积善累德,调解虞、芮争端,伐犬戎、密须、耆、邘、崇,迁都于丰(今陕西西安长安区丰镐遗址沣河以西部分)。武王二年在盟津会盟诸侯,四年率诸侯伐商,战于牧野,大败商师,商帝辛自焚而死,商朝灭亡。

周朝建立,都于镐(今陕西西安长安区丰镐遗址沣河以东部分),丰、镐隔沣水相望,统称"宗周"。周武王死后,其子成王年幼,周公旦摄政,负责监视商帝辛之子武庚的管叔鲜、蔡叔度、霍叔处伙同武庚纠合东方夷族作乱,史称"三监之乱"。周公旦东征平乱之后,营建雒邑(今河南洛阳)交付周成王使用,自此周有周(岐邑)、宗周(丰镐)、成周(雒邑)三都。武王克商之后,以及周公东征平乱之后,都曾大规模分封诸侯。成王、康王时期,天下安宁,史称"成康之治"。昭王之时,"王道微缺",昭王第二次南征之时死于水滨。穆王之时,"王道衰微",穆王征伐犬戎,游行天下。懿王之时,"王室遂衰"。厉王暴虐,又垄断财利,国人暴动,厉王出奔彘,诸侯之贤者共伯和摄政,后还政于宣王,史称"共和行政"。宣王初年,朝政有所起色,史称"周宣中兴",但在其晚年,周朝再度走向衰落。幽王二年,三川竭,岐山崩。幽王嬖爱褒姒,立其所生之子伯服,废申后,逐太子宜臼。申侯联合缯与犬戎进攻宗周,杀幽王于骊山之下,西周灭亡。

（六）两周之际

根据笔者专著《称霸:春秋国际新秩序的建立(齐桓篇)》里的分析,西周灭亡、平王东迁史事的真相轮廓大致如下:

周幽王娶申侯女儿为嫡妻,是为申后,生王子宜臼,立为太子。后来,幽王又娶褒人之女褒姒为妃,生子伯盘(即伯服)。幽王宠爱褒姒及伯盘,废黜申后,驱逐宜臼,立伯盘为太子。

幽王五年(前 777 年),宜臼出奔至西申。幽王九年(前 773 年),申侯访问缯国及西戎,结成同盟。幽王十年(前 772 年),幽王与诸侯在中原太室山下会盟,同年主动出击讨伐西申,要求申人交出宜臼,遭到拒绝。幽王十一年(前 771 年),申人、缯人、戎人反攻周王室,杀幽王、伯盘,戎人掳褒姒、劫掠西都镐京而去。

幽王去世之后,以晋文侯为首的诸侯集团在晋地"京师"拥立宜臼为王,是为平王;以虢公翰为首的诸正集团在虢地"携"拥立王子余臣为王,是为携王。周二王并立。随后,在晋、郑等诸侯军队护送下,平王从晋地东迁至东都成周,定都王城,以躲避来自戎人和携王的威胁,东迁年份可能是传统认为的前 770 年,也可能迟至前 738 年。无论平王东迁年份如何,携王即位 21 年后(前 750 年),晋文侯杀携王,"二王并立"局面结束。

（七）春秋

春秋时期的总体特征是王室衰微、大国争霸、卿族专权、礼崩乐坏,大致可分为六个时期:

1. 周室衰微与齐郑小霸。东周初期,北有晋,南有申、吕,西有虞、虢,东有郑,共同构成拱卫周王室的屏障,南方楚尚不强,中原诸侯势力相对均衡,故周王室尚能维持表面稳定,各路诸侯仍旧朝觐周王,周王还能偶尔讨伐不听命的诸侯。齐、郑首先打破这种均衡,在齐僖公、郑庄公时期,两国势力渐盛,小霸中原。与此同时,周王畿在四周戎狄、诸侯蚕食下不断缩小,王室收入也由于诸侯朝聘废弛而不断减少。前 701 年郑庄公去世之后,郑国外患内乱不断，迅速失去"小霸"地位。与郑国形成鲜明对比的是，前698年齐僖公去世之后，齐襄公继续谋求称霸，国力更加强盛。前686年齐襄公被杀、短暂内乱之后，公子小白即位，是为齐桓公。在这一时期，楚武王、楚文王领导的南方楚国也逐渐强大，开始对中原构成威胁。

2. 齐桓公称霸与楚国崛起。 齐桓公任管仲为相，一方面在国内推进改革、富国强兵，一方面积极参与和主导国际事务，使齐的霸主地位逐渐得到中原诸侯认可，于前666年被周王室正式任命为侯伯，成为春秋时期第一个大国霸主。齐桓公霸业之功，主要有尊王室（如前666年以王命伐卫、前655年会于首止以谋宁周）、攘夷狄（如前663年伐山戎以救燕、前656年伐楚以救郑）、存亡国（如前659年迁邢于夷仪、前658年迁卫于楚丘）、平乱邦（如在鲁庄公至闵公时期宁鲁难而亲之）几项。前643年齐桓公去世后，齐霸业衰弱，但齐仍为列国中较强者，时有叛晋举动，后为战国七雄之一。在齐桓公称霸期间，楚成王在令尹子文辅佐下崛起成为南方强国，一面攻灭弦、黄、英氏等南方小国，一面以伐郑为突破口北上争霸。

3. 晋、秦崛起与晋文公称霸。 经历西周晚期至春秋初年的长期内乱之后，晋小宗曲沃取代大宗，政局趋于稳定。晋献公对内加强集权，对外开疆拓土，实力逐渐增强。周平王东迁后，秦逐步占据宗周故地，国力渐强，此时国君为秦穆公，与晋献公联姻结好。前651年晋献公去世后，秦穆公开始谋求称霸，前645年韩之战击败晋惠公后一度制服晋国。此时齐霸业已衰，宋襄公谋求称霸失败，楚成王已制服郑、宋、鲁、卫、陈、蔡，称霸中原指日可待。前636年晋文公归国即位，在国内迅速巩固权力、推行新政，在国际上全力谋求称霸，前635年平定周王室内乱，前632年城濮之战击败楚，同年被周王室命为侯伯，成为春秋时期第二个大国霸主，将近百年的晋楚争霸格局也由此形成。前628年晋文公去世后，前627年晋襄公殽之战击败秦，秦穆公东进中原无望，遂霸西戎。晋后分为赵、魏、韩，战国七雄有其三。秦后为战国七雄之一，最终统一天下。

4. 晋国中衰及楚庄王称霸。 前621年晋襄公去世后，晋灵公幼年即位，卿大夫掌权，内乱不断。楚穆王灭江、六、蓼，继续在南方扩张，又北上伐郑、伐陈、伐宋，楚渐强，晋渐弱。前608年晋赵氏弑晋灵公，自此晋公室日衰、卿大夫专权的趋势不可逆转。前613年楚庄王即位后，改革内政,积极图霸,前 611 年灭庸,前 606 年观兵雒水,问鼎中原。前 605 年平定若敖氏之乱之后,楚庄王灭舒蓼,盟吴、越,稳定江淮之后,全力北向争霸,前 598 年入陈,前 597 年服郑,并于同年在邲之战中大败晋军,霸业大盛,成为春秋时期第三个大国霸主。楚后为战国七雄之一。

5. 晋楚争霸与弭兵之盟。前 599 年晋景公即位之后,外灭赤狄,内修法度,国力转强,前 589 年鞌之战击败齐,复霸中原。晋景公与楚共王争霸,势均力敌。晋连年用兵,不堪重负,楚也因吴国强大而后院失火,在此背景下,前 579 年晋、楚讲和。前 576 年楚背盟侵郑、卫。前 575 年楚以重赂与郑讲和,晋同年伐郑,与楚战于鄢陵,晋胜楚败。晋伐郑、楚救郑相持不下之时,前 573 年晋内乱,晋厉公被卿大夫所杀。前 573 年晋悼公即位之后,稳定内政,北向团结诸戎,南向联吴抗楚,终于在前 562 年制服郑,霸业复兴。楚一面联秦抗晋,一面与吴相争。齐此时又开始谋求扩张,前 555 年晋率诸侯败齐于平阴。前 553 年澶渊之盟时,晋势力达到鼎盛,但前 550 年又发生栾怀子之乱。齐后庄公趁机伐晋得胜,但前 548 年又被崔氏所弑,同年晋、齐讲和,楚大败吴师,晋、秦讲和却不稳固。前 547 年楚、秦又联手伐吴、侵郑。晋、楚长期争霸各有胜负,各自属国也不堪重负,终于在前 546 年举行宋之盟,弭天下之兵,晋楚属国交相见。此次弭兵之盟后,中原在一段时间内保持了相对和平。

6. 晋、楚衰落与吴、越争霸。晋国君无权,政出多门,处置诸侯事务屡次失误,霸主地位动摇。与此同时,齐景公积极寻求复霸,拉拢郑、卫、鲁、宋另结同盟,与晋对抗,晋逐渐失去中原霸主地位。中原弭兵之盟后,楚主要力量放在与吴争战,自灵王至平王,楚胜少败多,逐渐转入守势。前 506 年吴败楚于柏举,攻入楚都,楚昭王出逃。前 505 年秦出兵救楚,楚复国,并于前 491 年重新开始向北扩张,但前 479 年又遭遇白公之乱。此时争霸中心已转移至东南的吴、越。

前 506 年吴入楚之时,越趁机侵吴。吴越争霸由此全面展开。前 496 年越王句践于檇李之战大败吴师,杀吴王阖庐。前 494 年阖庐之子吴王夫差于夫椒之战大败越王句践,越几亡国。吴王夫差败越之后,积极北上争霸,前 482 年黄池之会时霸业达到鼎盛,成为春秋时期第四个大国霸主。吴北上争霸之时,越复兴,于黄池之会时攻入吴都,前 478 年又在笠泽大败吴师,最终在前473年灭吴。越王句践灭吴后,也北上争霸,于徐州之会受周王室命为侯伯,成为春秋时期最后一位霸主。

晋失去霸主地位后,又遭范氏、中行氏内乱打击,政权被知、赵、魏、韩四大卿族所控制。前453年,赵、魏、韩灭知氏,三分晋国,春秋时期结束。

二、制度

(一)周礼

根据传世文献的记载,西周初年,周武王的弟弟周公旦在辅弼周成王和主持政事期间,曾组织力量对夏、商两代之礼进行斟酌损益,加上周族原有的礼制,初步制定了一套通行于天下的"周礼",其内容非常广泛,是包括政治、经济、军事、宗教、社会、家庭等各方面的规范体系。实际上,西周时期的礼制建设是一个循序渐进的过程,经过了武王、成王、康王、昭王几代的努力,到了西周中叶周穆王时期才算是完全成熟。而战国时期的儒生则将他们所能见到的"古礼"全部归结于周公一个人的制作,从而将周公树立为儒家学说中首屈一指的圣人。

从概念内涵来看,周礼包括"礼义""礼制""礼仪""礼器"四个层次:

1. 礼义:贯穿周礼体系的基本原则。周礼的三大原则性义理是"亲亲""尊尊""和为贵"。

2. 礼制:落实"礼义"的基本制度。周礼的三大基础性制度是分封制、宗法制、国野制(详见下文)。

3. 礼仪:展现"礼制"的礼节仪轨。

4. 礼器:施行"礼仪"的器物服饰。

从具体礼典上看,周礼可分为"吉礼""凶礼""宾礼""军礼""嘉礼":

1. 吉礼:指国、家祭祀天神、地祇、人鬼的礼仪活动。据《周礼·春官·大宗伯》,"以吉礼事邦国之鬼神示:以禋祀祀昊天上帝,以实柴祀日、月、星辰,以槱燎祀司中、司命、飌师、雨师。以血祭祭社稷、五祀、五岳,以狸沈祭山林川泽,以疈辜祭四方百物。以肆献祼享先王,以馈食享先王,以祠春享先王,以禴夏享先王,以尝秋享先王,以烝冬享先王"。《左传》中涉及的吉礼有外祭(郊、望、雩、禜等)和内祭(禘、尝、烝等)两类。

2. 凶礼:指吊慰国、家凶事忧患的礼仪活动。据《周礼·春官·大宗伯》，"以凶礼哀邦国之忧：以丧礼哀死亡，以荒礼哀凶札，以吊礼哀祸灾，以襘礼哀围败，以恤礼哀寇乱"。《左传》中涉及的凶礼主要是丧葬之礼和吊唁他国丧事之礼。

3. 宾礼：指与邦国间外交往来相关的礼仪活动。据《周礼·春官·大宗伯》，"以宾礼亲邦国：春见曰朝，夏见曰宗，秋见曰觐，冬见曰遇，时见曰会，殷见曰同。时聘曰问，殷眺曰视"。《左传》中涉及的宾礼主要是朝、聘、会、盟之礼。

4. 军礼：指邦国有关军事方面的礼仪活动。据《周礼·春官·大宗伯》，"以军礼同邦国：大师之礼，用众也；大均之礼，恤众也；大田之礼，简众也；大役之礼，任众也；大封之礼，合众也"。《左传》中涉及的军礼主要是田猎、阅兵、征战之礼。

5. 嘉礼：指国、家具有喜庆意义及一部分用以亲近人际关系、联络感情的礼仪活动。据《周礼·春官·大宗伯》，"以嘉礼亲万民：以饮食之礼亲宗族兄弟，以昏冠之礼亲成男女，以宾射之礼亲故旧朋友，以飨燕之礼亲四方之宾客，以脤膰之礼亲兄弟之国，以贺庆之礼亲异姓之国"。《左传》中涉及的嘉礼主要有享、宴、射、昏、冠、庆之礼。

（二）分封制

分封制是周人占领了广袤的商朝旧地之后，通过分封土地和民众给特定贵族来构建天下体系的政治制度，它确定了周王和诸侯、君主和卿大夫这两对基本的尊卑等级关系。

分封制有两个层次：

1. 分封诸侯。就是周王将直辖区域"王畿"外的土地和民众分封给特定贵族，或者承认当地既有首领，从而建立高度自治的诸侯国（参见图4《西周诸侯国分布示意图》，可扫码阅读，码见辑封页，下同）。

2. 分封卿大夫。就是周天子将王畿内的土地和民众分封给王室卿大夫，从而建立高度自治的卿大夫家（也称为畿内国）；诸侯将其境内的土地和民众分封给诸侯卿大夫，从而建立高度自治的卿大夫家。

细致说来，王畿外分封诸侯国和王畿内分封卿大夫主要发生在西周前中期，而诸侯国内分封卿大夫主要发生在周王室衰弱、诸侯国壮大的西周后期至春秋时期。

就分封诸侯而言,周代分封有这么几类:

1. 同姓内亲。比如说,鲁国始封君是周武王的弟弟周公旦。晋、鲁、卫、燕、曹、吴都属于这一类。

2. 异姓外戚。比如说,齐国始封君是与姬姓周人长期联盟的姜姓吕国君主吕尚。齐、许、纪、申、吕都属于这一类。

上述两类由周王室内亲外戚建立的国家,都是以前并不存在的新国家。它们的分封,其实是周王室将自己最信任的人派到东方商朝旧地去,建立武装领地。这两类国家最为重要。

3. 先代之后。比如说蓟国始封君是黄帝的后代,祝国是唐尧的后代,陈国是虞舜的后代,杞国、鄫国是夏禹的后代,宋国是商汤的后代。这里面有的是当地本来就有国家,换一个统治团队;有的则是建立新国家。

4. 既有方国。比如说楚、越、徐等,它们是商朝时就存在的边远方国。周王室并不派新团队过去另建国家,而是承认它们,给它们一个封号,让它们象征性地交一些贡赋,把它们在名义上纳入周的封国体系里面来。

周王室通过分封诸侯,建立起一个分权共治的天下体系。在西周强盛时期(从周公平叛到周穆王),周王室是天下最大的地主,而且从天下诸侯征收贡赋。在强大的经济实力支持下,周王室在宗周部署有六师,成周部署有八师,军事实力也远远超过任何一个诸侯国,王权是天下至高无上的权力。一方面,周王室有责任作为主力征讨四周的蛮夷,抵御蛮夷对中原的侵扰,调解诸侯国之间的矛盾,镇压诸侯国内部的动乱,也就是提供一系列"公共产品"来保障天下的和平、稳定和发展。另一方面,诸侯国有义务向王室缴纳贡赋,到周王室述职,承担王室要求的兵役、劳役,并且在王室出现政治危机时出力匡扶。这就是所谓的"王道政治"。

(三)五等爵

与分封制相联系的一个重要概念是五等爵。据《春秋》《左传》等传世文献记载,春秋时的诸侯国君有一种相对固定的称号,包括公、侯、伯、子、男五种,如宋公、晋侯、郑伯、沈子、许男。根据《礼记·王制》《孟子·万章》《周礼·春官·大宗伯》等较晚出文献的观点,这五种称号是西周分封诸侯时赐予他们的爵位名称,体现了一种尊卑有序的"五等爵"制度。"五等爵"制度的历史真实性和形成、演变过程一直是先秦制度研究的热点之一。

公侯伯子男这些称号在西周时期已经出现。一种观点认为,西周的贵族分为内服王臣和外服封君两个序列,其中外服包括接受王命"侯于某"的诸侯,以及未被封为诸侯的邦君。诸侯包括:1."侯",由同姓宗亲和异姓姻亲担任,其封地所处地理位置大多具有战略意义;2."田",情况不明;3."男",由异姓贵族担任。邦君包括:1."公",比如殷王室之后的宋国君主;2."伯",指已经融入周文化圈的异族邦君;3."子",指周文化圈范围之外的蛮夷戎狄之君。总而言之,在西周时期,"公""侯""伯""子""男"都是外服封君的称号,但是他们分属于诸侯和邦君,还没有形成一种等级体系。不过,在朝聘会盟等特殊场合,这些封君之间已经有了礼仪等级的差别,比如说,宋"公"被周王室视为客而非臣,礼制上最为尊贵;诸侯"侯""田""男"尊于邦君"伯""子",而称"子"的蛮夷君长位次最低。

有学者认为,到了春秋时期,"礼乐征伐自诸侯出",诸侯之间频繁进行朝聘会盟等有多国参与的国际政治活动,产生了对参与活动的各国君主进行等级划分的现实需要。"公侯伯子男"这五种称谓被选中来满足这种需要,逐渐形成了一个具有等级含义的国君称谓体系。到了战国时期,希望宣扬社会等级理念和"法古"思想的儒家学者,利用春秋时期"公侯伯子男"这个具有等级意味的称谓体系,构拟出了一个理想化的、尊卑有序的五等爵制,并声称这是从西周建立伊始就实施的"古制"。

(四)宗法制

宗法制是周王、诸侯国君、卿大夫的继承制度,它的核心是在宗族层面区分大宗和小宗,在子嗣层面区分嫡子和庶子。宗法制确定了大宗和小宗、嫡子和庶子这两对基本的尊卑等级关系。

根据宗法制的规定,凡是有君位和爵位的必须由嫡长子(嫡妻所生子中最长者)世世继承,百世不迁,是为大宗。宗法制分为周王、诸侯、卿大夫三个层次:周王自称"天子",王位由嫡长子继承,为大宗,是王族的族长,又是天下政治上的共主,掌有统治天下的权力;周王诸弟分封在外为同姓诸侯,或者留在王室担任卿大夫,对周王而言为小宗。诸侯君位由嫡长子继承,为大宗,是公族的族长,又是本国政治上的共主,掌有统治诸侯国的权力；诸弟则被任为卿大夫，对诸侯君主而言为小宗。卿大夫家长由嫡长子继承，为大宗，掌有统治采邑的权力；诸弟为小宗，或称"侧室"。在周王、诸侯、卿大夫等各级贵族组织中，大宗宗主以族长身份代表本族掌握政权，成为各级政权的首长。

在宗法制实践中，对于继承人确定过程出现的特殊情况，据襄三十一·三·五·一，其处理原则是：嫡长子死，则立其同母弟；若无，则立庶长子（姬妾所生子中最长者）。如果可立之庶子年龄相当则选贤者，若贤能亦相当，则以占卜决定。

（五）宗庙

与宗法制相联系的一个重要概念是宗庙。周王和诸侯国君去世后，其神主（木质牌位）进入为其专门建造的宗庙接受供奉。周王宗庙有七，即现任周王之父、祖、曾祖、高祖、高祖之父、高祖之祖及周始祖庙。诸侯宗庙有五，即现任国君之父、祖、曾祖、高祖及该国始封君庙。对于已经超出庙制范围的先王或先君，则不再单独设庙供奉其神主，而是将其神主转移至周始祖庙/国始封君庙集中供奉。除此之外，周王室王子出封为诸侯者，可以在其国立庙祭祀其父王。例如，鲁始封君周公旦为周文王之子，故鲁有周文王之庙，称"周庙"。

周始祖庙/国始封君庙又称"太庙"。在太庙中，除了供奉周始祖/国始封君的神主，还有高祖之祖以上/高祖以上的先君神主。这些神主的排列顺序是：周始祖/国始封君居中，其子在左为"昭"，其孙在右为"穆"，如此交替向左右两侧延伸排列，使祖孙同列，而父子分在始祖两边。

宗庙特别是太庙，是周王室及诸侯政治文化生活的中心。具体说来：一、宗庙是祭祀祖先的场所。二、宗庙是举行重大典礼的场所，如标志男子成年的"冠礼"，君主即位/卿大夫就职之礼，诸侯朝见周王的"觐礼"，卿大夫会见他国国君的"聘礼"，周王赏赐臣下或任命官职的"策命礼"，出师前的"授兵礼"，凯旋后的"献俘礼"等。三、国君朝聘、会盟、出征，出行前要在太庙向祖先告别（"告庙"），回来后要在太庙举行酒会向祖先报到（"饮至"）。四、太庙还经常成为政治危机时的结盟之处。

（六）国野制

国野制是春秋时期周王畿和诸侯国内部的基本社会组织制度，它确定了国人和野人这对基本的尊卑等级关系。

诸侯国的都城，内圈的城墙称为"城"，"城"外的第二圈城墙称为"郭"。有的在远郊还有第三圈防御工事，称为"郛"。内城、外郭所包围的核心城区，加上郊区（若有郭则在郭—郭之间），合称为"国"。"国"内居住的除了国君、卿大夫之外，主要是士人、手工业者和商人。广义的"国人"就是指"国"内居住的所有人，而先秦经典中所说的"国人"应该指的是除开国君卿大夫的、占"国"内人口主体地位的其他居民。"国"之外的广大远郊地区为"野"，其居民为"野人"。国人和野人都被称为"民"，但性质很不相同。国人具有公民性质：他们有缴纳军赋、服兵役和力役的义务，也享有一定的权利（如受教育、担任低级官员、议论政治），是国君和卿大夫在政治和军事上的支柱。国君的废立、卿大夫武斗的胜负，往往取决于国人的态度。野人的地位则低得多：他们是农业生产的主要担当者，有缴纳田税、服力役、参与狩猎和出征的义务，却不能成为正式的士兵，也没有国人具有的权利。

国、野采用两套不同的行政系统。就春秋早、中期而言，国中的组织系统从小到大是轨、里、邑、连、乡（齐国，据《国语·齐语》）或邻、里、乡、党、州（鲁国，据《论语》何晏注引郑玄语）；野中的组织系统从小到大是井、邑、丘、甸、县、都（据《周礼·地官》）。

除此之外，诸侯国疆域之内还有一些大城邑，这些大邑及邑外的近郊为"都"，而其远郊为"鄙"，都鄙制实质上就是国野制在地方上的版本。

上面所说的国、野区别并非是一成不变的。比如说，春秋中晚期，各国纷纷以丘为单位向野人征收军赋，同时征召野人当兵，逐渐打破了国人当兵的特权。到了战国初年，一系列的政治经济改革破坏了井田制度，彻底清除了国、野界限，士、农、工、商之民杂居共处，"编户齐民"成为新的基层社会组织形式，原先存在于国、野中的两套社会组织系统混一，被由从小到大为里、乡、县、郡组成的新系统所代替。

（七）县与郡

作为地方组织制度的县和郡是在春秋时期逐渐形成的。当时的四大国齐国、晋国、楚国、秦国都在发展县制，但是其实质性内容并不一样。

齐国的县，是在管仲改革时出现的，是大城市外鄙野地区邑、卒、乡、县、属分级行政区划体系中的一级,是在既有土地上划分出的县,为区划化的秦汉郡县制提供了重要制度资源。与之形成对比的是,楚国、秦国、晋国主要是在新占领的土地上设立县。

楚国是春秋时期最早建有中央集权性质的县的国家。春秋早期楚武王开始在南方大规模地吞并小国、侵略扩张,楚灭权国之后设立的权县号称"中华第一县"。楚国模式的县制为中央集权的秦汉郡县制提供了重要制度资源,这是因为:第一,楚县的最高长官——县公职位由楚王任免,一般不世袭。比如说,据《左传》记载,楚臣斗班、叔侯、屈巫臣、王子牟、寿余等人都担任过申县县公,屈御寇、王子朱都担任过息县县公。第二,位于边境地区的楚县可以说是服务国家战略、听从楚王命令的直辖军镇,楚县的自有军队是楚国边境防御和侵略扩张的重要军事力量。楚国也有封赏土地给卿大夫的制度,而且这种分封制和县制之间是存在着冲突和斗争的。总体而言,在春秋时期的楚国地方政治体制中,灭国设县是主流,分封采邑是辅助,封邑制发展得不充分,从而有效地遏制了大族在地方上的势力。

秦国是春秋时期继楚国之后较早设立县的诸侯国。前 688 年,楚武王去世两年后,秦人灭邽戎、冀戎后,在其居地设立邽县、冀县;前 687 年,秦人攻占荡社、郑国旧地之后,设立杜县、郑县。秦县的性质类似于楚县,是由公室直辖的,县的设置同样达到了巩固和增强公室实力的目的。不过,秦国县制在春秋时期发展应该是比较缓慢,秦武公之后,下一个见于传世文献的就是前 456 年秦厉公在频阳设县,分封采邑可能还是春秋时期秦国的主流。

晋国在春秋中期建立了县制,主要是在新开辟的疆土上设立县。前636 年晋国占据河水以北的南阳地区之后,晋文公在南阳设立温县、原县,任命狐溱为温大夫,赵衰为原大夫,将他们定位成为国君守县的大夫,而不是以温县、原县为采邑。然而,晋国的县制并未能按照晋文公的意愿发展下去,而是被裹挟入晋国封赏土地给卿大夫的大流中,逐渐转化为卿大夫的采邑。不过,春秋晚期晋国六卿灭祁氏、羊舌氏之后,将祁氏采邑分为七个县,将羊舌氏采邑分为三个县,并且主要根据功劳和贤能任命了十位低阶贵族为县大夫,这说明晋国的县制已经出现区划化、官僚化的倾向,这也为秦汉郡县制提供了重要的制度资源。

到了春秋末年,晋国又出现了郡的组织。前493年赵简子在战前动员时说"克敌者,上大夫受县,下大夫受郡",说明当时郡的地位比县低,这有可能是因为当时的县已经成为新的内地,而郡则设立在地理位置偏远的新占疆土上,而未必意味着郡比县的土地面积要小。

春秋时代县、郡的出现,动摇和打破了宗法分封制的壁垒,在地方政治管理体制方面开创了新的格局,为战国以后郡、县二级制地方行政制度的普遍推行开辟了道路。

(八)称谓

西周至春秋时期,国君/卿大夫在世时有姓、有氏、有名、有字,有的死后还有谥。

1. 姓。姓是具有统一远祖的血缘集团的称号。夏王族为姒姓,商王族为子姓,周王族为姬姓。西周分封诸侯,周王室宗亲所封国皆为姬姓,所谓"同姓国",如鲁、蔡、曹、卫、滕、晋、郑、吴、虞、虢等。周朝还有很多的异姓国,比如妫姓的陈(虞之后),姒姓的杞、鄫(夏之后),子姓的宋(商之后),姜姓的齐、许、申、吕、纪,嬴姓的秦、徐、江、黄,偃姓的六、蓼、群舒(舒、舒蓼、舒庸、舒鸠),己姓的莒,风姓的宿、任、须句、颛臾,任姓的薛,妘姓的鄅、逼阳,曹姓的邾、小邾(郳),芈姓的楚、夔,曼姓的邓,归姓的胡等。周时遵循"同姓不婚"的原则,因此国君、卿大夫娶妇,必须知道女子的姓。出嫁贵族女子称谓里都会标明其母家姓,比如鲁惠公元妃"孟子"(子姓,宋女)、郑武公夫人"武姜"(姜姓,申女)、卫前庄公妃"厉妫"(妫姓,陈女)等。

2. 氏。是姓的分支,是宗族的称号。诸侯国君应该是以其国名为氏(有争议),但也有例外,例如楚国国君是熊氏。诸侯国君给卿大夫命氏,主要有三种方式:第一,以祖父之字为氏,在郑国卿族中较多见。公(国君)的儿子称"公子",公子的儿子称"公孙",公孙的儿子不能叫"公重孙",而是要另命氏立族。比如说,郑公子去疾的字是"良",他的儿子是公孙辄,他的孙子是良霄,他的曾孙是良止,他们这一家被当时人称为"良氏"。第二,以官为氏,在晋国卿族中较多见。卿大夫担任某个官职有功,他的后代可以官名为氏,建立宗族。比如晋国的士氏、中行氏,"士"是理官,"中行"是军官。第三,以采邑为氏,在晋国卿族中较多见。国君分封采邑给卿大夫,他的后代可以邑名为氏,建立宗族。比如晋国的赵氏、魏氏、韩氏、知氏。此外,有以居住地的地名为氏的,比如鲁国的东门氏、卫国的北宫氏;有以所出先君的谥号为氏的,比如文氏(楚文王之后)、闵氏(鲁闵公之后);有以排行为氏的,比如鲁国的“三桓”季氏、孟氏、叔孙氏。女子不能成为宗族继承人,因此女子无氏。

3. 名和字。除了标明渊源的姓,以及标明宗族的氏,春秋时代的国君、卿大夫在世时有两个称谓,即出生三月后举行命名礼时由其父命的“名”,以及成年举行冠礼时由贵宾命的“字”。

根据《左传·桓公六年》的记载,春秋时命名的基本规则有五条,所谓“信”(出生时就带着名)、“义”(用祥瑞的字眼来命名)、“象”(根据与婴儿某方面相类似的事物命名)、“假”(借用万物的名称来命名)、“类”(用和父亲有关的字眼来命名)。比如说,孔子的儿子名鲤,就是根据“假”命名的。

春秋之时,贵族男子之“字”一般为单个字,常在前面加上“伯、仲、叔、季”等排行,在后面加上男子美称“父”或“甫”,组成完整的称谓,比如仲山甫(排行+字+甫)、仲尼(排行+字)、尼父(字+父)。春秋时还常在字前面加上男子美称“子”,组成完整的称谓,如子产、子贡。“字”在意义上与“名”经常有联系。比如郑卿公子騑字驷,“騑”是驾车四马中两旁的马,而“驷”是驾车四马的统称。

春秋之时,贵族女子也有名有字。

4. 谥。春秋时代,谥是周王、诸侯国君、卿大夫去世之后,下葬之前,由朝廷根据其生时事迹所赐予的具有评判褒贬性质的称谓。如齐桓公之“桓”,谥法曰“辟土服远曰桓”,此为美谥。郑厉公之“厉”,谥法曰“杀戮无辜曰厉”,此为恶谥。有的国君夫人也有谥。

谥法起源于西周初年,最初是追美先人的讳称。后来逐渐在其中寄寓善恶褒贬,具备了“盖棺定论”的政治功能。周初文、武、成、康以美谥成分居多,其后昭、穆或为平谥,而宣、厉、幽等谥,善恶褒贬的意谓已经比较明显了。西周谥法的行用,有一个自上而下的扩展过程。西周前期,周王一直有谥,但诸侯国君、卿大夫却很少有谥。从穆王开始,诸侯、卿大夫死后制谥的情况就逐渐多起来了。

三、技术

（一）卜

以龟甲、兽骨为工具，通过烧灼并结合卜法确定兆象，再以兆象为基础，结合卜书文辞推测吉凶。下面以龟甲为例进行叙述。

商代龟卜准备步骤有：

1. 取龟、杀龟。取龟在秋季，取后即杀之，去掉腹肠皮肉，留下龟壳，藏于龟室之中。

2. 衅龟、攻龟。第二年孟春之时（夏历正月），举行仪式，杀牲取血涂于龟甲之上，称为"衅龟"。衅龟之后，便开始攻治龟甲，其次序是：（1）将完整的龟甲空壳锯成背甲及腹甲，对背甲还要进一步切割；（2）刮去龟甲表面的角质层；（3）将龟甲表面锉平；（4）将基本锉平的龟甲进一步打磨。经过上述"攻龟"步骤，最终得到规则平整、版面光滑的卜用龟甲。

商代龟卜的正式步骤有：

1. 钻龟、凿龟。钻龟是从背面钻圆形坑，不穿透。凿龟是从背面向正面斜切，形成一椭圆形孔，其长轴与龟甲中缝平行，不穿透。只钻不凿、只凿不钻等方式在商代龟甲中均有发现，不过商代中期以后最常见的形式为钻、凿兼用，两孔紧挨，形成类似 ◖ 或 ◗ 的不穿透坑洞。钻凿的目的，是使得烧灼后能在龟甲正面形成裂纹。

2. 命龟。把将要卜问的事情告诉龟。

3. 灼龟。将木枝烧热，从背面灼烧钻凿之处，使正面爆裂出现"卜"形或"⼘"形的裂纹（兆）。其中，由于凿坑而形成的"丨"形裂纹称为"兆干"，由于钻坑形成的"一"形裂纹称为"兆枝"。"龟卜"之"卜"，其字形似兆象，字音似龟甲爆裂之声，盖专为此事而造。

4. 占龟。以兆形成过程的特征（色、墨、坼）以及最后形态（体）为基础，结合卜书文辞推测吉凶。

5. 书龟、契龟。占龟之后，以毛笔或刻刀将卜辞书写或契刻在龟甲上。

6. 藏龟。书、契之后，将龟甲集中储藏在王都宫室附近的窖洞里。

周代龟卜在商代基础上继续发展。周王室占卜机构由太卜、卜师、卜人、龟人、菙氏、占人组成。周代卜书有《玉兆》《瓦兆》《原兆》三种，每种卜书有经体五（类似筮书"经卦"），别体一百二十（类似筮书"别卦"），每体有十"繇"，共一千二百条繇辞。周代龟卜步骤与商代基本相同，但也有三点特征：（1）周代龟甲一般两面都经过刮磨平整，并留有宽厚边缘；（2）周代钻凿边缘呈方形，称为"方凿"；（3）周人书契文字比商代小。

见于《左传》的主要卜例有：

鲁卜士负太子（桓六年）、陈懿氏卜妻敬仲（庄二十二年）、鲁桓公卜生成季（闵二年）、晋献公卜妻骊姬（僖四年）、晋惠公卜车右（僖十五年）、梁卜招父卜梁女之生子（僖十七年）、卫文公卜大旱（僖十九年）、晋卜偃卜纳王（僖二十五年）、鲁卜郊（僖三十一年）、卫成公卜迁都（僖三十一年）、鲁文公卜追狄（文十一年）、邾文公卜迁都（文十三年）、鲁楚丘卜齐侯之病（文十八年）、鲁卜郊（宣三年）、鲁卜葬日（宣八年）、郑襄公卜解围（宣十二年）、鲁卜郊（成七年）、鲁卜郊（成十年）、鲁施氏卜宰（成十七年）、鲁卜郊（襄七年）、晋悼公卜病（襄十年）、卫孙文子卜追敌（襄十年）、鲁卜郊（襄十一年）、郑简公卜御者（襄二十四年）、齐王何卜攻庆氏（襄二十八年）、晋平公卜病（昭元年）、齐晏平仲卜宅（昭三年）、楚灵王问吴蹶由之卜（昭五年）、楚灵王卜得天下（昭十三年）、楚阳丐、子鱼卜战（昭十七年）、鲁臧会卜信与僭（昭二十五年）、随人卜献楚昭王（定四年）、卫灵公卜过中牟（定九年）、鲁卜郊（定十五年）、鲁卜郊（哀元年）、晋赵简子卜战（哀二年）、楚昭王卜战（哀六年）、楚昭王卜病（哀六年）、晋赵简子卜救郑（哀九年）、晋赵简子卜伐卫（哀十七年）、楚惠王卜选将领（哀十七年）、楚惠王卜选令尹（哀十七年）、卫庄公卜梦（哀十七年）、楚惠王卜选右司马（哀十八年）、晋知襄子卜伐郑（哀二十七年）。

（二）筮

用蓍草为工具，根据筮法推演出卦象，再以卦象为基础，结合筮书文辞推测吉凶。见于记载的先秦筮书有《坤乾》《连山》《归藏》《周易》数种，其中《左传》筮例所用筮书主要为《周易》。今本《周易》主体是六十四卦，每卦有卦名、卦象、经、传（《彖》《象》《文言》），六十四卦之后还有四种传文（《系辞》《说卦》《序卦》《杂卦》）。《周易》之经包括卦辞、爻辞，其内容有先代占筮之事的原始记录，亦有编撰者在此记录基础上进行的归纳、总结和引申。《周易》之传有七种，即《彖》《象》《文言》《系辞》《说卦》《序卦》《杂卦》。由于《彖》《象》《系辞》各分上、下两篇，共得十篇，称为"十翼"，谓《周易》经之有传,如鸟之有翼也。

1. 爻与卦。周易卦象系统的基础为爻,包括阳爻"—"和阴爻"--"。三爻相叠得八卦(又称"经卦"),即《乾》☰、《坤》☷、《离》☲、《坎》☵、《巽》☴、《震》☳、《艮》☶、《兑》☱。八卦相叠为六十四卦(又称"别卦"):《乾》䷀、《坤》䷁、《屯》䷂、《蒙》䷃、《需》䷄、《讼》䷅、《师》䷆、《比》䷇、《小畜》䷈、《履》䷉、《泰》䷊、《否》䷋、《同人》䷌、《大有》䷍、《谦》䷎、《豫》䷏、《随》䷐、《蛊》䷑、《临》䷒、《观》䷓、《噬嗑》䷔、《贲》䷕、《剥》䷖、《复》䷗、《无妄》䷘、《大畜》䷙、《颐》䷚、《大过》䷛、《坎》䷜、《离》䷝、《咸》䷞、《恒》䷟、《遁》䷠、《大壮》䷡、《晋》䷢、《明夷》䷣、《家人》䷤、《睽》䷥、《蹇》䷦、《解》䷧、《损》䷨、《益》䷩、《夬》䷪、《姤》䷫、《萃》䷬、《升》䷭、《困》䷮、《井》䷯、《革》䷰、《鼎》䷱、《震》䷲、《艮》䷳、《渐》䷴、《归妹》䷵、《丰》䷶、《旅》䷷、《巽》䷸、《兑》䷹、《涣》䷺、《节》䷻、《中孚》䷼、《小过》䷽、《既济》䷾、《未济》䷿。

每个别卦由六爻组成,自下而上,以"初""二""三""四""五""上"标明爻之位次,以"九"(阳爻)、"六"(阴爻)标明各爻性质。例如,《蒙》䷃六爻自下而上为"初六""九二""六三""六四""六五""上九"。每别卦各含两经卦,其下卦为内,古谓之"贞";其上卦为外,古谓之"悔"。例如,《蒙》䷃之贞为《坎》☵,悔为《艮》☶。

2. 筮法。

(1) 成卦。筮人以蓍草推演,得出每一爻性质,从而确定一卦,称为"成卦"。所成之卦,称为"本卦",又称"贞卦"。筮人以木盒盛蓍草五十根,筮时仅用四十九根,经过三变二十一演,可能结果有四种:

1) 余三十六根,九揲之数,是为九,为"老阳",为可变之阳爻。

2) 余三十二根,八揲之数,是为八,为"少阴",为不变之阴爻。

3) 余二十八根,七揲之数,是为七,为"少阳",为不变之阳爻。

4) 余二十四根,六揲之数,是为六,为"老阴",为可变之阴爻。

至此得初爻。阳爻画"—",若为老阳,则在画旁记"九",若为少阳,则记"七"。阴爻画"--",若为老阴,则记"六",若为少阴,则记"八"。九、八、七、六谓之"四营"。筮法以四营象四时,以七象春,以九象夏,以八象秋,以六象冬。春→夏→秋→冬→春,其气温变化规律正与七→九→八→六→七的数字升降大致匹配。春季为阳而不盛,故为"少阳"。从春至夏,由阳至阳,故"少阳"为不变之爻。夏季为阳而盛,故为"老阳"。从夏至秋,由阳转阴,故"老阳"为可变之爻。秋季为阴而不盛,故为"少阴"。从秋至冬,由阴至阴,故"少阴"为不变之爻。冬季为阴而盛,故为"老阴"。从冬至春,由阴转阳,故"老阴"为可变之爻。

二、三、四、五、上各爻皆依初爻之演法而得出。六爻俱得而卦成。每爻三变,故十八变乃成一卦。

(2)变卦。筮人根据本卦情况,确定是否需要变卦。若需变卦,则用一套推演之法进行(一种可能的推演之法参见高亨《周易古经今注》)。本卦变后所得之卦,称为"之卦",又称"悔卦"。

(3)占卦。成卦、变卦之后,则根据不同情况进行占问。分析《左传》《国语》中的筮例,主要情况有如下几种:

1)有本卦,无之卦,以本卦卦辞占之。相应筮例有《左传》僖十五年《蛊》䷑例,昭七年《屯》䷂例,成十六年《复》䷗例,《国语·晋语》《泰》之八例。

2)本卦一爻变,得之卦,主要以本卦变爻爻辞占之。相应筮例有《左传》庄二十二年《观》䷓之《否》䷋例,僖二十五年《大有》䷍之《睽》䷥例,宣六年《丰》䷶之《离》䷝例,宣十二年《师》䷆之《临》䷒例,襄二十五年《困》䷮之《大过》䷛例,昭五年《明夷》䷣之《谦》䷎例,昭七年《屯》䷂之《比》䷇例,昭十二年《坤》䷁之《比》䷇例,哀九年《泰》䷊之《需》䷄例。

3)本卦一爻变,得之卦,以本卦变爻爻辞及之卦变爻爻辞合占之。相应筮例有《左传》僖十五年《归妹》䷵之《睽》䷥例。

4)本卦一爻变,得之卦,以本卦、之卦卦名及卦象占之。相应筮例有《左传》闵元年《屯》䷂之《比》䷇例,闵二年《大有》䷍之《乾》䷀例。

5)本卦三爻变,得之卦,以本卦、之卦卦辞合占之。相应筮例有《国语·晋语》《屯》䷂之《豫》䷏例,《国语·周语》《乾》䷀之《否》䷋例。

6)本卦五爻变,得之卦,以之卦卦辞占之。相应筮例有《左传》襄九年《艮》䷳之《随》䷐例。

(三)车马

春秋时用马车作战,平时用于出行,车一辆为一"乘"。春秋时期马车为木制,有铜制配件。见于《左传》的车身部件有舆、轸、轼、盖、轴、毂、轮、輹(伏兔)、辐、衡、辀等,马身鞁具有鞪、靷、鞅、靽、辔等。每辆兵车由四匹马牵引,中间两匹称为"服",旁边两匹称为"骖"。根据出土的东周时期车舆形制推测,很可能当时人最主要的乘坐方式是跪坐(两膝着地,臀部坐在小腿及脚跟上)和跪立(两膝着地,上身及大腿挺直),此外也有站立乘车的情况(如下文图5.3秦始皇陵1号车御者)。作战时,主帅兵车称为"戎车",车上三人,顶视呈"品"字形,居中在前者为主帅,负责用旗鼓指挥全军作战;居左后者为"戎御",负责驾驭;居右后者为"戎右",掌戈盾,为勇力之士,负责杀伤敌人、保卫主帅,并充当各种役使差事。普通兵车上三人,居中在前者为"御者",负责驾驭;居左后者掌弓矢,负责远距离射杀敌人,称为"车左";居右后者掌戈盾,主要负责在近战敌我两车交错时用戈近距离砍杀敌人,称为"车右"。此外,有时会在三人之外在车后部再增加一位车右助手,称为"驷乘"。车后有徒兵跟随,春秋时期一般一车配徒兵十人。平日驾马车亦为三人,御者居中在前,尊者居左后,又有一人居右后陪乘,以应对车辆故障等事,称为"骖乘"。普通兵车上的三人配置见图5.1。考古发现的春秋时期马车实例见图5.2。

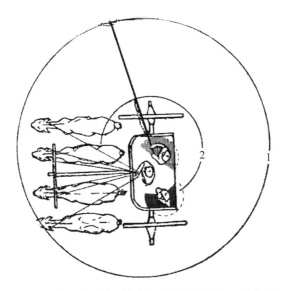

图5.1 春秋时期普通战车车乘人员配置图。其中,圈1表示车右用戈可以击杀的范围,圈2表示车左、车右用剑可以击杀的范围(《〈左传〉军事制度研究》,2009年)

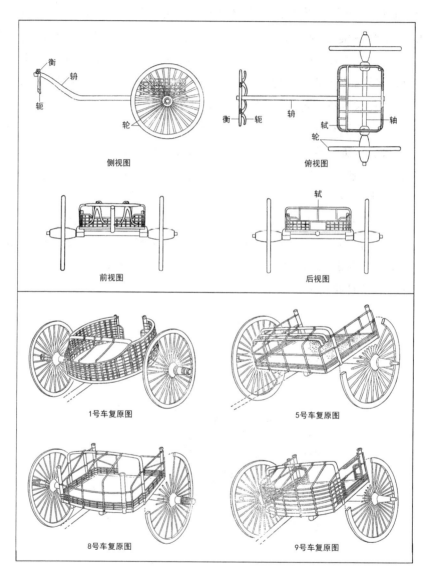

图 5.2 （上）山西侯马上马村晋国墓地 3 号车马坑出土 1 号车复原图，春秋早期
（《上马墓地》，1994 年）。（下）山西太原金胜村晋国赵卿墓车马坑出土车复
原图，春秋晚期（《太原晋国赵卿墓》，1996 年）

　　秦始皇陵出土的铜车马,第一次全面展现了当时车马形制的细节,而且其形制与先秦传世文献对于车马的描述吻合者甚多(图 5.3)。在此概述秦始皇陵一号车马形制,以便于读者想象《左传》描述的春秋时期车马的形制:

　　1. 舆。马车车厢称为"舆"。舆底部边框称为"轸"。舆周围有栏杆,称为"軨"。前部的车軨较低,两侧车軨较高,又称为"輢"。軨在车后部留出称为"軷"的缺口,便于人员上下,勇力之士往往从这里一跃而上,称为"超乘"。正常上车时,则要借助乘石或踏几。在舆中前部沿左右方向装有一根可供扶持的横木,称为"轼",秦始皇陵一号车轼外有掩板。轼内侧中部有上车时用以拉持借力的称为"绥"的拉索。舆中竖立伞形的、可拆卸的车盖,用于避雨遮阳。

　　2. 轮、轴。舆下有一根左右方向的车轴,通过称为"伏兔"(輹)的垫木固定在两侧车轸下。套在轴上的转动部分称为"毂",毂上向四周辐射辐条,辐条另一头插入称为"牙"或"辋"的轮圈,毂、辐、辋统称为"轮"。车毂所套的这一段车轴从内向外逐渐变细,相应地,车毂中心孔道也是内径大、外径小,这就可以保证车毂不会向内移动。另一方面,毂外车轴上套有铜制的称为"軎"的部件,其作用是防止轮毂向外脱出,并保护两侧的轴头。"軎"上有孔,用以插入长片状的"辖",辖的作用是将軎固定在轴上。车前行时,轴及轴端的軎不转动,转动部分是轮。

　　3. 辀、衡。舆底部左右方向装轴,而前后方向则装辀。轴、辀垂直相交,两者通过凹槽互相卯合。辀的后端与舆后轸平齐,称为"踵"。辀向前伸出前轸之后,逐渐向上昂起,前端称为"颈"。颈上装有一根横木,称为"衡"。衡左右两侧各装有一个"人"字形的部件,夹在服马的颈背上,称为"轭",轭的弯曲末端称为"軥"。轭与马身之间有软垫。

　　4. 靷、靳。中间两匹服马通过称为"靷"的革带,将拉力传导到舆。每匹服马曳单靷,服马靷前端系在内侧軥上,两条靷在舆前部汇合到一个靷环上,再向后通过单根靷连到车轴上。两边两匹骖马通过称为"靳—靷"的革带组合将拉力传导到舆。靳是套在骖马胸颈交会处的革带,是受力的部件。靳从骖马内侧向后延伸的革带即为靷。骖马靷向后穿过前轸下的环,最后系在舆底部前后方向的"枙"上,是传力的部件。

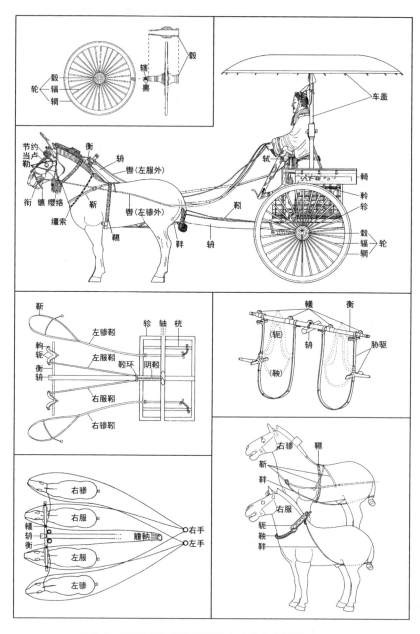

图 5.3　陕西西安秦始皇陵出土 1 号车复原图（《秦始皇陵铜车马发掘报告》，1998 年）。

　　5. 鞅、韅、靷。在服马马颈上围有一条称为"鞅"的革带,两端系在鞧上,其作用是为了防止服马脱轭,而并不受力,因此也不会勒住马颈,影响马匹呼吸。在骖马前肢后的躯干上环绕有一条称为"韅"的革带,其作用是帮助将靳固定在马身上。四匹马的尾毛都挽成髻状,内插一条横笄。对于服马而言,有一条称为"靷"的革带,后端系在此横笄上,沿马腹下向前引,系在轭内侧的铜环上。对于骖马而言,亦有一条靷后端系在横笄上,沿马腹下向前引,系在靳的内侧。

　　6. 胁驱、缰索。胁驱的作用是防止骖马内侵,它绕过服马前肢后的腹部,两端系在衡上。胁驱靠骖马的一侧,装有一个丁字形的铜制部件,上面有一个带锥齿的、指向旁边的骖马的尾部。如果骖马内靠,它的胁部就会被刺到,从而保证骖马与服马保持一定的安全距离。缰索的作用则是防止骖马外脱,它一端套在骖马颈上,另一端系在衡上。

　　7. 勒。勒是戴在马匹头部的鞁具,由鼻革、额革、颊革、额革、喉革、项革组成,连接点上缀有称为"节约"的金属圆饼,额部缀有称为"当卢"的金属饰片,两侧连有称为"镳"的金属部件,马口的部位横贯一根称为"衔"的金属部件。此外,喉革下悬垂着一串璎珞,颊革上悬垂着用以穿辔的环。

　　8. 辔、策。驾车共有八条称为"辔"的缰绳。其中,六条辔前端分别系在两匹骖马内外侧衔环,以及两匹服马外侧衔环上,后端由御者控制。另外两条辔前端系在两匹服马内侧衔环上,后端系在舆前部称为"觼軜"的部件上。八辔在向后延伸的过程中都穿过某种环状部件。服马的四辔穿过的是衡上称为"轙"的四个倒 U 型部件。骖马外辔从骖马背部靳上悬垂的一小铜环穿过,而骖马内辔则先穿过马勒颊革上悬吊的小环,再从骖马脊部内侧的韅下穿过。

　　御者的左右手中各握三辔:左手握持左骖外辔、左服外辔、右骖内辔,右手握持右骖外辔、右服外辔、左骖内辔。此外,御者手中还有一根称为"策"的长条形驭马用具。辔、策用来控制车马行进的快慢以及左转、右转。纵辔、策马,则加速;勒辔、控马,则减速。御者拉紧左手三辔,则可迫使左骖、左服、右骖向左转,并借助衡的牵引联动右服向左转;拉紧右手三辔,则可迫使右骖、右服、左骖向右转,并借助衡的牵引联动左服向右转。

（四）周道

　　先秦时期，无论是和平时期各国的外交、经济往来，还是战时军队的长距离行军，都以马车为主要载体。马车正常情况下必须在专门修筑的硬质道路上行驶，而且坡度不能太大，转弯不能太急。此外，马车车轮、车轴、车厢都用木材、铜等硬质材料制作，没有减震缓冲装置，路面的颠簸会经由轮、毂、轴直接传送至车厢里的乘员。马车要高速、安全地行驶，同时保证车内乘员的舒适度（这对于周王、诸侯国君、卿大夫出行格外重要），就必须修筑高等级的专用道路。

　　当时的马车道主要在平原上修筑，如果进入山区，则必须沿河流两旁的平地行进，并穿过山间自然形成的隘口。道路用夯土铺成，十分平整，上面有与两轮间距（称为"轨"）相配合的凹陷车辙，车辆实际上是"卡"在一对固定的车辙里前行，类似于今天的铁路。1999 年在陕西周原岐邑遗址区域内发掘出了一条连接岐邑和丰京的道路遗址，道路宽达 10 米，并列 8 条车辙，分为 4 对，可同时通行 4 辆马车。每条车辙宽 20 厘米、深 10 厘米，每对车辙之间宽 1.82 米，与周原遗址车马坑中发现的马车轮距基本相符。这应该就是《诗经·小雅·大东》中提到的"周道如砥，其直如矢"的周代官道"周道"。西周和东周春秋时期，华夏诸侯国的车辆轨距是一样的，因此《左传·隐公元年》里说："天子七月而葬，同轨毕至。"

　　据雷晋豪《周道：封建时代的官道》一书所做的考证，周朝建立之后，周人在先代旧道的基础上增修扩建，形成了以西都宗周、东都成周为枢纽，向主要封国辐射的周道系统（参见图 6《周道系统示意图》，可扫码阅读）。其中，以成周为枢纽的周道网络至少包括如下五条主干道：

　　1. 宗周—成周道：宗周（镐）—芮—桃林塞—西虢—成周。此外，晋国经令狐—蒲津—芮接入此道。

　　2. 成周—鲁—齐道：成周—制—东虢—管—桧—杞—楚丘—曹—茅—重馆—亢父之险—索氏—鲁—郎—谨—阳州—平阴—禚—野井—泺—谭—徐关—齐。楚丘—重馆间也可能经过郜—菅。

　　3. 成周—卫—齐道：成周—盟津—温—邢丘—怀—宁—共—卫—相—复关—顿丘—五鹿—莘—平阴—禚—野井—泺—谭—徐关—齐。

　　4. 成周—卫—燕道：成周—盟津—温—邢丘—怀—宁—共—卫—姜

里—殷墟—邢—燕。

5. 成周—随道及成周—胡道：成周—制—东虢—管—桧—栎—许—陉山，此后分两道，西道为方城—鄝—申—吕—邓—唐—厉—随，由此可前往楚国，东道为蔡—胡，由此可前往淮水沿岸。

此外，还有一条五鹿—陉山道：五鹿—言—顿丘—清丘—祢—曹—楚丘—宋—陈—陉山。这条周道与成周—卫—齐道交汇于五鹿，与成周—鲁—齐道交汇于楚丘，与成周—随道以及成周—胡道交汇于陉山。

上述周道网络将成周与晋、楚、齐、秦、郑、宋、鲁、卫、陈、蔡等主要诸侯国联成一体。在春秋时期的外交或军事活动中，这个网络仍然是各国使团和军队行进的主干道，也是理解许多春秋史事的关键。以晋国为例：在原有周道网络中，晋国前往西都宗周十分便利，而前往中原则非常迂曲不便，这与晋国作为甸服诸侯服事宗周的分封定位是对应的。然而，西周灭亡之后，这条西进宗周的道路对晋国来说意义已不大，晋国更需要的是前往中原的近路。前655年晋国攻灭（西）虢国、虞国，此后可以不必西行绕远，也不必向虞国、（西）虢国借道，而可以直接沿原虞国—茅津—原（西）虢国接入宗周—成周道。前635年晋文公取得南阳地区之后，成周—卫—齐道南段就在南阳境内，更重要的是，晋人从盟津渡过河水就可直达成周，从而便捷地利用这个周道网络的枢纽前往各主要诸侯国。交通上的便利对晋文公称霸无疑是如虎添翼。

当然，我们强调周道网络在春秋时期军事行动中的重要作用，并不意味着所有的行军都是通过周道进行的。实际上，有时为了抄近路，或者是为了不让被攻击国家知晓，战车部队会离开周道，依靠修筑在田垄上的简易道路通行。前632年晋文公讨伐卫国之后，就强迫卫人将境内农田的田垄从南北向改成东西向（据《韩非子》《商君书》《吕氏春秋》）；前589年晋国率领诸侯联军在鞌地大败齐军之后，又强迫齐人将境内农田的田垄改成东西向（据《左传·成公二年》）。晋国在卫国、齐国的东面，晋人的这两次强令，都是为了保证其军队日后再次讨伐两国时行进便利。

第一册

第一册分年目录

隐　公

桓　公

庄　公

闵　　公

隐 公 ｜

扫描二维码，
阅读参考资料

隐公元年·○

地理 鲁见隐地理示意图1(可扫码阅读,码见相应辑封页,下同)。

人物 鲁隐公

【鲁】 正 杨 补 周时国,侯爵(与金文所见国君称号相同),姬姓。周武王(一说周成王)始封周公旦于鲁,周公旦留佐王室,而使其嫡长子伯禽就封,其实际就封时间可能在周成王时期、周公东征灭商奄之后。鲁之所在,很可能最早在今河南鲁山,后来才定封在今山东曲阜一带。伯禽在山东的始居地是奄,鲁炀公时迁于曲阜,奄、曲阜相距三里,奄在西而稍南,曲阜在东而稍北,都在曲阜鲁国故城之内,在今山东曲阜市区及其东面、北面已发现其遗址(详见下)。鲁都曲阜所在区域被当时人称为"少皞之虚(墟)"(参见定三—定四·五·四),是远古圣王少皞(文十八·三·二)居地。获麟之岁(哀十四年)后232年(一说225年,一说226年,一说228年)被楚所灭。曲阜参见《图集》17—18②6、26—27④3。奄参见《图集》17—18②6。《图集》指《中国历史地图集》,下同。

【隐公】 正 杨 补 鲁隐公。姬姓,名息姑,谥隐。鲁惠公(隐元·二·一)庶长子,声子(隐元·一·一)所生。隐元年即位,在位十一年。隐十一年被公子翚(隐四·二·春秋)所弑。【公】 正 杨 补 此"公"并非所谓周代五等爵"公、侯、伯、子、男"之"公",而是对中原诸侯国君通用的尊称,如宋穆公(公爵)、晋文公(侯爵)、郑庄公(伯爵)、杞桓公(子爵)、许穆公(男爵)之类。

○ 杨 补 **鲁国故城遗址**:遗址先后为春秋战国时期鲁国都城、汉代鲁县县城。遗址西面、北面有洙水河,南面有小沂河,包括古城址、夯土建筑基址、手工业作坊遗址、居住遗址和墓葬区。城址分为大城和小城。大城(郭城)平面呈不规则长方形,东墙长2 531米,西墙长2 430米,南墙长3 250米,北墙长3 560米。小城(宫城)位于大城中部偏东处。遗址中发现的遗存最早年代约为西周中期前半,西周初期分封的鲁都城似不在曲阜。城墙建筑年代分为六期,从西周晚期至西汉时期。手工业作坊遗址包括有冶铜、冶铁、制陶、制骨作坊。墓葬基本上分布在城西,年代自西周初年至春秋战国时期,分为葬式、葬俗和随葬器物风格迥然不同的两组。有学者认为这两组墓葬墓主人分别属于当地商奄旧族(甲组墓)和迁来的周人(乙组墓)。

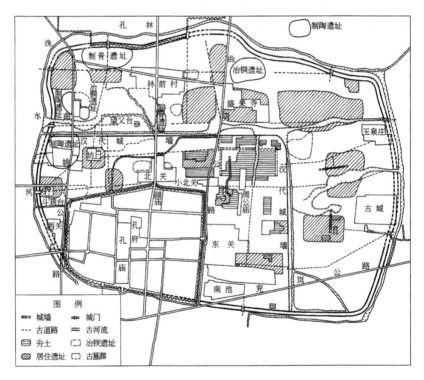

隐遗址图 1　曲阜鲁国故城遗址平面图(《中国
考古学·两周卷》,2004 年)

隐公元年·一

地理　鲁、宋见隐地理示意图 1。

人物 鲁惠公、孟子、声子、鲁隐公（隐元·〇）、宋武公、仲子、太子允／
鲁桓公

春秋 元年，春，王正月。

【元年，春，王正月】 正 补 ［隐公］始年，春，［周］王［历法的］正月。

【元年】 正 补 春秋时礼制，先君去世后，嗣君随即在灵前继承君位，
因为国不可一日无君。然后，嗣君在第二年正月初一在宗庙朝正（见
襄二十九·一·一）、告朔（见僖五·一），终止先君年号，称本年为
"元年"，行即位之礼，《春秋》因而书"公即位"。鲁隐公担任摄政君，
虽然不行即位之礼，因而《春秋》不书"公即位"，但也朝正、告朔、终止
惠公年号，称"元年"。

【春，王正月】 正 杨 补 《春秋》在正月前书"王"，表明鲁使用的是周
王室颁布的历法，即周历。夏历、商历、周历都以月亮盈亏周期为
"月"（朔望月），以十二个朔望月为"年"（约 354 日），以太阳两次到达
冬至点的时间间隔为"岁"（约 365 日），通过设置闰月来调和"年"和
"岁"之间的偏差。三历最主要区别在于正月设置的不同。夏历以建
寅之月（今农历正月）为正月，商历以建丑之月（今农历十二月）为正
月，周历以建子之月（今农历十一月）为正月。周正月在气候上属冬
季，但仍称为"春"。周历二月、三月都曾经是夏、商的正月，因此，如
果在《春秋》中某年第一个出现的月份是二月（比如隐公四年）或者三
月（比如隐公三年），都会在前面书"王"："王二月"，说明是周王历法
的二月，以与商历正月相区别；"王三月"，说明是周王历法的三月，以
与夏历正月相区别。

左传 【一】惠公 鲁惠公 元妃孟子。孟子卒，［惠公］继室以声子，生隐公
鲁隐公。

【惠公】 正 杨 补 鲁惠公。姬姓，《世本》曰名"弗皇"，《史记·鲁世
家》曰名"弗湦"，《史记·十二诸侯年表》曰名"弗生"，谥惠。鲁孝公
（哀二十四·三·一）之子。隐元年前 46 年即位，在位四十六年。隐

元年前 1 年卒。

【元妃】 正 杨 始嫡夫人。妃,配。**【孟子】** 正 杨 补 宋女,子姓,排行孟。鲁惠公原配夫人。隐元年前卒。古代兄弟或姊妹排行,"伯""孟"为长子(女),"仲"为次子(女),"叔"为仲季之间的所有子(女),"季"为最幼子(女)。

【继室】 正 补 这里是指媵妾声子入住已故原配夫人孟子宫室并摄治内事。因为不再举行媒聘之礼,所以声子仍是妾,但地位比一般的妾要高。媵妾详见庄十九—庄二十一—庄二十一·春秋"媵婚制"。

【声子】 正 补 宋女,子姓,谥声。孟子的侄娣,鲁惠公媵妾,鲁隐公之母。隐三年卒。

<u>宋武公生仲子</u>。<u>仲子</u>生而有文在其手,曰为鲁夫人,故<u>仲子</u>归于我。

【宋武公】 杨 补 子姓,名司空,谥武。宋戴公(庄十二—庄十三·二)之子。隐元年前 43 年即位,在位十八年。隐元年前 26 年卒。

【宋】 正 杨 补 周时国,公爵(与金文所见国君称号相同),子姓。周初三监之乱(参见襄二十一·五·四·三)后,周成王将微子启(商帝乙之庶长子)封在商人在中原的早期居地,都商丘,在今河南商丘睢阳已发现其遗址(详见下)。宋共公时迁于相,在安徽宿州西北。宋平公后迁回商丘。获麟之岁(哀十四年)后 186 年(一说 183 年,一说 188 年,一说 190 年,一说 195 年)被齐所灭。商丘参见《图集》17—18②5、24—25④6。

【仲子】 补 宋女,子姓,排行仲。宋武公之女,鲁惠公继任夫人,鲁桓公之母。隐元年前 26 年生。隐二年卒。

【仲子……于我】 正 杨 补 文,即文字,先秦时称文字为"文",秦时始称为"文字"。所谓"有文在其手",是指掌纹与当时文字形似。古人认为生而有文在手为上天有命,因此宋将仲子嫁给鲁君作夫人以从天命。仲子掌纹究竟是形似"为鲁夫人",还是形似"鲁夫人",抑或是形似"鲁",今已不可确知。

○ 杨 先秦时人视手文为天命之事,参见闵二·三·四·一"及
[成季]生,有文在其手曰'友',[桓公]遂以命之",昭元·八·
一·一"及[大叔]生,有文在其手曰'虞',[武王]遂以命之"。

○ 补 **宋国故城遗址**:城址平面呈平行四边形,西墙长 3 010 米,
北墙长 3 252 米,东墙长 2 900 米,南墙长 3 550 米,城址始建年代
上限可能在商末周初,历经春秋战国时期直至汉代一直沿用并
进行了修补。

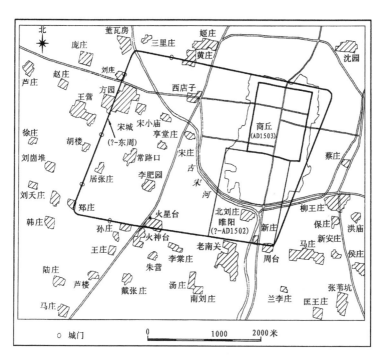

隐遗址图 2　商丘宋国故城遗址平面图（《河南商丘县
东周城址勘查简报》,1998 年）

[仲子]生桓公太子允/鲁桓公而惠公薨 hōng,是以隐公立而奉之。
【生桓……奉之】 正 杨 补 [夫人仲子]生下允[并随即被立为太子],
[太子允尚年少之时,]鲁惠公即去世,因此公子息姑(鲁隐公)立[为摄

政之君,]而奉戴太子允[为未即位之君]。

【桓公】 正 杨 补 鲁桓公,即位前为太子允。姬姓,《史记·鲁世家》曰名"允",《世本》曰名"轨",轨可能是"靴"字之误,本书以《史记》为准。谥桓。鲁惠公嫡长子,鲁隐公之弟,仲子所生。桓元年即位,在位十八年。桓十八年被齐公子彭生所杀。

【薨】 补 《礼记·曲礼》:"天子死曰'崩',诸侯曰'薨',大夫曰'卒',士曰'不禄',庶人曰'死'。"《春秋》书"薨"共 21 次,其中鲁君去世书"薨"共 11 次,除去《春秋》没有记载的鲁哀公之死,其他鲁君去世皆书"薨",包括在国外去世的鲁昭公;鲁君夫人(小君)10 次,除去四处特殊情况外(详见隐三·三总结),鲁君夫人正常去世皆书"薨"。对于前来发了讣告的同盟国君主去世,《春秋》皆书"卒",以示内外之别,其本国史书则应书"薨"。对于薨的场所,周礼亦有规定,薨于路寝(参见庄三十二·四·春秋)。也就是寿终正寝为正,其他场所皆为不正。

[二] 元年,春,王周正月。[《春秋》]不书[公]即位,[公]摄也。

【不书即位,摄也】 正 杨 补 《春秋》"不书即位",因为鲁隐公只是代行国君之事,并未行即位之礼,鲁史本无可书。摄,代。若为正常国君即位,则《春秋》应书"元年,春,王正月,公即位",参见桓元·一。

○ 补 西周到春秋时期发生的摄政事例,主要有这样四种类型:

一、王臣摄王政。对应事例就是周公旦摄政。周武王去世后,太子诵年幼,周武王之弟周公旦摄行王政。

二、诸侯摄王政。对应事例就是共伯和摄政。周厉王被国人驱逐之后,诸侯推举共国君主共伯和进入王室,担任摄政王(参见昭二十六·八·四·一)。

三、庶兄摄君政。对应事例就是鲁隐公在鲁惠公去世后担任摄政君。

四、首卿摄君政。对应事例是郑首卿长期担任当国,摄行君政(参见襄二·五·二)。

○补 **传世文献对读**：《史记·鲁周公世家》载鲁惠公强娶仲子之事，与《左传》大不相同，可扫码阅读。
○补 笔者对鲁惠公晚年娶仲子的可能真相有详细分析，可参阅拙文《天作之合：〈左传〉开篇史事的谎言和真相》。

隐公元年·二

地理 鲁见隐地理示意图 1。鲁、邾、蔑见隐地理示意图 4。

人物 鲁隐公（隐元·○）、邾安公

春秋 三月，公鲁隐公及邾仪父 fù，邾安公盟于蔑。

【邾仪父】补邾安公。曹姓，名克，字仪，谥安。邾夏父之子。庄十六年卒。【邾】正补亦作"邾娄""邹"（邾娄合音），周时国，曹姓。周武王始封颛顼之后挟于邾，在今山东曲阜东稍南。此时仍为鲁附庸国，后从齐桓公尊周有功，庄十六年前已晋封为子爵（金文资料称"公"或"伯"）。文十三年邾文公迁于绎，在今山东邹城峄山镇纪王城村已发现其遗址（详见下）。战国楚宣王时被楚所灭。邾参见《图集》17—18②6、26—27④4"邾1"。绎参见《图集》26—27④4"邾2"。

【盟】补诸侯国君或卿大夫在约定地点聚会称为"会"，与会者歃血盟誓称为"盟"。盟礼详见下。会盟频繁是春秋时代国际政治的显著特点，仅《春秋》二百四十多年间就记载了大小会盟四百五十多次。

【蔑】杨补即定十二·二·二·二之"姑蔑"，在今山东泗水天齐庙村北侧已发现其遗址（详见下）。鲁地。参见《图集》26—27④4。此处不称"姑蔑"，可能是避讳鲁隐公之名"息姑"。《图集》标注不准确，本书示意图依据《图志》标注。《图志》指《春秋列国地理图志》，下同。

○补 **邾国故城遗址**：遗址先后为春秋时期邾国都城、汉代驺县县城。遗址北枕绎山，南依郭山，东有高木山，包括古城址、夯土建筑基址、居住遗址、墓葬区等。城址北部以峄山为墙,南墙长1 900米,东墙长1 090米,西墙长2 320米。城内中心台地上有宫城遗址。

○补 **天齐庙遗址**:城址平面呈不规则方形,面积约一万平方米,城址内有龙山、夏、商、周时期的文化遗存。

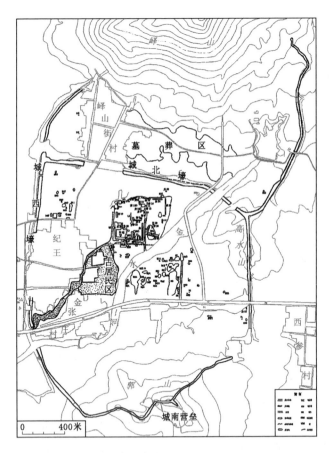

隐遗址图3　邾国故城遗址平面图(《先秦城邑考古》,2017年)

左传"三月,公及邾仪父盟于蔑"——邾子克也。[邾子克]未王命,故[《春秋》]不书爵。[《春秋》书]曰"仪父",贵之也。公摄位而欲求好于邾,故为蔑之盟。

【未王……之也】 正 杨 补 邾国此时还是鲁附庸国,邾国君主此时尚未获周王爵命,没有爵位,因此《春秋》没有记载他的爵位。未获周王册命的附庸国君主,按《春秋》体例应称其名"克"。邾国君主能自通于大国,继好息民,故《春秋》称其字"仪父"以示尊崇。获得周王册命的列国君主,《春秋》则称"国名+爵位",如"宋公""晋侯""郑伯""邾子""许男"之类。周王册命参见庄元·四·春秋。

○ 正 补 盟礼:根据孔疏、童书业《春秋史》、王美凤等著《春秋史与春秋文明》的总结,春秋时期的盟礼大体有以下仪节:

一、书写盟辞。盟辞即盟誓之辞,有一定格式,具体内容因事而定。举行盟誓前,用朱砂或墨将拟定的盟辞写在简策、玉片、石片等材料上,一式数份,写好的盟辞称为"盟书"。出土盟书实例参见成六·五·二"侯马盟书"。

二、凿地为坎。在盟誓地点挖掘一个方坑,用来埋放牺牲和盟书。

三、用牲、取血。盟礼常用牺牲包括牛、马、羊、豕、犬、鸡等,具体选用何种牺牲根据参盟者的身份而定,高低贵贱有别。杀牲前先取血以备用,然后将牲杀死。以诸侯之盟为例,牺牲用牛,杀牲时先割牛耳取血,盛在盘中;割下的牛耳盛在另一盘中,由盟主手执(一说由地位较低者手执)。

四、读书、歃血。先由司盟昭告神明、宣读盟书。然后先由盟主微饮血(歃血),然后同盟者依照尊卑次序一一歃血,以示信守盟约。

五、加书、埋书。歃血之后,将所读盟书正本放在牲上,称为"载",故盟书又称为"载书"。接着把负载着盟书的牲体埋入坑里。

六、藏盟书于盟府。参盟者在盟礼结束后将盟书副本携带归国,收藏于盟府,作为存档,以备日后查证对质。

隐公元年·三

地理 鲁见隐地理示意图 1。鲁、费、郎见隐地理示意图 4。

人物 费庈父、鲁隐公（隐元·○）

左传 夏，四月，费 bì 伯_{费庈父}帅师城郎。[《春秋》]不书，非公_{鲁隐公}命也。

【费伯】 正 补 费庈父。姬姓，费氏，名或字庈，排行伯。鲁懿公之孙。鲁大夫，官至卿位。食采于费。**【费】** 杨 补 在今山东鱼台鱼城镇西南。鲁邑。参见《图集》26—27⑤3。也有学者认为，鲁只有一费，即今山东费县之费。见僖元·六。

【城郎】 补 修筑郎邑城墙。**【郎】** 正 杨 补 在今山东鱼台旧治东北十里。鲁邑。参见《图集》26—27④3。

> ○ 补 山东境内的费邑与费国
>
> 　一、鱼台县之费邑。见隐元·三。
>
> 　二、费县之费邑。见僖元·六。
>
> 　三、姒姓费（弗）国。根据传世文献记载，夏王族后裔中有费（弗）氏。1972 年山东邹城邾国故城遗址出土两件春秋时期的铜鼎，其中一件铭文大致意思是弗国贵族敏父为其大女儿孟姒作陪嫁媵器。据此可知，春秋时期在山东的确存在一个姒姓费（弗）国，此费国的都城可能就位于鱼台费邑。
>
> 　四、嬴姓费（鄪）国。根据传世文献记载，山东还有一个嬴姓费国。2009 年枣庄峄城区徐楼村发现了一个春秋中晚期的鄪国国君墓葬，此鄪国应即费（鄪）国。由于该墓葬的埋葬习俗和随葬品特征与淮河流域嬴姓诸国相近，因此这个费（鄪）国有可能是嬴姓。此费国与费县费邑有关，可能最早在费县，后来迁徙到枣庄。值得注意的是，嬴姓秦国先祖伯益又称大费，而伯益之时秦先人尚在东方，有学者认为费县费邑就是伯益的封地。

隐公元年·四

地理 郑见隐地理示意图 1。郑、申、共、虢（东虢）、制、京、祭、廪延、城颍、颍谷见隐地理示意图 3。

人物 郑庄公、共叔段、郑武公、武姜、虢叔、祭足、公子吕、颍考叔

春秋 夏，五月，郑伯郑庄公克段共叔段于鄢 yān。

【郑伯】正 补 郑庄公。姬姓，名寤生，谥庄。郑武公嫡长子，武姜所生。隐元年前 35 年生。隐元年前 21 年即位，在位四十三年。桓十一年卒。兼任周王室卿士，隐九年降为左卿士，桓五年被周王室罢黜。【郑】正 杨 补 周时国，伯爵（与金文所见国君称号相同），姬姓。周宣王始封周厉王之子友（郑桓公）于郑，为周畿内国，最初在棫林（可能在今陕西凤翔秦雍城遗址附近），后来东迁至拾（可能在今陕西华州东北）。郑桓公在西周晚期周幽王之乱前（最早可能在周幽王元年至三年间）将财产家室东迁至中原东虢（隐元·四·二）、郐（僖三十三·九·一）之间，并开始攻取东虢、郐领土。郑桓公在中原最早的落脚点叫"郑父之丘"，应在郐国境内。后来，郑桓公、郑武公在东虢、郐旧地重建郑国，定都新郑，在今河南新郑城区及外围一带已发现其遗址（详见下）。郑都所在区域被当时人称为"祝融之虚（墟）"（参见昭十七·五·二），是远古火正祝融（僖二十六·二）居地。春秋前期，郑仍为周畿内国，国君担任周王室卿士，然而与周王室之间矛盾冲突愈演愈烈。桓五年郑庄公被王室罢黜不再担任卿士之后，郑完全转型成为诸侯列国。获麟之岁（哀十四年）106 年后被韩所灭。华州区之郑参见《图集》17—18②2，新郑之郑参见《图集》24—25④4。

【段】正 补 共叔段。姬姓，共氏，名段，排行叔。郑武公嫡子，郑庄公同母弟，武姜所生。隐元年前 32 年生。隐元年奔共。

【鄢】补 郑邑。应该处在从京逃离郑的路线上。有学者指出，战国文字"鄢""邬（鄔）"形近容易讹误，"鄢"可能实为"邬"，即隐十一·三·一之邬邑，隐元年时为郑邑。

○补 **郑韩故城遗址**：遗址先后为春秋时期郑国都城、战国时期韩国都城，因此称为"郑韩故城"。郑韩故城遗址西南有双洎河，东北有黄水河，包括古城址、夯土建筑基址、宗庙祭祀遗址、社稷祭祀遗址、手工业作坊遗址和墓葬区。

城墙依双洎河和黄水河而筑，曲折不齐，周长 19 公里，中间有一道南北向的隔墙，把城址分为东城、西城两大部分。西城应为内城，是宫城和宫殿区所在；东城应为外城，即郭城。调查试掘表明，故城城墙是先后经过春秋和战国两个历史时期构筑的。在遗址内还发现了大量西周晚期遗存，集中分布在新郑市区小高庄、仓城、五宅庄及兴弘花园与热电厂一带，可能对应郑桓公东迁后在中原的始居地"郑父之丘"。

宗庙遗址位于东城中部偏北，由夯土建筑基址、3 座礼乐器坑和 3 座殉马坑组成。社稷祭祀遗址发现了 3 处，位于东城中部，其中金城路遗址（图中标"3"处）发掘出 3 座礼乐器坑和 3 座殉马坑，城市信用社遗址（图中标"1"处）发掘出礼乐器坑 6 座、殉马坑 56 座，而中行遗址（图中标"2"处）发掘出礼乐器坑 18 座，殉马坑 45 座和夯筑墙基一道。宗庙遗址和祭祀遗址相对于西城（内城）正好符合"左宗庙、右社稷"的布局。

手工业作坊遗址包括铸铜、铸铁、制陶、制骨作坊。

墓葬方面，在故城西城南部李家楼发现春秋晚期郑国君主大墓；在东城西南部仓城村、后端湾村一带发掘出 15 座春秋时期双墓道"中"字形、单墓道"甲"字形或无墓道大墓；在东城东北部张龙庄村也发掘出四座春秋时期"凸"字形或长方形大墓。

左传 【一】初，郑武公娶于申，曰武姜，生庄公郑庄公及共 gōng 叔段。

【郑武公】 杨 补 姬姓，名掘突，谥武。郑桓公（庄十四·二·二）之子。隐元年前 49 年郑桓公被杀（有争议），隐元年前 48 年郑武公即位，即位后前 3 年因不明原因滞留在卫国（据清华简六《郑武夫人规

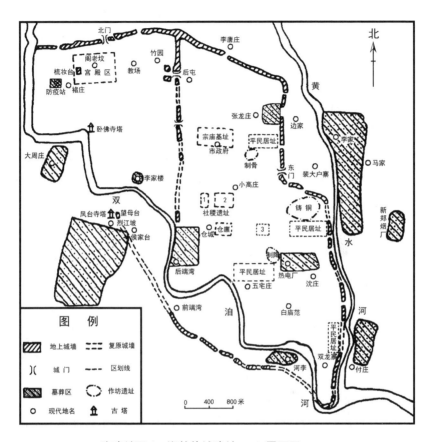

隐遗址图 4　郑韩故城遗址（郑都）平面图（《郑、韩两都平面布局初论》，1999 年）

孺子》）。隐元年前 22 年卒。兼任周王室卿士。

【申】正 杨 补 即"南申"，周时国，伯爵（与金文所见国君称号相同），姜姓。姜姓申人为太岳（隐十一·二·五）之后，是夏、商时的古族，与姬姓周族长期通婚，其国即"西申"，其地可能在今甘肃平凉一带。周宣王将其元舅申伯封于南土，即"南申"，在今河南南阳北的独山下。在西周晚期一段时间内，西申、南申并存。西周末年，西申、鄫、犬戎联军攻灭周王室。春秋时期，西申不再见于历史记载，应该是被拥护周平王的秦、晋等诸侯所灭。庄七年至庄十年间，南申被楚所灭，地入于楚为申县。有学者认为，申人在此后被迁至今河南信阳一带重建申国,依附于楚国,昭十一年楚灵王迁信阳申国之人入荆。昭十三年楚平王使申人迁回信阳申国。南阳之申参见《图集》17—18③4、29—30④4。也有学者认为,此处之"申"非南申,而为西申。

【武姜】 正 补 申女,姜姓。郑武公夫人,郑庄公及共叔段之母。隐元年前 39 年归于郑。

【共】 正 杨 补 周时国,伯爵,姬姓。在今河南辉县市区已发现其遗址(详见下)。下文言"大叔出奔共",而隐元·十则言"郑共叔之乱,公孙滑出奔卫",可见此时共国犹在。闵二年时已为卫邑。参见《图集》17—18②4、24—25③4。

庄公<u>寤生</u>,惊姜氏_{武姜},故名曰"寤生",[姜氏]遂恶 wù 之。

【寤生】 正 杨 补 杜注认为"寤"在这里就是本义"睡醒",所谓"寤生",就是武姜一觉醒来,发现郑庄公已生,而自己竟然毫无知觉,因此大受惊吓。此说不改字解释,而且最为符合"惊姜氏"的情境。一说"寤"通"牾"(或通"啎"),是"逆"的意思。妇人生产时婴儿头先出为顺,足先出为逆。寤生即逆生,也就是足先出的难产。一说"寤生"指婴儿初生闷绝,目闭口噤,即现代医学中的新生儿窒息。有可能后两种说法本为一事,也就是由于难产,胎儿在子宫中时间太长,最终生出来时出现了窒息现象,闷绝不啼,如同死婴,因此会"惊姜氏"。

[姜氏]爱<u>共叔段</u>,欲立之[为大子]。[姜氏]<u>亟</u> qì 请于<u>武公</u>_{郑武公},公弗许。

【亟】 杨 补 数,屡次。

○ 补 **共城遗址**: 遗址位于九山南麓,东临石河,西靠百泉。城址分为大小两城,大城为周代古城,平面呈长方形,南北长 1 300 米,东西宽 1 100 米。城址东南琉璃阁附近发现了商、西周、春秋、战国时期大型墓葬。

【二】**及**庄公_{郑庄公}**即位**,[姜氏]**为之**_{共叔段}**请制。公**_{郑庄公}**曰**:"**制**,岩邑也,虢_{guó}**叔死焉。佗**_(他)**邑唯命。"**[姜氏]**请京,使**[共叔段]**居之,谓之"京城大**_(太)**叔"。**

【制】[杨][补]在今河南郑州上街区峡窝镇上街村。本为东虢邑,隐元年前地已入于郑。参见《图集》24—25④4。《图集》标注不准确,本书示意图根据考证成果标注。

【岩邑】[正][杨]险要之邑。制邑西北部即为虎牢(庄十九—庄二十一·九·一),是郑战略要塞。

【虢叔死焉】[正][补]指郑桓公灭东虢,杀虢叔于制。【虢叔】[正][补]东虢国君。姬姓,排行叔。周平王四年被郑人所杀。【虢】[正][杨][补]东虢。周畿内国,姬姓,公爵。虢本为商代方国,其地望应该就在后来东虢所在地。西周初年,周王室灭虢国,而将虢人西迁至后来的西虢(隐元·十·二)所在地。随后,周王室始封周文王异母弟虢叔于东虢,统治商代虢国旧地,位于成周王畿东部,在河南荥阳北(详见下)。隐元年前被郑桓公所灭,地入于郑(据清华简六《郑文公问太伯》)。参见《图集》17—18②4、24—25④4。

【佗邑唯命】[杨]其他城邑则唯命[是听]。

【京】[正][杨][补]在今河南荥阳京襄城村已发现其遗址(详见下)。郑邑,曾为共叔段采邑。参见《图集》24—25④4。

【大叔】[补]国君的嫡长弟,或卿大夫家族族长的嫡长弟。遍检《左传》,诸侯贵族称"大_(太)叔"者,除去本段共叔段称"京城大叔",以及卫国的"大_(太)叔氏"之外,还有甘昭公称"大_(太)叔带"(僖七—僖八·一),是周襄王的嫡长弟;晋始封君唐叔虞称"大_(太)叔"(昭元·八·一·一),是周成王的嫡长弟;游吉称"子大_(太)叔"(襄二十四·五·四·二),是游贩的嫡长弟。值得注意的是,共叔段、甘昭公发动了试图取代嫡兄郑庄公、周襄王的叛乱,而游吉也取代嫡兄游贩成为游氏族长。"大_(太)叔"应在君位/族长之位继承方面拥有可以挑战嫡子的权力,因此会有此种现象发生。比如说,此处武姜称共叔段为"京城大叔",就是在强调共叔段的这种权力,为他后来发动叛乱造势。

○补 郑武公去世、郑庄公嗣位、武姜为共叔段请制在隐元年前 22 年。就在此事发生前一两年内，晋也发生过类似事件（参见桓二—桓三·二·一）：隐元年前 24 年晋文侯去世，随后发生嗣位纷争，隐元年前 23 年晋文侯之子正式即位（即晋昭侯），晋昭侯被迫将比国都规模更大的曲沃分封给叔父公子成师，成立"国中国"曲沃国。笔者怀疑，武姜提出分封共叔段的建议，并要求封给他地势险要的制邑，是受了一年前晋昭侯分封公子成师的启发，而后来共叔段谋求在郑内部坐大的作为，与曲沃国谋求在晋内部坐大也如出一辙。而开启这一系列纷争的，则应该是西周末年周幽王废太子宜臼、周幽王去世后周平王与携王"二王并立"的王室内乱（详见《知识准备》"两周之际"），所谓"王室垂范，诸侯学样"。

○补 **官庄遗址与东虢地望**：关于东虢国地望，传统说法认为在平皋故城（河南荥阳广武镇南城村）。然而，长期以来，在平皋故城发现了丰富的商代、春秋、战国时期遗存，却没有发现任何西周时期遗存，因此有学者提出东虢故城遗址可能在别处。在候选遗址中，1984 年发现的官庄遗址（荥阳高村镇官庄村）可能性极大。官庄遗址中已发现了由三重护城壕保护的大型西周城址（外壕合围面积达 130 万平方米），还有丰富的西周时期遗迹、遗物，无论是规模、格局、年代、地理位置都与东虢国对应。值得指出的是，官庄遗址位置与《图集》标注位置非常接近。

○补 **京襄城遗址**：遗址先后为春秋时期京邑、汉代京县县城。城址平面呈长方形，南北长 1810 米，东西宽 1499 米。城内外有周代和汉代墓葬。

祭_{zhài} 仲_{祭足}曰："都，城过百雉_{zhì}，国之害也。先王之制：大都，不过参﹙三﹚国之一；中，五之一；小，九之一。今京不度，非制也，君将不堪。"

【祭仲】 正 杨 补 祭足。姬姓，祭氏，名足，排行仲。郑大夫，官至执政卿。曾任祭封人,后至郑朝廷任职。桓十一年被宋人所执,同年归于郑。庄十二年卒。【祭】补商、周时国。周时为畿内国,伯爵,姬姓。周初始封周公旦之子于祭,在今河南郑州郑东新区 CBD(中央商务区)东北部已发现其遗址(详见下)。隐元年前地已入于郑为邑。其后代一部分食采于王畿,成为周王室卿大夫,下文(隐元·十二)"祭伯"是也;一部分成为郑卿大夫,本段祭足是也。参见《图集》24—25④4。《图集》标注不准确,本书示意图依据考古发现标注。

【都】杨补庄二十八·五·二曰"凡邑,有宗庙先君之主曰'都',无曰'邑'"。然而此处很可能是城邑的通称,下文所谓"大都""中[都]""小[都]"即为"大邑""中[邑]""小[邑]"。

【城】杨城墙。【百雉】正杨雉,高一丈长三丈。百雉指城墙每面高一丈长三百丈。

【大都,不过参国之一】正补大邑,不超过国都大小的三分之一。侯伯之国,国都每边长最多为三百雉,即九百丈,因此大邑每边长最多为一百雉,即三百丈。

【今京不度】正补如今京城[规模]不合法度。根据京襄城遗址的实测数据,京城平均边长 1 655 米,折合为 238.8 雉,远远超过"大都百雉"的标准,的确是"不度"。

【不堪】杨补不能承受。堪,胜,任。

○补**祭伯城遗址**:遗址位于熊耳河以北,熊耳河与东风渠交汇处的夹角地带。城址在时代上可以分为早期和明清两部分,其中早期城址平面呈长方形,东西长约 1 380 米,南北宽约 1 千米。总体来说,城址时代主要为西周,延续使用至明清时期。

公曰:"姜氏武姜欲之,焉辟(避)害?"

【焉】杨何处。

[祭仲]对曰:"姜氏何厌之有? 不如早为之所,无使滋蔓。蔓,

难图也。蔓草犹不可除，况君之宠弟乎？"

【厌】杨满足。

【不如……滋蔓】杨补不如及早为共叔段寻找归宿，不要使得[共叔段势力]滋长蔓延。所，处所，归宿。

【宠弟】补受宠的弟弟。

公曰："多行不义，必自毙。子姑待之。"

【毙】正杨补跌倒，引申为失败。

〔三〕既而大(太)叔共叔段命西鄙、北鄙贰于己。公子吕曰："国不堪贰，君将若之何？[君]欲与大(太)叔，臣请事之；[君]若弗与，[臣]则请除之。无生民心。"公郑庄公曰："无庸，[太叔]将自及[于难]。"

【既而……于己】正杨补后来共叔段让郑西部及北部边境地区两属于自己[和郑庄公]。京(共叔段之邑)正在郑西北，故共叔段讽动西鄙、北鄙贰于己。贰，两属，两头事奉。

【公子吕】正补姬姓，名吕，字封。郑大夫。

【欲与大叔，臣请事之】杨补[如果国君]想要[把君位]让给太叔，臣子就请求事奉他。

【无庸】正杨用不着。庸，用。

〔四〕大(太)叔共叔段又收贰以为己邑，至于廪 lǐn 延。子封公子吕曰："可矣。[太叔]厚，将得众。"公郑庄公曰："不义不昵，厚将崩。"

【贰】正杨补指对郑庄公有二心的西部、北部边境地区。

【廪延】正杨补在今河南延津东北。郑邑。参见《图集》24—25③5。

【厚】正杨势力雄厚。

【不义不昵，厚将崩】正杨补不义则不能团结，太厚则将要崩塌。昵，黏，本指泥土紧密黏合，这里引申为团结。此处是以墙为喻。筑墙泥土若不能紧密黏合,那么一旦太厚则将崩坏,比喻众不附共叔段,则共叔段将自败。先秦时夯土筑城技术参见宣十一·二·二。

【五·一】 大(太)叔共叔段完,聚,缮甲兵,具卒乘 shèng,将袭郑。夫人武姜将启之。公郑庄公闻其期,曰:"可矣!"命子封公子吕帅车二百乘 shèng 以伐京。京叛大(太)叔段,段入于鄢,公伐诸(之于)鄢。五月辛丑二十三日,大(太)叔出奔共 gōng。

【完】 正 补 修整城郭。

【聚】 正 补 屯聚粮草。

【缮甲兵】 杨 补 修治甲胄、兵器。【甲】 补 甲胄。据考古发掘所见古代甲胄实物来看,殷商、西周乃至春秋、战国,护体装备最常见的是皮甲,此外也有铜甲;护头装备有皮胄和铜胄。考古发现东周时期甲胄实例见隐器物图 1。

【具卒乘】 正 杨 补 足备步兵、车兵。具,备。

【袭】 正 杨 补 轻装突击。参见庄二十九·二"凡师,有钟鼓曰伐,无曰侵,轻曰袭"。【郑】 补 指郑国都城,庄公所居。

【启】 正 杨 为……开城门。

隐器物图 1.1　辽宁宁城出土昭乌达盟南山根 M101 出土铜胄,春秋早期(《宁城县南山根的石棺墓》,1973 年)

隐器物图 1.2　陕西韩城梁带村芮国墓地 M28 出土铜甲复原图,春秋早期后段(《梁带村芮国墓地——二〇〇七年度发掘报告》,2010 年)

隐器物图 1.3   湖北随县曾侯乙墓出土皮甲胄复原图，
战国早期（《曾侯乙墓》,1989 年）

【五月辛丑，大叔出奔共】 杨 据《左传》本年"大叔出奔共"、《左传·
隐公十一年》郑庄公云"寡人有弟，不能和协，而使糊其口于四方"，可
见在《左传》版本中，共叔段兵败出奔，从此流亡。《公羊传》《穀梁传》
《竹书纪年》则认为，郑庄公在此次军事行动中杀死了共叔段。

【五·二】［《春秋》］书曰："郑伯克段于鄢。"段不弟，故不言"弟"。
［郑伯、段］如二君，故曰"克"。称"郑伯"，讥失教也，谓之郑志。
不言"出奔"，难之也。

【段不弟，故不言"弟"】 杨 补 共叔段谋害其兄，大失为弟之道，因此
《春秋》不书"其弟段"，而直书"段"。襄三十·六·春秋"天王杀其弟
佞夫"，王子佞夫不闻反谋，实为无辜，故《春秋》书"其弟佞夫"，以见
周景王杀弟之罪。

【如二君，故曰"克"】 正 杨 克，战胜。郑庄公伐共叔段，如同两敌国
之君交战，故《春秋》书"克"。

【称"郑……郑志】 正 杨 补 《春秋》不称"郑"以表明此事为国家行
为，而称"郑伯"，给人以郑庄公个人所为的印象，是为了讥讽郑庄公
对其弟共叔段未尽教诲之责，这就道出了郑庄公的本心。所谓郑庄
公的本心，就是明知共叔段不轨举动将为其带来灾祸，却不尽兄长之

责及早制止，而是待其公然作乱然后攻伐之，导致共叔段出奔，同胞兄弟恩断义绝。

【不言"出奔"，难之也】杨《春秋》不书"出奔"，是因为有难处。如果记载为共叔段出奔，则过错只在共叔段。《春秋》作者认为两人都有过错，所以难以下笔。

【六·一】[公]**遂置姜氏**武姜**于城颍** yǐng**，而誓之曰："不及黄泉，无相见也！"既而悔之。**

【城颍】正 杨 补在今河南临颍固厢乡城顶村。郑邑。参见《图集》24—25⑤4。

【黄泉】正 杨地下的泉水。

○补殷墟发掘的十余座带墓道的大型墓葬，其腰坑底部距地表的深度远远超过同时期商代水井的地下潜水线。有学者认为，商人这样做是为了达到"下及黄泉"的效果，这种腰坑就是死者灵魂通往黄泉路的入口，而腰坑中的殉狗就是通往黄泉路的引领者。若然，中国人的"黄泉"观念在商代已经成熟。
○补杜甫《哭李尚书》"此别间黄泉"典出于此。

【六·二】颍考叔为颍谷封人，闻之，有献于公郑庄公**。公赐之食。**
[颍考叔]**食舍肉。**

【颍考叔】正 补颍氏，谥考，排行叔。郑大夫。任颍谷封人，后至郑都任职。隐十一年被公孙阏所杀。

【颍谷】正 杨 补在今河南登封君召镇李家沟村附近。郑邑。昭九年地已入于周。参见《图集》24—25④3。《图集》标注不准确，本书示意图依据《图志》标注。**【封人】**正 补郑外朝地方官，职掌镇守封疆。《左传》所见，宋(文十四·十三·一)、楚(宣十一·二·二)亦有封人。

【食舍肉】补［颍考叔］吃饭时舍弃肉［不吃］。

公问之。

［颍考叔］对曰："小人有母，皆尝小人之食矣，未尝君之羹，请以遗 wèi 之。"
【皆】杨 补备，遍。
【羹】杨 补煮制的带汤肉食或蔬食。
【遗】杨馈。

公曰："尔有母遗繄 yī，我独无！"
【繄】正 补日本藏《玉篇》古写本残卷引作"瞖"，句末语气词。在战国秦汉出土文献中也常见句末语气词"殹"，应即此处之"繄"。

颍考叔曰："敢问何谓也?"

公语 yù 之故，且告之悔。

［颍考叔］对曰："君何患焉? 若阙 jué 地及泉，隧而相见，其谁曰不然?"
【阙】杨掘。
【隧】正 杨挖隧道。

公从之。

【六·三】公郑庄公入而赋："大隧之中，其乐也融融！"姜武姜出而赋："大隧之外，其乐也泄 yì 泄！"遂为母子如初。
【赋】正 杨 补有两种意思，一是创作新诗，二是朗诵已有诗篇。此处郑庄公、武姜赋诗,卫人赋《硕人》(隐四·二·一·一)、许穆夫人赋《载驰》(闵二·五·四·二)、郑人赋《清人》(闵二·六)、秦人赋《黄鸟》(文六·三·一)都是创作新诗,其他地方则是朗诵已有诗篇。

【融融】正 和乐貌。

【泄泄】正 补 舒散貌。郑庄公、武姜从大隧中出来,豁然开朗,二人言语吟诵之声自由散布,故有舒散之感。

【六·四】君子曰:"颖考叔,纯孝也:爱其母,施 yì 及庄公 郑庄公。《诗》曰'孝子不匮,永锡尔类',其是之谓乎!"

【纯】正 补 笃厚。

【施】杨 延及。

【孝子不匮,永锡尔类】正 杨 《毛诗·大雅·既醉》(见襄二十七·五·一)有此句,据上下文可译为"孝子孝心绵绵不绝,长久地赐予尔等族类"。匮,竭。永,长。锡,赐。

○ 补 **出土文献对读**:据清华简六《郑武夫人规孺子》篇的记载,郑武公去世后,武姜在郑武公停棺待葬期间,曾迫使孺子寤生在头三年不得亲政,可扫码阅读。

　　在清华简郑史三篇中,《郑武夫人规孺子》篇内容多涉及郑国内政细节,语言多生词僻句,与晚出的《左传》《国语》很不相同。有学者认为它在三篇中年代最早,很有可能是春秋初年的郑史实录,后来流传到了楚国。如果上述记载反映了史实的话,那么我们对于武姜、郑庄公、公子段之间政治斗争的理解就要作不小的更新和调整:

　　第一,武姜在郑武公去世、郑庄公年幼(当时寤生至多十四岁)的背景下,作为先君夫人强势干预朝政,这应该是她废郑庄公而立公子段行动计划的一部分。虽然她在表面上似乎是在为郑庄公着想,但真实目的非常明显,那就是阻止郑庄公顺利即位亲政,从而为公子段在边境地区发展壮大争取时间。

　　第二,郑庄公对公子段在边境地区的发展采取"听之任之"的态度,最开始可能就是因为被武姜压制无法亲政,所以不得不如此。郑庄公应该是在亲政之后,才转变成《左传》所描述的蓄意谋划,那就是继续维持"无所作为"的状态,从而不惊动武姜,并且等待公子段恶贯满盈,最终在他公开作乱时名正言顺地将他击败。

第三,从清华简的记载来看,郑武公去世后,卿大夫集团支持郑庄公,在小祥祭之后就提出要拥护他亲政,被沉着冷静的郑庄公婉拒。笔者认为,郑庄公在亲政之后,正是由于确知自己得到卿大夫集团的支持,在实力上远胜过武姜/公子段,才敢于采取"养成其恶而后诛之"这种"放长线钓大鱼"的高风险策略。

隐公元年·五

地理 周、鲁见隐地理示意图1。

人物 周平王、宰咺、鲁惠公(隐元·一·一)、仲子(隐元·一·一)

春秋 秋,七月,天王周平王使宰咺 xuǎn 来归(馈)惠公鲁惠公、仲子之賵 fèng。

【天王】杨 补 周平王。姬姓,名宜臼,谥平。周幽王(昭四·三·五·一)之子,申后所生。宜臼本为太子,周幽王宠褒姒之后被废。隐元年前49年周幽王去世后,废太子宜臼在诸侯拥立下即位,并东迁至成周(隐三·四·二),定都王城(庄十九—庄二十一—庄二十一·八)。隐三年卒。宜臼被废以及被拥立之事详见《知识准备》"两周之际"。

【宰咺】正 周宰,名咺。

【賵】正 杨 补 他人赠送的助丧用品,死者口含珠玉为"含",死者入殓所用衣物为"襚",车马、束帛为"賵",货财为"赙"。据《周礼·宰夫》郑玄注,馈赠这四种助丧用品的礼制,为:"凡丧,始死吊而含、襚,葬而賵赠,其间加恩厚,则有赙焉。"賵之制度,据《说苑·修文》,则车马:天子乘马六匹,乘车;诸侯四匹,乘舆;大夫三匹,参舆;元士二匹，下士一匹，无舆。束帛：天子五匹，玄三纁二，各五十尺；诸侯五匹，玄三纁二，各四十尺；大夫三匹，玄一纁二，各三十尺；元士二匹，玄一纁一，各二丈；下士彩，缦各一匹。

[左传]"秋，七月，天王使宰咺来归惠公、仲子之赗。"缓，且子氏仲子未薨 hōng，故[《春秋》书]名。

○[正][杨][补]鲁惠公的丧葬用品来得太迟缓，而且仲子还未去世就把丧葬用品送来，因此《春秋》直书周使者之名"咺"，以彰显宰咺及王室疏失。隐公元年《春秋》没有关于葬鲁惠公的记载，说明鲁惠公已于隐公元年之前下葬。此时已是隐公元年七月，距离下葬至少已有 7 个月，距离始死则至少已有 12 个月，所以说太迟缓。缓赠惠公之赗，主要是周平王的过错。仲子薨于隐二年十二月，本年此时可能已经有病。周王室对于仲子身体状况可能已经有所听闻，估计仲子有可能在使者由周至鲁途中过世，因此命使者将仲子之赗一并带至鲁国。然而，当时使者受命不受辞，有便宜行事的权力。宰咺至鲁国后，得知仲子未薨，则应果断中止赠仲子赗之事，而不应该为了省事而机械地执行王命。

天子七月而葬，同轨毕至；诸侯五月[而葬]，同盟至；大夫三月[而葬]，同位至；士逾月[而葬]，外姻至。

【天子七月而葬】[正][补]周王崩后过七个月再下葬。考之《左传》，除去缓葬的特殊情况，周襄王七月而葬，匡王、简王五月而葬，景王三月而葬。

【同轨】[正][杨][补]指华夏诸侯国。轨，车两轮之间的宽度。春秋时期马车在土质道路上行进时，两轮卡在固定的车辙中行驶，如铁路一般（详见《知识准备》"周道"）。华夏诸侯国马车轨距相同，说明他们共同使用统一轨距的周道网络，这是周代实现了有限度的统一的标志之一。秦始皇统一天下，亦以重新实现"车同轨"作为标志之一。

【诸侯五月】[正][补]诸侯薨后五个月再下葬。考之《左传》，除去缓葬的特殊情况，鲁、卫、曹、陈正常情况下为五月而葬，晋、齐、宋、郑为三月或五月,三月更常见。

【同盟】⬛正⬛杨指同盟诸侯国。

【同位】⬛正指同为大夫,共在位列者。

【外姻】⬛杨指缔结婚姻的亲戚。

赠死不及尸,吊生不及哀,豫凶事,非礼也。

○⬛正⬛杨⬛补向死者(鲁惠公)赠丧葬用品没赶上下葬,向生者吊丧没赶上举哀,人(仲子)尚未死就预先赠送丧葬用品,这是不合于礼制的。葬则尸不得复见,不葬则尸犹可见,故"不及尸"在下葬之后。自始死至于卒哭,皆为生者悲哀之时,故"不及哀"在卒哭之后。李白《自溧水道哭王炎三首》"吊死不及哀"典出于此。

○⬛补丧礼:周礼中与临终关怀、殡殓死者、举办丧事、居丧祭奠有关的礼制。丧礼是周礼中生命力最强的一种,直到今天,有些与周代丧礼一脉相承的仪节还在民间实行。据钱玄在《三礼通论》《三礼辞典》中所作的总结,春秋时士人丧礼主要仪节如下。诸侯、天子丧礼在此基础上更加隆重、繁复。

一、临终

(一)移居正寝。平时住在燕寝,病重后移居正寝,为"寿终正寝"作准备。

(二)君、友问疾。《礼记·丧大记》:"君于大夫疾,三问之……士疾,壹问之。"《论语·雍也》:"伯牛有疾,子问之,自牖执其手。"

(三)祷告。将死之时,向五祀(户、灶、门、行、中霤)之神祷告。

二、始死

(一)属纩。取新绵絮(纩)置于死者鼻孔前,若绵絮不动,则认定死亡。

(二)复。招魂。病人刚断气,立即由侍者拿着生前礼服,登上屋脊中央,向北大声呼喊死者之名,试图召回魂魄使死者复活,然后把礼服从前檐扔下,下面有人接住,拿到室中,盖在死者身上。

（三）迁尸。在室中南窗下设床，移尸其上，去掉招魂之衣和所穿之衣，盖上敛衾，便于沐浴。

（四）楔齿、缀足。用角栖卡在上下齿之间，防止尸体僵硬后牙齿紧闭、无法饭含；用燕几拘持双脚，防止尸体僵硬后双脚不直。

（五）设奠、帷堂。奠用脯醢（hǎi）醴酒，设于尸东，使魂有所凭依。在堂上用帷幕将尸体围起来，防止活人看到嫌恶。

（六）赴告。主人（一般指死者嫡长子）向国君和上级官员报丧，主人的伯父或叔父派人向亲戚朋友报丧。若是诸侯去世，还要向其他诸侯国报丧。

（七）众亲入哭位哭泣。哭位：主人在尸东，众主人（主人庶昆弟）在主人之后，妇人（主人之妻）在尸西，众妇人（众主人之妻）在室外堂上。

（八）君主及宾客吊、襚。吊是慰问家属，襚是给死者送小敛、大敛用的衣、衾（被）。

（九）设铭。铭即旌铭，用黑布条与红布条连起来，红布条上写"某氏某之柩"，挂在竹竿一端，竖立于西阶之上。

（十）浴尸。用淘米水为尸体沐浴，淘过的米用于饭含。沐浴后为尸体剪指甲、剃须、梳头发并扎成发髻，然后穿上明衣一件。

（十一）饭含。主人在尸口内左、中、右各放一枚贝，用米填满。诸侯不用贝，而用珠玉。

（十二）袭。为尸穿衣、佩饰，包括穿祭服、褖（tuàn）服共三件，设瑱、幎目，穿屦，设鞈（gé）、带、笏，设决、握，用冒把尸体套起来。

（十三）设重、设燎。称为"重"的木架竖立在中庭，两旁各悬挂一个鬲，鬲中盛放饭含余米所煮的粥，重外围上苇席，再把铭旌挂在上面。未葬之前，重即是神主。夜晚，庭中设燎（大火把）以照明。

三、小敛

死后第二日，经由陈小敛衣、陈小敛奠、小敛、冯尸、变麻、设小敛奠等步骤，在室中将祭服、散衣等多层衣物裹在尸体上，并用缁衾、绞（布带）捆扎严实，用夷衾盖好，迁到堂上陈尸并祭奠。

小敛所用祭服、散衣共十九件,亲朋所送的襚服在陈小敛衣时都展示出来,但不必全用。小敛奠设定之后,众亲依照亲疏之序轮流哭泣。小敛后仍然可以接受致襚。夜晚设燎。

四、大敛

死后第三日,经由陈大敛衣、陈大敛奠、为殡具、陈鼎、大敛、入殡、设大敛奠等步骤,在东序将三十件衣物裹在尸体上,用衿(jīn,单被)、衾、绞捆扎严实,安放入棺中,加棺盖,停放在堂上当西阶处挖好的浅坑中,上面搭上屋顶状的木板,挂上旌铭,并祭奠。自大敛入殡至下葬,灵柩停在此处待葬,停殡处称为"殡宫"。

大敛奠之后,送别宾客,众亲离开殡宫,各就丧次。丧次就是守丧所居的棚子,在门外左侧墙下,分倚庐(靠墙倚立的茅棚)、垩室(以泥涂壁的棚子)两种。服斩衰者居倚庐,服齐衰者居垩室。

五、成服

(一)成服。入殡后明日起,众亲依照亲疏关系穿戴好丧服。

(二)拜君命及众宾客。成服之后,主人主妇拜谢来吊唁者,先君后宾。

(三)朝夕哭、朝夕奠。入殡后明日起,亲朋每天早晚都到殡宫内站在各自位置上哭泣。每天早晚都设奠,平时用脯醢、醴酒,初一、十五时用特豚、鱼腊(xī)、黍稷。

六、入葬

(一)筮宅。入殡之后通过占筮在公共墓地中选择一块区域,修挖墓穴。

(二)视椁及明器。殡后十日,主人将制作椁(外棺)的木材交给工匠。工匠做成后,在殡宫外组装,主人亲自察看。将制作明器的材料陈列在殡宫外,也由主人察看。明器做好后、明器上漆后,主人也都要察看。

(三)卜葬日。葬前一个月的下旬,在殡宫门外占卜下葬日期,先卜下月下旬刚日;若不吉,则卜下月中旬刚日。

(四)启殡。葬日前一日,天未明时,将灵柩从殡中抬出,准备入葬。

（五）朝祖。死者在葬前向祖宗告别的仪式，在祖庙举行，犹如生时出行前向祖宗告别一样。事毕后设祖奠。

（六）君及宾客赠赠。祖奠之后，君及宾客赠送赗、赙。主人将赠品写在方板上，又将准备用来陪葬的物品写在竹简上，编成遣策。

（七）设大遣奠。葬日天明，在祖庙门外设奠。

（八）发引。众人牵引柩车前往墓地，主人袒衣哭踊跟随灵柩而行。

（九）入圹（kuàng）。圹即墓穴。先下椁底板和四周壁板，再下棺，放置明器，加棺饰，放置其他随葬品，铺上椁盖板、抗席、抗木，最后封土为墓。

七、葬后

（一）反哭。葬毕，主人、众亲、众宾回到祖庙哭泣。哭后主人拜送宾客，众亲至殡宫哭踊。主人拜送众亲，就倚庐。

（二）虞祭。安魂祭，使死者灵魂安息。士人之丧要举行三次虞祭，首虞在葬日，再虞与首虞相隔一日，三虞在再虞之明日。

（三）卒哭祭。三虞之后隔一日举行卒哭祭，停止朝夕哭。卒哭祭是吉祭。

（四）祔祭。卒哭之明日，将新死者神主牌位立于祖庙进行祭祀，并排定昭穆之位。祭毕后，将神主放回殡宫。

（五）小祥祭。葬后十二月举行的周年祭，丧主除首绖（dié，头上丧带），服练衣练冠（白色熟绢所制衣冠），所以又称为"练祭"。

（六）大祥祭。葬后二十五月举行的除服祭，丧主除衰（麻布丧服），服朝服缟冠（白色生绢所制冠）。

（七）禫祭。葬后二十七月举行的终丧祭。禫祭之后，三年之丧正式结束，隔月便可完全恢复正常生活。

隐公元年·六

地理 纪、夷见隐地理示意图4。

左传 八月，纪人伐夷。夷不告[我]，故[《春秋》]不书。

【纪】 正 杨 补 周时国，侯爵（与金文所见国君称号相同），姜姓。在今山东寿光南部纪台镇冯家庄村以西已发现其遗址（有争议，详见下），《图集》即据此标注。庄三年纪季以酅入于齐。庄四年"纪侯大去其国"，纪国本封灭亡。此后，酅守纪国宗祀，作为齐附庸国又存在167年；而出走的纪侯率领另一部纪人向东迁徙，可能到了今山东烟台芝罘区四眼桥街一带定居。纪台镇之纪参见《图集》17—18①7、26—27③5。

【夷】 正 杨 补 周时国，妘姓。在山东青岛即墨区古城村。参见《图集》17—18①8、26—27③7。

○ 补 纪国都城地望：纪台村遗址位于弥河以东，包括古城址、夯土建筑基址和墓葬区。城址平面呈长方形，东西长一千五百米，南北宽一千二百米，由外郭和内城两部分组成。城址中有一巨型高台，可能是宫殿基址。然而，考古发现，纪台村遗址的文化遗存主要为汉代及以后，先秦时期的较少。有学者认为，商代至西周的纪国国都可能在寿光南七公里呙宋台村以西的呙宋台遗址，到了春秋早期纪国被齐国压迫时才迁都到纪台村遗址所在地。呙宋台遗址总面积约八十万平方米，规模大、文化层堆积厚、时代连续性强，以商末、西周为主要内涵，周围又有同时期一系列商周遗址。也有学者认为，商代至西周的纪国国都可能在寿光市北八公里古城街道古城村南的益都侯城遗址。益都侯城城址平面呈长方形，东西长780米，南北宽644米。城址西部曾发现一批商代晚期青铜器，15件上有铭文"己（纪）竝（并）"、3件上有铭文"己（纪）"，应是商代纪国青铜器。本书示意图仍采用《图集》观点，而以此提醒读者注意。

隐公元年·七

地理 鲁见隐地理示意图1。

左传 [我]有蜚 fěi。不为灾，[《春秋》]亦不书。

【蜚】杨 一种蝽科农业害虫，体形轻小能飞，食稻花，又散发恶气灼伤稻，使其不能结实。

隐公元年·八

地理 鲁、宋见隐地理示意图1。鲁、宋、宿、黄见隐地理示意图3。

人物 鲁惠公（隐元·一·一）、鲁隐公（隐元·○）

春秋 九月，[我]及宋人盟于宿。

【宿】正 杨 补 周时国，男爵，风姓。周武王始封太皞之后于宿，在今山东东平县东平镇宿城村西北已发现其遗址（详见下）。庄十年，宋人迁宿，其旧地入于宋。后地入于齐，为无盐邑。参见《图集》17—18②6、26—27④3。《图集》标注不准确，本书依据《图志》标注。

○正《春秋》常例，若会盟参与者为卿，则书名。此处鲁、宋双方与盟者皆不书名，应皆为大夫。

○补 **东平故城遗址**：遗址先后为春秋时期宿国都城、汉代东平国治所。城址平面大体呈长方形，东西长约一千六百米，南北宽约一千三百米。

○补 **宿国地望争议**：有学者认为，东平之宿位于齐、鲁之间，远离宋国，春秋初期的宋人没有可能在庄十年实施迁宿这样的行动，也没有可能占有宿地。因此，本年及庄十年所提到的宿，应该是晋侯苏钟铭文提到的"夙（宿）夷"，位于今河南商丘至江苏徐州一带，这里是宋人的重要活动区域。本书示意图仍然采用传统说法，而以此提醒读者注意。

左传 惠公鲁惠公之季年，败宋师于黄。公鲁隐公立，而求成焉。"九月，及宋人盟于宿"，始通也。

【季年】杨末年。

【黄】正 杨 补在今河南民权人和镇内黄集村东四里。宋邑。参见《图集》24—25④5。《图集》标注不准确，本书示意图依据《图志》标注。

【求成】补请求讲和修好。成参见隐六·一。

【通】杨通好。

隐公元年·九

地理 鲁、卫见隐地理示意图1。

人物 鲁惠公(隐元·一·一)、鲁隐公(隐元·○)、太子允(隐元·二·一)、卫桓公

左传【一·一】冬，十月庚申十四日，[我]改葬惠公鲁惠公。公鲁隐公弗临lìn，故[《春秋》]不书。

【公弗临】正 补以丧主身份到场哭泣为"临"。鲁隐公虽为鲁惠公之子，然而既以摄政自居而奉戴太子允为未即位之君，故不敢为丧主，而使太子允为丧主，因此不临惠公之丧。

【一·二】惠公之薨也，有宋师，大(太)子太子允少 shào，葬故有阙 quē，是以改葬。

【有宋师】补有与宋的战事。应是宋乘鲁丧，兴师来报黄之败(参见隐元·八)。

【二】卫侯卫桓公来会葬。[卫侯]不见公鲁隐公，[《春秋》]亦不书。

【卫侯来会葬】正据昭三十·二·二，"先王之制，诸侯之丧，士吊，大夫送葬"。据昭二一昭三·四，晋文、襄之霸时，"君薨，大夫吊，卿

共葬事"。无论如何,国君亲自前来会葬为不合周礼的行为。【卫侯】⊞卫桓公。姬姓,名完,谥桓。卫前庄公(隐四·二·一·一)之妾戴妫(隐四·二·一·一)所生庶子,而夫人庄姜(隐四·二·一·一)以为己子。隐元年前 12 年即位,在位十六年。隐四年被公子州吁所弑。【卫】正杨⊞周时国,侯爵,姬姓。始封君为周文王之子康叔封。西周初年三监之乱(参见襄二十一·五·四·三)平定之后,周成王初封叔封于康,为康侯,"以侯殷之余民"(据清华简二《系年》)。康侯(叔封)之子改为伯,康伯(叔封之子)、考伯、嗣伯、庚伯、靖伯、贞伯居于康。顷侯时复为侯,改封于卫,都城为沫,即商末期陪都朝歌,在今河南淇县县城四周已经发现其遗址(详见下,有争议)。沫所在区域被当时人称为"殷虚(墟)"(参见定三—定四·五·四),是殷朝晚期核心区。闵二年狄入卫,卫戴公旅居于曹,在今河南滑县东。僖二年卫文公迁于楚丘,在滑县东北。僖三十一年卫成公迁于帝丘,在今河南濮阳县五星乡东高城村、七王庙村一带已发现其遗址(详见下)。获麟之岁(哀十四年)后 272 年,卫君角被废为庶人,卫绝祀。朝歌(卫)参见《图集》17—18②5。沫、曹、楚丘、帝丘分别见《图集》24—25③5 "卫 1""卫 2""卫 3""卫 4"。

【不见公,亦不书】正⊞卫桓公未见鲁隐公,《春秋》因此也未记载。窃疑鲁隐公既不以丧主自居,故不与卫桓公相见。

○⊞**淇县卫国故城遗址(有争议):** 遗址位于淇县县城四周,包括古城址、手工业作坊遗址、墓葬区。城址平面呈长方形,南北长 2 250 米,东西宽 1 650 米,始建于西周时期,在春秋、战国时期曾多次修补增筑,废弃于西汉早、中期。手工业作坊遗址包括制骨(春秋时期)和冶铁(战国时期)作坊。20 世纪 30 年代在遗址东北的浚县辛村发掘出西周至春秋初期卫国墓地,其中 M1、M2、M5、M6、M17 等五座墓为双墓道"中"字形大墓,M21、M24、M42 为单墓道"甲"字形大墓。2017 至 2018 年,考古工作者又在辛村附近发现了西周至东周时期的祭祀坑、铸铜作坊、制骨作坊。辛村遗址可能不只是卫国贵族墓地,而是具有都邑性质的超大型聚落群。淇县遗址是否真是卫国故城还需要进一步考古发掘来证实。

○补 **帝丘卫国故城遗址**:遗址位于黄河故道金堤河南岸,先后是春秋时期卫国都城、秦汉濮阳县城。遗址中有仰韶、龙山、商、西周、春秋、战国、汉等时代的文化遗存。城址平面呈长方形,城墙始建于龙山时代早期,北墙长2 420米,东墙长3 790米,西墙长3 986米,南墙长2 361米,应该有十个城门,东西各三,南北各二。

○补 **出土文献对读**:清华简二《系年》叙卫国早期历史,可扫码阅读。

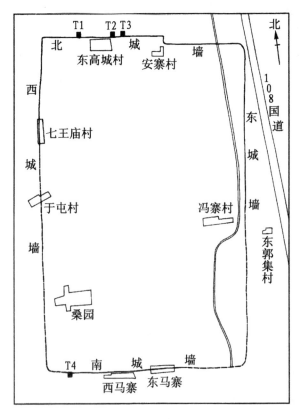

隐遗址图5　帝丘卫国故城遗址平面图(《河南濮阳县高城遗址发掘简报》,2008年)

隐公元年·十

地理 郑、卫、周、鲁见隐地理示意图 1。郑、卫、周、虢（西虢）、邾、鲁、
廪延、翼见隐地理示意图 3。

人物 共叔段（隐元·四·春秋）、公孙滑、邾安公（隐元·二·春秋）、
公子豫、鲁隐公（隐元·○）

左传 〖一〗郑共 gōng 叔共叔段之乱，公孙滑出奔卫。卫人为之伐郑，
取廪 lǐn 延。

【公孙滑】 正 补 姬姓，名滑。共叔段（隐元·四·春秋）之子，郑武
公（隐元·四·一）之孙。隐元年奔卫。

〖二〗郑人以王师、虢 guó 师伐卫南鄙。[郑人]请师于邾，邾子邾安
公使私于公子豫。豫公子豫请往，公鲁隐公弗许。[公子豫]遂行，及
邾人、郑人盟于翼。[《春秋》]不书，非公命也。

【郑人……南鄙】 正 杨 据僖二十六·四，"凡师，能左右之曰'以'"。
郑庄公为周王室卿士，而西虢公又与郑庄公同在周王室供职，因此郑
人能指挥周王室之师及西虢之师，以讨伐卫南部边境地区。【虢】
正 杨 补 西虢，周畿内国，公爵，姬姓。此时东虢（隐元·四·二）已
灭，故不称"西虢"而只称"虢"。虢本为商代方国，其地望应该在今河
南荥阳北。西周初年，虢人被西迁到后来的西虢所在地，也同时将
"虢"这个地名带到了西方。随后，周王室始封周文王异母弟虢仲于
西虢，以统治迁居至此的商代虢国遗民。西虢位于宗周王畿西部，在
今陕西宝鸡陈仓区。西周末年东迁于上阳（僖五·八·二），位于成
周王畿最西端，扼守连通宗周和成周的殽函道（僖五·八·四），在
河南三门峡李家窑村已发现其遗址。东迁后的西虢地跨河水南北，其
河水以南部分又称"南虢"，西虢都城上阳就位于南虢；河水以北的部
分又称"北虢"，西虢陪都下阳（僖二·三·春秋）就位于北虢。西虢
东迁后，其支庶留在西虢旧都，称为"小虢"。春秋时期，西虢仍为周

畿内国,国君担任周王室卿士。僖二年晋灭北虢,西虢只剩下南虢。僖五年晋灭南虢,整个西虢灭亡。庄七年秦灭小虢。西周时西虢参见《图集》17—18②1。春秋时西虢参见《图集》22—23⑪16。

【私】杨 私下言说。【公子豫】补 姬姓,名豫。鲁大夫,官至卿位。

【翼】正 杨 补 在今山东费县石井镇城后村西南。郱地。参见《图集》26—27④4。

○补 下启隐二年郑人伐卫(隐二·七)。

隐公元年·十一

地理 鲁见隐地理示意图1。

人物 鲁隐公(隐元·○)

左传 [我]新作南门。[《春秋》]不书,亦非公鲁隐公命也。

隐公元年·十二

地理 周、鲁见隐地理示意图1。

人物 祭伯、周平王(隐元·五·春秋)

春秋 冬,十有(又)二月,祭 zhài 伯来。

【祭伯】正 补 姬姓,祭氏。周公旦(隐八·二)之后。周王室卿大夫。

左传 十二月,"祭伯来",非王周平王命也。

【"祭伯来",非王命也】补《春秋》不书"天王使祭伯来",而书"祭伯来",是表明祭伯前来没有奉周平王之命。

隐公元年·十三

地理 鲁见隐地理示意图1。

人物 公子益师、鲁隐公(隐元·○)

春秋 公子益师卒。

【公子益师】 杨 补 姬姓，名益师，字众。鲁孝公(哀二十四·三·一)之子。鲁大夫，官至卿位。隐元年卒。其后为众氏。其名(益师)、字(众)相应，益师则众。

○ 正 补 国君及夫人去世、下葬皆为国事，故《春秋》去世书"薨"，下葬书"葬"。卿去世，君丧肱股，故《春秋》书"卒"。而卿下葬则为家事，故《春秋》不书"葬"。

左传 众 zhōng 父 fǔ，公子益师 卒。公 鲁隐公 不与 yù 小敛，故 [《春秋》] 不书日。

【小敛】 补 见隐元·五。

○ 补 据《礼记·丧大记》，"君于大夫、世妇，大敛焉；为之赐，则小敛焉"。如此，则大夫去世，国君只要参加大敛即可；若特别加以恩赐，则又参加小敛。据此处《左传》，则国君若参加小敛，则《春秋》书大夫去世日期，不然则否。

隐公二年·一

地理 鲁见隐地理示意图1。鲁、戎、潜见隐地理示意图4。

人物 鲁隐公（隐元·○）、鲁惠公（隐元·一·一）

春秋 二年，春，公鲁隐公会戎于潜。

【会】补 诸侯预先谋定地点日期，按期而会，称"会"。

【戎】正 杨 补 此部戎人，己姓，昆吾之后，分布在鲁、卫之间，今山东菏泽东明县马头镇西南。参见《图集》24—25④6。

【潜】正 杨 补 在今山东济宁西南。鲁地。参见《图集》26—27④3。

左传 "二年，春，公会戎于潜"，修惠公鲁惠公之好也。戎请盟，公辞。

【二年……好也】正 戎与鲁惠公，本就友好；今日又与鲁惠公之子鲁隐公相见，重修旧好，故曰"修好"。

【戎请盟，公辞】正 补 戎人提出要举行盟誓，鲁隐公推辞了。本次会面鲁隐公不与戎人盟誓，而八月又与戎人盟于唐（隐二·四·春秋），可能这次是双方初次接触，鲁隐公还不确定友好是否能持久，因此暂且不答应盟誓。

○补 诸戎："戎"为华夏诸国对于非华夏部族的通称之一。戎本义为兵器，引申为执兵器以侵掠的部族。《左传》所见之戎有：

一、戎：见本年。

二、北戎：见隐九·六·一。

三、卢戎：见桓十二—桓十三·二·二。

四、大戎：见庄二十八·二·一。

五、骊戎：见庄二十八·二·一。

六、犬戎：见闵二·一·一。

七、扬、拒、泉、皋、伊、雒之戎：见僖十一·二·一。

八、雒戎：又作伊、雒之戎，见文八·四。

九、陆浑之戎：见僖二十二·三·二。

十、姜戎：见僖三十三·三·春秋。

十一、茅戎：见成元·一·二。

十二、阴戎：见昭九·二·一。

十三、九州之戎：见昭二十二—昭二十三·一·四。

隐公二年·二

地理 莒、向见隐地理示意图 4。

人物 莒子、向姜

春秋 夏，五月，莒 jǔ 人入向。

【莒】 杨 补 商、周时国，周时为子爵（金文资料称"侯"）。始为嬴姓，自莒纪公以下为己姓（有学者认为是与纪国联姻从母国国号得姓）。周武王始封少皞之后兹舆期于莒，都介根（一作"计斤""计"），在今山东胶州西南。西周末、东周初迁于今山东莒县，在其县城已发现其遗址（详见下）。获麟之岁（哀十四年）后 50 年被楚所灭。介根之莒参见《图集》17—18①7。莒县之莒参见《图集》26—27④5。

【向】 正 杨 补 周时国，姜姓。在山东莒南大店镇西南部已发现其遗址（详见下）。隐二年莒人入向。桓十六年地已入于鲁。僖二十六年地已入于莒。宣四年地已入于鲁。参见《图集》17—18②7、26—27④5。

○ 补 **莒县莒国故城遗址**：遗址先后为春秋时期莒国都城、秦代莒县县城、汉代城阳国。遗址叠压在莒县县城之下，包括古城址、铸铜作坊遗址、铸钱作坊遗址、制陶作坊遗址、墓葬区等。城址平面接近方形，共有四重古城垣，其中最外重（周长 16 514 米）与第二重（周长 9 500 米）始建于春秋初年，应是春秋时期莒国国都的外郭和内城遗址。第三重(周长6 912米)始建于春秋时期，至汉城阳王刘章都莒时取正加固而成，俗称"汉城"。第四重(周长3 450米)是元代马睦火镇守时期，因城大难守，故截取汉城东北隅为一小城。此外，1978年在沂水县院东头乡刘家店子发掘出两座春秋中期无墓道长方形墓葬和一座车马坑，其中M1墓室中有三十余具殉人，墓主人应是莒国君主夫妇。1975年在莒南县大店镇发掘出两座有墓道方形大墓，其中M1年代为春秋晚期，墓室内有十具殉人；M2年代为春秋中期，墓室内亦有十具殉人，墓主人应是莒国贵族。

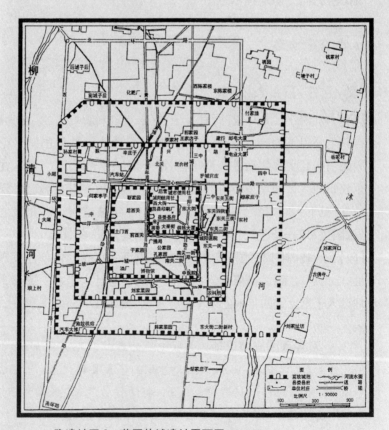

隐遗址图6　莒国故城遗址平面图(《莒故城垣新考》，2003年)

○ 补 **向国故城遗址**：遗址先后为春秋时期向国都城/向邑、汉代槐阳县县城。遗址位于浔河以南，沭河东岸。城址南北长约二千五百米，东西宽约三千米。城址内有周至汉代文化遗存，以西周至春秋遗物最多。

左传 莒子娶于向。向姜不安莒而归。夏，"莒人入向"，以姜氏向姜还。

【向姜】 补 向女，姜姓。莒子夫人。

隐公二年·三

地理 鲁见隐地理示意图 1。鲁、极见隐地理示意图 4。

人物 展无骇、费庤父（隐元·三）

春秋 无骇展无骇帅师入极。

【无骇】 正 杨 补 展无骇。姬姓，此时尚无氏，死后鲁隐公赐展氏，名无骇。夷伯之子，子展之孙。鲁大夫，官至卿位。隐二年已任司空（卿职）。隐八年卒。

【极】 杨 补 鲁附庸国，姬姓。在山东金乡南而稍东。隐二年被鲁所灭。参见《图集》17—18②6、26—27⑤3。

○ 补 《春秋》书法，诸侯之臣，唯卿书名氏。此时无骇尚未有氏，故只书名。无骇去世后，得赐氏为"展"，参见隐八·十二。

左传 司空无骇展无骇入极，费 bì 庤 qín 父 fǔ 胜之。

【司空】 补 源自西周王官"三有司"（司土、司马、司工）中的"司工"。周王室外朝官有司空（定三—定四·五·四），掌水利、营建之事。此处为鲁外朝官，卿职，分管工程，其职掌事务有：一、土木工程；二、率师征伐;三、参与书写功臣赐命;四、礼仪职能。除鲁以外,《左传》所见,晋(庄二十五—庄二十六·二)、郑(襄十·七·二·一)皆有司空。宋本亦有司空(桓六·七·二),春秋之前因避宋武公讳改称司城(文七·二·一)。曹亦有司城(哀七—哀八·二·二)。

【费庈父胜之】杨 费庈父灭了极国。据文十五·七,"凡胜国,曰'灭之'",则灭国亦可称"胜"。

隐公二年·四

地理 鲁见隐地理示意图1。鲁、戎、唐见隐地理示意图4。

人物 鲁隐公(隐元·○)

春秋 秋,八月庚辰,公鲁隐公及戎盟于唐。

【庚辰】正 杨 根据杜预和王韬所推春秋历,本年八月不应有庚辰。

【唐】正 杨 补 即隐五·一·春秋"公矢鱼于棠"之"棠",在今山东鱼台王鲁镇武台村西有武唐亭遗址,相传即鲁隐公观鱼台所在。鲁地。参见《图集》26—27④3。

左传 戎请盟。秋,"盟于唐",复修戎好也。

隐公二年·五

地理 鲁见隐地理示意图1。纪、鲁、莒、密见隐地理示意图4。

人物 裂繻、纪伯姬、莒子

春秋 九月,纪裂繻 xū 来[为君]逆女。

【纪裂繻来逆女】正 补 纪君娶鲁女伯姬,裂繻为其君前来迎接。

【裂繻】补 名裂繻,字帛。纪大夫,官至卿位。其名(裂繻)、字(帛)相应,繻与帛皆为丝织品之名。

○补周王娶夫人，由于天子位尊，无与匹敌，因此遣卿士前往主婚国迎接新妇（如桓八—桓九·春秋）。诸侯国君娶夫人，按正礼应亲自前往女方国迎接新妇，若国君不得前往，则由卿前往。考之《左传》，国君亲迎极少（如庄二十四·三），绝大多数为国君遣卿前往（如本年）。卿、大夫、士娶夫人，则亲自前往女方家中迎接新妇（如隐八·四）。《春秋》书法，卿为君迎新妇则称"逆女"，如本年之事；卿为自己迎接新妇则称"逆某某"，如庄二十七·六·春秋"莒庆来逆叔姬"；周王遣公卿至主婚国迎新妇则称"逆王后"，如桓八—桓九·春秋"祭公来，遂逆王后于纪"。参见隐七·七·二"昏礼"。

冬，十月，伯姬_{纪伯姬}归于纪。

【伯姬】正补纪伯姬。鲁女，姬姓，排行伯。鲁惠公（隐元·一·一）女。隐二年归于纪，为纪侯夫人。庄四年卒。

○正此条《春秋》无对应《左传》。

纪子帛_{裂繻}、莒_{jǔ}子盟于密。

【密】正杨补在今山东昌邑围子镇北密村、前密村一带。莒邑。参见《图集》26—27③6。

○正《春秋》记载鲁大夫与他国君主相会，皆列鲁大夫于他国君主之上，如桓十一·四·春秋"柔会宋公、陈侯、蔡叔盟于折。"《春秋》列裂繻于莒子之上，如同鲁大夫，并称其字，是表示对裂繻的嘉许。

左传【一】"九月，纪裂繻来逆女"，卿为君逆也。

【二】冬，"纪子帛、莒子盟于密"，鲁故也。

○补纪裂繻与莒子盟，是为了调解鲁、莒之间的紧张关系，故曰"鲁故也"。

隐公二年·六

地理 鲁见隐地理示意图1。

人物 仲子（隐元·一·一）

春秋 十有(又)二月乙卯十五日，夫人子氏仲子薨。

○补 鲁隐公以摄政自居，而奉戴太子允为未即位之君，因此以夫人之礼葬其母仲子，故《春秋》书"夫人子氏薨"。

隐公二年·七

地理 郑、卫见隐地理示意图1。

人物 公孙滑（隐元·十·一）

春秋 郑人伐卫。

【伐】正 行师有钟鼓称"伐"，参见庄二十九·二。

左传 "郑人伐卫"，讨公孙滑之乱也。

【公孙滑之乱】正 事在隐元·十·一。

隐公三年·一

春秋 三年,春,王二月己巳初一,日有食之。

【日有食之】 补 即日食,又作日蚀,只在月球运行至太阳与地球之间,太阳、月球、地球接近一直线时发生。这时,太阳光被月球遮蔽所形成的影子,在地球上可分为本影、伪本影和半影。位于本影区的观测者可以看到日全食,在伪本影区的观测者可以看到日环食,在半影区的观测者可以看到日偏食。日食与日月合朔(见桓三·五·春秋)的关系是:日月合朔是日食的必要不充分条件,也就是说,日食只在朔日(农历初一)的日月合朔之时发生,然而,并不是每个朔日的日月合朔之时都能观测到日食。

隐公三年·二

地理 周见隐地理示意图1。

人物 周平王(隐元·五·春秋)

春秋 三月庚戌十二日,天王周平王崩。

【崩】 正 据《礼记·曲礼下》,"天子死曰崩,诸侯曰薨,大夫曰卒,士曰不禄,庶人曰死"。

○补 **周平王陵(疑似):** 2001 年在河南洛阳体育场路东侧、东周王城遗址以东 30 米发现三座东周墓葬,包括两座两墓道"中"字形大墓(C1M10123 及未发掘墓),以及一座四墓道"亚"字形大墓(C1M10122)。另外,在 C1M10122 北墓道东 16 米处发掘了一座车坑和一座马坑。根据墓葬形制、铜器铭文以及晋侯墓地的考古资料,学者认为"亚"字形的 C1M10122 即是周平王陵,而 C1M10123 可能是周平王王后墓,也可能是周平王之后的某位周王陵。

左传 三年，春，王三月壬戌二十四日，平王崩。赴（讣）以庚戌十二日，故［《春秋》］书之。

【赴以庚戌，故书之】 正 补 讣告上写的日期为"庚戌"，因此《春秋》上也这么记载。周人讣告所书周平王崩日比实际崩日早了十二日，可能是希望诸侯早日前来。**【赴】** 补 指赴告（今作讣告），是周礼中与丧礼有关的一项重要制度。诸侯或其夫人死后，要奔赴周王室及同盟诸侯国报告情况，包括死者身份、姓名、死因、死亡时间，以及嗣位之君信息，一方面方便王室、他国派人前来参加丧礼，另一方面延续同盟旧好，取得各国对于嗣君的承认，从而安定国内民众。

隐公三年·三

地理 鲁见隐地理示意图 1。

人物 声子（隐元·一·一）、鲁隐公（隐元·○）

春秋 夏，四月辛卯二十四日，君氏声子卒。

左传 夏，"君氏卒"——声子也。不赴（讣）于诸侯，不反（返）哭于寝，不祔fù于姑，故［《春秋》］不曰"薨"。不称"夫人"，故不言葬，不书姓。为公鲁隐公故，［《春秋》书］曰"君氏"。

【不赴……书姓】 正 杨 补 从本处、僖八·三、襄四·三描述可知，国君夫人丧礼应有如下环节：第一，夫人死后，向同盟诸侯发讣告（赴于同）。第二，遗体收敛入内棺（椁），在太庙停棺待葬（殡于庙）。第三，下葬之后，返回至祖庙号哭（反哭于寝），并在殡宫举行安魂祭（虞）。第四，卒哭祭之后，将死者神主牌位祔祭于其祖姑（丈夫祖母）之庙（祔于姑）。如果这些环节都齐备，那么《春秋》就应该记载成"夫人子氏薨"，以及"葬我小君子氏"。声子死后，赴于同、反哭于寝、祔于姑这三个仪式都没有举行，丧礼不成，所以《春秋》不书"薨"而书

"卒"。由于不称声子为"夫人",所以《春秋》不记载下葬之事,而且不书其姓"子"。虞、卒哭、祔均见隐元·五。鲁隐公以摄政君自居,而奉戴太子允为未即位之君,因此一方面以夫人之礼待太子允之母仲子,另一方面不敢以夫人之礼待其生母声子。

【为公故,曰"君氏"】 杨 补 为了隐公的缘故,《春秋》变文记载为"君氏"。据襄二十六·六·二·三,当时有"君夫人氏"之称,此处既然不得言"夫人",又要照顾鲁隐公的摄政君地位,故省"夫人"而称"君氏"。

○ 补 《春秋》记述鲁君夫人去世,与常例"夫人某氏薨""葬我小君某氏"不同者有四处:

一、隐二·六·春秋书"夫人子氏薨",而不书"葬我小君某子"。杜预注曰"不反哭,故不书葬"。

二、隐三·三·春秋书"君氏卒",而不书"夫人子氏薨",且不书"葬我小君某子"。相应《左传》曰:"不赴于诸侯,不反哭于寝,不祔于姑,故不曰薨,不称夫人,故不言葬。不书姓,为公故,曰'君氏'。"

三、定十五·八·春秋书"姒氏卒",而不书"夫人姒氏薨",且不书"葬我小君定姒"。相应《左传》曰:"不称夫人,不赴,且不祔也。""不称小君,不成丧也。"

四、哀十二·二·春秋书"孟子卒",而不书"夫人姬氏薨",且不书"葬我小君某姬"。相应《左传》曰:"死不赴,故不称夫人。不反哭,故不言葬小君。"

隐公三年·四

地理 郑、周见隐地理示意图 1。郑、周、虢(西虢)、温(苏)、成周见隐地理示意图 3。

人物 郑武公(隐元·四·一)、郑庄公(隐元·四·春秋)、周平王(隐元·五·春秋)、王子狐、公子忽、虢公忌父、祭足(隐元·四·二)

[左传]【一】<u>郑武公</u>、<u>庄公</u>郑庄公为<u>平王</u>周平王卿士。王周平王贰于<u>虢</u> guó。<u>郑伯</u>郑庄公怨王，王曰"无之"。故周、郑交质：<u>王子狐</u>为质于郑，郑公子忽为质于周。

【卿士】[正][杨][补]周外朝官，王室卿大夫中的执政者，职掌事务有：一、为周王室率师征讨；二、辅佐周王，领导百官，总理朝政；三、代表周王册命诸侯。综观《左传》有关王室卿士的记载，春秋时期的卿士由畿内国君主担任，如郑、虢、单、刘、毛等。除周王室之外，鲁(<u>定元·二·一</u>)、楚(<u>哀十六·四·四</u>)亦称本国正卿或与正卿相当的令尹、司马为"卿士"。

【王贰于虢】[正]指周平王不专任郑庄公，偶尔也分权给虢公忌父。

【交质】[杨]交换人质。

【王子狐】[正][补]姬姓，名狐。周平王(<u>隐元·五·春秋</u>)之子。隐三年前为质于郑。

【公子忽】[正][补]后为太子忽，后为郑昭公。姬姓，名忽，谥昭。郑庄公(<u>隐元·四·春秋</u>)嫡子，邓曼(<u>桓十一·三·三·一</u>)所生。即君位前为郑大夫。隐三年前为质于周，隐七年至隐八年之前归于郑。桓十一年即位。同年，宋人执祭足，胁立郑厉公，郑昭公奔卫。桓十五年，郑厉公出奔，郑昭公复位，在位二年。桓十七年被高渠弥所弑。

【二】王周平王崩，周人将畀 bì 虢公虢公忌父政。四月，郑祭 zhài 足师师取温之麦。秋，[郑人]又取成周之禾。周、郑交恶。

【畀】[正][补]予。至今粤语仍用"畀"来表示给予。【虢公】[补]虢公忌父。姬姓，名或字忌。隐八年兼任周右卿士。

【温】[正][杨][补]在今河南温县招贤乡上苑村北已发现其遗址(详见下)。苏国(见<u>隐十一·三·一</u>)国都。春秋早期，苏国为周畿内国，温在名义上为周邑，而周王室不能实际控制，因此隐十一年作为交换给予郑。郑庄公也曾短暂占据温(据清华简六《郑文公问太伯》)，而终不能守。僖十年苏被狄所灭，温入于周为邑，然而周王室仍不能实际控制。僖二十五年周王将温所在的"南阳"地区整体赐予晋，从此为晋邑,遂为晋县,先后封给狐氏、阳氏、郤氏。赵文子时期为赵氏核心城邑,至哀二年时仍为赵氏采邑。参见《图集》22—23⑦9。【麦】⟨补⟩即现在的小麦,拉丁学名 *Triticum aestivum*,禾本科一年或二年生草本植物。据农业考古学者的研究,小麦最早起源于西亚的肥沃新月地带(Fertile Crescent),在距今一万年左右开始被驯化,在距今八千年左右形成了今天广泛种植和食用的六倍体小麦,最迟在距今四千年前已经传到了中国的黄河中下游地区,是周代主要粮食作物之一。

【成周】⟨正⟩⟨杨⟩⟨补⟩在今河南洛阳东北十五公里已发现其遗址(汉魏洛阳故城遗址的东周城址)。“成周”是一个从西周到东周意义有所变化的概念。一、西周时的“成周”是周灭商之后在中原雒水(今河南洛河)岸边新建的东都,与位于今陕西西安以西、沣水两岸的西都“宗周”相呼应,构成周王室的两都系统。一般认为,“成周”和“雒邑”是东都的两个称谓,其中“成周”与“宗周”对称,而“雒邑”则是描述东都在雒水岸边的地理位置。考古工作者在成周/雒邑地区共发现了两处重要的西周时期遗址,一处是瀍河两岸西周遗址(详见下),另一处是汉魏洛阳故城的西周城址(详见下)。有学者认为,瀍河两岸遗址是西周初年周公主持营建的成周/雒邑,可能并没有外城墙,至西周晚期时已经衰落并被废弃;而汉魏洛阳故城的西周城址可能是西周晚期营建的、有城墙的、以军事防御功能为主的新城。也有学者认为,这两处西周遗址长期并存,都是西周时期成周/雒邑的组成部分,其中瀍河两岸西周遗址是周王室所在地,而汉魏洛阳故城西周城址以军事功能为主。二、西周灭亡、周平王东迁至中原之后,周王室居地为王城(庄十九—庄二十一—庄二十一·八),而“成周”不再指代东都,专指那座位于汉魏洛阳故城、以军事功能为主的城邑/陪都。王子朝之乱后,定元年周敬王请诸侯增修成周城,随后离开王城,将成周作为都城。三、战国晚期,东西周分治,成周成为东周公国的都城,周赧王被迫迁回王城,而当时王城已是西周公国的都城,周赧王实际居地是王城外的小城。

【禾】⟨杨⟩⟨补⟩禾有两义,稷(僖五·八·一)植株为禾,此为狭义;春秋战国时期,稷为北方地区首要粮食作物,禾也就成为粮食作物植株的通称,此为广义。此处取狭义。

○补 纵观《春秋》《左传》,则《春秋》用周正,而《左传》杂采各国史料,历法上经常未加统一。本段"四月""秋",应皆为夏正,可能是由于郑用夏正的缘故。夏正四月,麦已熟,夏正之秋,黍稷已熟,郑因而割取之。此处若为周正,则周正四月(夏正二月)麦未熟,周正之秋七月(夏正五月)黍稷亦未熟,郑若此时割取庄稼,纯粹是损人不利己的破坏行为,而且取之归国,亦无用处,郑人不应行此悖理之事。

○补 下启隐八年虢公忌父作卿士于周(隐八·三)。

○补 **温城遗址**:古城址平面呈正方形,边长约四百米。

○补 **瀍河两岸西周遗址**:20世纪70年代以来的考古成果显示,洛阳市瀍河两岸有丰富的西周文化遗存,包括瀍河西岸及邙山以南广大区域发现的大量周人贵族墓、平民墓、车马坑、祭祀坑、铸铜冶炼遗址、夯土基址,以及在瀍河东岸至塔湾一带发现的大量具有显著殷文化特征的殷遗民墓葬。有学者综合考古资料和文献记载推断,瀍河两岸遗址就是西周前中期的东都成周所在地,该遗址位于洛河和邙山之间,横跨瀍河两岸。有学者根据传世文献记载,推测遗址由宫城和郭城组成,宫城位于瀍河西岸、郭城西南隅。殷民居住区位于郭城的东北部,贵族居住区位于郭城的东南部。不过,由于整个遗址范围内至今没有发现夯土城垣,也有学者认为,西周前中期的东都成周并没有外城墙,是这一时期"大都无城"的例证之一。

○补 **汉魏洛阳故城遗址**:遗址北有邙山,南跨洛河,历史上曾是西周、东周、东汉、三国魏、西晋和北魏都城(或都城的一部分)。大城平面呈不规则长方形,西垣残长约4290米,北垣全长约3700米,东垣残长约3895米,南垣已被洛河冲毁,以东西垣间距推算在2460米。1984年的考古发掘表明:一、在故城中部有西周中晚期开始修筑的城墙,东西长约2600米,南北宽约1900

米；二、春秋晚期曾增修，与西周城相比，东周城向北扩大了约二分之一，这可能对应定元年诸侯为周敬王增修成周；三、战国末年至秦代在东周城的基础上再次向南扩大，这可能对应《洛阳记》所记载的"秦封吕不韦为洛阳市十万户侯，大其城"。

【三】君子曰：

"信不由中，质无益也。

【中】杨补 内心。

"明恕而行，要 yāo 之以礼，虽无有质，谁能间 jiàn 之？苟有明信，涧、溪、沼、沚 zhǐ 之毛，蘋 pín、蘩 fán、蕰 yùn 藻之菜，筐、筥 jǔ、锜 qí、釜 fǔ 之器，潢 huáng、汙 wū、行 háng 潦 lǎo 之水，可荐于鬼神，可羞于王公，而况君子结二国之信，行之以礼，又焉用质？

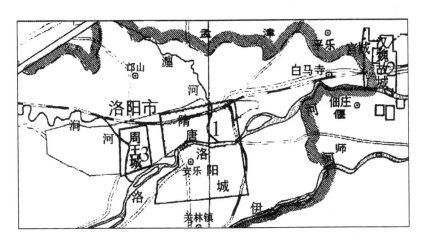

隐遗址图 7.1　瀍河两岸西周遗址(1. 西周早中期成周所在地)、汉魏洛阳故城(2. 西周晚期—东周时期成周所在地)、东周王城遗址(3)的相对位置(《成周城析论》,2016 年)

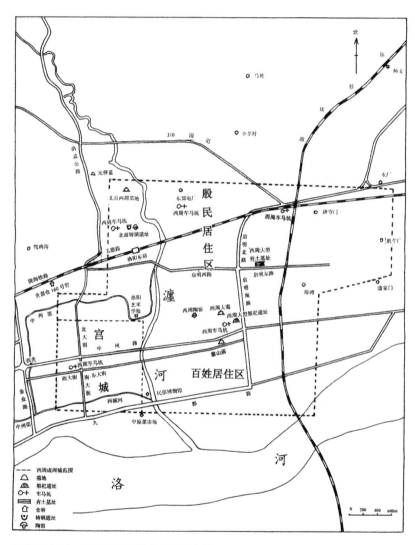

隐遗址图 7.2　西周成周城结构布局示意图（《西周成周城的结构布局及其相关问题》，2016 年）

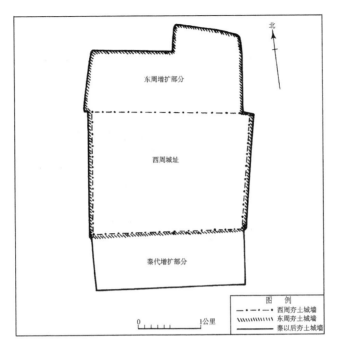

隐遗址图 7.3　汉魏洛阳故城遗址早期城址沿革示意图
（《汉魏洛阳故城城垣试掘》，1998 年）

【明恕】补［自身］光明磊落而又［对他人］行恕道。一说，［自身］明察而又［对他人］行恕道。恕道，即孔子所说的"己所不欲，勿施于人"。

【要】杨约。

【间】杨离间。

【明信】补昭明的诚信。

【涧】正山夹水。【溪】正山渎无所通者为"溪"，一说水注川为"溪"。【沼】正池。【沚】正补水中小洲。【毛】正草。

【蘋】补田字草（*Marsilea Quadrifolia*），蘋科多年生水生草本植物，嫩茎叶可食。【蘩】补萎蒿（*Artemisia selengensis* Turcz.），菊科多年生草本植物，嫩茎叶可食。【蕴藻】正补聚集在一起的水藻。蕴，积聚。藻，菹草（*Potamogeton crispus* L.），眼子菜科多年生沉水草本植物。可食。

【筐、筥】正杨竹器，方形为"筐"，圆形为"筥"。【锜、釜】杨烹饪器,有足者为"锜",无足者为"釜"。

【潢、汙】⬚杨⬚积水,大者为"潢",小者为"汙"。【行潦】⬚杨⬚道边积水。
行,道。

【荐】【羞】⬚正⬚⬚杨⬚都是进献的意思。

○⬚补⬚**古文字新证**:"羞"字字形演变情况如下图所示。商代甲骨文
"羞"字从又(手)持羊,会进献之意。商以后字形演变情况在此不
再详述。总之,从古文字学证据看,"进献"应为"羞"之造字本义。

1 商.甲 1394《甲》	2 商.甲 2006《甲》	3 商.鄘三下 46.1《甲》	4 商.乙 402《甲》	5 商.羞鉞《金》
6 商.丁羞爵《金》	7 周中.羞鼎《金》	8 周晚.五年師旋簋《金》	9 周晚.師同鼎《金》	10 周晚.多友鼎《金》
11 戰.齊.璽彙 3623	12 戰.楚.清一.皇 3（縢）	13 秦.睡.語 11《張》	14 漢印徵	15 東漢.熹.儀禮.既夕《篆》

隐字形图 1(《说文新证》,2014 年)

"《风》有《采蘩》《采苹》,《雅》有《行 háng 苇》《泂 jiǒng 酌 zhuó》,昭
忠信也。"

【《采蘩》】⬚正⬚⬚杨⬚⬚补⬚《毛诗·召南》有《采蘩》。【《采苹》】⬚正⬚⬚杨⬚⬚补⬚
《毛诗·召南》有《采苹》。

【《行苇》】⬚正⬚⬚杨⬚⬚补⬚《毛诗·大雅》有《行苇》。【《泂酌》】⬚正⬚⬚杨⬚⬚补⬚
《毛诗·大雅》有《泂酌》。

【昭忠信也】⬚正⬚⬚补⬚《采蘩》之蘩、沼、沚、涧,《采苹》之苹、涧、藻、行
潦、筐、筥、锜、釜,《泂酌》之行潦,都是上文提及之物。《行苇》之苇,
上文虽未提及,亦为水边植被,与蘩、苹相类。其中,《采蘩》《采苹》描
述用山泽野菜作为祭品,用普通容器装着进行祭祀,表明如果心怀忠

信，即使是菲薄之物也都可以用为祭品，与"昭忠信"的义旨最为贴合，而《行苇》《泂酌》与义旨联系则较为松散。

○ 补 **传世文献对读**：《毛诗·召南·采蘩》《毛诗·召南·采蘋》《毛诗·大雅·行苇》《毛诗·大雅·泂酌》的原文，可扫码阅读。

隐公三年·五

地理 周、鲁见隐地理示意图 1。

人物 武氏子、周平王（隐元·五·春秋）

春秋 秋，武氏子来求赙 fù。

【武氏】 正 周王室卿大夫。【赙】 杨 补 丧葬用货财，参见隐元·五·春秋。

左传 "武氏子来求赙"，王 周平王 未葬也。

○ 正 补 此时周平王未葬，新王居丧，政事听于冢宰，故《春秋》不可能如正常情况书"王使武氏子来求赙"。冢宰实使武氏子来鲁求助丧之物，而冢宰又不得专命，故《春秋》不书"冢宰使武氏子来求赙"，而书"武氏子来求赙"，如同武氏子自行来鲁。武氏子本应嗣其父位，但周平王未葬，新王居丧，不得加臣爵位，故此人仍系于父称"武氏子"。总之，此条《春秋》之所以如此书写，皆因周平王未葬，故《左传》以"王未葬也"解之。

隐公三年·六

地理 宋、郑见隐地理示意图 1。

人物 宋穆公、孔父嘉、公子与夷/宋殇公、宋宣公、公子冯

春秋 八月庚辰 十五日，宋公和 宋穆公 卒。

【宋公和】杨 补 宋穆公。子姓,名和,谥穆。宋武公(隐元·一·一)之子,宋宣公之弟。隐元年前6年即位,在位九年,隐三年卒。○正《春秋》书法,诸侯国君去世,本国君主称"薨",外国君主称"卒",以示内外之别。

左传【一·一】宋穆公疾,召大司马孔父fǔ,孔父嘉而属(嘱)殇公公子与夷/宋殇公焉,曰:

【宋穆……公焉】正 杨 补 宋穆公生病,[自知时日无多,于是]召来大司马孔父嘉,把宋殇公(即公子与夷)嘱托给他。

【大司马】杨 补 即司马。源自西周王官"三有司"(司土、司马、司工)中的"司马"。周王室外朝官有司马,掌军政、军赋之事。此处(大)司马为宋外朝官,卿职,掌军事。除宋之外,《左传》所见,楚(僖二十六·三)、晋(僖二十七—僖二十八·二十四·一)、郑(襄二·五·二)、蔡(襄八·三)、陈(襄二十五·二·二)、鲁(昭四—昭五·九)皆有(大)司马。另外,宋有少司马(昭二十一·四·一),为司马副手。楚有左司马(襄十五·三·一)、右司马(襄二·九),为司马副手,另有都司马(昭二十·三·一)。晋有中军、上军司马(成十八·三·一)。鲁卿大夫家亦有司马(襄二十三·八·一·三),又称马正。此外,田猎之时亦可临时设司马以掌军政(文十一文十一·一)。

【孔父】正 杨 补 孔父嘉。子姓,名嘉,字孔。正考父(昭七·九·二·一)之子。宋大夫,官至执政卿。隐三年已任司马(卿职)。桓二年被华父督所杀。其后为孔氏。孔子六世祖。

【殇公】正 补 宋殇公,即位前为公子与夷。子姓,名与夷,谥殇。宋宣公之子。隐四年即位,在位十年。桓二年被华父督所弑。

○补 孔父嘉、成嘉(文十二·三)、公子嘉(襄八·八·一·二)皆名嘉、字孔,春秋时人名、字相谐,嘉、孔均有嘉美之意。《说文解字》说:"孔,通也。从乙,从子。乙,请子之候鸟也。乙至而得子,嘉美之也。古人名嘉字子孔。"

"先君宋宣公舍与夷公子与夷而立寡人，寡人弗敢忘。若以大夫孔父嘉之灵，得保首领以没，先君若问与夷，其将何辞以对？请子孔父嘉奉之公子与夷，以主社稷。寡人虽死，亦无悔焉。"

【先君舍与夷而立寡人】正 杨 补 先君（宋宣公）［当年］舍弃了［他的儿子］与夷，而立寡人为君。宋穆公为宋宣公之弟。【先君】正补 宋宣公。子姓，名力，谥宣。宋武公（隐元・一・一）之子。隐元年前二十五年即位，在位十九年。隐元年前七年卒。【寡人】正《礼记・曲礼下》："诸侯见天子曰'臣某'、'侯某'，其与民言自称曰'寡人'"。

【灵】杨 福。

【得保首领以没】杨 补 得以保住自己的头颈去世。指不被杀戮，得到寿终。首，头。领，颈。

【社稷】杨 补 国君主祀的土地神与谷神（参见僖五・八・一"稷"），《左传》中经常用以指代国家政权。

［大司马］对曰："群臣愿奉冯 píng，公子冯也。"

【冯】正 补 公子冯，后为宋庄公。子姓，名冯，谥庄。宋穆公之子。桓三年即位，在位十八年。庄二年卒。

公宋穆公曰："不可。先君宋宣公以寡人为贤，使主社稷。［寡人］若弃德不让，是废先君之举也，岂曰能贤？光昭先君之令德，可不务乎？吾子孔父嘉其无废先君之功。"

【岂曰能贤】正 杨 补 怎能说是担得起贤德［的名声］？能，堪，任。参见襄十三・三・一"非能贤也"。

【光昭】杨 补 光大昭明，即今人所谓"发扬光大"。【令德】杨 善德。令，善。

【务】补 专力从事。

[公] 使公子冯出居于郑。

○[正][补] 据隐四·二·四·一，"公子冯出奔郑，郑人欲纳之"。从宋穆公角度言之，则是使其出居以避殇公；从公子冯角度言之，则是忿而出奔。角度不同，因此事同而文异。

[一·二] 八月庚辰十五日，宋穆公卒。殇公宋殇公即位。

[二] 君子曰："宋宣公可谓知人矣。立穆公宋穆公，其子宋殇公飨之，命以义夫！《商颂》曰'殷受命咸宜，百禄是荷hè'，其是之谓乎！"

【飨之】[杨][补] 享其国。飨本义为设礼食以招待宾客，这里引申为享有。

【命以义夫】[正][杨][补] [是由于宋宣公]发布遗命根据了"合宜"[的原则]吧！义，宜。夫，语气词。

【殷受……是荷】[正][杨][补]《毛诗·商颂·玄鸟》有此句，而"荷"作"何"，可译为"殷商接受天命都很合宜，因而承受各种福禄"。荷，承受。宋为殷商之后，所以君子引《商颂》来称赞宋宣公。

○[补] **传世文献对读：**《公羊传·隐公三年》叙宋宣公、缪公（即穆公）事，可扫码阅读。

隐公三年·七

[地理] 齐、郑见隐地理示意图 1。齐、郑、石门、卢、济水见隐地理示意图 3。

[人物] 齐僖公、郑庄公（隐元·四·春秋）

[春秋] 冬，十有（又）二月，齐侯齐僖公、郑伯郑庄公盟于石门。

【齐侯】补 齐僖公。姜姓，名或字禄，谥僖。齐前庄公之子。隐元年前8年即位，在位三十三年。桓十四年卒。【齐】杨 补 周时国，侯爵（与金文所见国君称号相同），姜姓。齐出自商代吕国（参见僖十一·四·一），周武王或周成王始封吕尚于齐，都营丘，很可能就是下文所述的临淄，也可能另有所在。其实际就封时间应在周成王之世、周公东征灭薄姑之后。齐胡公时迁于薄姑，在今山东博兴东南。齐献公时迁于临淄，在今山东淄博辛店北八公里的齐都镇已发现其遗址（详见下）。获麟之岁（哀十四年）后90年，齐卿陈和（《史记》作"田和"）废齐康公，自立为君。5年后，周元王册命陈和为齐侯。又7年后，齐康公去世，姜姓齐遂亡。获麟之岁（哀十四年）后260年，陈氏（《史记》作田氏）齐国被秦所灭。临淄参见《图集》17—18①7、26—27③5。

【石门】正 杨 补 在今山东平阴西南东阿镇小屯村北。齐地。参见《图集》26—27③3。《图集》标注不准确，本书示意图依据《图志》标注。

○正 齐、郑遣使来告，故《春秋》书之。

○补 齐都临淄遗址：遗址先后为春秋战国时期齐国都城、汉代临淄县县城。遗址东临淄河，西依系水，北为平原，南有牛山、稷山，包括古城址、夯土建筑基址、手工业作坊遗址和墓葬区。

城址包括大城和小城两部分，小城在大城西南部，其东北部伸入大城的西南隅，共享部分城墙，呈现"大城咬小城"的形态。大城东西约3 500米，南北约4 100米。大城东北部有丰富的西周和春秋文化遗存，应该是西周城址所在，西周城长2 100米，宽2 640米。小城东西约1 400米，南北约2 200米，其中发现的文化遗存最早在战国时期。大城始建于西周中期之前，经过多次扩建、修补。小城始建于战国早期至中期，也经过了多次修补。有学者认为，大城先是姜姓齐国都城，后为陈（田）氏齐国沿用，而小城是战国中期陈（田）氏代齐之后新修的宫城。

城内共发现古代道路九条，其中小城三条，大城七条。其中，大城中部一条宽 17 米的东西向大道(a)可以通向五处,满足《尔雅·释宫》所言"五达为康"的要求,北部一条宽 15 米的东西向大道(b)可以通向六处,满足《尔雅·释宫》所言"六达为庄"的要求,有学者认为这两条大道分别是传世文献记载的"康"道和"庄"道。

　　手工业作坊遗址包括冶铁和炼铜作坊。墓葬方面,在大城东北部河崖头村一带发现西周晚期至春秋时期大、中型墓葬二十余座,有的有南北墓道,其中一座单墓道"甲"字形大墓东、西、北三面发现殉马坑,殉马超过六百匹。学者认为这一带应是姜姓齐国君主或卿大夫的墓地。

⬚左传 冬,齐、郑盟于石门,寻卢之盟也。庚戌,郑伯郑庄公之车偾 fèn 于济 jǐ。

【寻卢之盟也】⬚正⬚杨⬚补 重温齐、郑卢之盟。寻,温。卢之盟在春秋之前。**【卢】**⬚正⬚杨⬚补 在今山东济南长清区西南广里村。齐邑,曾为高氏采邑。参见《图集》26—27③3。《图集》标注不准确,本书示意图依据《图志》标注。

【庚戌】⬚正⬚杨 根据杜预和王韬所推春秋历,十二月无庚戌。

【偾】⬚正⬚补 仆,翻。**【济】**⬚正⬚杨⬚补 水名,古四渎(江、河、淮、济)之一。发源于河水以北的河南济源王屋山,称沇水,至温县西北始称济水,入河水,此为河北之济。河南之济本是从河水分出的一条支流,与河北之济隔河相对,且河北之济、河南之济都比河水清,因此古代误认为河北之济横穿或从地下潜流过河水,复出时则为河南之济。河南之济向东北流,经河南、山东入海。东晋时,河水南岸至巨野泽之间的济水上中游河道已断绝。南宋时,济水下游河道被黄河、大清河、小清河所夺,济水不复存在。春秋时济水参见《图集》24—25③3—①9。

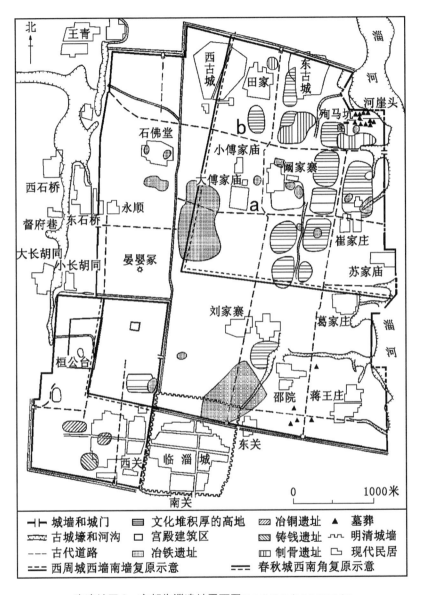

北

王青

西古城
田家
东古城

淄河

河崖头

b
殉马坑

石佛堂

小傅家庙

大傅家庙
a

阚家寨

西石桥

督府巷　东石桥

永顺

大长胡同
小长胡同

晏婴冢

崔家庄

苏家庙

刘家寨

葛家庄

淄河

桓公台

邵院　蒋王庄

东关

西关

临　淄　城

南关

0　　　　　1000米

┬┴ 城墙和城门　　▤ 文化堆积厚的高地　　▨ 冶铜遗址　　▲ 墓葬
▥ 古城壕和河沟　　▢ 宫殿建筑区　　　　▧ 铸钱遗址　　╭╮ 明清城墙
-- 古代道路　　　▦ 冶铁遗址　　　　　▥ 制骨遗址　　▱ 现代民居
━ 西周城西墙南墙复原示意　　　　　　━━ 春秋城西南角复原示意

隐遗址图 8　齐都临淄遗址平面图(《先秦城邑考古》，2017 年)

隐公三年·八

地理 宋见隐地理示意图 1。

　　人物 宋穆公（隐三・六・春秋）

春秋 癸未二十日，葬宋穆公。

　　○正 鲁遣使会葬，故《春秋》书之。

隐公四年·一

地理 莒、杞、牟娄见隐地理示意图4。

春秋 四年,春,王二月,莒jǔ人伐杞,取牟娄。

【杞】 正 杨 补 商、周时国,春秋初期为侯爵,后为伯爵(与金文所见国君称号相同)、偶尔为子爵,姒姓。此时应在新泰市境。商代杞国始封君为夏禹后裔,姒姓,其地可能在河南杞县,也可能在山东新泰一带。西周初期,商代杞国绝嗣,周武王别求夏禹之后于东土姒姓娄国(今山东诸城一带),仍为杞国,都雍丘,在河南杞县。西周中期懿王之前被迫迁至今山东诸城一带,后因卷入对周王朝的叛乱而遭到镇压,并被周王朝迁置于山东新泰、宁阳境。桓六年州亡之后,杞迁于州旧都淳于,在山东省潍坊市坊子区杞东村西北已发现其遗址。僖十四年杞成公时迁于缘陵,在今山东昌乐营丘镇古城村西北已发现其遗址。襄二十九年迁回淳于。获麟之岁(哀十四年)后三十六年(一说三十七年,一说三十三年)被楚所灭。杞参见《图集》13—14④9。雍丘参见《图集》17—18②5、24—25④5。淳于参见《图集》26—27③6"杞1、3"。缘陵参见《图集》26—27③6"杞2"。

【取】 正 补 襄十三·二"凡书'取',言易也",昭四·四"凡克邑不用师徒曰'取'。"此处用师徒,故书"伐",得之易,故书"取",整体上说属于襄十三·二所述情况。

【牟娄】 正 杨 补 在山东诸城西南。本为杞邑。隐四年后地入于莒。昭五年地入于鲁。参见《图集》26—27④6。

○ 补 **杞国地望争议**:有学者提出,从春秋早期到战国早期,杞国地望一直在山东新泰、宁阳一带,淳于、缘陵也都在这个地区,而并不在潍坊、昌乐一带。本书示意图仍然采用《图集》传统说法,而以此提醒读者注意。

隐公四年·二

地理 卫、鲁、宋、陈、蔡、郑、齐、周见隐地理示意图1。卫、鲁、宋、陈、蔡、郑、齐、周、邢、清见隐地理示意图 3。

人物 公子州吁、卫桓公(隐元·九·二)、鲁隐公(隐元·〇)、宋殇公(隐三·六·一·一)、陈桓公、公子翚、公子晋/卫宣公、卫前庄公、太子得臣、庄姜、厉妫、孝伯、戴妫、石碏、石厚、公子冯(隐三·六·一·一)、众仲、周桓王、右宰丑、獳羊肩

春秋 戊申 三月十六日，卫州吁 公子州吁 弑其君完 卫桓公。

【州吁】补 公子州吁。姬姓，名州吁。卫前庄公庶子。隐四年弑卫桓公而自立为君，同年被卫人所杀。

【弑】杨 下杀上，如弑君、弑父、弑兄。

〇正 据宣四·三·一·二，臣弑君，《春秋》称臣之名(州吁)，则公子州吁有罪。

夏，公 鲁隐公 及宋公 宋殇公 遇于清。

【遇】正 杨 诸侯未及会期而相见(据《礼记·曲礼下》)，或临时决定相见，各简其礼，有如道路偶遇(据杜注)，则称"遇"。

【清】正 杨 补 在山东东阿鱼山乡西城村附近。卫邑。哀十一年地已入于齐。参见《图集》26—27③3。

宋公 宋殇公、陈侯 陈桓公、蔡人、卫人伐郑。

【陈侯】补 陈桓公。妫姓，名鲍，谥桓。陈文公(桓五·一)之子。隐元年前二十二年即位，在位三十八年。桓五年卒。【陈】正 杨 补 周时国，侯爵(与金文所见国君称号相同)，妫姓。周武王始封虞舜之后胡公满于陈，始都株野，地在今河南柘城胡襄镇。后定都宛丘，在河南周口淮阳区已发现其遗址(详见下)。陈所在地可能就是上古有虞氏的旧居地。昭八年被楚所灭，地入于楚为陈县。昭十三年复国。哀十七年终被楚所灭。参见《图集》17—18③5、24—25⑤5。

【蔡】正 杨 补 周时国，侯爵(与金文所见国君称号相同)，姬姓。本

为畿内国,周武王始封周文王之子叔度于蔡,应在宗周王畿。周初三监之乱(参见襄二十一·五·四·三)后,蔡叔度被流放,周成王改封其子蔡仲胡于上蔡,在河南省上蔡县西南已发现其遗址(详见下)。昭十一年被楚灵王所灭,地入于楚为蔡县。昭十三年楚平王复其国,迁于新蔡,在今河南新蔡城关镇西北部已发现其遗址。哀元年楚昭王使蔡迁徙至江水、汝水之间。哀二年蔡昭公迁于州来,即下蔡,在安徽凤台故下蔡城(有争议,详见下)。获麟之岁(哀十四年)后三十四年,被楚惠王所灭。后复国,国于高蔡,在今湖北巴东、建始一带。又 78 年后,被楚宣王所灭。上蔡参见《图集》17—18③5、29—30③6"蔡 1"。新蔡参见《图集》29—30④6"蔡 2"。下蔡参见《图集》29—30④8"蔡 3"。高蔡参见《图集》45—46⑤2。

○补 **陈国故城遗址**:城址位于旧淮阳县城城墙最下层,始建于春秋时期,战国时期曾两次复修。城址平面略呈方形,周长 4 500 余米。

○补 **上蔡蔡国故城遗址**:遗址坐落于洪汝河环抱的芦冈中部东坡上,包括古城址、宫殿基址、手工作坊遗址(冶铜、制陶、制骨)和墓葬区,年代约从西周至春秋时期。城址平面略呈长方形,南墙长 2 700 米,东墙长 2 490 米,北墙长 2 113 米,西墙长 3 187 米。城西卧龙岗有西周至春秋时期蔡国墓葬以及战国时期楚国墓葬。

○补 **新蔡蔡国故城遗址**:遗址南五公里有汝河,北 1.5 公里有洪河绕城流向东南,东临莲花湖,南迎车辆湖,北接青湖。城址平面呈不规则形,依湖岸曲折筑成,周长 6 956 米。宫殿区在城址东部。城北有古墓群。

○补 **蔡侯墓及下蔡地望**:1955 年在今安徽寿县县城西门内发现春秋晚期无墓道近正方形大墓,墓主人应是蔡侯。1958—1959 年又在淮南八公山区蔡家岗北赵家孤堆发现一座战国初期有墓道长方形大墓,墓主人应是蔡侯产。有学者认为,寿县蔡侯墓和淮南蔡侯墓的发现,显示下蔡可能不在凤台,而在寿县。本书示意图仍采用《图集》观点,而以此提醒读者注意。

秋,翚 huī,公子翚帅师会宋公宋殇公、陈侯陈桓公、蔡人、卫人伐郑。

【翚】正杨补公子翚。姬姓,名翚,字羽。鲁大夫,官至卿位。其名(翚)、字(羽)相应,翚本义为鸟振羽疾飞。

九月,卫人杀州吁公子州吁于濮。

【濮】正杨在今安徽亳州东南。陈地。

○正补州吁此时实为卫君。据宣四·三·一·二,臣弑君,若《春秋》只称君之名(州吁),而弑君者则以“某人”代之,则表明君(州吁)无道。此种情形,依《春秋》惯常书法,应书“卫人弑其君州吁于濮”,此处不称“其君”,且不称“弑”而称“杀”,是由于州吁尚未参加过诸侯会盟,未得到诸侯承认,故不以为君。春秋之世,王政不行,赏罚之柄,实在诸侯。弑君取国,其罪虽大,若得以列于诸侯之会,则君位定,他国不得复讨。参见成十六·五。

冬,十有(又)二月,卫人立晋公子晋。

【晋】杨补公子晋,本年立为卫宣公。姬姓,名晋,谥宣。卫前庄公之子,卫桓公(隐元·九·二)之弟。隐四年卫人杀公子州吁而立公子晋,在位二十年。桓十二年卒。

左传【一·一】卫庄公卫前庄公娶于齐东宫得臣太子得臣之妹,曰庄姜,美而无子,卫人所为赋《硕人》也。[公]又娶于陈,曰厉妫 guī,生孝伯,早死;其娣 dì 戴妫,生桓公卫桓公,庄姜以为己子。

【卫庄公】杨补卫前庄公。姬姓,名扬,谥庄。卫武公(襄二十九·九·一·二)之子。隐元年前三十五年即位,在位二十三年。隐元年

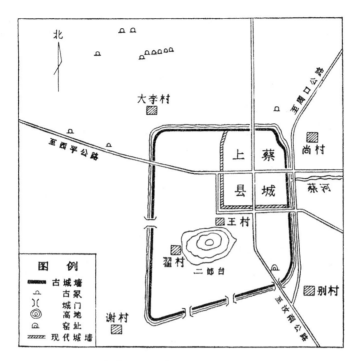

隐遗址图 9　上蔡蔡国故城遗址平面图（《蔡国故城调查记》,1980 年）

前十三年卒。

【东宫得臣】 正 补 太子得臣。姜姓,名得臣。齐前庄公之嫡子。未即位而卒。【东宫】 正 太子所居宫室。

【庄姜】 杨 补 齐女,姜姓。齐前庄公嫡女,太子得臣之妹,卫前庄公夫人,卫桓公嫡母。隐元年前三十五年归于卫。

【赋】 正 杨 创作。【《硕人》】 正 杨 补 《毛诗·卫风》有《硕人》。

【厉妫】 补 陈女,妫姓,谥厉。卫前庄公妾,孝伯之母。

【孝伯】 补 姬姓,谥孝,排行伯。卫前庄公长庶子,厉妫所生。

【娣】 补 女弟,也就是妹妹。春秋时诸侯嫁女到他国为夫人或媵妾,常遣其侄(女子兄弟的女儿)、娣(女子的妹妹)同行作为陪嫁(参见庄十九—庄二十一·庄二十一·春秋"媵婚制")。此戴妫,即为厉妫陪嫁之娣。

【戴妫】 正 补 陈女,妫姓,谥戴。厉妫之娣,卫前庄公妾,卫桓公之母。

○正 杨 **传世文献对读**：据《史记·卫世家》记载，公子完（卫桓公）生母戴妫去世之后，卫前庄公才命令庄姜以公子完为己子，此细节为《左传》所不载。庄姜虽以公子完为己子，而其太子之位并未确定，故下文石碏曰"将立州吁，乃定之矣"。
○补 **传世文献对读**：《毛诗·卫风·硕人》的原文，可扫码阅读。

【一·二】公子州吁，嬖 bì 人之子也，有宠而好 hào 兵，公卫前庄公弗禁。庄姜恶 wù 之。石碏 què 谏曰：

【**嬖人**】正 杨 补 位贱而得宠之妾。

【**石碏**】正 补 姬姓，石氏，名碏。卫靖伯之后。卫大夫。隐元年前十二年告老还家。

"臣闻爱子，教之以义方，弗纳于邪。骄、奢、淫、泆 yì，所自邪也。四者之来，宠禄过也。

【**义方**】杨 补 正义之道。方，道。杜甫《奉贺城郡王太夫人恩命加邓国太夫人》"义方兼有训"典出于此。

【**骄**】正 恃己陵物。【**奢**】正 夸矜僭上。【**淫**】正 嗜欲过度。【**泆**】正 补 放恣无艺。艺，准限。

【**所自邪也**】正 补 都是从邪里面来的，与下文"四者之来"正呼应。

"将立州吁公子州吁，乃定之矣。若犹未也，阶之为祸。夫 fú 宠而不骄，骄而能降，降而不憾，憾而能眕 zhěn 者，鲜 xiǎn 矣。

【**阶之为祸**】正 补 以宠禄为阶梯，沿之而行，将酿成祸乱。

【**骄而能降**】杨 补 骄横而能［安于地位待遇］下降。若不立州吁为太子，他日卫前庄公去世，卫桓公即位，州吁地位待遇定将下降。参见齐襄公即位之后降低其父齐僖公宠侄公孙无知待遇之事（庄八—庄九—庄十·一）。

【憾】正怨恨。

【眕】正杨杜注、孔疏据《释言》,认为是"自安自重"的意思,杨注据《说文》,认为是"自抑止"的意思,皆可通。

【鲜】正少。

"且夫贱妨贵,少 shào 陵长 zhǎng,远间 jiàn 亲,新间旧,小加大,淫破义,所谓六逆也。君义,臣行,父慈,子孝,兄爱,弟敬,所谓六顺也。去顺效逆,所以速祸也。

【贱妨贵】正杨补低贱妨害尊贵。妨,害。以地位言之,则公子州吁为嬖人之子,贱;太子完为夫人之子,贵。

【少陵长】正杨补年少凌驾年长。陵,乘,凌驾。以年龄言之,则公子州吁少,太子完长。

【远间亲】正杨补疏远离间亲近。以亲疏言之,则公子州吁疏,太子完亲。

【新间旧】正杨补新人离间旧人。以历史关系言之,则公子州吁新,太子完旧。

【小加大】正杨补小者凌驾大者。加,陵。以情势言之,则公子州吁小,太子完大。

【淫破义】正补淫邪破坏正义。以正邪言之,则公子州吁为嬖妾之子,淫;太子完为夫人之子,义。

【臣行】补臣下顺从。行,顺。

【效】杨效法。【速】补招致。

"君人者,将祸是务去,而速之,无乃不可乎?"

【将祸是务去】杨补即"将务去祸",可译为"将致力于去除祸患"。

[公]弗听。

【一·三】其子厚石厚与州吁游,[石碏]禁之,[厚]不可。桓公卫桓公立，[石碏]乃老。

【厚】⟨补⟩石厚。姬姓，石氏，名厚。石碏之子。隐四年被其父石碏所杀。

【乃老】⟨正⟩⟨杨⟩[石碏]于是告老致仕。

○⟨杨⟩本节追叙卫桓公即位前之事，为隐四年春卫州吁弑桓公张本。隐三年时，卫桓公已在位十五年。

[二] 四年，春，卫州吁公子州吁弑桓公卫桓公而立。

○⟨正⟩⟨杨⟩⟨补⟩**传世文献对读**：据《史记·卫世家》，"[卫]桓公二年，弟州吁骄奢，桓公绌之，州吁出奔。十三年，郑伯弟段攻其兄，不胜，亡，而州吁求与之友。十六年，州吁收聚卫亡人以袭杀桓公，州吁自立为卫君"。公子州吁出奔、袭杀卫桓公之事，《左传》不载。

○⟨补⟩**传世文献对读**：《周易·坤·文言》释《坤》卦初六爻辞"履霜，坚冰至"曰："积善之家，必有余庆；积不善之家，必有余殃。臣弑其君，子弑其父，非一朝一夕之故，其所由来者渐矣，由辨之不早辨也。《易》曰：'履霜，坚冰至'，盖言顺也。"《左传》叙弑君、弑父之事，重点正是在于揭示其"积不善"的过程。

[三] 公鲁隐公与宋公宋殇公为会，将寻宿之盟。未及期，卫人来告乱。"夏，公及宋公遇于清。"

【寻宿之盟】⟨正⟩⟨补⟩重温隐元年宿之盟（隐元·八·春秋）。

[四·一] 宋殇公之即位也，公子冯 píng 出奔郑，郑人欲纳之公子冯。

【宋殇……奔郑】⟨补⟩见隐三·六·一·一。

【郑人欲纳之】⟨补⟩郑人希望护送公子冯返国即位。【纳】⟨补⟩外国护送流亡或旅居在外的公子（国君）回本国即位（复位）。

【四·二】及卫州吁公子州吁立，将修先君之怨于郑，而求宠于诸侯，以和其民。[州吁]使告于宋曰："君宋殇公若伐郑以除君害，君为主，敝邑以赋与陈、蔡从，则卫国之愿也。"宋人许之。

【将修先君之怨于郑】正 杨 补打算清算先君与郑结下的怨仇。修，治。卫桓公之世，隐元年郑人以王师、西虢师伐卫南鄙，隐二年郑人又伐卫。在此之前卫、郑是否还有其他争端，则不可知。

【而求……其民】正 补如本节上文《春秋》注所言，篡立之君，若列于诸侯之会，得到承认，则他国不复讨罪，如此则可定君位，可和民人。州吁所求，就是通过参与诸侯政治军事行动来取得他国认可，进而列于诸侯之会。

【君害】正 杨 补国君的祸害，指公子冯，因其可与宋殇公争君位。

【敝邑】补［我们这个］破旧的城邑。此为外交辞令，指"我国"。

【赋】杨 补军赋，甲胄粮草等军需物资。此为外交辞令，指"我国军队"。

【四·三】于是陈、蔡方睦于卫，故"宋公、陈侯、蔡人、卫人伐郑"，围其东门，五日而还。

【于是】杨在此时。

○补下启隐五年郑人侵卫牧（隐五·四·一），以及邾人、郑人伐宋（隐五·八·一）。

【五】公鲁隐公问于众zhōng仲曰："卫州吁公子州吁其成乎？"

【众仲】正 补姬姓，众氏，排行仲。鲁孝公（哀二十四·三·一）之子公子益师（隐元·十三·春秋）（字众）之后。鲁大夫，官至卿位。

[众仲]对曰："臣闻以德和民，不闻以乱。以乱，犹治丝而棼fén之也。夫fú州吁，阻兵而安忍。阻兵，无众；安忍，无亲。众叛、亲离，难以济矣。夫兵，犹火也：弗戢jí，将自焚也。夫州

吁弑其君[卫桓公]，而虐用其民，于是乎不务令德，而欲以乱成，必不免[于难]矣。"

【梦】正 杨 补 使……纷乱。

【阻兵而安忍】正 杨 补 仗恃武力而安于残忍。杜甫《太子张舍人遗织成褥段》"气豪直阻兵"典出于此。

【阻兵……无亲】正 补 仗恃武力则[民力凋残，从而]使民众背叛；安于残忍则[刑杀过度，从而]使亲近之人离心。兵，本义为武器，这里引申为武力。

【济】杨 成功。

【夫兵，犹火也】补 杜甫《提封》"愿戒兵犹火"典出于此。

【戢】杨 补 本义为收藏兵器，这里引申为收敛武力。

【令德】杨 善德。令，善。

[六] 秋，诸侯复伐郑。宋公[宋殇公]使来乞师，公[鲁隐公]辞之。羽父[fǔ，公子翚]请以师会之，公弗许。[羽父]固请而行。故[《春秋》]书曰"翚帅师"，疾之也。诸侯之师败郑徒兵，取其禾而还。

【辞之】补 谢绝。

【故书……之也】正 杨 因此《春秋》记载成"翚帅师"，而非"公子翚帅师"，这是为了表达对他目无君长、强行不义的憎恶。疾，恶。

【徒兵】正 杨 步卒，在战车下作战者。

【取其禾而还】补 此举应该是针对郑国在隐三年取周王室温之麦、成周之禾(参见隐三·四·二)的报复。

[七·一] 州吁[公子州吁]未能和其民。厚[石厚]问定君于石子[石碏]。

【定君】杨 补 安定国君(指公子州吁)地位[之策]。

石子曰："王[周桓王]觐 jìn 为可。"

【王觐】正 杨 补 即"觐王"，觐见周王。石碏意谓，如能觐见周王，获得周王对他继承君位的认可,就可真正定其位、和其民。据《周礼·春官·大宗伯》,则诸侯国君到周王室会见周王,春为"朝",夏为"宗",秋为"觐",冬为"遇"。《春秋》《左传》所见,则诸侯见周王,绝大多数情况下称"朝",本处及僖二十七—僖二十八·二十称"觐",可见实际情况不如礼书区分严格。觐/朝周王之礼详见下。【王】补周桓王。姬姓,名林,谥桓。太子泄父之子,周平王(隐元·五·春秋)之孙。隐四年即位,在位二十三年。桓十五年卒。

[厚]曰:"何以得觐?"

[石子]曰:"陈桓公方有宠于王周桓王。陈、卫方睦,若[州吁]朝陈使请[于王],必可得也。"

【陈桓公】杨补此时陈桓公尚未过世,时人言语中提及时不应连其谥号称"陈桓公",而应称"陈侯"。此应为《左传》作者笔误,全书仅此一例。

【朝】杨补春秋时,一国君主(或由太子代理)前往另一国见另一国君主称"朝",绝大多数情况下是小国君主前往大国见大国君主,或是同盟国君主前往霸主国见霸主国君主。诸侯相朝之礼详见下。

厚石厚从州吁公子州吁如陈。石碏 què 使告于陈曰:"卫国褊 biǎn 小,老夫耄 mào 矣,无能为也。此二人者,实弑寡君卫桓公,敢即图之。"陈人执之,而请莅于卫。

【褊小】杨补近义词连用,都是小的意思。

【老夫】杨据《礼记·曲礼》,卿大夫七十以上自称"老夫"。

【耄】补老而昏乱。

【敢即图之】正杨补敢[请贵国]就[此机会]图谋[采取行动]。即,就。

【陈人……于卫】正杨补陈人拘捕了公子州吁一行人,然后请卫人自来陈国监临[讨杀二人]。执,拘。莅,临。

○补 古文字新证：执(執)字形演变情况如隐字形图2所示。商代甲骨文"执"字从幸拘人，人形或跪或立，但双手一定套在幸(桎梏)之中，会捕拿罪人之意。商以后字形演变情况在此不再详述。总之，从古文字学证据看，"拘捕""扣留"应为"执"之造字本义。

1 商.粹947《甲》	2 商.前6.17.4《甲》	3 商.前5.36.4《甲》	4 周中.䚇簋《金》
5 周.員鼎《金》	6 周晚.散盤《金》	7 周晚.師衰簋《金》	8 周晚.多友鼎《金》
9 春戰.侯馬67:6	10 春戰.侯馬67:4	11 戰.晉.兆域圖《金》	12 戰.楚.包81《楚》
13 戰.楚.包120《楚》	14 秦.睡.封51《張》	15 西漢.老子甲26《篆》	16 東漢.石門頌《篆》

隐字形图2(《说文新证》，2014 年)

九月，卫人使右宰丑莅杀州吁于濮，石碏使其宰獳nòu 羊肩莅杀石厚于陈。

【右宰丑】杨 卫右宰，名丑。【右宰】杨 补 卫内朝官，大夫职。【宰】杨 补 家宰，卿大夫家臣系统的总长，同时担任国都宅邸家臣的总管。主要职掌有：一、掌管家族财务；二、主管家主日常生活；三、为家主出谋划策；四、在家主不便时代表家主处理外事；五、掌管国都宅邸的家族武装；六、管理国都宅邸的其他家臣；七、参与任命和监管邑宰(襄七·三·一)。除卫之外，《左传》所见，周(襄十·八·二)、鲁(文十七—文十八·七)、宋(襄十七·四·三·一)、齐(襄二十五·一·三·一)卿大夫皆有宰。

【七·二】君子曰："石碏，纯臣也。恶wù 州吁 公子州吁 而厚 石厚 与 yù

焉。'大义灭亲',其是之谓乎!"

【与】杨 补 参与,这里指与公子州吁一同被杀。

○补 此段"纯臣"评语可与隐元·四·六·四"纯孝"评语合观。

○补 **觐/朝周王之礼**:《仪礼》有觐礼,即觐见/朝见周王之礼,其主要仪节为:

一、**郊劳**。诸侯至郊,周王派使者用璧慰劳之。诸侯迎于帐幕之帷门外,再拜,受璧。使者将返,诸侯还璧,并赠使者束帛乘马。

二、**赐舍**。周王派使者赐诸侯馆舍。诸侯再拜稽首受之,并赐使者束帛乘马。

三、**戒觐期**。周王使大夫告知觐见日期,诸侯再拜稽首。

四、**行觐礼**。诸侯先在馆舍中,行释币礼,祷告行主,随后乘墨车,载龙旂,执瑞玉,往朝。周王在堂上户牖之间,负扆而立。诸侯入门右,坐奠圭,再拜稽首。诸侯取圭,升,王受之。诸侯北面再拜稽首。

五、**三享**。三享即三献。一献马十四或虎豹之皮。二献三牲鱼腊(xī)等。三献龟、金、丝、丹漆、竹等。每次献均另有束帛加璧。摈者代周王曰:"予一人将受之"。

六、**肉袒请罪**。诸侯右臂肉袒,于庙门外,入门右,北面立,告王治国有罪。摈者传周王言,曰:"伯父武宁,归宁乃邦。"诸侯再拜稽首。周王称呼诸侯,同姓大国为"伯父",小邦为"叔父";异姓大国称"伯舅",小邦称"叔舅"。

七、**赐车服**。周王遣使者往诸侯馆舍,赐车、服。车如金路、象路等,服如衮服、鷩(bì)服、毳(cuì)服等,加有命书。诸侯升堂,西面立。大史读周王命书。诸侯降阶,再拜稽首。使者出。诸侯赠使者、大史均束帛四马。觐礼之后,还要行过飨礼、食礼、燕礼后,诸侯才归国。

○补 **传世文献对读**:《大戴礼记·朝事》载有诸侯相朝之礼要义,可扫码阅读。

【八】卫人逆公子晋于邢。冬,十二月,宣公卫宣公即位。[《春秋》]书曰"卫人立晋",众也。

【邢】正杨补周时国,侯爵(与金文所见国君称号相同),姬姓。周成王始封周公旦之子靖渊于邢,在今河北邢台已发现其遗址(详见下)。邢侯之庶子供职于周王室,食采于宗周王畿,在今陕西宝鸡附近。因此西周时有二邢,邢台之邢为畿外诸侯,宝鸡之邢为畿内国。两周之际,宝鸡之邢东迁,仍为畿内国,在今河南温县的北平皋村已发现其遗址。温县之邢后入于晋,又称为"邢丘"(宣六·三),曾为韩氏采邑。闵二年,邢台之邢被狄人所灭,邢人迁于夷仪,在今山东聊城侯营镇东。僖二十五年,聊城之邢被卫所灭。邢台之邢后入于晋,哀四年入于齐。邢台之邢参见《图集》17—8①5、22—23④11。宝鸡之邢参见《图集》17—18②1。温县之邢(邢丘)参见《图集》22—23⑪18。聊城之邢参见《图集》22—23⑤12。此处应为邢台之邢。

【书曰……众也】正杨《春秋》记载为"卫人立晋",表明立卫宣公为君是出于众人的意志。据成十八·四·一,"凡去其国,国逆而立之,曰'入'"。此处公子晋去卫而居邢,卫人迎而立之,按《春秋》常例应书"入于卫",与庄八—庄九—庄十·春秋"齐小白入于齐"同。《春秋》嘉许公子晋能得到卫人拥护,故改常例,变文以示义。

○补西周邢国遗址:遗址位于今河北邢台市区西部、七里河以北,面积广大,包括南小汪居住区和葛家庄墓葬区两大部分。南小汪居住区位于市区西北部,总面积达三百万平方米,范围内分布着密集的居民区、手工业作坊区和小型墓葬区。葛家庄墓葬区位于居住区西南4.5公里处,目前已探明的西周墓葬有五百多座,车马坑五十余座,已探明的墓葬可分为三类:一、邢侯及夫人墓,位于墓葬区中部,有陪葬车马坑;二、重要贵族墓;三、平民墓。

　　除了西周遗址,在邢台地区还发现了大量商代遗址,分布于七里河流域和泜河流域,以七里河流域为核心。七里河流域商代遗址群的核心是曹演庄—东先贤遗址群,从中商一直繁荣直到晚商。七里河流域的邢地应该是商文化一个都邑级的核心区,很可能就是传世文献记载的商王祖乙所迁之邢,是商朝都城之一。

隐公五年·一

地理 鲁见隐地理示意图 1。鲁、棠见隐地理示意图 4。

人物 鲁隐公（隐元·○）、臧僖伯

春秋 五年，春，公_{鲁隐公}矢鱼于棠。

【矢鱼】正 杨 补 用箭射鱼，与下文《左传》"……则公不射……"相
呼应。一说"矢"解为"陈"，是指使渔民陈列捕鱼器具，观其捕鱼以为
戏乐，与下文《左传》"陈鱼而观之"相呼应。

【棠】正 杨 补 见隐二·四·春秋"唐"。

左传 五年，春，公_{鲁隐公}将如棠观鱼者。

【观鱼者】正 补 观看渔民［捕鱼］。

臧僖伯谏曰：

【臧僖伯】正 杨 补 姬姓，名彄，字臧，谥僖，排行伯。鲁孝公（哀二
十四·三·一）之子。鲁大夫，官至卿位。隐五年卒。其后为臧氏。
据隐八·十二，则公子不应有氏。此处称"臧僖伯"，可能是因为僖伯
为臧氏之祖，其后人或《左传》作者追书之。

"凡物不足以讲大事，其材不足以备器用，则君不举焉。

【讲】杨 讲习。【大事】正 补 指祭祀与军事（参见成十三·一·
三·二），本文着重指后者，详见下文。

【器用】正 杨 专指用于大事的器用，详见下文。

【举】杨 举动、行动。

"君，将纳民于轨、物者也。故讲事以度 duó 轨量 liàng 谓之
'轨'，取材以章物采谓之'物'。不轨不物，谓之乱政。乱政

亟 qì 行，所以败也。

【讲事以度轨量】正 杨 补 演习大事以端正法度。度，正。轨，轮距，引申为法度。量，量多少的器具（如升、斗、斛），引申为法度。

【取材以章物采】正 补 选取材料以彰显服物采章。物采，即僖二十五·二·三所引《国语·周语中》之"服物采章"，指车马、旌旗、服装等器物体现出来的文采章华。

【亟】正 补 数，屡次。

"故春蒐 sōu、夏苗、秋狝 xiǎn、冬狩，皆于农隙以讲事也；三年而治兵，入而振旅，归而饮至，以数军实，昭文章，明贵贱，辨等列，顺少 shào 长 zhǎng，习威仪也。

【春蒐、夏苗、秋狝、冬狩】正 杨 补 此为四季田猎讲武之礼，详见下引《周礼》。此处"春""夏""秋""冬"皆指气候上的四季，应与夏正相吻合。杜甫《冬狩行》"春蒐冬狩侯得用"典出于此。

【农隙】杨 补 农功空隙之时。据《国语·周语上》所载仲山父之言，则春蒐在春耕之后，秋狝在秋收之后，冬狩在农务全部完毕之后。

【讲事】杨 讲习武事。

【三年而治兵】正 补 每三年［在国都郊外］举行一次大演习。治兵，修治军事，这里指大演习。每年四时讲武，三年一大习，犹如每年四时祭祀，三年一禘祭。

【入而振旅】正 杨 补 ［大演习完毕后，］整顿军队进入国都。军队在外阅兵结束或者征战得胜归来，整顿军队进城，称为"振旅"。振，整。旅，众。

【归而饮至】正 杨 补 回到［太庙］后举行庆功酒会。国君盟会、征伐、讲武离开国都，行前应亲自祭告宗庙。事毕返回国都后，国君又应亲自祭告宗庙，随后在庙中举行酒会以庆祝归至于国都，称为"饮至"，包括饮酒（舍爵），并在君主册命上书写勋劳（书勋）、将授予的名位（书名）、将赐予的服物（书服）（参见昭四—昭五·九）。有学者认为，之所以用原意为饮酒器的"爵"字来表示君主授予功臣的位分名号,最早可能就是因为在饮酒庆功礼中,功臣持爵饮酒的次序就是根据其功劳大小、应得位号高低来确定的。周代饮至礼细节详见下引清华简一《耆夜》。

【数军实】正 补 清点兵员、车马器械及所获猎物。

【昭文章】正 杨 补 明示车服旌旗。文章,车服旌旗的文采章华,即上文之"物采"。四时田猎讲武礼中展示的车服旌旗详见下引《周礼》。

【顺少长】正 杨 补 理顺少长的次序。军队出城为修治军事,崇尚威武,因此让年少者在前,贵其有勇力;演习完毕返回国都,则年老者在前,恢复尊老的常法。

"鸟兽之肉不登于俎zǔ,皮革、齿牙、骨角、毛羽不登于器,则公不射,古之制也。若夫山林川泽之实、器用之资,[此则]皂、隶之事,官司之守,非君所及也。"

【鸟兽……制也】正 杨 补 鸟兽之肉[如果]摆不上[国家祭祀的]几案,[鸟兽的]皮革、齿牙、骨角、毛羽[如果]不用来装饰[用于国家大事的贵重]器物,国君就不会去射杀,这是古代的制度。杜甫《冬狩行》"肉味不足登鼎俎"典出于此。

【俎】正 补 切肉几案,是宗庙祭祀礼器之一。考古发现东周时期俎实例见隐器物图2。

【皮革】正 杨 有毛曰"皮",去毛曰"革"。

【齿牙】正 补 门齿曰"齿",白齿曰"牙"。

【毛羽】正 补 兽毛及鸟身上细绒为"毛",鸟翼上大羽为"羽"。

【山林川泽之实】正 杨 指产于山林川泽而不登于俎、不登于器的物产。【器用之资】杨 补 指制作一般器物的物资。

【皂、隶】正 杨 补 为官府服各种厮役的庶民,其中隶的地位比皂更低。参见昭七·二·一·二"士臣皂,皂臣舆,舆臣隶"。

公鲁隐公曰"吾将略地焉",遂往,陈鱼而观之。僖伯臧僖伯称疾不从。[《春秋》]书曰"公矢鱼于棠",非礼也,且言远地也。

【略地】正 杨 巡行视察边境。隐元年费庈父城郎(隐元·三),隐二年鲁灭极(隐二·三),费、郎、极、棠(唐)都位于鲁国西南边境地区。隐五年鲁隐公矢鱼于棠,其实际目的应该是视察这一鲁国开疆拓土的热点地区,即所谓"略地"。如果鲁隐公此行真是为了观鱼,而略地是借口的话,那么鲁隐公为何要长途跋涉到西南边境地区去观鱼?

【陈鱼而观之】正 补 [使渔民]陈列渔具[捕鱼]而[鲁隐公]观看。

【书曰……地也】正《春秋》书"矢鱼",表明这是非礼之举;书"棠",表明不赞同鲁隐公为此事而去远地。

隐器物图 2.1　河南淅川下寺楚国墓地 M2 出土铜俎,春秋晚期前段(《淅川下寺春秋楚墓》,1991 年)

隐器物图 2.2　河南固始侯古堆 M1 出土漆木俎,春秋晚期(《固始侯古堆一号墓》,2004 年)

○正 补 周王室四季讲武之礼:据《周礼·夏官·大司马》,周王室"中春教振旅","遂以蒐田";"中夏教茇舍""遂以苗田";"中秋教治兵""遂以狝田";"中冬教大阅""遂以狩田"。每季讲武,分为两个部分,前半部为教练检阅之礼,后半部为借田猎演习之礼。具体说来:

季节	教练检阅之礼		借田猎演习之礼	
	名称	内　容	名称	内　容
中春	振旅	司马以旗致民,平列陈,如战之陈。辨鼓铎镯铙之用王执路鼓,诸侯执贲鼓,军将执晋鼓,师帅执提,旅帅执鼓鐾,卒长执铙,两司马执铎,公司马执镯,以教坐作进退疾徐疏数之节。	蒐田	有司表貉,誓民;鼓,遂围禁;火弊,献禽以祭社。
中夏	茇舍	如振旅之陈,群吏撰车徒,读书契,辨号名之用:帅以门名,县鄙各以其名,家以号名,乡以州名,野以邑名,百官各象其事,以辨军之夜事。其他皆如振旅。	苗田	如蒐之法。车弊,献禽以享礿。
中秋	治兵	如振旅之陈。辨旗物之用:王载大常,诸侯载旂,军吏载旗,师都载旜,乡家载物,郊野载旐,百官载旟,各书其事是与其号焉。其他皆如振旅。	狝田	如蒐田之法。罗弊,致禽以祀祊。
中冬	大阅	前期,群吏戒众庶修战法。虞人莱所田之野,为表,百步则一,为三表,又五十步为一表。田之日,司马建旗于后表之中,群吏以旗物、鼓铎、镯铙,各帅其民而致。质明弊旗,诛后至者。乃陈车徒如战之陈,皆坐。群吏听誓于陈前,斩牲以左右徇陈曰:'不用命者斩之!'中军以鼙令鼓,鼓人皆三鼓,司马振铎,群吏作旗,车徒皆作。鼓行,鸣镯,车徒皆行,及表乃止。三鼓,摝铎,群吏弊旗,车徒皆坐。又三鼓,振铎,作旗,车徒皆作。鼓进,鸣镯,车骤徒趋,及表乃止,坐作如初。乃鼓,车驰徒走,及表乃止。鼓戒三阕,车三发,徒三刺。乃鼓退,鸣铙且却,及表乃止,坐作如初。	狩田	以旌为左右和之门,群吏各帅其车徒以叙和出,左右陈车徒,有司平之。旗居卒间以分地,前后有屯百步,有司巡其前后,险野,人为主,易野,车为主。既陈,乃设驱逆之车,有司表貉于陈前。中军以鼙令鼓,鼓人皆三鼓,群司马振铎,车徒皆作。遂鼓行,徒衔枚而进。大兽公之,小禽私之,获者取左耳。及所弊,鼓皆駴,车徒皆噪。徒乃弊,致禽馌兽于郊。入献禽以享烝。

○ 补 **出土文献对读**：清华简一《耆夜》讲述武王八年伐耆大胜之后，在文王庙的太室举行饮至典礼，武王君臣饮酒作歌的情事。为今人了解周代饮至之礼的细节提供了珍贵的文献材料，可扫码阅读。

隐公五年·二

地理 晋、郑、周见隐地理示意图 1。晋（翼）、郑、邢（近郑）、周、尹、曲沃、随见隐地理示意图 2。

人物 曲沃庄伯、周桓王（隐四·二·七·一）、尹氏、武氏、晋侯郤

左传 曲沃庄伯以郑人、邢人伐翼，王^{周桓王}使尹氏、武氏助之。翼侯^{晋侯郤}奔随。

【曲沃庄伯】 正 补 曲沃国君。姬姓，名鱓（shàn），谥庄，排行伯。曲沃桓叔（桓二—桓三·一·一）之子，晋穆侯（桓二—桓三·一·一）之孙。隐元年前八年即位，在位十五年。隐八年卒。【曲沃】 正 杨 补 在今山西闻喜东南上郭村已发现其遗址（详见下）。参见《图集》17—18②3，另见 22—23⑩16。西周时曾为晋都。隐元年前二十三年，晋封公子成师于曲沃，自此为国中国。庄十六年曲沃武公成为晋侯之后，曲沃长期作为晋"下国"（陪都），有曲沃国公室宗庙。后来一部分曾作为栾怀子采邑。

【邢】 补 温县之邢，参见隐四·二·八及宣六·三"邢丘"。

【翼】 正 杨 补 在今山西翼城东南。从晋穆侯迁都于翼开始，至庄二十六年晋献公迁都于绛为止，为晋都。参见《图集》17—18②3、22—23⑩16。

【尹氏、武氏】 正 补 皆为周王室卿大夫。据《世本》，尹氏为周王族，其先尹佚为周太史；武氏为周平王少子，生而有文在手曰"武"，遂以为氏。【尹】 杨 补 周畿内国，初封应在宗周王畿，后东迁至今河南新安西北。其国君世为周王室卿大夫。参见《图集》22—23⑪17。

【翼侯】杨 补 晋侯郄。姬姓，名郄，无谥。晋孝侯（桓二—桓三·三）之子。隐元年前一年即位，在位六年。隐五年曲沃庄伯伐翼，晋侯郄出奔随。同年周王立其子光于翼，为继任晋侯，即晋哀侯，从此以后，郄已不是晋侯。隐六年晋人迁郄于鄂，称其为"鄂侯"。所谓"翼侯""鄂侯"，应该都是晋人为了方便叙述晋侯郄的复杂身世而起的非正式称呼：在翼之时，晋侯郄是晋君，其正式称呼应该是"晋侯"，而不是"翼侯"；在鄂之时，当时的晋侯是郄的儿子光，郄虽然被晋人称为"鄂侯"，但实际上他已无侯爵。

【随】正 杨 补 在今山西介休东南。晋邑，曾为范武子采邑。参见《图集》22—23⑤9。

○补 下启隐五年曲沃叛王，及王立哀侯于翼（隐五·五）。

○正 晋国之事始见于此。此事为晋内部自相攻伐，不告乱于鲁，故《春秋》不书。晋国内乱本末见桓二—桓三。

○正 杨 补 晋：周时国，侯爵（与金文所见国君称号相同），姬姓。此时都翼。周成王灭唐而封周武王之子叔虞于唐。"唐"的地望大致在山西西南，具体位置还需探索（详见下）。周康王时，唐叔虞之子燮父改封于晋。"晋"的位置应该就在今山西曲沃、翼城的天马—曲村遗址附近。唐、晋所在的区域被当时人称为"夏虚（墟）"（参见定三—定四·五·四），是夏朝核心区之一。晋成侯时迁于曲沃，在今山西闻喜东二十里。晋穆侯时迁于翼（隐五·二），在今山西省翼城县东南、天马—曲村遗址附近，可能与燮父之晋为同一地。庄十六年曲沃代晋，曲沃武公成为晋侯，即晋武公，此后晋侯皆出自晋武公一支。庄二十六年晋献公迁于绛（庄二十五—庄二十六·二），与翼应该不是一地，但地望尚不能确定，故本书示意图采用传统说法，仍然将翼、绛标为一地；而曲沃成为"下国"，即陪都，因曲沃有此支晋公室宗庙。成六年晋景公迁于新田（成六·五·二），命名为"绛"，在今山西侯马西北已发现其遗址，而旧都则被称为"故绛"。获麟之岁（哀十四年）后七十八年，周王室任命晋三卿赵籍、魏斯、韩虔为诸侯，晋名存实亡。前376年，晋静公被杀，晋遂亡。唐参见《图集》17—18②3"晋1"。曲沃参见《图集》

17—18②3"晋 3"，另见 22—23⑩16。翼及绛（故绛）参见《图集》
17—18②3"晋 4"、22—23⑩16"晋 1"。绛（新田）参见《图集》22—
23⑩16"晋 2"。

○补 **晋国早期都城地望**：1965 年在山西曲沃东部、翼城西部
天马—曲村一带发现晋国遗址。天马—曲村晋国遗址主要由
居住址和墓地两部分组成，其中居住址年代从西周早期一直延
续到春秋晚期，陶器墓从西周早期延续至西周中期，铜器墓从
西周早期延续到西、东周之际。墓葬区内的北赵晋侯墓地共发
现九组晋侯及其夫人墓葬，其中 M93、M63 为双墓道"中"字
形，M102 为无墓道长方形，其他皆为单墓道"甲"字形。晋侯
墓墓主人经学者考证可能分别是晋侯燮父（M114）、晋武侯宁族
（M9）、晋成侯服人（M7）、晋厉侯福（M33）、晋靖侯宜臼
（M91）、晋僖侯司徒（M1）、晋献侯籍（M8）、晋穆侯费王
（M64）、晋文侯仇或殇叔（M93）。综合来看，从西周早期到春
秋中期前段，天马—曲村遗址人口数量多、物质文化比较发达；
到春秋中期晚段之后，人口突然减少，物质文化衰落下来。此
外，新见尧公簋铭文表明，燮父本为唐伯，后改封于晋。

　　根据天马—曲村遗址的考古发现及新出金文资料，可知
燮父徙封的晋就在天马—曲村遗址附近，曲沃、翼城一带应为
燮父及以后的西周晋国核心区域，亦为春秋中期迁都新田
之前的东周晋国核心区域。至于晋始封地"唐"，它应该具
有从晚商至西周早期的聚落居址和城垣，大致地望应在天
马—曲村遗址百里之内，而其具体位置还需要进一步研究
探索。

○补 **上郭古城遗址**：遗址包括古城址和墓葬区。城址南北长五
千米，东西宽一千五百米。与城址相毗邻的墓葬区发现了大量
西周晚期、春秋、战国、汉代墓葬。有学者认为上郭古城遗址应
该就是春秋时期曲沃所在地。

隐公五年·三

地理 卫见隐地理示意图 1。

人物 卫桓公（隐元·九·二）

春秋 夏,四月,葬卫桓公。

左传 夏,"葬卫桓公"。卫乱,是以缓。

○ 正 补 "卫乱"指公子州吁之乱,见隐四·二。据隐元·五,诸侯五月而葬。卫桓公被杀于隐四年三月,至此已一年有余,于礼为缓。

隐公五年·四

地理 郑、卫见隐地理示意图 1。郑、卫、燕（南燕）、制见隐地理示意图 3。

人物 祭足（隐元·四·二）、原繁、泄驾、曼伯、公子突

左传 〔一〕四月,郑人侵卫牧,以报东门之役。

【卫牧】 正 补 卫都（原朝歌）以南,即商代的牧野。
【东门之役】 正 见隐四·二·四·一。

〔二·一〕卫人以燕师伐郑。郑祭 zhài 足、原繁、泄驾以三军军其前,使曼 wàn 伯与子元公子突潜军军其后。燕人畏郑三军,而不虞制人。六月,郑二公子以制人败燕师于北制。

【燕】 正 杨 补 南燕,商、周时国,伯爵（金文资料称"侯"）,姞姓。商代始封黄帝之后伯鯈于燕,在今河南新乡延津小城村附近。参见《图集》17—18②5、24—25③5。
【原繁】 补 姬姓,原氏,名繁。周原伯之后。郑大夫。庄十四年自缢而死。

【泄驾】[补]泄氏，名驾，排行伯。郑大夫。

【军】[补]春秋时期的军队编制单位。一军的士兵数量，《周礼》说法为一万二千五百人，实际情况各国可能有所差异，随着时代的发展也有一定的变化，但大致在一万人以上。

【军】[补]攻击。

【曼伯】[杨][补]最有可能是郑子婴（桓十八·二·一），说详昭十一·十·二。【子元】[杨][补]公子突，后为郑厉公。姬姓，名突，字元，谥厉。郑庄公（隐元·四·春秋）庶子，雍姞（桓十一·三·三·一）所生。即君位前为郑大夫。桓十二年即位，在位四年。桓十五年，祭足杀雍纠，郑厉公出奔蔡。庄十四年，郑厉公复入，又在位八年。庄二十一年卒。

【虞】[杨][补]度，预料。

【制人】[杨]即郑子婴与公子突所率领的来自制邑的郑军。【制】见隐元·四·二。

【北制】[补]郑地，在制以北。

〔二·二〕君子曰："不备不虞，不可以师。"

【不虞】[杨]意外。

隐公五年·五

[地理]晋、周见隐地理示意图 1。晋（翼）、周、虢（西虢）、曲沃见隐地理示意图 2。

[人物]周桓王（隐四·二·七·一）、虢公忌父（隐三·四·二）

[左传]曲沃叛王周桓王。秋，王命虢guó公虢公忌父伐曲沃，而立哀侯晋哀侯于翼。

【哀侯】[正][补]晋哀侯。姬姓，名光，谥哀。晋侯郄（隐五·二）之子。隐五年，晋侯郄出奔随，周桓王立其子光于翼，为继任晋侯。在位九年。桓三年战败被俘，后被杀。

隐公五年·六

地理 卫见隐地理示意图 1。郕见隐地理示意图 4。

春秋 秋,卫师入郕 chéng。

【郕】 正 杨 补 又作"成",周时国,伯爵,姬姓。周武王始封周文王之子叔武于郕,最初为畿内国,在今陕西岐山董家村一带。东周初东迁至今山东宁阳北。后又成为畿内国,在今河南洛阳境。参见《图集》26—27④3。

左传 卫之乱也,郕人侵卫,故"卫师入郕"。

【卫之乱】 补 指公子州吁之乱,见隐四·二。

隐公五年·七

地理 鲁见隐地理示意图 1。

人物 仲子(隐元·一·一)、鲁隐公(隐元·○)、众仲

春秋 九月,[我]考仲子之宫,初献六羽。

【考仲子之宫】 正 杨 补 先秦时宫室或宗庙落成,必举行祭礼,或称为"考",或称为"衅",或称为"成"。《礼记·杂记下》详细叙述了衅庙之礼,又提及考祭:"成庙则衅之。其礼:……路寝成,则考之而不衅。"郑玄注:"庙新成必衅之,尊而神之也。""路寝者,生人所居。不衅者,不神之也。"仲子之宫即仲子之庙,落成应该要举行衅祭。因此孔疏认为,本年九月之前,仲子之庙初成、仲子神主牌位尚未入庙时已举行过衅祭使其神圣化;九月之时,仲子神主牌位入庙,此时又举行考祭以敬事仲子之灵。《礼记》郑玄注认为,考祭仪节包括"设盛食"。从本段《左传》看,则考祭仪节还应该包括乐舞。
○ 正 补 九月,为仲子之庙举行考祭。在考祭的万舞中,初次使用六佾(八人一列为"佾")四十八位执羽舞者。鲁隐公以摄政君自居,而

奉戴太子允为未即位之君,故以夫人之礼对待太子允之母仲子。仲子去世后,服丧期间,其神主牌位在寝宫,至隐四年十二月丧期已尽,依礼制应当将其牌位迁入其夫惠公之庙进行供奉。然而惠公原配夫人孟子神主牌位已入惠公之庙,而诸侯本不应有两位嫡夫人,因此仲子神主将无享祭之所。为解决这个问题,如上文分析的那样,隐公在本年九月之前已为仲子立庙,在仲子神主牌位入庙之前已行衅祭;九月仲子神主牌位入庙,此时又举行考祭。

　　从下文《左传》来看,似乎宗庙落成后行考祭是正常行为,因此鲁隐公不问是否应行考祭,而只是问考祭乐舞人数,而众仲也并未谴责行考祭非礼,而是根据礼数原则和实际情况,提出仲子之宫考祭应该用六佾。结合上引《礼记·杂记下》"成庙则衅之""路寝成,则考之而不衅",似乎可以推断出,周礼关于宗庙、路寝落成祭礼的完整规定是:宗庙落成,则建筑启用时先行衅祭,迁入神主牌位时再行考祭;路寝落成,则不行衅祭,只在建筑启用时行考祭。

[左传]"九月,考仲子之宫"。将万焉。公[鲁隐公]问羽数于众 zhōng 仲。[众仲]对曰:"天子用八[羽],诸侯用六[羽],大夫四[羽],士二[羽]。夫舞,所以节八音而行八风,故自八以下。"公从之。于是"初献六羽",始用六佾 yì 也。

【万】[正][杨][补]万舞,春秋时庙堂乐舞总名,包括文舞及武舞。文舞则左执籥(管乐器),右秉翟(山雉尾羽),故又称"籥舞""羽舞";武舞则左执朱干(赤色盾牌),右秉玉戚(斧状礼器),故亦名"干舞"。妇人无武事,独奏文乐,故此处用文舞。

【羽数】[正][补]执羽者人数,亦即舞者人数。

【天子……士二】[杨][补]天子用八佾[六十四人],诸侯用六佾[四十八人],大夫用四佾[三十二人],士人用二佾[十六人]。参见襄二十六·三"自上以下,降杀以两,礼也"。

【八音】[正]金、石、土、革、丝、木、匏、竹八种材料所制乐器发出的乐音。《周礼·大师职》郑玄注:"金,钟镈也;石,磬也;土,埙也;革,鼓鞑也；丝，琴瑟也；木，柷敔也；匏，笙也；竹，管箫也。"

【八风】正 八方之风。八风之名有多种说法，大同小异，如《经典释文》作"东方谷风，东南清明风，南方凯风，西南凉风，西方阊阖风，西北不周风，北方广莫风，东北方融风。"

○正 补 依礼制，万舞人数，周王八佾，诸侯六佾。鲁国为其所出之王周文王立周庙，周庙礼乐自然用八佾。此外，传统说法认为，周成王、康王感念周公旦为初创周朝立下的重大功劳，特许鲁国在太庙用周王礼乐世代祭祀始封君周公旦，《礼记·明堂位》所谓"以禘礼祀周公于太庙……朱干玉戚，冕而舞《大武》；皮弁素积，裼而舞《大夏》"，《礼记·祭统》所谓"朱干、玉戚以舞《大武》，八佾以舞《大夏》"。因此鲁国太庙亦用八佾。也有学者认为，周公旦在世时曾摄政称王七年，其间自称"予一人"，颁征伐令，制礼作乐，在礼制上完全是真周王，因此去世后王室要求其封国鲁以周王礼乐祭祀，不只是特许感恩，更是根据"级别"给予的待遇。无论如何，鲁人依据周王室规定，可以在太庙以周王礼乐祭祀周公是没有疑义的。

　　起初，鲁国唯在周庙（周文王庙）及太庙（周公旦庙）用八佾，而后代鲁君遂僭越而用之，因此鲁诸君之庙乐舞皆用八佾。为夫人仲子立别庙，先世无成例，鲁隐公不知当用羽数，故问于众仲。众仲先提出"降杀以两"的原则，又提出自八佾以下，其实是提示鲁隐公，鲁君既然用八佾，君夫人应按照"降杀以两"的原则有所减损。鲁隐公于是决定减二而用六佾。此处用六佾为特例，故《春秋》曰"初"。到春秋晚期，季氏擅权，僭用鲁君之礼，"八佾舞于庭"（《论语·八佾》），可见六佾仅为仲子庙所用，其他鲁公室宗庙仍僭用八佾不改。

隐公五年·八

地理 郑、宋、周、鲁见隐地理示意图 1。邾、郑、宋、周、鲁见隐地理示意图 3。

人物 郑庄公（隐元·四·春秋）、鲁隐公（隐元·○）

春秋 邾人、郑人伐宋。

○ 正 杨 周王室强盛之时,诸侯不得专行征伐。春秋之时,王政废弛,诸侯专行征伐,既不禀王命,故史书排序以主兵为首。邾国小,而且此时为鲁附庸国,无爵;郑国大,而且是伯爵,郑庄公还是周王室卿士。此次伐宋,邾人主兵,故虽为无爵小国,而序于伯爵列国之上。

左传 [一] 宋人取邾田。邾人告于郑曰:“请君郑庄公释憾于宋,敝邑为道(导)。”郑人以王师会之,伐宋,入其郛(fú),以报东门之役。

【请君释憾于宋】 正 杨 补 请贵国君主在宋释放[对宋的]愤恨。释憾,指用打击报复的办法来发泄愤恨,这里指出兵攻打。

【道】 正 杨 向导。

【郑人以王师会之】 杨 郑庄公为周王室卿士,故能以王师会之。

【郛】 补 郛是都城或边邑外围的城墙,与“郭”性质类似。区别在于,郭一般有高楼状的防御设施,而郛没有。对于城防最严密的都城(如鲁、卫、宋都)或边邑(如鲁成邑),城外有郭,郭外有郛,共三圈城墙。《左传》所见郛、郭情况详见下。

【东门之役】 正 见隐四·二·四。

○ 补 下启本年宋人伐郑(隐五·十一)。

[二] 宋人使来告命。

【告命】 杨 告以君命[,请鲁救宋]。

公鲁隐公闻其入郛也,将救之,问于使者曰:“师何及?”

[使者]对曰:“[师]未及国。”

○ 正 杨 补 使者回答:“还没有打到国都。”使者如此回答,或说是因为鲁隐公明知故问而说气话,或说是为了隐讳国恶而不以实情告知,未知孰是。宋使者这样回应,是在运用外交使者“受命不受辞”,可以根据现场情况灵活应答的权利,但是这位使者自主决定的回答最终导致鲁隐公发怒并拒绝出兵,没有完成宋殇公交给他的使命。

公怒,乃止,辞使者曰:"君_{宋殇公}命寡人同恤社稷之难 nàn。今问诸_(之于)使者,曰'师未及国',非寡人之所敢知也。"

【公怒,乃止】 杨 补 鲁隐公发怒,于是拒绝出兵救援。鲁隐公与宋使者之间一定是发生了严重的误会。一种可能性是,鲁隐公问"师何及"只是想要进一步了解郑师进攻的具体情况,并没有嘲讽宋的意思,而宋使者却因为某种原因(见上面分析)而擅自给出了"未及国"这个明显带有"抬杠"意味的回答。鲁隐公觉察到宋使者在"抬杠",因此发怒,认为既然宋人并无诚意向鲁求援,则鲁亦无须出兵相救。

【辞】 补 责让。

【恤】 杨 忧。

○ 正 下启隐七年鲁隐公伐邾(隐七·五)。

○ 补 《左传》所见各国都城郭、郛情况:

国都/边邑	郭	郛
齐都	有(东、西、南、北)	
鲁都	有	有(西部)
卫都(楚丘)		有
卫都(帝丘)	有(北部)	有
郑都		有
宋都	有(北部)	有
曹都		有
许都		有

续　表

国都/边邑	郭	郛
晋朝歌邑		有
楚巢邑	有	
楚卷邑	有	
齐廪丘邑		有
齐高唐邑	有	
鲁成邑	有	有

隐公五年·九

地理 鲁见隐地理示意图 1。

春秋 [我]螟 míng。

【螟】正 杨 补 鳞翅目螟蛾科或夜蛾科昆虫,其幼虫啃食作物茎叶,是重要农业害虫。种类很多,危害春秋时期主要农作物(黍、稷、稻、麦、豆)的有粟灰螟(*Chilo infuscatellus* Snellen)、粟穗螟(*Mampava bipunctella* Ragonat)、三化螟(*Tryporyza incertulas* Walker)、麦螟(*Ochseenchimerca taurella* Schrank)、豆荚螟(*Maruca testulalis* Geyer)等。

○正 螟虫成灾,故《春秋》书之。

隐公五年·十

地理 鲁见隐地理示意图 1。

人物 臧僖伯(隐五·一)、鲁隐公(隐元·○)

春秋 冬，十有(又)二月辛巳₂₊₉ᵈᵃʸ，公子彄 kōu，臧僖伯卒。

左传 冬，十二月辛巳二十九日，臧僖伯卒。公鲁隐公曰："叔父臧僖伯有憾于寡人，寡人弗敢忘。"葬之加一等。

【叔父有憾于寡人】正 杨 叔父对寡人有遗恨。指本年臧僖伯规谏鲁隐公观鱼，而鲁隐公没有听从。臧僖伯为鲁孝公之子，鲁惠公之弟，鲁隐公亲叔父。

隐公五年·十一

地理 宋、郑见隐地理示意图 1。宋、郑、长葛见隐地理示意图 3。

春秋 宋人伐郑，围长葛。

【长葛】正 杨 补 在今河南长葛官亭乡孟寨村附近已发现其遗址（详见下）。郑邑。参见《图集》24—25④4。

> ○补 **长葛故城遗址**：城址平面呈长方形，东西长约五百米，南北宽约四百米。

左传 "宋人伐郑，围长葛"，以报入郛之役也。

隐公六年·一

地理 郑、鲁见隐地理示意图1。

春秋 六年,春,郑人来渝平。

【渝平】 杨 补 改变[旧关系以成就]讲和修好[的新关系]。渝,动词,变更。平,名词,讲和修好。

○补 鲁隐公为公子时,曾与郑人战于狐壤,被郑人所俘,后贿赂郑大夫尹氏,方得逃归(参见隐十一·六·二·一)。隐四年鲁公子翚又帅师会宋、陈、蔡、卫伐郑(参见隐四·二·春秋)。总之,鲁、郑此前关系紧张。宋与郑亦有仇怨,而鲁、宋此前则屡结同盟。然而,隐五年邾、郑伐宋时,宋使者失辞,鲁隐公怒而不救宋(参见隐五·八),鲁、宋因而有隙。郑庄公趁机派使者前来,以求弃怨修好。

左传 "六年,春,郑人来渝平",更成也。

【更成】 补 即"渝平"。更与渝为近义词。平和成为近义词,详见下文辨析。

○补 "平""成"是《春秋》《左传》中两个相近但又有所区别的概念。穷举《春秋》《左传》里的句例可知:

一、"平"有三种用法:

(一)作及物动词,表示"斡旋调停",常用在"甲平乙、丙"(甲出面调和乙、丙)或"甲平乙于丙"(甲为乙出面调和乙、丙)里,例如"齐侯将平宋、卫"(隐八·一)、"晋侯平戎于王"(僖十一·二·二)。

(二)作不及物动词,表示"讲和修好",常用在"甲及乙平"中,比如"宋及郑平"(隐七·五)。此外还有"许人平以叔申之封"(成十四·三)。

(三)作名词

1. 表示"[双方]讲和修好",用在"请平""修平"里,例如"楚斗章请平于晋"（僖三十二·一）、"穆叔如邾，聘，且修平"（襄六·五·二）。

2. 表示"[一方提出的]讲和修好[的要求]"，用在"甲许平""甲许乙平"里，例如"孟孙请往赂之……楚人许平"（成二·七·二）、"[秦]乃许晋平"（僖十五·八·一·七）。

二、"成"有两种用法：

（一）作不及物动词，表示"[双方]讲和修好"，例如"晋欲求成于晋……秦弗与成"（第二个"成"，宣元·五·四），"叔孙戴伯帅师会诸侯之师侵陈。陈成"（僖三—僖四·九）。

（二）作名词

1. 表示较为平等的"[双方]讲和修好"，常用在"请成""为成"里，例如"郑伯请成于陈"（隐六·四·二）、"秦、晋为成"（成十一·七·一·一）。也可以单用，例如"宋华元克合晋、楚之成"（成十二·二·一）。

2. 表示弱国顺服强国的"[双方]讲和修好"，常用在"请成""求成""行成""取成""获成"里，例如"陈侯为卫请成于晋"（文二·三·二）、"纪侯来朝，请王命以求成于齐"（桓六·八）、"随人惧，行成"（庄四·二·二）、"楚人伐郑，取成而还"（宣六·五）、"[诸侯伐秦，]不获成焉"（襄十四·四·四）。

3. 表示"[一方提出的]讲和修好的请求"，用在"甲许乙成"里，例如"诸侯皆不欲战，乃许郑成"（襄九·五·二）。

总而言之，"平""成"用于描述结束交恶或敌对状态、实现关系正常化的国际政治行动，有时是当事双方较为平等，也就是"当事双方讲和修好"；有时是弱国请求强国或是强国逼迫弱国，也就是"一方顺服另一方、双方讲和修好"；有时是第三方出面，"斡旋促成当事双方修好"。其中，"平"由于其含义"平等""平定"的影响，主要用在平等"讲和修好"或"斡旋调停"的场合；"成"强调达成了"修好"的结果而不强调"平等"，因此在不平等"讲和修好"场合经常用到。

隐公六年·二

地理 晋见隐地理示意图 1。晋(翼)、随、鄂见隐地理示意图 2。

人物 顷父、嘉父、晋侯郤(隐五·二)

左传 翼九宗、五正、顷父 fǔ 之子嘉父逆晋侯 晋侯郤 于随,纳诸(之于) 鄂。晋人谓之"鄂侯"。

【九宗、五正】 正 杨 补 据定三—定四·五·四,唐叔虞始封时,接受周王封赐唐地遗民"怀姓九宗,职官五正"。九宗,怀姓的九个宗族,这里指其后代。五正,五官之长,这里指其后代。杨注则认为,九宗五正是顷父的官职。

【嘉父】 正 补 字嘉。顷父之子。晋大夫。顷父旧居职位,名号彰显;嘉父新为大夫,未甚著见,因此在"嘉父"前加"顷父之子"以说明其背景。

【随】 补 见隐五·二。

【纳】 补 见隐四·二·四·一。【鄂】 正 杨 补 在今山西乡宁东二里。晋邑。隐六年后,曾作为晋侯郤居地。参见《图集》17—18②4、22—23⑩15。

○ 正 补 隐五年晋侯郤奔随,同年周桓王立其子于翼,为继任晋侯,也就是晋哀侯。此时翼已不可入,故晋人纳郤于鄂,称之为"鄂侯"。"鄂侯"是非正式的称呼,因为郤此时已不是晋侯,实无爵位。从地图上看,随距离晋都远,而鄂距离晋都近,笔者猜测此番迁徙晋侯郤的目的,表面上是为了方便晋哀侯派人探视照顾晋侯郤,实际上恐怕是为了便于控制。

隐公六年·三

地理 齐、鲁见隐地理示意图 1。齐、鲁、艾见隐地理示意图 4。

人物 鲁隐公(隐元·○)、齐僖公(隐三·七·春秋)

春秋 夏,五月辛酉十二日,公鲁隐公会齐侯齐僖公,盟于艾。

【艾】 正 杨 补 山名,在今山东济南钢城区艾山街道,位于齐、鲁之间。参见《图集》26—27③4。

左传 夏,"盟于艾",始平于齐也。

○ 正 隐元年前,鲁、齐应有旧怨。如今两国弃怨修好,故曰"始平"。
○ 补 下启隐七年齐僖公使夷仲年来聘(隐七·四)。

隐公六年·四

地理 郑、陈、宋、卫见隐地理示意图1。

人物 郑庄公(隐元·四·春秋)、陈桓公(隐四·二·春秋)、公子佗、周任

左传 【一】 五月庚申十一日,郑伯郑庄公侵陈,大获。

○ 补 此事在隐六·三齐、鲁艾之盟前一日,而列在艾之盟后,原因不明。

【二】 往岁,郑伯请成于陈,陈侯陈桓公不许。

【往岁,郑伯请成于陈】 杨 补 陈之所以与郑交恶,一个可能的原因是隐三年之后周、郑交恶(参见隐三·四·二),而陈桓公方有宠于周桓王(参见隐四·二·七·一)。隐四年,陈曾两次参与伐郑(隐四·二·春秋)。本年之前,郑庄公请求与陈讲和修好,可能是试图从交恶的周王室、宋、陈、蔡、卫"包围圈"中打开一个缺口。如果真是如此,则"往岁"最可能是在隐四年后、隐六年前的隐五年,这一年郑、陈之间没有发生战事,也与郑庄公想要向陈桓公示好的政治情势相符合。

<u>五父</u> fǔ，公子佗谏曰：“亲仁、善邻，国之宝也。君其许郑！”

【五父】正 补 公子佗。妫姓，名佗，字五。陈文公（桓五·一）之子，陈桓公（隐四·二·春秋）之弟。桓五年杀太子免自立为君。桓六年被蔡人所杀。

<u>陈侯</u>曰：“宋、卫实难 nàn，郑何能为？”遂不许。

【宋、卫……能为】正 杨 补 宋、卫才是[郑的]忧患，郑能有什么作为？ 实，是。难，患。此时郑正与宋、卫交恶（参见隐四·二宋、陈、蔡、卫伐郑，<u>隐五·四</u>郑侵卫以及卫以燕师伐郑，<u>隐五·八</u>邾、郑伐宋，<u>隐五·十一</u>宋伐郑），而陈与宋、卫是盟国，因此陈桓公有此判断。

[三] 君子曰：“‘善不可失，恶不可长 zhǎng’，其陈桓公之谓乎！长 zhǎng 恶不悛 quān，从自及[于难]也。虽欲救之，其将能乎？《商书》曰：‘恶之易也，如火之燎于原，不可乡（向）迩，其犹可扑灭？’周任 rén 有言曰：‘为国家者，见恶，如农夫之务去草焉，芟 pō（癹）夷蕴 yùn 崇之，绝其本根，勿使能殖，则善者信（伸）矣。’”

【悛】杨 悔改。【从自及也】正 杨 随即自取[祸难]。从，随。
【恶之……扑灭】正 杨 补 今本《尚书·盘庚》有“如火之燎于原，不可向迩，其犹可扑灭”，而无“恶之易也”。可译为“恶的蔓延，如同大火燎原，不可接近，难道还能扑灭？”易，蔓延。乡（鄉），通向（嚮）。迩，近。
【周任】正 周王室大夫。
【芟夷】正 杨 补 芟，《说文》引作“癹”，应为古文正字，用脚踏平草之义（详见下）。夷，平。芟夷是近义词连用。杜甫《除草》“芟荑不可阙”典出于此。【蕴崇】正 杨 补 近义词连用，都是积聚的意思，指将踏平的杂草堆积在苗根肥田。《汉书·食货志》引诗曰“或芸或芋，黍稷儗儗”，芸，除草，即“芟夷”；芋，附根，即“蕴崇”。
【善者】杨 语意双关，既指嘉谷，亦指善人、善政。
【信】杨 补 同伸，伸张。

○ 补 **古文字新证**："癹"字字形演变情况如隐字形图 3 所示。商代甲骨文"癹"是会意兼形声字，字从癶、从殳，癶亦声，会以手执杖、以脚踏草之意。商以后字形演变情况在此不再详述。由于此字中无"艸"，有学者认为踏草含义不显明，此外以手执杖也不知何意。不过，最近有学者指出，南方稻田耘田就是用脚除草，用脚把禾苗四周的泥土翻一遍，把草踩下去。用脚除草，就得拄一根竹杖，这样一来可以省劲儿，同时也可以保持身体平衡，防止滑倒。至今四川农村的农民春天下水田"薅秧子"，稻秧成行，人卷裤腿赤脚在行间操作，即拄着棍，用脚将行间的杂草刮到两边稻秧的根部，这样，既除了草，又壅了禾本（培土）。湖南华容县有一句谚语，叫作"脚脚捅到底，担谷六斗米"，意指用脚给禾苗除草培土时，要用力踩进泥里，这样能使禾苗长势好，将来可获丰收。这种行为或称为"擂禾""踩秧""挪田"等。又据《周礼·地官·稻人》"凡稼泽，夏以水珍草而芟荑之"，可见"芟（癹）夷"的确是稻田农作技术。综上所述，"癹"甲骨文字形所反映的应该就是这种稻田耘田的情形。

1 商.前 5.24.8《甲》	2 商.佚 613《甲》	3 周中.易鼎《金》	4 戰.齊.璽彙 3709
5 戰.晉.璽彙 702	6 戰.晉.璽彙 114	7 戰.晉.璽彙 116	8 戰.楚.包 125 反《楚》
9 戰.楚.包 148《楚》	10 戰.楚.清壹.保 9	11 戰.楚.包 70《楚》	12 秦.青川木牘《秦》

隐字形图 3（《说文新证》，2014 年）

隐公六年·五

春秋 秋，七月。

　　○ 正 《春秋》书法，一年四季，即使某季无事，也将列其首月（春王正月、夏四月、秋七月、冬十月），以记载时变，表明历数。

隐公六年·六

地理 宋见隐地理示意图 1。宋、长葛见隐地理示意图 3。

春秋 冬，宋人取长葛。

【长葛】 补 见隐五·十一·春秋。

○ 正 杨 补 《春秋》书"冬"，而《左传》书"秋"。杜注、孔疏认为，宋人冬天才将此事通告给鲁，而且通告上说取长葛时间为冬。《春秋》所据为宋通告上所书时间，而《左传》所据为事件发生时间。杨注则认为，《春秋》用周正，而《左传》采用宋史材料用殷正，周正冬十月正为殷正秋九月。未知孰是。

左传 秋，"宋人取长葛"。

隐公六年·七

地理 周、鲁、宋、卫、齐、郑见隐地理示意图 1。

人物 鲁隐公（隐元·○）

左传 冬，京师来告饥。公鲁隐公为之请籴 dí 于宋、卫、齐、郑，礼也。

【京师】 补 东周都城的称谓，此时为王城（庄十九—庄二十一—庄二十二·八）。"京师"和"王城"的关系类似于如今"首都"和"北京"的关系。王子朝之乱平息之后，定元年诸侯城成周（成周参见隐三·四·二），周敬王遂迁居之。战国周赧王时，方又迁回王城。"京师"之"京"，本来是表示高丘地形的通名，后来成为表示周先祖公刘居地的专名（《毛诗·大雅·公刘》"笃公刘，于京斯依"），再被用为周王室居地的通名。其后西周都城称"镐京"，东周都城称"京师"，都城虽迁而"京"字常在。楚都通称"郢"与此类似（参见僖十二·二）。"京师"之

"师",本义是军队屯驻之地。殷墟卜辞和西周金文中,都用"𠂤"(即师)作为军队单位的名称,如卜辞"王作三𠂤",西周金文"西六𠂤""成周八𠂤""殷八𠂤";还常把驻屯军队地点,连同地点称为"某𠂤",即"某师",如"成𠂤"(《小臣单觯》)、"牧𠂤"(《小臣谜簋》)等。

【籴】 杨 补 买入/借入粮食。

隐公六年 · 八

地理 郑、周、晋见隐地理示意图 1。

人物 郑庄公(隐元 · 四 · 春秋)、周桓王(隐四 · 二 · 七 · 一)、周桓公

左传 郑伯郑庄公如周,始朝桓王周桓王也。王周桓王不礼焉。周桓公言于王曰:"我周之东迁,晋、郑焉依。善郑以劝来者,犹惧不蔇(jì,暨),况不礼焉? 郑不来矣。"

【郑伯……礼焉】 补 周平王末年,与卿士郑庄公矛盾公开化,周、郑交质。周桓王即位后,继续推进其父排挤郑庄公的计划,周、郑交恶(见隐三 · 四 · 二)。郑庄公名义上虽为周王室卿士,却一直没有朝见过周桓王。如今郑庄公抓住周王室向诸侯告饥、颜面扫地的时机首次朝见周桓王,很可能有"趁火打劫"的意图;周桓王也不甘示弱,用不加礼遇的手段来打压郑庄公。朝见隐四 · 二 · 七 · 一。

【周桓公】 正 补 姬姓,周氏,名黑肩,谥桓。周公旦(隐八 · 二)之后。周王室大夫,桓五年任左卿士。桓十八年被周庄王与辛伯所杀。【周】 正 杨 补 周畿内国。西周初年,周公旦嫡长子伯禽封于鲁,次子君陈留在王畿,在周公旦去世后继位为周公。地在今陕西岐山周公村。东迁后,采邑在王城东郊。其国君世为周王室卿大夫。岐山之周见《图集》17—18②1。

【我周……焉依】 正 杨 补 "晋、郑焉依"即"晋、郑是依",是"依晋、郑"的倒装。周平王东迁过程中,晋文侯、郑武公夹辅王室(详见《知

识准备》"两周之际"），功劳最大，故曰"晋、郑焉依"。

【葰】 正 杨 及，至。

○ 正 下启桓五年周桓王伐郑（桓五·三）。

隐公七年·一

地理 鲁见隐地理示意图1。鲁、纪见隐地理示意图4。

人物 纪叔姬

春秋 七年，春，王三月，叔姬_{纪叔姬}归于纪。

【叔姬】正 杨 补 纪叔姬。姬姓，排行叔。鲁惠公（隐元·一·一）之女，纪伯姬（隐二·五·春秋）之娣。隐七年归于纪，为纪侯妾。庄四年后回到鲁。庄十二年归于酄。庄二十九年卒。

○正 杨 补 纪叔姬应为伯姬陪嫁之娣（参见庄十九—庄二十一—庄二十一·春秋"媵婚制"）。隐二年伯姬归于纪，其娣叔姬五年后方归，可能是因为隐二年时叔姬年数未满。《春秋》常例，鲁公室女嫁至他国，但书为夫人者，陪嫁之女不书。此处《春秋》书纪叔姬归于纪之事，杜注、孔疏认为是由于叔姬单独前往的缘故，此外还有纪侯重视叔姬、叔姬有贤德、叔姬归于纪侯之弟为夫人等多种说法，未知孰是。

隐公七年·二

地理 滕见隐地理示意图4。

人物 滕侯

春秋 滕侯卒。

【滕】正 杨 补 周时国，侯爵（与金文所见国君称号相同），后又为子爵，姬姓。周初始封周文王之子错叔绣于滕，在今山东滕州东滕城村已发现其遗址（详见下）。春秋后六世，被宋康王所灭，宋灭后地入于齐。参见《图集》26—27④4。

○补 滕国故城遗址：遗址在两河交汇的三角地带，荆河流经东南，其支流小荆河从城北绕流。遗址由古城址、夯土建筑基址、居住遗址、墓葬区等组成。城址分为小城和大城。小城东西长约 960 米，南北宽约 680 米，始建年代不晚于春秋时期；大城东西最长约 1 450 米，南北最宽约 1 100 米，始建于战国时期。

左传 七年，春，"滕侯卒"。[《春秋》]不书名，未同盟也。凡诸侯同盟，于是称名，故薨则赴(讣)以名，告终、称嗣也，以继好、息民，谓之礼经。

【凡诸……以名】正 补 盟誓时称同盟诸侯国君之名以告神灵（参见定三—定四·五·四所载践土之盟辞），因此国君去世后亦以其名讣告于同盟诸侯。

【告终】正 补 宣告旧君去世。【称嗣】正 补 宣告嗣位新君为何人。

【继好】杨 延续同盟旧好。【息民】正 补 延续旧好，则兵革不兴，从而使民众得到安息。

【礼经】正 补 礼制中的常法。经，常。

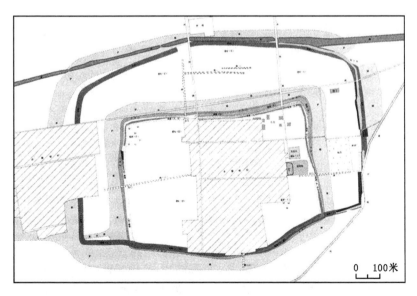

隐遗址图 10　滕国故城遗址平面图（《先秦城邑考古》，2017 年）

隐公七年·三

[地理] 鲁见隐地理示意图 1。鲁、中丘见隐地理示意图 4。

[春秋] 夏，[我]城中丘。

【中丘】[正][杨][补] 在今山东临沂兰山区白沙埠镇后隅村和诸葛城村已发现其遗址（详见下）。鲁邑。参见《图集》26—27④5。《图集》标注不准确，本书示意图依据考古发现标注。

> ○[补] **中丘故城遗址**：城址位于沂河西岸，平面呈长方形，长一千米，宽七百米，城址内主要有春秋时期和汉代文化遗存。

[左传] "夏，城中丘。"[《春秋》]书，不时也。

【书，不时也】[杨][补]《春秋》记载了这件事，是因为它妨碍了农时。筑城之时参见庄二十九·五。

隐公七年·四

[地理] 齐、鲁见隐地理示意图 1。

[人物] 齐僖公（隐三·七·春秋）、夷仲年

[春秋] 齐侯齐僖公使其弟年夷仲年来聘。

【年】[杨][补] 夷仲年。姜姓，名年，排行仲。齐前庄公之子，齐僖公（隐三·七·春秋）同母弟。齐卿。可能食采于夷。

【聘】[杨][补] 西周、春秋时代，周王与诸侯、诸侯之间派卿大夫互相访问称为"聘"。聘礼主要仪节见下。

> ○[正][补] **聘礼**：诸侯之间聘问，有大聘、小聘之分，两者礼仪基本相同，只是使者身份（大聘使卿，小聘使大夫）、礼物多少有所不

同。据《三礼辞典》的总结，《仪礼·聘礼》里记载的大聘礼有如下主要仪节：

一、命使：出使国君任命使团成员。国君任命使者一人，由卿担任；上介一人，由大夫担任。司马任命众介四人，由士担任。

二、授币：出使国准备聘时所用礼品。出使国冢宰开列礼单（如玉、帛、皮、马等），交各部门备办。出使前夕，使者帅上介、众介朝见出使国君，在寝门外展示礼品，史官读礼单，并核验实物。

三、释币：使者、上介告祖先、路神，埋束帛。授币次日，使者、上介各自前往自家祢庙（父庙）祝告祖先，献帛一束，埋于东、西阶之间。此后，使者、上介又前往路神处释币。

四、受命：使团启程前接受君命。使者帅上介、众介到达治朝。冢宰以圭（聘国君用）授使者。出使国君命使者，使者复述国君之命。冢宰又将璧（享国君用）、璋（聘国君夫人用）、琮（享国君夫人用）授予使者，礼节与授圭相同。使团启程。

五、假道：使团向途经国借道。如途中经过他国，使者命次介向所过国借道，致送束帛，并请所过国派人引路。使团入所过国境之前，要宣誓绝不扰民。所过国依礼制馈赠过境人员，然后派一位士引路，直到走出国境。

六、预习、入境、展币：使团预演礼仪、进入受聘国境、展陈礼品。未入受聘国境之前，要画地预演一次聘问礼仪。到达受聘国边境时，要宣誓不违反受聘国礼法，然后谒见关人，得以入境。使团入境之后，再次展陈、核验礼品。

七、郊劳、致馆、设飧：受聘国慰劳使团、引导进入馆舍、陈设膳食。使团到达受聘国都近郊，受聘国君派卿带束帛前往慰劳，宾（即使者，以下改称宾）用皮、束锦酬谢。受聘国君夫人派大夫用枣、栗慰劳宾，宾又用皮、束锦酬谢大夫。大夫随后引导使团进入国都，在外朝与受聘国君对答之后，前往馆舍。受聘国卿代表国君致辞，宰夫设飧（宾客初至时所供膳食）。

八、**聘受聘国君**：使者与受聘国君相见，授圭、受圭。次日，下大夫奉命到馆舍迎接使团。使团到达治朝，在庙门外陈列礼品。受聘国君任命卿为上摈，大夫为承摈，士为绍摈。摈出请事，宾答对，摈入告受聘国君。受聘国君在大门内迎宾，上摈引宾进入。宾向受聘国君授圭，国君受之。宾出。

九、**享受聘国君**：使者向受聘国君进献束帛、璧、兽皮等礼品。行聘礼之后，宾在门外奉束帛加璧，庭中陈列兽皮。宾入门后与受聘国君互相揖让，宾致命，受聘国君再拜，受币帛。

十、**聘、享受聘国君夫人**。宾出，又用璋聘受聘国君夫人，用琮享夫人。夫人不亲受，由受聘国君代受。

十一、**私觌**：宾以个人名义拜见受聘国君。先由受聘国君礼宾，拜送醴，设庭实乘马，并致束帛。宾再拜受。然后行私觌，宾奉束锦，牵乘马入。揖让升，宾授币，受聘国君受。宾出。上介、士介亦行私觌礼，均有币。

十二、**馈饔饩**：受聘国提供使团聘期中膳食。受聘国君使卿馈宾饔饩五牢、饪一牢、腥二牢、饩二牢、醯醢百瓮、米百筥，又米三十车、禾三十车、薪刍六十车。馈上介三牢，馈士介四人各一牢。夫人亦有馈礼。受聘国卿亦馈饩于宾介。

十三、**请观**。受聘国请宾、介游观宗庙宫室，由掌讶引导。

十四、**飨宾介**：受聘国君、卿为宾、介行飨、食、燕之礼。宾受飨礼二次、食礼一次、燕礼数不定。上介受一飨、一食。飨礼、食礼均用大牢。受聘国卿亦为宾行一飨、一食，为上介或飨或食一次。

十五、**问卿大夫**：宾、介以币问候受聘国卿、大夫。宾以出使国君之币问受聘国三卿，又以私人之币面见三卿，均有束帛庭实。上介、众介以私人之币面见受聘国三卿。

十六、**还玉**。使团将返，受聘国君使卿至宾馆送还宾聘君之圭，及聘夫人之璋。

十七、**贿、礼**。受聘国君以束纺赠予出使国君，谓之"贿"；以玉、束帛、乘马、皮报答使团进献之礼品,谓之"礼"。

十八、**送宾,君臣赠送**。受聘国君至宾馆,宾避。摈者代受聘国君致谢。宾行,受聘国君使卿、大夫赠宾、介玉帛皮马,卿亦亲赠宾、介,其数均与前行觌礼时相同。

十九、**返国复命**。使团回到出使国,陈币于朝,公币、私币均陈。冢宰受圭、璋。出使国君劳之,使者再拜稽首。

二十、**释币、奠祢**。使者至自家祢庙行释币礼,上介亦如之。

左传 齐侯使夷仲年来聘,结艾之盟也。

【结】杨 续而固之。【艾之盟】正 见隐六・三。

隐公七年・五

地理 鲁、宋、郑见隐地理示意图 1。鲁、邾、宋、郑、宿见隐地理示意图 3。

人物 鲁隐公(隐元・〇)

春秋 秋,公鲁隐公伐邾。

左传 【一】 秋,宋及郑平。七月庚申十七日,盟于宿。

【宿】补 见隐元・八・春秋。

【二】"公伐邾",为宋讨也。

〇 正 杨 补 隐五年邾、郑伐宋,鲁隐公拒绝救宋,鲁、宋由此产生嫌隙。同年宋已伐郑作为报复,而尚未伐邾。隐六年鲁、郑讲和修好,如今郑、宋又讲和修好。鲁想要在此国际局势整体趋向缓和的大背景下与宋改善关系,于是主动为宋伐邾以示好。

隐公七年·六

[地理] 周、鲁见隐地理示意图1。周、鲁、戎楚丘见隐地理示意图3。

[人物] 周桓王（隐四·二·七·一）、凡伯

[春秋] 冬，天王周桓王使凡伯来聘。戎伐凡伯于楚丘，以[凡伯]归。

【凡伯】[正][补] 周王室卿大夫。隐七年被戎人所执。【凡】[正][杨][补] 周畿内国，伯爵，姬姓。周初始封周公旦之子于凡（此地名在商代已存在），在今河南辉县前凡城村、后凡城村西北。此时本封已灭绝，食采于王畿，国君为周王室卿大夫。参见《图集》17—18②4、24—25③4。

【聘】[补] 见隐七·四·春秋。

【楚丘】[杨][补] 在今山东成武西南，曹县东南。戎邑。襄十年前地已入于宋。参见《图集》24—25④6。

[左传]【一】初，戎朝于周，发币于公卿，凡伯弗宾。

【朝】[补] 见隐四·二·七·一。

【发币】[杨][补] 《说文》：“币，帛也。”币是春秋时期贵族在朝、聘、享、宴等行礼场合互相赠送的财礼，广义的“币”包括玉、马、圭、璧、帛等。发币，即致送财礼。据《仪礼·聘礼》（参见隐七·四·春秋），贵宾朝见君主之后，又访问公卿。公卿在宗庙接待宾客，之后再私下会见，两次会见时，贵宾都会向公卿致送财礼，则所谓“发币”。

【凡伯弗宾】[杨][补] 凡伯[接受戎人财礼之后]没有依宾礼回赠财礼。金文中多有“主人＋宾＋客人＋礼物”的句子，里面的“宾”应即此处“弗宾”之“宾”，动词，指主人依宾礼回赠客人礼物。

○[补]《国语·周语中》载刘康公聘于鲁，发币于诸大夫之事，可参看（引文见宣十·八）。

【二】冬，王周桓王使凡伯来聘。[凡伯]还，戎伐之凡伯于楚丘，以[凡

伯〕归。

隐公七年·七

地理 陈、郑、周见隐地理示意图 1。

人物 公子佗(隐六·四·二)、郑庄公(隐元·四·春秋)、泄驾(隐五·四·二·一)、良佐、陈桓公(隐四·二·春秋)、公子忽(隐三·四·一)、周桓王(隐四·二·七·一)

左传 【一·一】 陈及郑平。

○正 补 隐六年郑侵陈,大获。陈一方面畏惧郑实力,一方面又看到盟友宋已经与郑讲和,于是也积极跟进,与郑讲和修好。

【一·二】 十二月,陈五父 fǔ,公子佗如郑莅盟。壬申二日,及郑伯郑庄公盟,〔五父〕歃 shà 如忘。泄伯泄驾曰:"五父必不免〔于难〕,不赖盟矣。"

【莅盟】 正 补 前往他国参加会盟。莅,临。
【歃如忘】 正 补 公子佗歃血时心不在焉。如,而。【歃】 正 杨 补 盟誓时,与盟者一一微饮牲血,表示诚意,称为"歃"。参见隐元·二·春秋"盟礼"。
【不赖盟矣】 杨 补 不把盟誓当作对国家有利的事。赖,以……为利。

【一·三】 郑良佐如陈莅盟。辛巳十一日,及陈侯陈桓公盟,亦知陈之将乱也。

【良佐】 正 郑大夫。
○正 下启桓五年陈乱(桓五·一),桓六年蔡人杀公子佗(桓六·六)。

【二】郑公子忽在王_{周桓王}所，故陈侯_{陈桓公}请妻 qì 之。郑伯_{郑庄公}许之，乃成昏。

【郑公……妻之】杨 补 隐三年周、郑交质，郑公子忽为质于周。陈桓公受到周桓王尊宠（见隐四·二·七·一），又希望与郑改善关系，于是请求将女儿嫁给此时仍在周王室的公子忽。据隐八·四，则公子忽娶妻之后即回到郑国，可见周王室也希望利用此事放回公子忽，与郑缓和关系。

【成昏】杨 成，定。依《仪礼·士昏礼》，纳征之后，婚事即定。此言"成昏"，则男方已向女方纳征。

○补 下启隐八年公子忽亲迎妫氏（见隐八·四）。

○杨 补 昏礼：春秋时娶妻行"合卺同牢"礼时必在阴阳交接的黄昏，故称"昏礼"。今所谓"婚礼"，即本于此。周王、诸侯婚礼具体仪节今不存，不过，应是在《仪礼》中所记载"士昏礼"的基础上更加繁复、隆重。根据《三礼辞典》所做的概括，士昏礼主要礼节是：

一、下达。六礼之前，男方通过媒人向女方表示通婚之意。

二、纳采。六礼之一。采，是采择之意。经女方同意，男方派使者至女方行纳采之礼。纳采时用雁作为礼物。

三、问名。六礼之二。男方派使者至女方问女之名，以备占卜吉凶。女方主人醴使者，敬觯酒，荐脯醢。

四、纳吉。六礼之三。男方卜于庙而吉，派使者告知女方。

五、纳征。六礼之四。又作"纳币"。男方派使者向女方送财礼以定婚，财礼为玄色和纁色的帛共五匹、鹿皮两张。

六、请期。六礼之五。男方派使者向女方告知迎娶日期，征求同意。

七、亲迎。六礼之六。婚礼之日，初昏，新郎服爵弁服、乘车，从车二乘，以及新妇之车，至女方亲迎。新郎执雁拜见岳父。新妇登车后，新郎驾车先导，回到男方家中。

八、合卺同牢。新夫妇对席坐,酳(yìn,饮酒)用卺,食同牢。卺,破匏为二,各用其半,故称"合卺"。同食一牲,载同俎,故称"同牢"。

九、妇见舅姑。婚礼次日早晨,新妇执枣栗、腶修,拜见舅(公公)、姑(婆婆)。

十、舅姑醴妇。舅姑由赞者代酌醴,醴新妇,新妇拜受。

十一、妇馈舅姑,舅姑飨妇。新妇以特豚(一只猪)飨舅姑,舅姑以一献之礼飨新妇。

十二、飨送者。舅姑分别飨送新妇前来的男女使者,各酬五匹锦。

新妇过门三月之后,婚姻已稳定,开始在男方宗庙辅助丈夫行祭祀。

隐公八年·一

地理 宋、卫、齐见隐地理示意图1。宋、卫、齐、垂（犬丘）见隐地理示意图3。

人物 宋殇公（隐三·六·一·一）、卫宣公（隐四·二·春秋）、齐僖公（隐三·七·春秋）

春秋 八年，春，宋公宋殇公、卫侯卫宣公遇于垂。

【遇】杨 见隐四·二·春秋。

【垂】正 杨 补 在今山东鄄城东南。卫地。参见《图集》24—25③6。

左传 八年，春，齐侯齐僖公将平宋、卫[于郑]，有会期。宋公宋殇公以币请于卫，请先相见。卫侯卫宣公许之，故遇于犬丘。

【齐侯将平宋、卫】正 补 齐僖公准备出面斡旋调停，促成宋、卫与郑全面讲和修好，达到可以结盟的程度。参见隐八·七。

【宋公……相见】补 隐七年宋及郑平，在与郑和解方面已经先行了一步。卫与郑敌对最深，宋殇公请求带着财礼先与卫宣公相见，应该是劝说卫宣公顺应时势，同意与郑讲和修好。

【犬丘】正 即垂。

> ○补 无独有偶，秦早期核心区域称西犬丘，又称西垂，也是一地两名。秦人先祖为东夷，居于今山东一带，周初叛乱失败被迁至西方（参见桓四·三）。有学者认为，山东之垂/犬丘可能是秦人东迁路上的重要一站，秦人到达今甘肃礼县之后，便沿用东方垂/犬丘之名。

隐公八年·二

地理 郑、鲁见隐地理示意图1。郑、鲁、祊、许田、泰山见隐地理示意图3。

人物 郑庄公（隐元·四·春秋）、宛

春秋 三月,郑伯郑庄公使宛来归祊 bēng。庚寅二十一日,我入祊。

【宛】正 补 名宛。郑大夫,官至卿位。当时尚未赐族(参见隐八·十二),故无氏。

【祊】正 杨 补 在今山东费县探沂镇许由城村已发现其遗址(详见下)。此前为郑君佐助周王祭祀泰山时的汤沐之邑("汤沐"指祭祀前的沐浴之事),邑内有郑先君别庙。距鲁近,而距郑远。隐八年,鲁入祊。桓公元年郑、鲁确定交换祊、许田,祊正式归于鲁。参见《图集》26—27④5。《图集》标注不准确,本书示意图依据《图志》标注。

○ 杨 祊邑故城遗址:城址位于祊河南岸,平面呈椭圆形,长 220 米,宽 180 米。

左传 郑伯郑庄公请释泰山之祀而祀周公周公旦,以泰山之祊易许田。"三月,郑伯使宛来归祊",不祀泰山也。

【泰山】补 山名,在今山东泰安与济南、淄博之间。参见《图集》26—27③4。

【周公】补 周公旦。姬姓,周氏,名旦,号文。周文王(僖五·八·一)之子,周武王(桓元—桓二·三·二)、管叔鲜(襄二十一·五·四·三)同母弟,太姒(定六·二·一)所生。食采于周(在今陕西岐山,参见《图集》19③1)。周王室太宰、太傅。后封于鲁,使其子伯禽就封,而自己仍留佐王室。鲁奉周公旦为始封君,鲁太庙为周公旦庙。

【许田】正 杨 补 在今河南许昌东南故鲁城。此时为鲁君至东都雒邑朝见周王时的朝宿之邑("朝宿"指朝见途中的住宿),邑内有鲁宗庙(周公旦别庙)。距郑近,而距鲁远。桓元年地入于郑。《毛诗·鲁颂·閟宫》赞颂鲁僖公,说他"居常与许,复周公之宇",有可能到鲁僖公时许田又重归鲁所有。参见《图集》29—30③6。

○ 正 补 郑桓公为周宣王母弟,周因赐郑以祊邑,在泰山脚下,作为郑君助祭泰山的汤沐之邑。周成王时营造东都成周,有迁都之意,故赐周公旦许田,在成周附近,作为鲁君朝宿之邑。郑庄公见周室已衰,周王不再巡守天下,泰山之祭废弃已久,助祭祊邑无用又远隔,而鲁之许田则近,因此想要用祊交换许田,使两国各从本国所近之宜。他提出:一、既然周王不再到东方巡守,郑国因此正式宣告废止辅助周王祭祀泰山之职,这是为了说明祊对于郑已无意义;二、郑得许田之后,将为鲁人继续祭祀周公,许田周公之祀将不会断绝,这是为了让鲁国安心。据《史记·周本纪》,则隐六年郑庄公朝见周桓王,周桓王不加礼遇,郑庄公怨恨,于是在本年与鲁易许田,可备一说。

○楊 本年郑先归祊,而鲁并未以许田与郑。下启桓元年郑以璧假许田(见桓元·一·二)。

○补 **东巡守与泰山之祀**:传世文献中关于古代帝王东巡守时祭祀泰山的记载,最早见于《尚书·舜典》:"岁二月,东巡守,至于岱宗,柴,望秩于山川,肆觐东后。协时月、正日,同律度量衡。修五礼,五玉,三帛、二生、一死贽。如五器,卒乃复。五月,南巡守,至于南岳,如岱礼。八月,西巡守,至于西岳,如初。十有一月,朔巡守,至于北岳,如西礼。归,格于艺祖,用特。五载一巡守,群后四朝。敷奏以言,明试以功,车服以庸。"

《礼记·王制》中关于天子巡守、祭祀泰山的文字应该是在《舜典》基础上增益而成:"天子五年一巡守:岁二月,东巡守,至于岱宗,柴而望祀山川,觐诸侯,问百年者就见之。命大师陈诗以观民风,命市纳贾以观民之所好恶,志淫好辟。命典礼考时月,定日,同律、礼、乐、制度、衣服,正之。山川神祇有不举者为不敬,不敬者君削以地;宗庙有不顺者为不孝,不孝者君绌以爵;变礼易乐者为不从,不从者君流;革制度衣服者为畔,畔者君讨。有功德于民者,加地进律。五月,南巡守,至于南岳,如东巡守之礼。八月,西巡守,至于西岳,如南巡守之礼。十有一月,北巡守,至于北岳,如西巡守之礼。归假于祖祢,用特。"

　　从本年《左传》记载看，西周时期周天子确实有东巡守、在泰山进行祭祀的制度，《礼记·王制》的记载虽然可能有不少虚构、附会的地方，然而并不是完全没有现实依据。春秋时期，虽然周王泰山祭祀中断，但诸侯国的泰山祭祀并没有停止。春秋时期，鲁国君主曾经"旅祭"泰山；春秋晚期之后，齐国开始祭祀泰山；春秋末年，北上争霸中原的吴国也曾祭祀泰山。

隐公八年·三

地理 周见隐地理示意图 1。虢（西虢）、周见隐地理示意图 2。

人物 虢公忌父（隐三·四·二）

左传 夏，虢guó公忌父fǔ始作卿士于周。

【卿士】 补 见隐三·四·一。

○ 正 杨 据隐三·四，"郑武公、庄公为平王卿士，王贰于虢。……王崩，周人将畀虢公政"。可见周桓王不欲郑伯独掌王室之权，而欲分政于虢公，此时终得实现。据隐九·五推断，则此后郑庄公为左卿士，虢公忌父为右卿士。

隐公八年·四

地理 郑、陈见隐地理示意图 1。

人物 公子忽（隐三·四·一）、妫氏、鍼子

左传 **〔一〕** 四月甲辰六日，郑公子忽如陈逆妇妫guī，妫氏。辛亥十三日，〔公子忽〕以妫氏归。甲寅十六日，入于郑。陈鍼qián子送女。

【郑公子忽如陈逆妇妫】 杨 补 公子忽与妫氏于隐七年订婚，今年至陈国亲迎新妇。亲迎新妇之事参见隐二·五·春秋。**【妇妫】** 补 妫

氏。陈女，妫姓。陈桓公（隐四·二·春秋）之女，公子忽/郑昭公（隐三·四·一）夫人。隐八年归于郑。

【鍼子】正鍼氏。陈大夫。

【二】[公子忽、妫氏]先配而后祖。鍼子曰："是不为夫妇。[公子忽]诬其祖矣，非礼也，何以能育？"

【先配而后祖】正杨公子忽先与新妇同房（配），后祭告祖庙（祖）。依礼制，公子忽回到郑国之后，应先祭告祖庙，报告其迎娶归来之事，然后与新妇同房。

【诬】杨欺。

隐公八年·五

地理蔡见隐地理示意图 1。

人物蔡宣公

春秋夏，六月己亥二日，蔡侯考父蔡宣公卒。

【蔡侯考父】杨补蔡宣公。姬姓，名或字考，谥宣。蔡戴公之子。隐元年前二十七年即位，在位三十五年。隐八年卒。

隐公八年·六

地理宿见隐地理示意图 3。

人物宿男

春秋辛亥十四日，宿男卒。

隐公八年·七

地理宋、齐、卫、郑见隐地理示意图 1。宋、齐、卫、郑、温（苏）、瓦屋见隐地理示意图 3。

　　人物 宋殇公(隐三·六·一·一)、齐僖公(隐三·七·春秋)、卫宣公(隐四·二·春秋)

春秋 秋,七月庚午三日,宋公宋殇公、齐侯齐僖公、卫侯卫宣公盟于瓦屋。

　　○ 正 此次齐为会主,应序于诸侯之首。因先前宋敬重齐斡旋之意与卫先行会面,故齐僖公尊宋为会主,使宋序于诸侯之首。

左传 齐人卒平宋、卫于郑。秋,会于温,盟于瓦屋,以释东门之役,礼也。

　　【温】 补 见隐三·四·二。【瓦屋】 正 杨 补 在今河南温县西北。周地。参见《图集》22—23⑪17。

　　【释】 杨 补 放下旧事不再介怀。【东门之役】 杨 见隐四·一·四。

　　○ 正 杨 补 此次会盟目的是平宋、卫于郑,然而郑庄公并未出面。应该是齐僖公事先与郑庄公进行了沟通,足以代表郑与宋、卫会盟。郑庄公不出面的可能原因之一是:齐僖公本次会盟地点选在王畿,意在"尊王",而王室卿权刚被削夺一半的郑庄公不愿意来王畿支持齐僖公的尊王举动。

　　○ 补 下启本年齐僖公使人至鲁告成三国(隐八·十一)。

隐公八年·八

　　地理 蔡、郑、齐、周见隐地理示意图 1。

　　人物 蔡宣公(隐八·五·春秋)、郑庄公(隐元·四·春秋)、齐僖公(隐三·七·春秋)、周桓王(隐四·二·七·一)

春秋 八月,葬蔡宣公。

　　○ 正 补 据隐元·五,诸侯五月而葬。蔡宣公三月而葬,于礼为速。

　　○ 正 此条《春秋》无对应《左传》。

> 左传 八月丙戌，郑伯郑庄公以齐人齐僖公朝王周桓王，礼也。

【丙戌】正 上有七月庚午，下有九月辛卯，则八月不得有丙戌。

【以】杨 介词，表率领、引导。【朝】补 见隐四·二·七·一。

○杨 补《国语·郑语》："齐庄、僖于是乎小伯。"韦昭注云："小伯，小主诸侯盟会。""小伯"即"小霸"。也就是说，《国语》作者认为齐前庄公、齐僖公在春秋早期接力成就了小霸的功业，韦昭认为小霸的标志就是主持诸侯盟会。齐僖公在王畿主持会盟，平宋、卫于郑，秉持尊王态度，调停三国仇怨，这正是齐僖公小霸的标志性成就，因此他会在诸侯国之间广为宣传此事（参见隐八·十一）。这很可能给本来无心尊王的郑庄公很大震动，于是赶紧利用自己仍是王室左卿士的身份，带领齐僖公去朝见周王以表明自己的尊王立场，并显示出自己比齐僖公更高的地位，在小霸竞争中迎头赶上。

隐公八年·九

地理 鲁见隐地理示意图 1。鲁、莒、纪、浮来见隐地理示意图 4。

人物 鲁隐公（隐元·○）

> 春秋 九月辛卯二十五日，公鲁隐公及莒㐱人盟于浮来。

【浮来】正 杨 补 在今山东莒县西浮来山下。纪邑（杜注）或莒邑（杨注）。参见《图集》26—27③5。《图集》标注不准确，本书示意图根据《图志》标注。

> 左传 "公及莒人盟于浮来"，以成纪好也。

○正 补 隐二年纪裂𦈡为调解鲁、莒之间紧张关系，与莒子盟于密。如今鲁与莒盟，紧张关系得以缓和，则是成全纪对鲁的友好，故曰"以成纪好"。

隐公八年·十

地理 鲁见隐地理示意图 1。

春秋 [我]螟 míng。

〇 补 参见隐五·九。

隐公八年·十一

地理 齐、鲁、宋、卫、郑见隐地理示意图 1。

人物 齐僖公（隐三·七·春秋）、鲁隐公（隐元·〇）、众仲（隐四· 二·五）

左传 冬，齐侯齐僖公使来告成三国。公鲁隐公使众 zhōng 仲对曰："君齐僖公释三国之图，以鸠其民，君之惠也。寡君鲁隐公闻命矣，敢不承受君之明德。"

【三国】 补 宋、卫、郑。

【君释三国之图】 杨 国君使三国舍弃[互相讨伐的]图谋。

【鸠】 正 杨 安集。

隐公八年·十二

地理 鲁见隐地理示意图 1。

人物 展无骇（隐二·三·春秋）、公子翚（隐四·二·春秋）、鲁隐公（隐元·〇）、众仲（隐四·二·五）

春秋 冬，十有(又)二月，无骇展无骇卒。

〇 正 据隐元·十三，鲁隐公不与小敛，故《春秋》不书日。无骇去世之后方得赐族，故《春秋》不书氏"展"。

左传 "无骇卒"。羽父 fǔ，公子翚请谥与族。公鲁隐公问族于众 zhōng 仲。众仲对曰：

【谥】补见《知识准备》"姓、氏、名、字、谥"。鲁在桓公、庄公之前,卿多数无谥。因赐谥在春秋早期不是常例,故公子翚请之。

【族】补无骇已是鲁孝公曾孙,依礼应该命氏而立族(详见下),故公子翚请之。

【公问族于众仲】补当时卿大多无谥,可能也没有死后赐谥之礼。鲁隐公因此没有理会公子翚为无骇请谥的请求,而只向众仲询问命氏立族之事。

"天子建德,因生以赐姓,胙 zuò 之土而命之氏。

【天子建德】正周天子建立有德[之人为诸侯]。

【因生以赐姓】正补根据其生身渊源而赐姓。虞舜生于妫汭,周封虞舜之后胡公满于陈,赐姓"妫";即所谓"因生以赐姓"。

【胙之土而命之氏】杨补赐给他土地,并给他命氏。胙,赐。据襄十一·二·三·二诸侯盟辞"队命亡氏"可知诸侯确有氏。据定三一定四·五·四所载践土之盟辞,"王若曰:晋重、鲁申、卫武、蔡甲午、郑捷、齐潘、宋王臣、莒期",则诸侯很可能以其国名为氏。不过,以国名为氏有例外,比如楚国就不是楚氏,而是熊氏(参见桓六·二·一)。

"诸侯以字为谥,因以[字]为族。

【诸侯以字为谥】杨补诸侯以字作为谥号。因为诸侯国君本身明显不是以字作为谥号,杨注认为这句的意思是,在西周及春秋早期,诸侯国君对于其国内去世的卿大夫,就是以卿大夫的字作为他们的谥号。这也就解释了为什么这时期诸侯国的卿大夫一般没有专门的谥号。

【因以为族】正杨补[诸侯国卿大夫的后代]因而[根据其先祖的字来命氏]立族。以字命氏立族,主要见于始祖为国君之子的卿大夫家族,也就是所谓的公族。国君之子称"公子",公子之子称"公孙",公孙之子则应根据其祖父(公子)之字命氏而立族。如郑公子去疾字良,其子为公孙辄,其孙为良霄,其曾孙为良止。但也有公孙即以其父(公子)之字为氏的情况,如郑子游之子游楚,为游氏;郑子然之子然丹,为然氏。

"官有世功,则有官族。邑亦如之。"

【官有世功,则有官族】 正 杨 补 [除了以先祖之字为氏之外,]先祖居某官有功的,可根据官名命氏立族。以官名命氏者,如晋士氏(其先祖隰叔任士师)、中行氏(其先祖中行桓子任中行帅)。

【邑亦如之】 正 杨 补 [先祖有]采邑也一样。也就是说,先祖以某地为采邑的,也可根据邑名命氏立族。以采邑名命氏者,如晋赵氏(其先祖造父采邑为赵)、魏氏(其先祖毕万采邑为魏)、韩氏(其先祖公子万采邑为韩)。

公命以字为展氏。

○ 正 无骇为子展之孙,故鲁隐公根据其祖父之字(展)命其族为展氏。

隐公九年·一

地理 周、鲁见隐地理示意图1。

人物 周桓王（隐四·二·七·一）、南季

春秋 九年，春，天王周桓王使南季来聘。

【南季】 正 补 南氏，排行季。周王室卿大夫。

【聘】 补 见隐七·四·春秋。

隐公九年·二

地理 鲁见隐地理示意图1。

春秋 三月癸酉十日，〔我〕大雨震电。

【震】 正 补 打雷。【电】 正 补 闪电。

庚辰十七日，〔我〕大雨yù雪。

左传 九年，春，王三月癸酉，"大雨霖以震"，〔《春秋》〕书始也。"庚辰，大雨雪"，亦如之。〔《春秋》〕书，时失也。凡雨，自三日以往为霖。平地尺为大雪。

【以】 杨 连词，与。

【书始也】 正 《春秋》记载大雨开始的日期。

【书，时失也】 正 补 《春秋》记载这些，是为了记载天时不正的异常情况。

【凡雨……为"霖"】 正 补 凡是下雨，连下三天以上称为"霖"。《左传》凡例，皆以解《春秋》。《春秋》若无"霖"，则《左传》不应解之。《左传》作者所见《春秋》应为"大雨霖以震"，而不应为"大雨震电"。

【平地尺为大雪】 杨 平地积雪达到一尺深为大雪。

隐公九年·三

地理 鲁见隐地理示意图 1。

人物 挟

春秋 挟卒。

【挟】 正 补 名挟。鲁大夫，官至卿位。隐九年卒。卒时未命氏立族（参见隐八·十二），故无氏。

隐公九年·四

地理 鲁见隐地理示意图 1。

春秋 夏，[我]城郎。

【郎】 杨 在鲁都南郊。鲁邑。

左传 "夏，城郎。"[《春秋》]书，不时也。

【书，不时也】 补 参见隐七·三。

隐公九年·五

地理 鲁、齐、宋、郑、周见隐地理示意图 1。鲁、齐、宋、郑、周、防（东防）见隐地理示意图 3。

人物 鲁隐公（隐元·○）、齐僖公（隐三·七·春秋）、宋殇公（隐三·六·一·一）、郑庄公（隐元·四·春秋）、周桓王（隐四·二·七·一）

春秋 秋，七月。

冬，公鲁隐公会齐侯齐僖公于防。

【防】正 杨 补在今山东费县方城镇古城里村已发现其遗址(详见下)。鲁邑。隐十年后鲁有两防,此为东防,近齐。曾为臧氏采邑。参见《图集》26—27④5。

○补 **防城遗址:** 遗址先后为春秋时期防邑、汉代华县县城。城址平面呈不规则椭圆形,东西长 440 米,南北宽 370 米,文化堆积分属于龙山文化、东周和汉代。

左传【一】宋公宋殇公不王。郑伯郑庄公为王周桓王左卿士,以王命讨之,伐宋。宋以入郛 fú 之役怨公鲁隐公,不告命。公怒,绝宋使。

【不王】杨不朝见周王。

【左卿士】补此时虢公忌父为王室右卿士,参见隐八·三。

【宋以入郛之役怨公】正隐五年入郛之役,鲁隐公拒绝救宋,故宋人怨鲁。此后,隐七年鲁隐公为宋伐邾,希望以此取悦于宋,而宋至今仍不释然。

○杨 补春秋之世,周王室衰微,诸侯极少朝王。以鲁为例:鲁十二公二百四十余年,据《春秋》《左传》所载,惟鲁僖公因晋文之霸,两朝王所;鲁成公因伐秦之役,一至京师。鲁隐公、鲁桓公二十九年间,周王使者屡次来鲁,而两公未尝朝王。以此观之,郑庄公以宋不朝周王而讨宋,犹如僖四年齐桓公以楚不贡包茅而伐楚,所持理由皆为借口而已。自从隐八年带领齐僖公朝见周王以来(参见隐八·八),郑庄公已经放弃了先前与周王室对抗的策略,充分发挥自己王室左卿士的优势,以"尊王"为名讨伐不顺服的诸侯,树立自己在中原国际政治中的小霸地位。

【二】秋,郑人以王命来告伐宋。

○正郑人本年早先伐宋未得志,故来告将再次伐宋。

【三】"冬，公会齐侯于防"，谋伐宋也。

隐公九年·六

地理 北戎、郑见隐地理示意图1。

人物 郑庄公（隐元·四·春秋）、公子突（隐五·四·二·一）、祝聃

左传 【一】北戎侵郑，郑伯郑庄公御之。

【北戎】 补 此部戎人应即山戎（庄三十一—庄三十一·春秋），主要分布在今河北北部、北京以北的山区。参见《图集》28③3—③4。《图集》标注不准确，本书示意图依据考古发现标注。

【御】 补 抵抗。

[郑伯]患戎师，曰："彼徒我车，惧其侵轶 yì 我也。"

【徒】 正 步兵。【车】 杨 车兵。

【侵轶】 正 杨 突然从后绕到前方进行攻击。

公子突曰："使勇而无刚者尝寇，而速去之。君为三覆以待之。戎轻而不整，贪而无亲，胜不相让，败不相救。[戎之]先者见获，必务进[而不顾后者]。[先者]进而遇[我]覆，必速奔。[戎之]后者不救[先者]，则[先者]无继矣。[君]乃可以逞。"

【使勇……去之】 正 补 让勇敢而不刚强的士兵去试探敌人，然后迅速撤离。尝，试。勇则能往，无刚则不以撤退为耻，用这种士兵去诱敌，使其依照本性作战即可，敌方难以看出其中有诈。

【三覆】 正 三处伏兵。

【先者见获，必务进】 正 补 戎师前锋看见[有]俘获[郑人的机会]，一定会全力前进[而不顾后面的戎人]。这样就可以使得戎师前后两部脱开，不能相互照应。

【逞】杨 补 得志。

[公]从之。

【二】戎人之前遇覆者奔,祝聃逐之,[中覆]衷(中)戎师,[前覆、后覆]前后击之,[戎人之前遇覆者]尽殪 yì。戎师大奔。十一月甲寅,郑人大败戎师。

【祝聃】正 郑大夫。

【衷戎师】杨 补 三处伏兵之居中者突然出击,将戎师前锋从中斩断成两截。衷,借为中,中断。

【尽殪】正 杨 全歼。殪,死。

【甲寅】杨 据王韬所推春秋历,十一月无甲寅。

○正 杨 补 此役,郑人设前、中、后三处伏兵,而使勇而无刚者引诱戎师。戎师前军追至郑后伏所在地点,后伏起,戎师前军不敌而奔,祝聃率后伏追逐戎师前军。此时戎师前军已全部进入郑三伏所在地域,故中伏起,将戎师前军从中斩断,与前伏、后伏夹击被斩成两段的戎师前军,将其全歼。戎师后军见前军被全歼,于是全奔逃。

隐公十年·一

地理 鲁、齐、郑、宋、卫、蔡见隐地理示意图1。鲁、齐、郑、宋、卫、蔡、戴、郎、中丘、菅、郜、防(西防)见隐地理示意图3。

人物 鲁隐公(隐元·○)、齐僖公(隐三·七·春秋)、郑庄公(隐元·四·春秋)、公子翚(隐四·二·春秋)

春秋 十年,春,王二月,公 鲁隐公 会齐侯 齐僖公、郑伯 郑庄公 于中丘。

【中丘】 杨 见隐七·三·春秋。

○ 正 补 《春秋》书二月会于中丘,而《左传》书正月会于中丘,正月二十五日盟于邓。此事有鲁君参与,鲁史官应有记载,不存在他国通报时间和实际发生时间不同的可能性,因此《春秋》《左传》必有一误。

夏,翚 公子翚 帅师会齐人、郑人伐宋。

○ 正 据下文《左传》,则公子翚不待鲁隐公,而先会齐、郑二国之君以伐宋。《春秋》不书"公子翚"而书"翚",是表明对其专断疾进的贬责。参见隐四·二·六。

六月壬戌 七日,公 鲁隐公 败宋师于菅 guān。辛未 十六日,[我]取郜 gào。辛巳 二十六日,[我]取防。

【菅】 正 杨 补 在今山东单县北。宋地。参见《图集》24—25④7。

【郜】 正 杨 补 周时国,子爵,姬姓。周初始封周文王之子于郜,在今山东成武以北已发现其遗址(详见下)。隐十年前被宋国所灭,此时为宋邑。隐十年被鲁国夺取,其后复封为国,至僖二十年仍存在。参见《图集》24—25④6。

【防】 正 杨 补 在今山东成武东三十余里。本为宋邑,隐十年入于鲁。鲁从此有两防,此为西防。参见《图集》26—27⑤3。

○ 正 据下文《左传》,则鲁隐公先会齐僖公、郑庄公于老桃,谋划伐宋事宜。此处《春秋》书"公败宋师于菅",应是鲁隐公独败宋师,而齐师、郑师后至。据下文《左传》,郑后至,入郜、防二邑,而归功于鲁,故此处《春秋》书"取",表明不用军队而得此二邑。书"取"之例参见昭四·四。

○补 郜国故城遗址:遗址先后为春秋时期郜国都城、汉代成武县县城。遗址位于城湖下,包括古城址、夯土建筑基址和陶窑遗址。城址东西长3 525米、南北宽1 800米。遗址区域内出土了商、西周、春秋、战国、汉代的遗物。

秋,宋人、卫人入郑。宋人、蔡人、卫人伐戴 zài。郑伯郑庄公伐取之。

【戴】正 杨 补 又作"载",商、周时国,周时为姬姓。今在河南民权东而稍北。隐十年被郑所灭。参见《图集》24—25④6。

○正 补 据下文《左传》,则宋、蔡、卫伐戴,郑庄公因其不和,伐而取其师。据下文《左传》,郑庄公八月八日围戴,八月九日克之,取三师,可谓易。据襄十三·二,"凡书'取',言易也";又据昭四·四,"凡克邑不用师徒曰'取'"。此处用师徒,故书"伐",得之易,故书"取",整体上说属于襄十三·二所述情况。

冬,十月壬午二十九日,齐人、郑人入郕 chéng。

左传【一】十年,春,王正月,"公会齐侯、郑伯于中丘"。癸丑二月二十五日,盟于邓,为师期。

【邓】正 鲁地。当在今山东临沂境。

【为师期】补 确定出兵日期。

【二】夏,五月,羽父 fǔ,公子翚先会齐侯齐僖公、郑伯郑庄公伐宋。

【三·一】六月戊申,公鲁隐公会齐侯齐僖公、郑伯郑庄公于老桃。"壬戌,公败宋师于菅"。庚午十五日,郑师入郜,辛未十六日,[郜]归于我。庚辰二十五日,郑师入防,辛巳二十六日,[防]归于我。

【戊申】正下有六月辛巳取防,戊申在辛巳之前三十三日,不得同在一月。上有五月,本段明言六月,因此最可能的情况是日误月不误。按杜预所推春秋历,六月三日为戊午,五日为庚申,不知哪个对应这个写错的"戊申"。

【老桃】正宋地。

○正《春秋》不书老桃之会,可能是鲁隐公归国后祭告宗庙时,未告有此会。

【三·二】君子谓:"郑庄公于是乎可谓正矣:以王命讨不庭,不贪其土,以劳王爵,正之体也。"

【不庭】正杨补不至王廷朝见的诸侯,指宋。

【以劳王爵】正补用来慰劳[拥有更高]周王爵位[的鲁]。郑为伯爵,鲁为侯爵,鲁爵高一级。

【四】蔡人、卫人、郕人不会王命。

○正杨隐九年郑庄公以王命遍告诸侯伐宋,而此三国未出师,故曰"不会王命"。

【五·一】秋,七月庚寅五日,郑师入郊。[郑师]犹在郊,宋人、卫人入郑,蔡人从之伐戴。八月壬戌八日,郑伯郑庄公围戴,癸亥九日,克之,取三师焉。

【入郊】正杨回到郑都外远郊。

【三师】补宋、卫、蔡三国之师。

○补下启本年九月郑庄公入宋、隐十一年郑庄公以西虢师伐宋(隐十一·五)。

【五·二】宋、卫既入郑,而以伐戴召蔡人。蔡人怒,故不和而败。

【六】九月戊寅,郑伯郑庄公入宋。

【戊寅】正据杜预所推春秋历,《春秋》所载"十月壬午"为十月二十九日,而最靠近十月壬午的戊寅在四日之前,所以九月不得有戊寅。○正补郑庄公攻入宋都地区,是为了报复本年七月宋、卫入郑之役。本次入宋,郑庄公未能逞志,于是隐十一年又帅西虢师伐宋,大败宋师。

【七】冬,"齐人、郑人入郕",讨违王命也。

【违王命】杨指郕人不会师伐宋。

隐公十一年·一

地理 鲁见隐地理示意图1。鲁、滕、薛见隐地理示意图4。

人物 滕侯、薛侯、鲁隐公(隐元·○)、公子翚(隐四·二·春秋)

春秋 十有(又)一年,春,滕侯、薛侯来朝。

【薛】杨 补 夏、商、周时国。周代为侯爵(与金文所见国君称号相
同),后又称伯爵,任姓。薛先祖为黄帝之后奚仲,夏时任车正,封于
薛,应该在今山东滕州一带。奚仲时迁于邳,在今江苏睢宁古邳镇
东。奚仲十二世孙仲虺为商汤左相,迁回薛。仲虺后代祖已七世孙
成时迁于挚。周灭商之后,周武王封成于薛,在今山东滕州张汪镇皇
殿岗村北已发现其遗址(详见下)。战国时曾迁于邳,后又迁回薛。
战国时被齐所灭。薛参见《图集》9—10⑦14、17—18②6、26—27⑤4。
邳参见《图集》13—14④12。

【朝】补 见隐四·二·七·一。

○正 桓七年谷伯、邓伯分别行礼,故《春秋》书"夏,谷伯绥来朝。邓
侯吾离来朝"。本年滕侯、薛侯同时行礼,故《春秋》书"滕侯、薛侯来
朝"。正因为同时行礼,所以有下文争长之事。

○补 滕州薛国故城遗址:遗址先后为春秋时期薛国都城、秦汉
薛县县城。遗址东依沂蒙山余脉,东南一千米有薛河,东一百至
三百米有小魏河(薛河故道),西五百米有小苏河,包括古城址、
夯土建筑基址、制骨作坊遗址、冶铜作坊遗址、冶铁作坊遗址、居
住遗址和墓葬区。城址分为西周小城(Ⅰ)、春秋小城(Ⅱ)和战
国大城(Ⅲ)。西周小城位于春秋小城中部,东西长约三百米,南
北宽约二百米,建筑年代不晚于西周早期。春秋小城位于大城
东南角,东墙长约六百一十米,西墙长约五百七十米,南墙长约
七百一十米,北墙长约八百一十米。建筑年代在西周晚期到春
秋早期,废弃于战国早期。这两个小城是西周早期至战国早期
的任姓薛国都城。战国大城建于战国中期,平面呈不规则长方形,

东墙长2 480米,南墙长3 000米,西墙长1 860米,北墙长3 265米,是战国齐灭薛之后陈(田)婴、陈(田)文父子增筑的陈(田)氏薛国都城。墓葬方面,在古城东南部尤楼村正东发现大、中、小型墓葬二十座,年代从春秋早期到战国时期,所出铜器铭文证明这是一处薛国贵族墓地,其中多处墓葬发现了殉人,显示出薛国所具有的东夷文化特点。

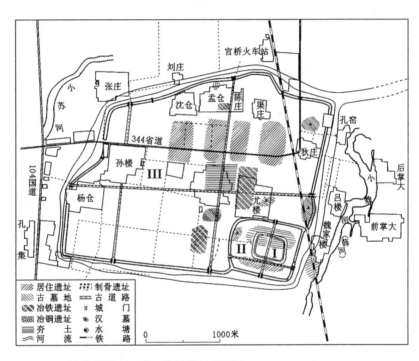

隐遗址图11　薛国故城遗址平面图(《先秦城邑考古》,2017年)

左传 "十一年,春,滕侯、薛侯来朝",争长 zhǎng。

【争长】杨 争行礼先后。

薛侯曰:"我先封。"

【我先封】　正　补　我国先受封。薛侯认为薛初封在夏代(薛仲为夏车正),早于周代分封的滕,故有此说法。

滕侯曰:"我,周之卜正也。薛,庶姓也。我不可以后之。"

【我,周之卜正也】　正　补　我国始封君是周王室的卜正。卜正地位比车正地位高。

【卜正】　正　补　周王室内朝官,卜人之长,可能即相当于《周礼·春官》中的"太卜"。与卜有关之官职,《左传》所见,晋(闵元·四·一·二)、鲁(闵二·三·四·一)、秦(僖十五·八·一·一)、梁(僖十七·二·二·一)、卫(哀十六·五)皆有卜人。楚(昭十三·二·九·二)有卜尹。郑(昭十八·三·二·三)有开卜大夫。【卜】　补　参见《知识准备》"卜"。

【薛,庶姓也】　正　补　滕为周王室之后,与周同为姬姓。滕侯认为,与周同姓为嫡,不同姓为庶。薛为任姓,故滕称其为"庶姓"。

公鲁隐公使羽父 fǔ,公子翚 请于薛侯曰:"君薛侯与滕君滕侯辱在寡人鲁隐公。周谚有之曰:'山有木,工则度 duó(剟)之;宾有礼,主则择之。'周之宗盟,异姓为后。寡人若朝于薛,不敢与诸任 rén 齿。君若辱贶 kuàng 寡人,则[寡人]愿以滕君为请。"

【辱】　杨　补　表敬副词,可译为"屈尊"。【在】　正　存问。

【山有……择之】　正　补　山上有木材,是由工匠来整治的;[招待]宾客有礼节,是由主人来选择的。度,治木。鲁隐公意思是,希望双方不要再争执,而听从他对于行礼先后的安排。

【周之宗盟,异姓为后】　正　杨　补　周朝[诸侯之间]的会盟(杨注说法)/注重宗亲的会盟(孔疏说法),[与盟主国同姓的诸侯国在前,与盟主国]异姓[的诸侯国]在后。这条原则无论对鲁主持的会盟还是薛主持的会盟都适用,所以下文鲁隐公说"寡人若朝于薛,不敢与诸任齿"。

【宗盟】 正 杨 补 杨注认为,据《周礼·大宗伯》,则诸侯国君到周王室会见周王,春为"朝",夏为"宗",秋为"觐",冬为"遇"。如此,则"宗"亦为会同之名。宗盟是并列结构,就是"会盟"的意思。孔疏则认为,周代注重宗亲,因此举行会盟,先叙同姓宗亲,因此将会盟称为"宗盟",即"注重宗亲的会盟"。

【异姓】 正 杨 补 指薛与鲁不同姓,而并无尊卑之别,是可通婚的国家。周公旦及鲁武公娶于薛,因此薛、鲁有婚姻之好。《周礼·秋官·司仪职》:"诏王仪,南乡见诸侯。土揖庶姓,时揖异姓,天揖同姓。"郑玄注:"庶姓,无亲者也;异姓,昏姻也。"滕侯称薛为"庶姓",表示滕尊薛卑,意在指斥;鲁隐公称薛为"异姓",表示薛、鲁对等,意在息事宁人。

【寡人……任齿】 正 补 寡人如果去薛国朝见[薛君遇上同样情况],不敢与[薛国同姓的]任姓诸国并列[,而是会要求排在任姓诸国的后面]。

【齿】 正 补 本义是门齿,泛化指牙齿,引申为年龄,作动词用指根据年龄排列次序,泛化指根据年龄、爵位、姓氏等各种条件给人排列次序。

【贶】 杨 补 赐,加惠。

<u>薛侯</u>许之,乃长 zhǎng 滕侯。

【乃长滕侯】 杨 于是让滕侯先行礼。

隐公十一年·二

地理 鲁、郑、齐、卫、周见隐地理示意图 1。鲁、郑、齐、许、卫、周、时来见隐地理示意图 3。

人物 鲁隐公(隐元·〇)、郑庄公(隐元·四·春秋)、齐僖公(隐三·七·春秋)、公孙阏、颍考叔(隐元·四·六·二)、许庄公、百里、许叔、共叔段(隐元·四·春秋)、公孙获

[春秋] 夏,公_{鲁隐公}会郑伯_{郑庄公}于时来。

【时来】[正][杨][补] 在今河南郑州北三十里。郑邑。参见《图集》24—25④4。

秋,七月壬午_{三日},公_{鲁隐公}及齐侯_{齐僖公}、郑伯_{郑庄公}入许。

【许】[正][杨][补] 周时国,男爵(与金文所见国君称号相同),姜姓。许出自商代吕国(参见<u>僖十一僖十一·四·一</u>),周成王初始封吕丁于许(详见下引《封许之命》),在今河南许昌建安区古城村。隐十一年,郑、齐、鲁伐许,许庄公奔卫,许叔(后为许穆公)居于许东偏。桓十五年,许穆公复立于许。成十五年许灵公时楚人迁许于叶,在今河南叶县叶邑镇旧县村已发现其遗址。昭四年楚灵王欲迁许于赖,而不果迁。昭九年许悼公时楚人迁许于夷(城父),在今安徽亳州谯城区城父镇已发现其遗址。昭十一年楚灵王迁许于荆山地区。昭十三年楚平王复其国,迁许于叶。昭十八年楚人迁许于析(白羽),在今河南西峡东北一公里的莲花寺岗已发现其遗址。定四年许男斯(清华简二《系年》作许公㼾)时晋人迁许于容城,在今河南鲁山东南。定六年被郑所灭。哀元年已复国,应是楚人所封。战国中期被楚所灭。许昌之许参见《图集》17—18②5、29—30②6“许1”。叶参见《图集》29—30③5“许2、4”。夷(城父)参见《图集》29—30③7“许3”。析(白羽)参见《图集》29—30③3“许5”。容城参见《图集》29—30③4“许6”。
○[正] 据宣七·二,鲁隐公事先参与谋划,故《春秋》书“及”。据下文《左传》,则鲁隐公与郑庄公会于郲以谋伐许。

○[补] **出土文献对读:** 清华简五《封许之命》是周初封建许国的文书,可扫码阅读。

[左传]【一】夏,公会郑伯于郲 lái,谋伐许也。

【郲】[杨] 即时来。

○补从下文鲁隐公说"君（齐僖公）谓许不共，故从君讨之"判断，此次三国伐许，首倡者是距离许最远的齐，鲁、郑会于郲是谋划伐许的具体事宜。

【二】郑伯郑庄公将伐许。五月甲辰二十四日，授兵于大（太）宫。公孙阏è与颍考叔争车，颍考叔挟辀zhōu 以走，子都公孙阏拔棘（戟）以逐之。及大逵，弗及，子都怒。

【授兵】杨补授予[将士]兵器。春秋时，兵器藏于国家府库，有战事则分发；事毕则收回。【大宫】正补太宫，即太庙，始封君庙，于郑为郑桓公庙。

【公孙阏】正补姬姓，名阏。郑大夫。

【辀】补参见《知识准备》"车马"。【走】杨奔跑。徐行为"步"，急步为"趋"，急趋为"走"。

【棘】正杨补即戟，长柄兵器，戈、矛合体，柄端安直刃以刺敌，旁有横刃以勾敌。考古发现东周时期时戟实例见隐器物图 3。

【大逵】正九达大路。《尔雅·释宫》："一达谓之道路，二达谓之歧旁，三达谓之剧旁，四达谓之衢，五达谓之康，六达谓之庄，七达谓之剧骖，八达谓之崇期，九达谓之逵。"对于何谓"九达"有不同理解。郭璞《尔雅》注认为"九达"是指四条不同方向的道路交会，而且从交会点还再发出一条道路，共九个方向。杜注则认为"九达"是指道路宽阔可以并行九辆马车。郑都纯门（外城南门）之内有逵市（庄二十八·四·二），皇门（内城南门）之内有逵路（宣十二·一·三），也就是说，郑都应该有一条贯穿外城南门和内城南门的九达大路，如此则杜注说法可能性更大。

○补古文字新证："走"字字形演变情况如隐字形图 4 所示。商代甲骨文"夭"字象人挥动两手奔跑之形，有学者认为就是"走"字初文。周代文字加义符"止""辵""彳"，战国以后固定为加"止"。总之，从古文字学证据看，"奔跑"应为"走"之造字本义。

1 商.甲 2810《甲》	2 周早.盂鼎《金》	3 周早.召卣《金》	4 周中.大鼎《金》	5 周中.伯仲父簋《金》
6 春戰.秦.石鼓.馬薦	7 戰.晉.中山王𧓠鼎《金》	8 戰.楚.望 1 卜《楚》	9 漢初.老子甲後325《篆》	10 漢初.相馬經《篆》

隐字形图 4（《说文新证》，2014 年）

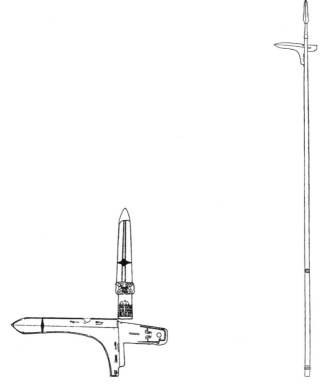

隐器物图 3.1　安徽舒城九里墩春
秋墓出土铜戟头，春秋晚期（《安徽舒
城九里墩春秋墓》，1982 年）

隐器物图 3.2　江苏六合程桥东
周墓出土戟，春秋晚期（《江苏六合
程桥东周墓》，1965 年）

【三】秋，七月，公鲁隐公会齐侯齐僖公、郑伯郑庄公伐许。庚辰初一，
傅于许。颖考叔取郑伯之旗蝥 máo 弧以先登，子都公孙阏自下

射之，[颖考叔]颠。瑕叔盈又以蝥弧登，周麾而呼曰："君郑庄公登矣！"郑师毕登。壬午三日，遂入许。许庄公奔卫。

【傅】正 杨 补 附着，指攀附攻城。

【蝥弧】正 杨 补 郑庄公之旗名。参见齐景公之旗名"灵姑鉟"（昭十·二·二）。杜甫《南极》"蝥弧照夕曛"典出于此。

【颠】正 杨 ［颖考叔］从城上坠下。据下文，则颖考叔坠下后摔死了。

【瑕叔盈】正 郑大夫。

【周麾】正 杨 补 四下挥动旗帜以招后援。周，遍。麾，招。

【许庄公】补 姜姓，名茀，谥庄。隐元年前九年即位，在位二十年。隐十一年鲁、齐、郑伐许，许庄公奔卫。

○补 颖考叔开始是地方官（颖谷封人），他是否真是纯孝之人实不可知，但是他先用孝亲桥段打动郑庄公、再献黄泉之计帮助郑庄公挽回母子关系，足见其是有智计之人（参见隐元·四·六）。立此大功之后，颖考叔很可能就被调到了郑国都城，成为郑庄公的宠臣。此后，颖考叔恃宠而骄，终于在本年爆发，当着郑庄公的面与另一位宠臣公孙阏争抢战车，最终惹祸上身，被公孙阏杀害。郑庄公似乎很喜欢任用有智计的地方官，另外一个从地方起家、后来调到中央的就是本为祭封人的祭足，最终此人凭借足智多谋成为把持郑国朝政的大权臣。

【四】齐侯齐僖公以许让公鲁隐公。公曰："君齐僖公谓许不共，故从君讨之。许既伏其罪矣，虽君有命，寡人弗敢与yù闻。"乃与郑人。

【不共】正 补 不供［周王室职贡］。此时齐僖公和郑庄公都以尊王为名谋求小霸中原，此次伐许的理由也应该与隐十年伐宋相似，都是被讨伐对象不尊王。

○杨 补 从鲁隐公之言"君谓许不共，故从君讨之"来判断，此次三国伐许，名义上的主兵国是齐。齐让许于鲁，说明三国中排第二的是鲁,排第三的是郑。然而,从《左传》记载来看,此次伐许,实际上的主力为郑师。齐排第一,可能是因为齐首倡伐许,是"小霸"强国,而且爵位为侯爵,因此得到鲁、郑两国的共同推崇。鲁排第二,可能是因为鲁为侯爵高于郑,郑因循隐十年"尊王爵"的精神,继续将鲁摆在自己前面。齐让许于鲁,可能是因为:一、齐与许远隔,中有鲁、宋两国,必不能有许;二、既不能有,则不如辞之,以规避灭同姓之嫌(齐、许同为姜姓);三、鲁王爵高于郑(鲁为侯、郑为伯),且在许附近有飞地许田(见隐八·二),让于鲁则为尊重王爵,而且尊重鲁与许的既有渊源。鲁又让许于郑,大概因为:一、鲁与许,中有宋相隔,鲁亦不能有许;二、郑在许北,与许接壤,从地缘政治考虑,有许者非郑莫属;三、此次伐许,郑之功最大。四、此前郑已经送祊(隐八·二)、邴、防(隐十·一·三·一)三邑给鲁,鲁理应以许回报之。此外,鲁隐公这番话也表明了他对于处置许的基本看法,那就是:许已伏其罪,讨伐的目的已经达到,那么就不应被大国吞并,而应该得到保存。鲁隐公的这番表态直接影响到了郑庄公对于许的处置方案。

【五】郑伯郑庄公**使许大夫百里奉许叔以居许东偏**,曰:

【许叔】 正 杨 补 后为许穆公(有争议,详见下)。姜姓,名新臣,谥穆,排行叔。许庄公弟。隐十一年,鲁、齐、郑伐许,许庄公奔卫,郑庄公使许叔居于许东偏。桓十五年入于许都,正式即位,在位四十二年。僖四年卒。

【许东偏】 正 杨 补 许都外东部某地,与许都相距不远。"东偏",杨注认为是"许城东部",若如此,则许叔本在许都内,与桓十五年"许叔入于许"相矛盾,此说不可取。杜注认为是"[许]东鄙",也就是许东部边境地区,若百里奉许叔住在许东部边境,则无法"抚柔"主要聚集于许都的许人,公孙获住在许西部边境,与百里相距太过遥远,也难佐助百里,此说亦不可取。"东偏"应在许都外,但没有"东鄙"那么远。

○ 补 郑庄公说这番话时,百里所尊奉的许叔应该也在场,详见下文分析。

○ 杨 补 杜预《世族谱》认为,此处之"许叔"为许桓公,姜姓,名郑,谥桓,许庄公弟,桓十四年卒。桓十五·五"许叔入于许"之"许叔"方为许穆公。从《左传》行文看,两处"许叔"为同一人的可能性更大,因此不取此说,录于此以备考。

"天祸许国,鬼神实不逞于许君许庄公,而假手于我寡人。寡人唯是一二父兄不能共亿,其敢以许自为功乎?寡人有弟共叔段,不能和协,而使糊其口于四方,其况能久有许乎?

【不逞】杨 不快意,不满。

【假手于我寡人】正 杨 [鬼神]借寡人之手[以讨伐许]。假,借。

【共亿】正 杨 相安。亿,安。

【寡人……四方】正 杨 补 郑庄公与其同母弟共叔段相争之事见隐元·四。糊其口,本义是食薄粥度日,这里形容共叔段出奔在外生活艰难的情状。杜甫《上水遣怀》"童稚日糊口"、《送重表侄王砅评事使南海》"荒年自糊口"典出于此。

"吾子百里其奉许叔以抚柔此民也,吾将使获公孙获也佐吾子。若寡人得没于地,天其以礼悔祸于许,无宁兹许公复奉其社稷。唯我郑国之有请谒 yè 焉,如旧昏(婚)媾 gòu,其能降以相从也;无滋他族,实逼处此,以与我郑国争此土也。

【获】正 补 公孙获。姬姓,名获。郑大夫。

【若寡……社稷】正 杨 补 如果寡人能得到[正常]死亡葬于地下[的善终待遇],上天或许会依礼撤回加给许的祸难,宁可让这许公[成为君主,]重新尊奉许国社稷。无宁,即宁,"无"为发语词,无义。兹,此。这句话是说给许叔听的,是对许叔的复国承诺,然而又用"其""无宁"等含糊其词,为后代反悔留有余地。

【唯我……从也】正 杨 补 ［在许复国之后，］只要郑［对许］有所请求，［希望许］能像对待老姻亲一样，降低［心气］而相互顺从。这句话是说给许叔听的，是郑庄公对复国后的许提出的第一项要求，实际上是要求许成为郑的仆从国，对郑提出的要求积极配合。

【无滋……土也】杨 补 不要增长其他族群［的势力］，逼近居处在这里（指许所在的郑以南地区），从而与我郑国争夺这里的土地。这句话是说给许叔听的，是郑庄公对复国后的许提出的第二项要求，实际上是要求许成为郑的南部藩屏，抵挡楚等南方势力的入侵。

"吾子孙其覆亡之不暇，而况能禋 yīn 祀许乎？寡人之使吾子百里处此，不唯许国之为，亦聊以固吾圉 yǔ 也。"

【吾子……许乎】正 补 我的子孙［挽救郑自身的］覆灭败亡都来不及，难道还能［代替许公室］清洁诚敬地祭祀许地［的山川之神］吗？禋，清洁诚敬地祭祀。《礼记·王制》："诸侯祭名山大川之在其地者。"郑若灭许并吞并其地，则需代替许公室继续祭祀其境内山川之神。郑庄公此言是再次申明，郑只是在他自己在位时暂时占领并监管许而已，并不打算在他死后由其子孙吞并许。

【寡人……圉也】正 杨 补 寡人让您居处在这里，不仅是为了［帮助］许［在接受惩戒的特殊时期保持和平稳定］，也是姑且为了［防止其他族群乘虚而入从而］巩固我国的边疆。"不唯许国之为"，即"不唯为许国"。聊，姑且。圉，边疆。郑庄公这番话，除了表面上的意思，还在提醒许，要求它在郑人撤走后继续承担"固吾圉""无滋他族实逼处此"的责任。

○ 补 日后郑屡次伐许，所用理由之一很可能就是：许并没有按照郑庄公当年提出的要求去做，在郑"有请谒"时不能"降以相从"，没有起到"固吾圉"的作用，而是"滋他族（指楚）实逼处此"，与郑"争此土"。既然如此，郑也可以再次"替天行道"讨伐许。

[郑伯]乃使<u>公孙获</u>处许西偏，曰：

"凡而(尔)器用财贿，无置于许。我死，[尔]乃亟 jí 去之。

【我死，乃亟去之】 杨 补 我死之后，[你]就马上离开许。亟，急。

"吾先君新邑于此，王室而既卑矣，周之子孙日失其序。夫许，大(太)岳之胤 yìn 也。天而既厌周德矣，吾其能与许争乎？"

【吾先君新邑于此】 正 杨 补 我的先君在这里新建城邑。指郑桓公在西周末年自宗周东迁至许附近的虢、郐之地，而建立郑国。许封于西周初年，远早于郑，故郑庄公曰"新"。

【周之子孙】 正 补 指周王室分封的姬姓诸国，包括郑。

【序】 杨 绪业，即所承受的功业。

【大岳】 正 杨 补 太岳。太岳应即《尚书·尧典》的"四岳"，姜姓，传说为唐尧之臣，实则春秋时姜姓诸侯国（齐、许、申、吕）及姜姓戎人共同尊奉的宗族神。太岳/四岳传说可能来自姜姓祖先部族所居的"岳"山，后姜姓部族迁徙至冀州南部，将"岳"名带至当地，于是有今山西霍州东南的太岳山（又称霍太山）。**【胤】** 杨 后代。

【厌】 杨 补 本义为饱足不想再吃，引申为受够、厌弃。

【其】 杨 岂。

〇 补 从郑庄公这番话可以推测，在当时的天下流传着一种带有"天命论"色彩的全局性观点，那就是在姬、姜两个周朝支柱性族群中，上天已经厌弃了姬姓周族的德行，将转而眷顾太岳之后的姜姓族人。这种观点很可能得到了下列两个事实的支持：一、在西周末年的王室动乱中，姜姓西申率领缯、犬戎攻陷镐京、杀死周幽王，使姬姓周王室遭受致命打击。二、春秋早中期，齐（姜）、郑（姬）二国小霸中原，郑庄公虽然强势进取却难以得到诸侯拥戴，齐僖公看似温和却更得诸侯拥戴。后来姬郑长期内乱退出争霸，而姜齐则最终在齐桓公时称霸中原。

【六】君子谓:"郑庄公于是乎有礼。礼,经国家,定社稷,序民人,利后嗣者也。许无刑而伐之,服而舍之,度 duó 德而处之,量力而行之,相 xiàng 时而动,无累后人,可谓知礼矣。"

【无刑】杨 不法,违背法度。

【度】杨 量。

【相】补 省视。

【累】补 连累。

【七】郑伯郑庄公使卒出豭 jiā,行 háng 出犬、鸡,以诅射颍考叔者。君子谓:"郑庄公失政刑矣。政以治民,刑以正邪。既无德政,又无威刑,是以及邪。邪而诅之,将何益矣!"

【卒】正 [每]一百人。【豭】杨 公猪。

【行】正 [每]二十五人。

【诅】杨 祭神使之加祸于某人。

○补 攻城现场混乱,矢石横飞,颍考叔究竟被何人所杀,此人是敌人还是自己人,当时并无定论。从公孙阏与颍考叔当着郑庄公的面争夺战车来看,二人应该都是郑庄公的宠臣。郑庄公动员全军将士大规模诅咒杀人者,这样做本身已经说明:第一,郑庄公知道颍考叔是被自己人所杀,若为敌军所杀没有理由去诅咒;第二,郑庄公知道杀人者还活着,若杀人者已死则诅咒已无意义。窃疑郑庄公已经怀疑、甚至已得知此事为公孙阏所为,但他一方面不愿意按照刑律杀死公孙阏,另一方面又想要给公孙阏施加心理压力使其收敛,于是采用了这个组织全军诅咒杀人者的办法,这也是郑庄公驾驭宠臣的手段。

隐公十一年·三

地理 周、郑见隐地理示意图 1。周、郑、温(苏)、原、邬、刘、芳、邗、缔、樊、隰郕、欑茅、向、盟、州、陉、隤、怀见隐地理示意图 3。

人物 周桓王（隐四·二·七·一）、苏忿生

左传【一】王周桓王取邬 wū、刘、芮 wěi、邘 yú 之田于郑，

【邬】**正 杨 补** 在今河南偃师西南。本为郑邑。隐十一年地入于周。参见《图集》22—23⑪17。

【刘】**正 杨 补** 在今河南偃师缑氏镇陶家村以北已发现其遗址。最初可能是刘累（昭二十九·四·二）居地，本年前为郑邑。隐十一年地入于周。后周定王始封周匡王之子刘康公于刘，为畿内国，姬姓。其国君世为周王室卿大夫。周贞定王时绝封。参见《图集》22—23⑪17。

【芮】**正 杨 补** 在今河南孟津东北。本为郑邑。隐十一年地入于周。参见《图集》22—23⑪17。

【邘】**正 杨 补** 在今河南沁阳的西万镇邘邰村东南已发现其遗址（详见下）。本为周畿内国，姬姓。周初始封周武王之子于邘。春秋初，地已入于郑为邑。隐十一年地入于周。参见《图集》22—23⑩17。据《图集》标注，邬、刘、芮三邑都位于河水以南、王城周围，而邘孤悬于河水以北的"南阳"地区（参见僖二十五·二·三），远离三邑。窃以为《图集》考证有误，邘也应位于河水以南，与三邑连成一片。

○**补** 据清华简六《郑文公问太伯》，邬、刘、芮、邘都是郑武公时期开疆拓土的成果。

○**补** **刘国故城遗址**：遗址位于一个三面临涧、地势高耸的台地上。城址平面呈不规则形，依地势曲折建成，东西宽 650 米，南北长 1 220 余米，东、西、北三面以崖代墙，南面有城墙。遗址内出土春秋、汉代遗物。城北有古墓群。

○**补** **邘国故城遗址**：遗址北依太行山，南瞰沁河平原。城址东西长 820 米，南北宽 580 米，始建于西周时期，东周和汉代又进行修补延续使用。城址附近有商、春秋、战国及汉代墓葬群。

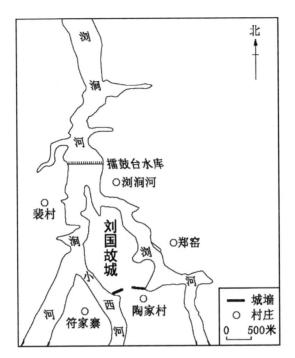

隐遗址图 12　刘邑/国故城遗址平面图（《先秦城邑考古》，2017 年）

而与郑人苏忿生之田：温、原、绨 chī、樊、隰 xí 郕、攒 cuán 茅、向、盟 mèng、州、陉 xíng、隤 tuí、怀。

○补 此十二邑是西周初年苏国始封君苏忿生时期的苏国土田，都位于太行山以南、河水以北的"南阳"地区（僖二十五·二·三），与河水以南的王城隔河相望。其中温是苏国都城，其他十一邑都是苏国城邑。此后，原、樊都成为与苏同等的畿内国，而其他九邑归属不明。从下文"〔周桓王〕己弗能有"推测，王室东迁至王城之后，试图对"南阳"实行直接管控，将其纳入王畿之中，而"南阳"诸邑并不配合，双方先前必有摩擦冲突。周桓王见郑庄公高调"尊王""讨不庭"，便抓住机会将自己名义上拥有、却无法实际控制的"南阳"诸邑送给郑国，而从郑国手中换取在王城附近、王室能够实际控制的邬、刘、芳、邘四邑。而伐许之后志得意满的郑庄公可能也认为自己有能力实际控制

"南阳"地区,因此同意与周王室交换土地。

【苏忿生】正补己姓,苏氏,名忿生。周武王司寇,周代苏国始封君。【苏】补夏、商、周时国。夏时始封昆吾之后于苏,在河北临漳西,一说在河南济源西北。商末商纣宠妃妲己即为苏人。周时为畿内国,子爵,己姓。西周早期封苏国之后苏忿生于河南温县,沿用"苏"为国号,都温(见隐三·四·二),其疆域一度包括"南阳"地区大部,其国君在周王室担任卿大夫。春秋早期,苏都温及其旧地上的其他城邑名义上为周邑,而周王室并不能实际控制。隐十一年周王室将包括温在内的"南阳"诸邑整体赠与郑(隐十一·三),然而郑并不能实际控制。在王子颓之乱(庄十九—庄二十一·二)、甘昭公之乱(僖二十四·二·五)中,苏国/温成为叛乱势力据点。僖十年被狄所灭。僖二十五年,周王室将包括温在内的"南阳"地区整体赠与晋(僖二十五·二·三),从此成为晋地。文十年苏子复现于《左传》,此时为周王室卿大夫,食采于王畿。苏参见《图集》13—14②9、17—18②4、22—23⑪17。

【温】补见隐三·四·二。

【原】正杨补周畿内国,伯爵,姬姓。周初始封周文王之子于原,为畿内国,在宗周王畿之内。后东迁至苏国旧地,仍为畿内国,在今河南济源庙街村、蟒河以北已发现其遗址(详见下)。春秋早期,原名义上为周邑,但周王室不能实际控制,隐十一年作为交换给与郑,郑庄公也曾短暂占据原(据清华简六《郑文公问太伯》),而终不能守。僖二十五年周王将原所在的"南阳"地区整体赐予晋,此后为晋邑,遂为晋县。晋迁原伯贯至冀,在今山西河津东北。后原氏食采于周王畿内,继续为周王室卿大夫。曾先后为赵氏、先氏采邑。昭七年前晋曾将原县赐予宋卿乐大心。昭七年乐大心将其与韩宣子交换州县,原县遂为韩氏采邑。原参见《图集》19②6、22—23⑩17。冀参见《图集》22—23⑩15。《图集》标注不准确,本书示意图依据《图志》标注。

【绨】正杨补在今河南沁阳柏香镇贺村附近已发现其遗址(详见下)。西周早期为苏邑。春秋早期,绨名义上为周邑,而周王室不能实际控制,隐十一年作为交换给与郑。郑亦未能实际控制。僖二十五年周王将绖所在的"南阳"地区整体赐予晋,此后为晋邑。参见《图集》22—23⑩17。

【樊】 正 杨 补 又称"阳樊"。在今河南济源西南。有阳氏为妘姓,夏代居于山西西南部的夏墟故地,商中期居于山西南部的沁水流域,商晚期时迁徙至阳樊所在地,为阳国。西周前期时,阳国旧地成为苏国阳邑。西周晚期,周宣王封仲山甫于樊,在今陕西西安东南,后东迁至阳邑,仍为畿内国。此地先后是阳国、樊国所在地,因此称"樊",又称"阳樊"。春秋时期,樊名义上为周邑,但周王室不能实际控制,隐十一年作为交换给与郑。郑亦未能实际控制。僖二十五年周王将包括樊在内的"南阳"地区整体赐予晋,此后为晋邑。樊国公族后代食采于王畿,为周王室卿大夫。西安之樊(樊1)参见《图集》17—18②2。济源之阳(樊2)参见《图集》17—18②4、22—23⑩17。此外,考古发现证实,在今河南信阳和山东莒县各有一个樊国。有学者认为,信阳之樊才是仲山甫封邑,济源之阳樊只是仲山甫在周王畿的采邑,而莒县之樊则是由嬴姓东夷建立的国家。

【隰郕】 正 杨 补 即隰城。在今河南武陟北郭乡城子村附近已发现其遗址(详见下)。西周初年为苏邑。春秋早期,隰郕名义上为周邑,但周王室不能实际控制,隐十一年作为交换给与郑。郑亦未能实际控制。僖二十五年周王将隰郕所在的"南阳"地区整体赐予晋,此后为晋邑。参见《图集》22—23⑩18。

【欑茅】 正 杨 补 即攒茅。在今河南辉县赞城镇。西周早期为苏邑。春秋早期,欑茅名义上为周邑,但周王室不能实际控制,隐十一年作为交换给与郑。郑亦未能实际控制。僖二十五年周王将欑茅所在的"南阳"地区整体赐予晋,此后为晋邑。参见图集22—23⑩18。《图集》标注不准确,本书示意图依据《图志》标注。

【向】 正 杨 补 在今河南济源南。西周早期为苏邑。春秋早期,向名义上为周邑,但周王室不能实际控制,隐十一年作为交换给与郑。郑亦未能实际控制。桓七年郑、齐、卫伐盟、向,周桓王迁向人于郑。僖二十五年周王将向所在的"南阳"地区整体赐予晋,此后为晋邑。

参见《图集》22—23⑪17。

【盟】⟦正⟧⟦杨⟧⟦补⟧在今河南孟州西虢镇西南。西周早期为苏邑。春秋早期,盟名义上为周邑,但周王室不能实际控制,隐十一年作为交换给与郑。郑亦未能实际控制。桓七年郑、齐、卫伐盟、向,周桓王迁盟人于郑。僖二十五年周王将盟所在的"南阳"地区整体赐予晋,此后为晋邑。参见《图集》22—23⑪17。《图集》标注不准确,本书示意图依据《图志》标注。

【州】⟦正⟧⟦杨⟧⟦补⟧在今河南温县武德镇的西张计村已发现其遗址(详见下)。西周早期为苏邑。春秋早期,州名义上为周邑,但周王室不能实际控制,隐十一年作为交换给与郑。郑亦未能实际控制。僖二十五年周王将州所在的"南阳"地区整体赐予晋,此后为晋邑,遂为晋县。初为邰称邑,后为栾豹邑。昭三年晋人将其赐予郑卿公孙段。昭七年郑卿公孙侨将其归于韩宣子。韩宣子将其与宋乐大心交换原县,州县遂为乐大心采邑。后复归于韩宣子,在韩宣子时为韩氏宗邑。参见《图集》22—23⑩18。

【陉】⟦杨⟧⟦补⟧在今河南沁阳西北的太行陉。西周早期为苏邑。春秋早期,陉名义上为周邑,但周王室不能实际控制,隐十一年作为交换给与郑。郑亦未能实际控制。僖二十五年周王将陉所在的"南阳"地区整体赐予晋,此后为晋邑。参见《图集》22—23⑩17。

【隤】⟦正⟧⟦杨⟧⟦补⟧在今河南辉县西南。西周早期为苏邑。春秋早期,隤名义上为周邑,但周王室不能实际控制,隐十一年作为交换给与郑。郑亦未能实际控制。僖二十五年周王将隤所在的"南阳"地区整体赐予晋,此后为晋邑。参见《图集》22—23⑩18。

【怀】⟦正⟧⟦杨⟧⟦补⟧在今河南武陟阳城乡土城村已发现其遗址(详见下)。西周早期为苏邑。春秋早期,怀名义上为周邑,但周王室不能实际控制,隐十一年作为交换给与郑。郑亦未能实际控制。僖二十五年周王将"南阳"地区赐给晋,此后为晋邑。参见《图集》22—23⑩18。

○⟦补⟧**原城遗址:**遗址面积约 63 万平方米,出土文物涵盖了龙山、商、周时期。

> ○ 补 郗城遗址：遗址位于高台地上，潴龙河（古济水）从遗址东北侧向东南流。城址面积约十万平方米，始建于西周，沿用至汉代。城址范围内发现了龙山、商、西周、春秋、战国、汉代等时期的遗物。
> ○ 补 隰城遗址：城址平面呈长方形，东西长 450 米，南北宽 390 米。
> ○ 补 州城遗址：遗址位于沁河南岸。城址南北长约 1700 米，东西宽约 1400 米，年代在东周时期。
> ○ 补 怀城遗址：遗址位于沁河南岸，先后为春秋时期怀邑、汉代怀县县城。

【二】君子是以知桓王周桓王之失郑也："恕而行之，德之则也，礼之经也。己弗能有，而以与人，人之不至，不亦宜乎？"

【是以】杨 补 即"以是"，也就是"因此"的意思。"是"为代词，指代下文所言。

【己弗能有，而以与人】杨 补 自己不能占有，就拿来送给别人。据《论语·卫灵公》，"己所不欲，勿施于人"为恕。由此看来，则周桓王的行为自然是有失恕道。

○ 正 补 下启桓五年周王伐郑（桓五·三），桓七年盟、向求成于郑（桓七·三），以及庄十九年周五大夫因苏氏作乱（庄十九—庄二十一、庄二十一）。

隐公十一年·四

地理 郑见隐地理示意图 1。郑、息见隐地理示意图 5。

人物 息侯、郑庄公（隐元·四·春秋）

左传【一】郑、息有违言。息侯伐郑，郑伯郑庄公与战于竟（境），息师大败而还。

【息】正 杨 补 商、周时国。商代息国族姓不明,位于今河南信阳罗山县莽张镇天湖村晚商息国墓地附近。周代息国在西周时期立国(可能在周宣王时期),侯爵(金文资料称"伯"或"子"),姬姓,在今河南息县城郊乡徐庄村西南已发现其遗址(详见下)。庄十一年被楚所灭(据清华简二《系年》),地入于楚为息县。参见《图集》29—30④6。

【违言】正 言辞争执。

○ 补 **息国故城遗址**: 遗址位于淮河故道北岸,东北有清水河。城址平面呈长方形,东西长 846 米,南北宽 420 米,年代上限不晚于春秋,下限在汉代以后。遗址内出土了春秋战国时期遗物。

〖二〗君子是以知息之将亡也:"[息]不度 duó 德,不量力,不亲亲,不征辞,不察有罪。[息]犯五不韪 wěi,而以伐人,其丧师也,不亦宜乎!"

【不度德】正 杨 补 不揣度[彼此]德行[高下]。郑庄公虽无大德,亦能成小霸之事,高于息应无问题。

【不量力】正 杨 补 不衡量[彼此]力量[强弱]。相对而言,郑为大国、强国,息为小国、弱国。

【不亲亲】正 杨 补 不亲近宗亲[之国]。息、郑同为姬姓,宜相亲。

【不征辞】正 补 不验辞,即不明辨言辞是非曲直。征,验。

【不韪】正 补 过错。韪,是。

○ 补 下启庄十四年前楚灭息(庄十四·三)。

隐公十一年·五

地理 郑、宋见隐地理示意图 1。郑、虢(西虢)、宋见隐地理示意图 3。

人物 郑庄公(隐元·四·春秋)

| 左传 | 冬，十月，郑伯_{郑庄公}以虢 guó 师伐宋。壬戌_{十四日}，大败宋师，以报其入郑也。宋不告命，故_[《春秋》]不书。凡诸侯有命，告则_[《春秋》]书，不然则否。师出臧否 pǐ，亦如之。虽及灭国，灭不告败，胜不告克，不书于策。

【入郑】 正 见隐十·一·五·一。

【命】 正 国家大事政令，如崩卒会盟、战伐克取、君臣乖离、水旱灾害等。

【臧否】 杨 兵事顺成为"臧"，逆败为"否"。

隐公十一年·六

地理 鲁、郑见隐地理示意图1。鲁、郑、菟裘、狐壤见隐地理示意图3。

人物 鲁隐公（隐元·○）、公子翚（隐四·二·春秋）、太子允/鲁桓公（隐元·一·一）、尹氏

春秋 冬，十有_(又)一月壬辰_{十五日}，公_{鲁隐公}薨。

○ 正 《春秋》正礼，鲁君过世，书曰"公薨于某地"，如庄三十二·四·春秋"公薨于路寝"。此处鲁隐公被公子翚弑于寪氏，而《春秋》书"薨"不书"弑"，又不书地"寪氏"，皆是鲁史讳国恶而隐其辞。

左传 【一】 羽父 fǔ，_{公子翚}请杀桓公_{鲁桓公}，将以求大_(太)宰。公_{鲁隐公}曰："为其少 shào 故也。吾将授之矣。使_[子]营菟 tú 裘，吾将老焉。"羽父惧，反谮 zèn 公于桓公，而请弑之_{鲁隐公}。

【大宰】 杨 补 即太宰。周王室内朝官有太宰（僖八—僖九·春秋，参见定三—定四·五·四），为王室家务总管。《左传》所记鲁事，此前、此后都没有关于太宰的记载，不过鲁传世铜器有春秋早期"鲁太宰原父簋"，表明春秋早期可能的确有太宰一职。《左传》所见，宋（桓元—桓二·二）、楚（成九—成十·二）、郑（襄十一·二·五·一）、吴

（定三—定四·七）皆有太宰。另外，楚（宣十二·一·八）、宋（成十五·六·一）有少宰，为太宰副手。

【为其少故也】杨 补 因为他（鲁桓公）年少的缘故[，所以我摄行国君之事]。

【吾将授之矣】杨 补 [现在太子长大了，]我将把国君的位子交给他。

【营】杨 营造，建筑。

【菟裘】正 杨 补 在今山东新泰楼德镇西北已发现其遗址。本为嬴姓国，此时已为鲁邑。参见《图集》26—27④4。

【老】补 养老。

【谮】杨 补 以言语毁人，诬陷，中伤。

○补 在鲁隐公说出上面这番话后，公子翚处在非常危险的境地：他的阴谋已经完全暴露，而他又没有猜对鲁隐公的真实想法。如果鲁隐公是"真君子"，是真想让位退休，那么"真君子"鲁隐公必然不能把公子翚这样的臣子留给鲁桓公；如果鲁隐公是"伪君子"，在继续伪装等待篡位时机，那么"伪君子"鲁隐公这番话表明，鲁隐公不打算采用公子翚的提议来夺权，而很有可能会除掉公子翚以灭口。让事情更糟糕的是，隐四年及隐十年，公子翚曾两次不听鲁隐公命令带兵出征参与多国讨伐行动，因此在公子翚看来，他早就得罪了鲁隐公。既然公子翚认为鲁隐公很有可能要除掉他，那么鲁隐公派他负责营造菟裘就可能只是临时编个借口稳住他，实际上是要把他调离国都、然后采取行动杀掉他（哀八年齐悼公就是用这种"调虎离山"的策略杀掉了有谋反之心的鲍牧，参见哀八·六）。于是，公子翚决定先下手为强，反过来跑到太子允那里进谗言。

○补 **传世文献对读**：据《公羊传·隐公四年》，则公子翚挑唆鲁隐公不成之后，"恐若其言闻乎桓，于是谓桓曰：'吾为子口隐矣。隐曰："吾不反也。"桓曰：'然则奈何？'曰：'请作难，弑隐公。'"可译为："[公子翚]害怕自己的话被桓公知道，于是对桓公说：'我已经为您探听了隐公的心意。隐公说："我不归还[君位]。"'桓公说：'那怎么办呢?'说：'请[允许我]起事发难，杀掉隐公。'"《公羊传》作者在人物对话中称呼还活着的鲁隐公，用了他死后才能有的谥号"隐"，应该是行文疏漏所致。

[二·一] 公鲁隐公之为公子也，与郑人战于狐壤，止焉。郑人因诸(之于)尹氏。[公]赂尹氏，而祷于其主钟巫。[公]遂与尹氏归，而立其主[于鲁]。

【狐壤】正 杨 补 在今河南许昌西北。郑地。参见《图集》24—25④4。【止焉】正 补 [鲁隐公]停止在了那里。实际上就是郑人俘获了鲁隐公。鲁史讳言"获"，故用"止"。

【尹氏】正 补 郑大夫，后至鲁。这里指尹氏之家。

【钟巫】正 杨 神名，尹氏家立以为祭主。

【而立其主】正 杨 补 [在鲁]设立钟巫神主[并按时祭祀之]。

[二·二] 十一月，公[将]祭钟巫，齐(斋)于社圃，馆于寫 wěi 氏。壬辰十五日，羽父公子翚使贼弑公于寫氏。[羽父]立桓公鲁桓公，而讨寫氏，有死者。《春秋》不书葬，不成丧也。

【齐】杨 补 斋戒。在先秦时期，"齐/斋"是指古人在祭祀前进行的净身清心活动，用以表达对天地鬼神的尊敬。先秦时的斋戒活动分为两个阶段，第一个阶段是"散斋"，也称为"戒"，为时七天；第二个阶段是"致斋"，也称为"斋"，为时三天。斋戒期间的洁净活动有：一、断绝交际娱乐；二、出居斋宫；三、沐浴更衣；四、整齐思虑；五、改变饮食，包括(一)每餐都吃新鲜食物，而不像平常那样吃正餐剩下的食物，(二)不喝酒，不吃葱、韭等有辛味臭气的荤食。

【社圃】正 补 圃，种植菜蔬花草的园地，外有藩篱。社，圃名。

【馆】正 杨 住宿。【寫氏】正 杨 鲁大夫。这里指寫氏之家。

【立桓……死者】正 补 [公子翚]立[公子允为君，即]鲁桓公，而诛讨寪氏[弑君之罪]，有人死去。这凸显了公子翚进退失据的困境：若以正法将寪氏灭族，则君实非寪氏所弑，这样处理恐会引发寪氏"鱼死网破"抖露出事情真相；若退缩放过寪氏，则弑君之人无处落实，因此只能枉杀寪氏某些人以求蒙混过关。

【不书葬，不成丧也】 正 杨 ［春秋］不书"葬我君隐公"，是由于鲁桓公不以国君之礼葬隐公。

桓 公 |

扫描二维码，
阅读参考资料

桓公元年·一

地理 鲁、郑见桓地理示意图1。鲁、郑、垂、许田、祊见桓地理示意图3。

人物 鲁桓公(隐元·一·一)、郑庄公(隐元·四·春秋)、周公旦(隐八·二)

春秋 元年,春,王正月,公鲁桓公即位。

○正 诸侯国君过世,嗣子定位于初丧之时。到第二年正月,嗣子在宗庙行礼,终止先君年号而改称元年,正式即位,《春秋》则书"元年,春,王正月,公即位"。桓公实为篡立而用常礼,以自同于遭丧继位者,而《春秋》亦以正常即位之书法记载此事。孔疏认为这样写的目的是反衬鲁桓公实为篡立,而自同于正常即位。

三月,公鲁桓公会郑伯郑庄公于垂。郑伯郑庄公以璧假许田。

【垂】杨 见隐八·一·春秋。

【璧】补 扁平状圆形穿孔玉器,详见下。【假】补 借。

○正补 鲁、郑交换祊、许田之事见隐八·二。当年鲁有入祊的举动,但并未将许田交还郑。鲁当时也许认为祊小、许田大,不足抵偿,且不愿废弃许田周公庙的祭祀。郑于是再次请求祭祀周公旦以使鲁安心,并加送璧于鲁,终于促成此事(见下文《左传》)。周公旦不是郑国先君,鲁不宜听任郑祭祀周公旦。周王赐鲁以许田,鲁不宜用它来交换祊。鲁、郑此次土地交易,犯二不宜,《春秋》书"以璧假许田"(用璧向鲁借许田),显得好像是暂时租借许田,而不是永久的土地交易,这是隐讳事实,遮掩国恶。

○补 **圆形/扇形玉器**:春秋、战国传世文献中记载了一类扁圆形/扁扇形玉器,包括璧、环、瑗、璜。这里作一简要辨析:

一、**璧、环**。《说文》:"璧,瑞玉。圆也。""环,璧也。肉好若一谓之环。"考古报告中的"璧"与"环"都是指扁平状圆形玉器,中间有孔。璧为礼器，而环为佩戴用器。据战国末年成书的《尔雅·释器》记载，则"肉"（有玉料部分）宽度是"好"（内孔）直径一倍（2∶1）的是"璧"；"肉"宽度与"好"直径相当（1∶1）的是"环"。从春秋时期考古出土实物来看，此类扁圆形玉器肉、好比例很少是符合《尔雅》记载的，因此夏鼐先生曾经建议将此类玉器统称为璧环类，或简称"璧"。不过，战国晚期中山王墓出土的自名为"环"的玉器，其肉、好比例的确接近1∶1，而战国晚期曲阜鲁故城、临淄商王墓地、长丰杨公楚墓出土确定为璧的玉器的肉、好比例也的确在2∶1左右。这说明《尔雅》所述可能反映了战国晚期璧环类玉器的形制标准。

　　二、瑗。《说文》："瑗，大孔璧。人君上除陛以相引"。《左传》、《诗》、三礼中均无用瑗的记载。《左传》襄二十六年（襄二十六·二·二·二）记卫大夫蘧成子名瑗，又此人字玉，可知瑗与玉相关。直接将瑗与玉器联系起来的是成书于战国末年的《荀子》和《尔雅》，其中《尔雅·释器》记载说"好"直径是"肉"宽度一倍（2∶1）的玉器是"瑗"。此外，在《左传》、《穀梁传》中，齐灵公名"环"，而《公羊传》则作"瑗"，学者认为瑗、环古音同在寒部且义也相近，可通假。《集韵》也指出"环或作瑗"。因此，"瑗"很可能是晚出的器名，也可能是环类玉器的异称。

　　三、璜。《说文》："璜，半璧也。"考古报告中被称作"璜"的是一种形似璧环类玉器一半或更小部分的玉器，一般是作为组玉佩的配件。

　　考古发现春秋时期玉器实例见桓器物图1。

夏，四月丁未，公_{鲁桓公}及郑伯_{郑庄公}盟于越。

【越】正 杨 在今山东曹县附近。卫地。

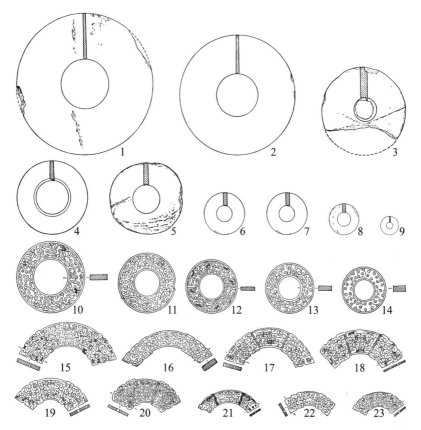

桓器物图 1　山西太原金胜村晋国赵卿墓出土玉器(1—14,璧环类；
15—23,璜)春秋晚期(《太原晋国赵卿墓》,1996 年)

左传【一】元年,春,"公即位",修好于郑。郑人请复祀周公_{周公旦},
卒易祊 _{bēng} 田,公许之。

【祊】补见隐八·二·春秋。

○补鲁桓公暗杀有德贤君隐公上位,急于得到小霸强国郑的承认和
支持,从而稳定君位,因此鲁桓公急于与郑国修好,并同意完成郑国
先前提出的、隐公并不认可的祊—许田交易。

【二】三月,郑伯_{郑庄公}以璧假许田,为周公_{周公旦}、祊故也。

【三】"夏,四月丁未,公及郑伯盟于越",结衻成也。盟曰"渝盟,无享国"。

【盟曰……享国】 正 补 盟辞中说:"[双方君主]如果违背盟约,就不能享有国家。"渝,变。此类言辞本是盟誓套话,而此处《左传》特地引出,可能是为了讽刺鲁、郑以租借名义私自交换周王赐地、明知不合礼义还信誓旦旦不可变更的丑恶做法。

桓公元年·二

地理 鲁见桓地理示意图1。

春秋 秋,[我]大水。

左传 "秋,大水。"凡平原出水为大水。

桓公元年·三

地理 郑、鲁见桓地理示意图1。

人物 郑庄公(隐元·四·春秋)

春秋 冬,十月。

左传 冬,郑伯郑庄公拜盟。

【拜盟】 补 拜谢结盟。

桓公元年—桓公二年(桓公二年·一)

地理 宋、鲁、齐、陈、郑、周见桓地理示意图 1。宋、滕、鲁、齐、陈、郑、邰、周见桓地理示意图 3。

人物 华父督、宋殇公(隐三·六·一·一)、孔父嘉(隐三·六·一·一)、滕子、鲁桓公(隐元·一·一)、齐僖公(隐三·七·春秋)、陈桓公(隐四·二·春秋)、郑庄公(隐元·四·春秋)、臧哀伯、周武王、周内史

春秋 二年,春,王正月戊申,宋督华父督弑其君与夷宋殇公,及其大夫孔父孔父嘉。

【戊申】杨 据王韬所推春秋历,则正月无戊申。

【宋督】正 补 华父督。子姓,名督,字华。公子说之子,宋戴公(庄十二—庄十三·二)之孙。宋大夫,官至执政卿(继孔父嘉)。任太宰(卿职)。桓十二年卒。其后为华氏。

○正 据宣四·三·一·二,则臣弑君,《春秋》称臣之名(宋督),表明华父督有罪。

滕子来朝。

【朝】补 见隐四·二·七·一。

○正 此条《春秋》无对应《左传》。

三月,公鲁桓公会齐侯齐僖公、陈侯陈桓公、郑伯郑庄公于稷,以成宋乱。

【稷】正 杨 在今河南商丘境。宋地。

【以成宋乱】正 以平定宋的叛乱。成,平。详见下文《左传》。

○正 补 据《左传》,则稷之会,包括鲁桓公在内的诸侯受宋赂而立宋庄公、华父督,而《春秋》只书诸侯集会以平定宋乱的本意,这是隐讳鲁桓公纳赂之恶。

夏,四月,[我]取邰大鼎于宋。戊申九日,纳于大(太)庙。

【郜】补见隐十一·春秋。【鼎】补是商周铜器中数量最多、地位最重要的器类。鼎除了在贵族日常生活中作为一种煮食、盛食器,也是贵族进行宴飨、祭祀等礼制活动时最重要的礼器之一。考古报告中的铜"鼎"是一种两耳、三足或四足铜器,其中绝大多数为三足圆鼎;少数为四足方鼎。许多器壁上铭文中有自名"鼎",可以认为其确为先秦传世文献中所提到的鼎。考古发现的春秋时期铜鼎示例见桓器物图 2。

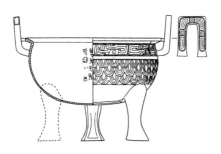

桓器物图 2.1　河南三门峡上村岭虢国墓地 M2001 出土虢季鼎,春秋早期偏早《三门峡虢国墓(第一卷)》,1999 年)

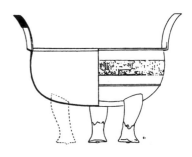

桓器物图 2.2　山西闻喜上郭村晋国墓地 M7 出土鼎,春秋中期偏早《1976年闻喜上郭村周代墓葬清理记》,1994 年)

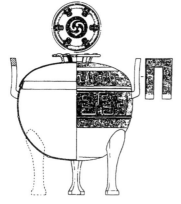

桓器物图 2.3　山西临猗程村晋国墓地 M1024 出土鼎,春秋中期偏晚至晚期初《临猗程村墓地》,2003 年)

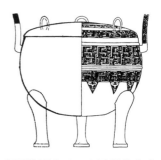

桓器物图 2.4　山西长治分水岭晋国墓地 M269 出土鼎,春秋晚期偏早《长治分水岭东周墓地》,2010 年)

桓器物图 2.5　甘肃礼县圆顶山秦国墓地 M2 出土鼎，春秋早期偏晚（《礼县圆顶山春秋秦墓》，2002 年）

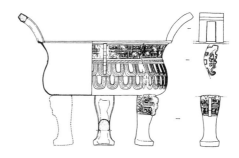

桓器物图 2.6　河南淅川和尚岭楚国墓地 M1 出土克黄升鼎，春秋中期中叶（《淅川和尚岭与徐家岭楚墓》，2004 年）

【大庙】 正 补 太庙，即始封君庙。在鲁为周公旦庙。除始封君庙之外，鲁、卫、郑、宋还为始封君所出之先王立庙，详见 襄十二·三。

左传 【一·一】 宋华父 fǔ 督见孔父 fǔ，孔父嘉之妻于路，目逆而送之，曰："美而艳。"

【目逆而送之】 正 补 逆，迎。[孔父之妻从对面来，华父督先以]目光相迎[；孔父之妻既过而远去，华父督]又[以目光]相送。

【美而艳】 正 补 美，形貌美。艳（豔），身材好而长（据《说文》），一说是颜色好（据《毛诗》）。

【一·二】 二年，春，宋督华父督攻孔氏，杀孔父而取其妻。公宋殇公怒，督华父督惧，遂弑殇公宋殇公。君子以督为有无君之心，而后动于恶，故[《春秋》]先书"弑其君"。

【君子……其君】 正 补 据《左传》，则华父督杀孔父嘉在前，弑宋殇公在后。国君执权柄，臣下每事秉命而行，不敢妄相杀害。华父督竟敢专杀孔父嘉而娶其妻，全无忌君之心、敬上之意。若先书杀孔父嘉，后书弑君，可能会让人认为华父督是先动了夺妻恶念杀孔父嘉之后才激起了无君之心。《春秋》先书弑君，后书杀孔父嘉，重在让人明了华父督是先有了无君之心，然后才动了夺妻恶念。

[二] 会于稷，"以成宋乱"，为赂故，立华氏华父督也。宋殇公立，十年十一战，民不堪命。孔父嘉为司马，督华父督为大(太)宰。故[督]因民之不堪命，先宣言曰："司马孔父嘉则然。"[督]已杀孔父孔父嘉而弑殇公宋殇公，召庄公宋庄公于郑而立之，以亲郑。[督]以郜 gào 大鼎赂公鲁桓公，齐、陈、郑皆有赂，故[督]遂相 xiàng 宋公宋庄公。

【宋殇……一战】 正 杨 宋殇公即位之后，一战伐郑，围其东门；再战取其禾，皆在隐四年。三战取邴田；四战邴、郑，入其郛；五战伐郑，围长葛，皆在隐五年。六战，郑庄公以王命伐宋，在隐九年。七战，公败宋师于菅；八战，宋、卫入郑；九战，宋、蔡、卫伐戴；十战，郑庄公入宋，皆在隐十年。十一战，郑以虢师败宋师，在隐十一年。十一战中，唯取邴田与郑无关，其余皆宋、郑交兵，其根源应该是宋殇公想要消灭寄居在郑的公子冯（即后来的宋庄公），而郑则希望将公子冯送回宋夺取君位。

【司马】 补 见隐三·六·一·一。

【大宰】 补 太宰，宋内朝官，职掌国君家务。

【司马则然】 正 杨 补 是司马造成了这样[穷兵黩武的局面]。司马职掌军事，华父督这样宣言在民众听来可谓是言之有据。

【召庄公于郑而立之】 正 隐三年公子冯出居郑。华父督弑宋殇公后，便将公子冯召回，立为国君，是为宋庄公。

○补 笔者对华父督弑君的可能真相有详细分析，请见专著《称霸：春秋国际新秩序的建立》（中华书局 2019 年版）相关章节。

[三·一] "夏，四月，取郜大鼎于宋。戊申九日，纳于大庙。"非礼也。

【三·二】臧哀伯谏曰：

【臧哀伯】 正 补 姬姓，臧氏，名达，谥哀，排行伯。臧僖伯（隐五·一）之子，鲁孝公（哀二十四·三·一）之孙。鲁大夫，官至卿位。

"君人者，将昭德塞违，以临照百官，犹惧或失之，故昭令德以示子孙：

【昭德塞违】 正 杨 昭示善德，阻塞邪恶。违，邪，与德相对，指不合德义的违礼之事。

【临照】 补 监临照耀。

【令德】 补 善德。令，善。

"是以清庙茅屋，大路越 huó 席，大羹不致，粢 zī 食 sì 不凿 zuò，昭其俭也；

【清庙茅屋】 正 杨 太庙用茅草覆盖屋顶（杜注、孔疏认为是用茅草装饰屋顶）。太庙为肃然清净之处，故称"清庙"。

【大路越席】 正 杨 补 ［祭祀用］的大路车（玉路）内用蒲草编席［作为铺垫］。大路，周王车辆总称，据《周礼·巾车》，则分玉路、金（铜）路、象路、革路、木路五种，其中玉路用以祭祀，金路用以封同姓诸侯，象路用以封异姓诸侯，革路用以封四卫，木路用以封蕃国。不过，《周礼》所记未必体现周代实际情况。比如，据《左传》所载实例（如襄二十四·八），则路车也可用于赏赐诸侯国的卿大夫。越，结草。

【大羹不致】 正 补 ［祭祀用的］带汤肉不放［五味调料］。

【粢食不凿】 正 杨 ［祭祀用的］主食（主要指黍稷）不加春捣［而用糙米］。粢，本为稷之别名，这里是诸谷总名。《周礼·小宗伯》："辨六粢之名物。"郑玄注："六粢，谓黍、稷、稻、粱、麦、苽。"粢食也就是主食。

【昭其俭也】 正 补 ［上述四者都是为了］昭示善德中的"俭"。

"衮 gǔn、冕、黻 fú、珽 tǐng，带、裳 cháng、幅 bī、舃 xì，衡、纮 dǎn、纮

hóng、綖 yán，昭其度也；

【衮】正杨古代天子及上公礼服，上画卷曲龙。

【冕】正补一种顶上有平板的冠，大夫以上贵族在朝见、祭祀等正式场合使用。下文所述的衡、纮、紞、綖都是冕的部件。

【黻】正杨或作"韨""市"，又作"韠"，用韦（熟皮革）制成，用以遮蔽腹膝之间。

【珽】正杨周王所用玉笏。笏，古代君臣所持手板。君持玉笏以朝日；臣持象牙笏或竹笏以见君，上记事以备忽忘。

【带】杨大带，以丝制成，用以束腰，多余垂下部分称为"绅"。

【裳】正补古人上身着衣，下身着裳，裳形似今日女性所穿裙装。

【幅】正杨以布缠足背，沿小腿斜交向上直到膝盖，以逼束小腿，类似于今日之绑腿。

【舄】正杨古时鞋统称"履"，其中双层鞋底、底下加木者为"舄"，单层皮质鞋底者为"屦"。

【衡】正杨即横笄，用来固定冕的簪子。

【紞】正杨丝线制成，从冕两旁垂下，当两耳，下悬有瑱（似玉美石）。

【纮】正杨补冕系绳的一种，只有一根系绳，一头系于左侧笄上，向下绕过颔下，然后向上系于右侧笄上，剩余部分则垂下而作为装饰。另一种更常见的冠冕系绳称为"缨"（与下文之"缨"不同），有两条系绳，分别从冠冕左右垂下，在颔下系在一起，剩余部分垂下。参见哀十五—哀十六·三·一"结缨而死"。

【綖】正杨又作"延"，冕的一部分，以版为质，外裹黑布。冕分两部分，直接与头接触部分称为"卷"或"武"，而綖则覆于卷/武上。

【昭其度也】正杨补［上述十二物的制度依据服用者地位尊卑而不同，］昭示善德中的"度"。例如，周王衮有升龙、有降龙，上公衮无升龙，此为衮之度。天子之笏以玉为之，诸侯以象牙，大夫以竹而饰以鲛鱼之皮，士以竹，此为笏（珽）之度。天子用素（生帛）带，以大红为里，全带两侧饰以缯彩；诸侯用素带，全带饰以缯彩，但无大红为里；大夫用素带，唯有下垂部分饰以缯彩；士用练（熟帛）带，唯有末端饰以缯彩，此为带之度。

"藻、率(帅)、鞞 bǐng、鞛 běng(琫)，鞶 pán、厉、游 liú、缨，昭其数也；

【藻】 正 杨 亦作"缫"，献玉时所用托板，木制，外裹熟皮，上有粉白水藻纹，大小与所献玉大小相当。

【率】 正 杨 借为"帅"，亦作"帨"，佩巾。

【鞞】 正 杨 刀鞘。

【鞛】 杨 同"琫"，佩刀刀把处装饰。

【鞶】 杨 皮腰带。

【厉】 正 杨 鞶带束腰后多余垂下部分。

【游】 正 亦作"旒"，旌旗上的飘带。

【缨】 正 补 即"樊缨"，又作"繁缨"（参见成元—成二·六·一），是围在马胸前一束束排成一排的饰物，其材料可能是旄牛尾、削革或罽。

【昭其数也】 正 补 ［上述八物的数目依据服用者地位尊卑而有不同，］昭示善德中的"数"。以游为例，周王十二，上公九，侯伯七，子男五，卿大夫各如其命数，此为游之数。又以缨为例，玉路樊缨十又二就（束），金路樊缨九就，象路樊缨七就，革路绦缨（绦丝装饰的樊缨）五就，木路前樊鹄缨（浅黑色横革带，白色下垂装饰革带）［五就］，此为缨之数。

"火、龙、黼 fǔ、黻 fú，昭其文也；

【火】 正 杨 半环形花纹，形似火。

【龙】 正 杨 龙形花纹。

【黼】 正 杨 黑白两色花纹，像一对斧头。

【黻】 正 杨 黑青两色花纹，象两张弓相背，如"亞"。

【昭其文也】 正 杨 补 ［上述四者皆为衣裳文采，］昭示善德中的"文"。

五色比象，昭其物也；

【五色比象】正杨用青、黄、赤、白、黑描绘事物形象。

【昭其物也】正补〔上述五者都是用来描绘事物形象的，〕昭示善德中的"物"。

"钖 yáng、鸾 luán、和、铃，昭其声也；

【钖】正杨马额眉眼上铜制饰物，车行时则发出声响。

【鸾】正杨补即"銮"，古代车衡（参见《知识准备》"车马"）上方铜制部件，中空，内有铜珠，车行则发出声响。考古发现春秋时期铜銮实例见桓器物图 3。

【和】正杨车轼前铜制小铃。

【铃】正杨补旌旗上铜制小铃。考古报告中的"铃"是小型铜器，通过摇动铃体与舌撞击以发声。考古发现春秋时期铜铃实例见桓器物图 4。

【昭其声也】正杨补〔上述四物皆为车上铜制铃类部件，车行则有声，〕昭示善德中的"声"。

"三辰旂 qí 旗，昭其明也。

【三辰】正补日、月、星，这里指绘制在旂旗上的图案。

【旂旗】正旗帜总称。

【昭其明也】正补〔日、月、星皆为天上光明之物，绘制在旂旗上，〕昭示善德中的"明"。

"夫德，俭而有度，登降有数，文、物以纪之，声、明以发之，以临照百官。百官于是乎戒惧，而不敢易纪律。今灭德立违，而置其赂器于大(太)庙，以明示百官。百官象之，其又何诛焉？

【登降】杨增减。

【纪】补记载。

【易】杨补改易，违背。

【今灭德立违】正补如今灭绝善德而树立邪恶。指立弑君之臣华父督。

【象】⬚补 效法。

"国家之败，由官邪也。官之失德，宠赂章⒜也。郜鼎在庙，章⒜孰甚焉？武王周武王克商，迁九鼎于雒luò邑，义士犹或非之，而况将jiāng昭违乱之赂器于大⒡庙？其若之何？"

【武王】⬚补 周武王。姬姓，名发，谥（一说生号）武。周文王（僖五·八·一）之子，太姒（定六·二·一）所生。周朝开国之君。

【迁九鼎于雒邑】详见宣三·四。【雒邑】参见隐三·四·二。

【义士犹或非之】⬚正⬚杨据《汉书·王吉贡禹传》，"昔武王伐纣，迁九鼎于雒邑，伯夷、叔齐薄之，饿于首阳，不食其禄"，则以伯夷、叔齐对应此处"义士"。

【将】⬚补 奉。

○⬚杨⬚补 据何尊（1962 年出土，周成王五年器）铭文所述，周武王克商之后，定下在天下中央营建新都的国策。周公旦秉承兄命，营造东都成周（雒邑），周成王在亲政后正式入住。此外，据宣三·四，"成王定鼎于郏鄏"。因此，周武王应无迁鼎于雒邑之事。此处言"武王克商，迁九鼎于雒邑"，可能是古人将周成王落实之事归于最初制定国策的周武王。

 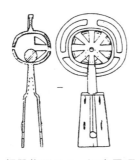 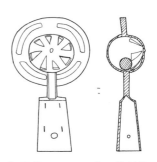

桓器物图 3.1　河南三门峡上村岭虢国墓地 M1052 出土銮，春秋早期偏早（《上村岭虢国墓地》，1959 年）

桓器物图 3.2　河南平顶山北滍村应国墓地 M1 出土銮，春秋早期（《平顶山市北滍村两周墓地一号墓发掘简报》，1988 年）

桓器物图 3.3　陕西韩城梁带村芮国墓地 M28 出土銮，春秋早期后段（《梁带村芮国墓地——二〇〇七年度发掘报告》，2010 年）

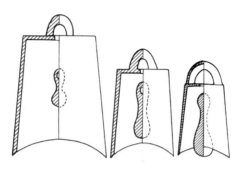

桓器物图 4.1　陕西韩城梁带村芮国墓地 M28 出土铃，春秋早期后段（《梁带村芮国墓地——二〇〇七年度发掘报告》，2010 年）

桓器物图 4.2　河南新郑唐户郑国墓地 M9 出土铃，春秋早期（《河南省新郑县唐户两周墓葬发掘简报》，1978 年）

桓器物图 4.3　河南洛阳西郊 WSM1 出土铃，春秋中期偏晚（《一九五四年春洛阳西郊发掘报告》，1956 年）

公_{鲁桓公}不听。

○补 从鲁桓公角度来看，在太庙展示郜鼎，是昭告群臣（特别是那些对自己不满的隐公余党），继郑之后，他的新政权又获得了宋这个主要诸侯国的承认，而且获得了与齐、郑、陈同等级的国际地位（都能从宋国获得丰厚贿赂），这对于进一步稳固自己的君位大有帮助。官场风气败坏是长远之祸，而稳固君位是当前急务。君位若不保，官场风气是否败坏于己又有何干？

【三·三】周内史闻之，曰："臧孙达_{臧哀伯}其有后于鲁乎！君违，不忘谏之以德。"

【内史】 正 杨 补 周内朝官,职掌事务有:一、协助册命诸侯;二、掌爵禄废置;三、占候吉凶,参谋政事;四、参与聘问庆吊等外交事务。

○ 杨 补 隐五年,臧僖伯谏鲁隐公如棠观鱼者(隐五·一)。哀二十四年,晋师伐齐,乞师于鲁臧氏,臧石帅师会之(哀二十四·一·一)。终春秋之世,臧氏世官世禄不绝,此乃周内史预言之验。

○ 补 鲁卿大夫世族中,"三桓"中的季氏、孟氏,以及臧氏、邱(厚)氏族长的泛指称谓为"氏+孙",见于《左传》,如季孙(成八·九)、孟孙(成二·七·二)、臧孙(僖二十五—僖二十六·五)、邱孙(昭二十五·五·二·二)。若特指某位族长,则有两种方式:

第一,"氏+孙+名",这是《春秋》的标准书法,也见于《左传》,如季孙行父(文六·二·春秋)、仲孙蔑(宣九·一·春秋,孟氏《春秋》称仲氏)、臧孙达(桓元—桓二·三·三);

第二,"氏+谥+子"或"氏+谥+排行",见于《左传》,如季文子(文六·二)、孟穆伯(僖十五·二·二)、孟献子(文十四·十二·三)、臧僖伯(隐五·一)、邱昭伯(昭二十五·五·一·二)。

"三桓"中的叔孙氏则有所不同,因为其氏中已有"孙"字,因此泛指称谓即为叔孙(襄二十七·二·一);若特指某位叔孙氏族长,则要么"氏+名"见于《春秋》《左传》,如叔孙得臣(文元·三·春秋);要么"氏+谥+子"或"氏+谥+排行"见于《左传》,如叔孙穆子(襄七·七·一)、叔孙戴伯(僖三—僖四·九)。

桓公二年·二

地理 鲁见桓地理示意图1。鲁、杞1见桓地理示意图4。

人物 杞武公

春秋 秋,七月,杞侯_{杞武公}来朝。

【杞侯】补 杞武公。姒姓,谥武。隐元年前二十八年即位,在位四十七年。桓八年卒。【朝】补 见隐四·二·七·一。

左传 "秋,七月,杞侯来朝",不敬。杞侯归,〔我〕乃谋伐之。

○补 下启同年鲁伐杞(桓二·四)。

桓公二年·三

地理 蔡、郑、楚见桓地理示意图1。蔡、郑、楚、邓见桓地理示意图5。

人物 蔡桓侯、郑庄公(隐元·四·春秋)

春秋 蔡侯_{蔡桓侯}、郑伯_{郑庄公}会于邓。

【蔡侯】补 蔡桓侯。姬姓,名封人,谥桓。蔡宣公(隐八·五·春秋)之子。隐九年即位,在位二十年。桓十七年卒。

【邓】正 杨 补 在今河南漯河召陵区邓店村。蔡地,位于蔡北、郑南。参见《图集》29—30③6。

左传 "蔡侯、郑伯会于邓",始惧楚也。

【始惧楚也】正 杨 补 本年为楚君熊通(即楚武王,此时尚未僭号称王)三十一年。在熊通/楚武王统治期间,楚国开始积极扩张领土,觊觎中原。蔡、郑近楚,且均为姬姓诸侯,故惧而会谋。【楚】正 杨 补 周时国,子爵(金文资料显示其自称为"王"),芈姓。"楚"为其自称,而鲁史在春秋早期则称之为"荆"。此时都郢。楚先人出自中原华夏集团的祝融部族,后来向南迁徙到陕西商洛地区、丹水流域(详见下"楚人发源及迁徙")。楚人建国应在商代晚期,创始君主为鬻熊,与周关系密切。从鬻熊之子熊丽开始,楚王族皆为芈姓、熊氏。据清华二《楚居》,熊丽出生时难产,巫咸用"楚"(荆条)剖开其母侧肋助产,这是楚人称"楚"的由来。周成王时将楚纳入周朝封国体系,始封熊丽之孙熊绎,都丹阳,位于丹水以北,其地理位置有争议,最有可能是在今河南淅川丹江北岸的丹江、淅水交汇区(详见下"西周早期楚都丹阳地望")。至西周中期周昭王南征之时,楚核心区域已经南迁至汉水中游以西地区,应该在荆山地区。自西周—春秋之际楚武王营建疆郢开始,楚都称"郢"。春秋时期的楚郢都,传统说法是在今湖北江陵北约五公里处纪南城,定六年迁于都,至战国时期、楚惠王五十六年时迁回纪南城。实际上,春秋时期楚郢都曾经多次迁徙,最常定都的区域可能是蛮河下游周代聚落群(详见下"春秋时期楚郢都地望")。战国时期,楚顷襄王二十一年时秦军所拔之郢应为纪南城。楚都城随后迁于陈,在河南周口淮阳区。楚考烈王时暂迁于巨阳,在安徽太和东北,终迁于寿春,在今安徽省寿县城南已发现其遗址。获麟之岁(哀十四年)后二百五十八年被秦所灭。春秋时郢都的传统说法,纪南城参见《图集》29—30⑥4"楚 1、3",都参见《图集》29—30⑤4"楚 2"。战国时期郢都,陈参见《图集》45—46③4"楚 2"。巨阳参见《图集》45—46③4"楚 3"。寿春参见《图集》45—46③5"楚 4"。本书示意图的春秋时期楚郢都标注,用"楚"标注传统说法,用"楚?"标注蛮河下游说。

○补 **楚人发源及迁徙**:楚先人出自华夏集团中的祝融部族,直至战国时期楚人仍将祝融作为最重要的远祖进行祭祀。据昭十七·五·二,"郑,祝融之虚也",祝融部族以嵩山作为膜拜的神山,而居住在嵩山以东的新郑市一带。《楚居》中提到的楚先祖季连降生的"騩山"应即为河南新密、新郑与禹州之间的具茨山,是嵩山余脉。騩山可能是祝融部族之一的楚先人所膜拜的神山,而楚先人最早居地应该在騩山旁的平原地区,大概在新郑市至騩山一带。

夏代时,嵩山以北地区成为夏政权核心区,而昆吾、楚先人等祝融部族在嵩山以南、伏牛山以北的河南中部地区活动。商代时,作为夏人同盟的祝融部族受到沉重打击,楚先人在商代晚期逐渐向西南方向的商洛、丹水流域迁徙,成为当时在关中平原崛起的周人的盟国。目前已在位于丹江上游地区的今陕西省商洛东龙山遗址、商洛陈塬遗址、丹凤巩家湾遗址、商南过风楼遗址等处发现了大量西周文化遗存,这些遗存所代表的文化与关中地区同时期的周文化存在着显著的差别,却和江汉平原一带稍后的楚文化有着密切联系。有学者认为,陕西商洛地区很有可能是西周初期楚人活动的核心地域。

○ 补 **西周早期楚都丹阳地望**:周成王册封熊绎为诸侯,居于丹阳。丹阳本义是"丹水以北"。关于丹阳位置所在,主要有商洛(陕西商洛境内,古丹水/今丹江北岸,有古楚水汇入)、淅川(河南淅川境内,古丹水/今丹江北岸,有古淅水汇入)、枝江(湖北枝江境内,古雎水/今沮河、古漳水/今漳河流域)、荆山(湖北南漳西北)、秭归(湖北秭归境内,古江水/今长江中上游)五说。《图集》采用秭归说,而近年来此说基本上已被否定。余下四说都有学者支持,其中淅川说得到商周考古成果和新出土文献的支持最多。此外,有学者认为丹阳可能并非一处,鬻熊时期的丹阳可能在靠近宗周王畿的商洛,其后楚人沿丹江河谷向东南迁徙,熊绎时期的丹阳可能在淅川。

○ 补 **春秋时期楚郢都地望**:传统观点认为春秋时楚郢都位于湖北江陵北约五公里处,纪山之南,其遗址称为"纪南城",《图集》即采用此观点。然而,考古发掘和研究显示,纪南城的年代上限为战国中期早段,周围具有贵族身份的楚墓年代也绝大多数在战国中晚期,因此这里应该是战国时期楚郢都,而不是春秋时期楚郢都。

春秋时期楚郢都所在的楚核心区域位于古雎水、古漳水流域,这个区域到底在何处,除了一批学者仍然支持的纪南城一带之外,主要有两种观点:

一、蛮河下游周代聚落群(桓地理示意图5"楚?"),这种观点的基础是以今蛮河(桓地理示意图 5"雎水?")、今蛮河支流清凉河(桓地理示意图 5"漳水?")分别为古雎水、古漳水。值得注意的是,一般公认的荆山(昭四·一·二)也在这个地区,正是蛮河发源地。

二、沮漳河中游周代聚落群(桓地理示意图 5"雎水""漳水"中游),这种观点的基础是以今沮河(桓地理示意图 5"雎水")、今漳河(桓地理示意图 5"漳水")为古雎水、古漳水。

从《左传》内证来看,蛮河下游说的可能性很大,具体请见文十六·三·二、宣四·五·四、昭十三·二·七、定三—定四·十六的分析。

从下引《楚居》可知,楚武王至楚惠王时带"郢"字的楚王居地就有疆郢、湫郢、樊郢、免郢、䣄郢、睽郢、为郢、㵲郢、鄂郢、鄢郢等十处之多,迁徙十分频繁,春秋楚郢都地望及迁徙的细节还需要大量的考古和历史地理研究才能厘清。因此,本书示意图的春秋时期楚郢都标注既保留传统观点"楚",也标注蛮河下游说"楚?",并以此文提请读者注意。

○补 **出土文献对读**:清华简一《楚居》篇叙述了自楚先祖季连开始至楚悼王共二十三位楚公、楚王的居处与迁徙。《楚居》为楚人自记其事,提供了许多不见于传世文献的材料,参考价值很高。比如说,《楚居》披露了比传世文献详细得多的楚都迁徙信息,而且记录了楚人关于"楚""郢"来历的传说。可扫码阅读。

桓公二年·四

地理 鲁见桓地理示意图 1。鲁、杞 1 见桓地理示意图 4。

春秋 九月,[我]入杞。

○正 鲁帅师之人非卿,故《春秋》不称主帅。据襄十三·二,入其城而不占有其地,则《春秋》书"入"。

[左传]"九月,入杞",[我]讨[杞]不敬也。

桓公二年·五

[地理]鲁见桓地理示意图 1。鲁、戎、唐见桓地理示意图 4。

[人物]鲁桓公(隐元·一·一)

[春秋]公鲁桓公及戎盟于唐。
【唐】见隐二·四·春秋。

冬,公鲁桓公至自唐。

[左传]【一】"公及戎盟于唐",修旧好也。
○[正][杨][补]鲁惠公时,鲁与戎就已建立了友好关系。隐二年鲁隐公与戎会于潜,修惠公之好(隐二·一);盟于唐,复修戎好(隐二·四)。今鲁桓公又与戎盟,故曰"修旧好"。

【二】"冬,公至自唐",[《春秋》书,]告于庙也。
○[正][补]"冬,公至自唐",[《春秋》记载了此事,]是因为[鲁桓公从唐回来之后]祭告了宗庙。春秋之世,鲁君出行 176 次,书"公至自某地"者 82 次,不书者 94 次,皆因鲁君归国之后不告于宗庙。鲁隐公为摄政贤君,不愿以国君身份饮至、策勋,故终其身而《春秋》不书至。其他鲁君不书至,则有的是由于内心确实轻视告庙之礼,应告庙而不告庙;有的是由于遭遇耻辱,不宜告于祖先而作罢。

凡公行,告于宗庙;反(返)行,饮至,舍 shè 爵、策勋焉,礼也。

【舍】正置。【爵】正补爵有三足爵和宽柄爵两种形制,而且两者在年代上可能有前后承接关系。三足爵是一种有流、有尾、三足的杯状器,其形状与古文字"爵"吻合,并有鲁侯爵自名为"爵"。这种爵始见于夏代二里头文化,通行至西周,西周中期后即基本不见。有的出土三足爵下有烧灼痕迹,有学者认为,这种爵的主要功能不是饮酒,而是在祭祀中煮沸酒液,使酒香蒸腾上达供神灵歆享。春秋战国时期传世文献中仍记载着一种作为饮酒器的"爵",如本年"舍爵",这种饮酒器虽然沿用"爵"名,但其形制应该不是流尾三足。有学者认为,一件初名"伯公父勺"的西周晚期铜器,其自名应释为"爵",并提出春秋战国时的爵可能就是与之类似的一种宽柄勺/斗/杯形器。这类勺/斗/杯形器的器身似鸟腹,宽柄似鸟尾,有的在前方还有鸟头,两侧还有鸟翼,整体形似鸟雀,这也与先秦文献中"爵"常与"雀"通假相吻合,而且有可能正是因为"爵"与"雀"同音,促使其器形在演变过程中加上了雀头、雀翼,变得越来越像雀。西周到春秋时期的爵实例见桓器物图 5。

○正杨补凡是国君出行,[行前]祭告宗庙[使先君知晓自己此次出行相关情况],返回之后[再次祭告宗庙使先君知晓自己已经平安归来,并汇报此次出行所取得的成果,然后在太庙中]举行酒会,[酒会中]放置酒杯[饮酒],并在简策上书写勋劳,这是合于礼的。据孔疏、杨注,则诸侯君主因朝见周王或其他诸侯君主、参与会盟、出兵攻伐等重大政治军事行动而出国,在行前应该视出行事由亲自祭告祢庙(父庙)或祖庙及祢庙(例如朝见周王或路途遥远则告于祖庙和祢庙、朝见邻国诸侯君主则告于祢庙),并令祝史祭告其余宗庙;从国外返回后,诸侯君主应亲自祭告祖庙和祢庙,并令祝史祭告其余宗庙。饮至、舍爵、策勋在太庙举行,参见隐五・一。

特相会,往来称地,让事也。

○正杨"特"有"单独"的意思。"特相会"指鲁国与其他单个国家会见。会面必有主人,两国相会,则将相互谦让,使对方为主,故称"让事"。让事之会,无论鲁君臣前往,或他国君臣前来,《春秋》都只记载会面地点。

自参(三)以上,则往称地,来称会,成事也。

○杨 "成"有"当、任"的意思。鲁国与其他两个以上国家会盟,则必有一国担任主人,故称"成事"。成事之会,鲁君臣前往,则《春秋》记载会面地点;他国君臣前来,则《春秋》只称"会"而已。

桓器物图 5.1　北京故宫博物院藏鲁侯爵,西周早期(《瓒爵辨》,2017 年)

桓器物图 5.2　陕西扶风黄堆云塘窖藏出土伯父公勺(爵),西周晚期(《陕西扶风县云塘、庄白一号西周铜器窖藏》,1978 年)

桓器物图 5.3　故宫博物院藏铜鸟饰爵,春秋时期(《薛国故城出土鸟形杯小议》,2018 年)

桓器物图 5.4　山东滕州薛国故城出土铜鸟形杯(爵),春秋早中期(《薛国故城出土鸟形杯小议》,2018 年)

地理 晋见桓地理示意图1。晋(翼)、曲沃、陉庭、汾水见桓地理示意图2。

人物 晋穆侯、姜氏、太子仇、公子成师/曲沃桓叔、师服、晋靖侯、栾宾、潘父、晋昭侯、晋孝侯、晋侯郤(隐五·二)、晋哀侯(隐五·五)、曲沃武公、韩武子、梁弘、栾共叔

左传 [一·一] 初,晋穆侯之夫人姜氏以条之役生大(太)子太子仇,命之曰"仇"qiú。其弟公子成师以千亩之战生,命之曰"成师"。

【晋穆侯】杨 补 姬姓,名费王(或作濆王),谥穆。晋献侯之子。隐元年前八十九年即位,在位二十七年。隐元年前六十三年卒。

【条之役】杨 据《竹书纪年》,周宣王二十三年(隐元年前八十三年),"王师及晋穆侯伐条戎、奔戎,王师败逋"。王师败逃,晋穆侯所帅晋师必亦败逃。【条】正 杨 补 在今山西盐湖冯村乡新杜村中条山北、柏王山南。此地有鸣条岗,是一条东起夏县、西延临猗县的黄土岗丘,当即古条戎地。后地入于晋。条戎参见《图集》17—18②3。

【大子】正 补 太子仇,后为晋文侯。姬姓,名仇,谥文。晋穆侯之子。隐元年前八十三年生。隐元年前六十三年,晋穆侯去世,其弟殇叔自立为君,太子仇出奔。隐元年前五十九年,太子仇袭杀殇叔。隐元年前五十八年即位,在位三十五年。隐元年前二十四年卒。

【命之曰"仇"】正 杨 条之役晋师败逃,晋穆侯因而名其子为"仇",意取战相仇怨。命,名。

【其弟】补 公子成师,后为曲沃桓叔。姬姓,名成师,谥桓,排行叔。晋穆侯之子,晋文侯之弟。隐元年前八十年生。隐元年前二十三年封于曲沃,在位十四年。隐元年前九年卒。

【千亩之战】杨 据《史记·晋世家》,隐元年前八十年,"〔晋人〕伐千亩,有功"。【千亩】正 杨 在山西介休南。晋地。

【命之曰"成师"】正 杨 千亩之战晋师战胜,晋穆侯因而名其子为

"成师",意取能成其众。

【一·二】师服曰:"异哉,君之名子也! 夫名以制义,义以出礼,礼以体政,政以正民,是以政成而民听。易则生乱。嘉耦曰'妃(配)',怨耦曰'仇',古之命也。今君命大(太)子曰'仇',弟曰'成师',始兆乱矣。兄_{太子仇}其替乎?"

【师服】 正 补 晋乐师,名服。【师】 补 乐师,晋内朝官,职掌演奏音乐、表演舞蹈。《左传》所见,除晋以外,楚(僖二十二—僖二十三·四·一)、宋(襄十·一·三·二)、郑(襄十一·二·五·四)、卫(襄十四·五·二)、鲁(昭二十五·三·二)皆有师。另外,卫(襄十四·五·二)有乐太师,为乐师之长。

【礼以体政】 杨 补 礼作为政事的本体。

【易】 正 杨 补 改易,违反。

【嘉耦】 杨 补 美好配偶。

【怨耦】 杨 补 怨仇配偶。

【兆乱】 杨 补 预示祸乱。

【兄其替乎】 补 哥哥(太子仇)恐怕会被废吧? 替,废。据《史记·晋世家》,则隐元年前六十三年,"穆侯卒,弟殇叔自立,太子仇出奔"。此即为太子仇被废之事。隐元年前五十九年,"穆侯太子仇率其徒袭殇叔而立,是为文侯"。

○ 杨 补 **传世文献对读**:《史记·晋世家》叙师服之言与《左传》不同,可扫码阅读。

　　按照《史记》版本的说法,则太子仇为嫡子,公子成师为庶子,而《左传》并未明言二人为嫡庶关系。

【二·一】惠_{鲁惠公}之二十四年_{隐元年前二十三年},晋始乱,故封桓叔_{曲沃桓叔}于曲沃,靖侯_{晋靖侯}之孙栾宾傅之。

【惠之……始乱】 补 据《史记·十二诸侯年表》，隐元年前二十四年（鲁惠公二十三年）晋文侯去世，隐元年前二十三年（鲁惠公二十四年）晋文侯之子晋昭侯正式即位。这期间"晋始乱"的细节不见于传世文献，但从公子成师封于曲沃建立"国中国"的结果，以及隐元年前十七年（鲁惠公三十年）潘父杀晋昭侯、试图拥立桓叔为晋君不果来推测，深疑当时情况是：公子成师党（其中应有潘父）在晋文侯去世后企图破坏"父死子继"而主张"兄终弟及"，想要拥立年长而且强势的公子成师（参见下引《史记·晋世家》），受到公子伯党反对，最后达成如下妥协：公子伯以宗法得晋君之位，是为晋昭侯；公子成师得封于曲沃，享受"国中国"的特殊待遇。

【曲沃】 杨 见隐五·二。

【靖侯】 补 晋靖侯。姬姓，名宜臼，谥靖。晋厉侯之子。隐元年前一百三十六年即位，在位十八年。隐元年前一百一十九年卒。

【栾宾】 补 姬姓，栾氏，字宾。晋靖侯之孙。曲沃大夫，隐元年前二十三年任曲沃桓叔傅。

○ 补 隐元年前二十三年晋昭侯分封公子成师的行动，与隐元年前二十一年郑庄公即位后迫于母亲武姜压力将太弟共叔段封在京邑有类似之处（参见隐元·四）。当然，由于晋昭侯的势力远比郑庄公弱小，而公子成师的势力比共叔段要强大，因此公子成师一开始就获得了一个正式的"国中国"封君身份，而他谋求篡位夺权的势头也比共叔段更为猛烈。

○ 杨 补 **传世文献对读**：《史记·晋世家》叙此段之事，有诸多细节为《左传》所不载，可扫码阅读。

《史记》言曲沃邑规模要大于晋翼都，这对于深入理解下文师服的本末论很有帮助。

【二·二】师服曰：

"吾闻国家之立也，本大而末小，是以能固。

"故天子建国，

○ 正 补 天子由先王嫡子担任，同时也是王族族长，而分封土地给先王庶子，建立诸侯国。就天下而言，天子（嫡子）/周王室为本，诸侯君主（庶子）/诸侯国为末。

"诸侯立家，

○ 杨 补 诸侯国君由先君嫡子担任，同时也是公族族长，而分封采邑给先君庶子，建立卿大夫之家。就诸侯国而言，诸侯国君（嫡子）/诸侯国为本，卿大夫（庶子）/卿大夫家为末。这一句是师服论述的重点所在，因为他要批评的就是晋昭侯让本来只能建立卿大夫之家的公子成师在境内建立曲沃国，违背了诸侯国内部的本末秩序。

"卿置侧室，

○ 正 杨 补 诸侯之卿由前任卿嫡子担任，同时也是卿族族长，而在家族中设置侧室。杜注本处认为"侧室，众子也，得立此一官"，文十二·五·三"赵有侧室曰穿"处认为"侧室，支子"。笔者认为，"侧室"就是众子/支子之室，与嫡子所在的"正室"相对。侧室之人经常担任卿族家臣，为族长效劳，但"侧室"本身并不是家臣官职。就卿族而言，卿（嫡子）/正室为本，家臣（众子）/侧室为末。

"大夫有贰宗，

○ 正 补 诸侯之大夫由前任大夫嫡子担任，同时也是大夫族族长，大夫族中有贰宗。杜注认为"适子为小宗，次者为贰宗，以相辅贰"，孔疏认为"贰宗"也是家臣官职。笔者认为，"贰宗"就是前任大夫次子之宗，与前任大夫嫡子之宗"小宗"相对。贰宗之人经常担任大夫族家臣，为族长效劳，但"贰宗"本身并不是家臣官职。就大夫家而言，大夫（嫡子）/小宗为本，家臣（次子）/贰宗为末。

"士有隶子弟,

○ 正 补 士人虽然地位卑下,但仍为贵族,同时也是一家之主,其家中子弟虽不得为家臣,也须为士人效仆隶之劳。士人为本,隶子弟为末。

"庶人、工、商各有分亲,

○ 正 补 庶人、工、商地位更低,本身就是仆隶,但仍为一家之主,家中之人仍有亲疏之分。家主为本,分亲为末。

"皆有等衰 cuī。

○ 正 杨 补 天子、诸侯、卿、大夫、士、庶人、工、商各个阶层内部,族长/家主和族人/家人之间都有等级差别。衰,差。杜注、杨注都认为此句只是说庶人、工、商"各有分亲,皆有等衰",不确。

"是以民服事其上,而下无觊 jì 觎 yú。

【觊觎】 正 杨 补 非分的希望或企图。

"今晋,甸侯也,而建国。

【甸】 正 杨 补 甸服。按照僖二十五·二·三、昭十三·三·九·三的描述,《左传》《国语》语境里的"甸服"应该是指周王都外最内一层的区域,也就是王畿。周代"服"制详见下。

○ 正 补 如今,晋作为居于甸服的侯国,却又在国内分封公子成师建立曲沃国。据上文,则晋可立公子成师为卿大夫,并分给他采邑,而不应使其建国。

"本既弱矣,其能久乎?"

○ 正 杨 补 服制:服制是商周时期的政治制度,"服"本义是指与服事君王相关的职事。商代服制包括内外二服,王畿内从王宫到基层的各级官员为"内服",包括百寮、庶尹、惟亚、惟服、宗工与百姓、里君;王畿外由商王直接册命或者臣服于商的各类诸侯为"外服",包括侯、甸、男、卫、邦伯。由于诸侯拥有土地,所以侯、甸、男等服逐渐引申发展成为指各服的地域,而不只是指官位了。

《左传》《国语》中关于周代服制的记载有:

一、桓二—桓三·二·二,晋师服提出:"今晋,甸侯也,而建国。"

二、襄二十一·五·五,子产为减轻郑国贡赋抗争时提出:"昔天子班贡,轻重以列。列尊,贡重,周之制也。卑而贡重者,甸服也。"

三、《国语·周语上》,周穆王将征犬戎,祭公谋父在劝谏时提出:"夫先王之制,邦内甸服,邦外侯服,侯卫宾服,蛮夷要服,戎翟荒服。甸服者祭,侯服者祀,宾服者享,要服者贡,荒服者王。日祭、月祀、时享、岁贡、终王,先王之训也。"

四、《国语·周语下》,周襄王拒绝晋文公请求隧道葬礼时提到:"昔我先王之有天下也,规方千里以为甸服,以供上帝山川百神之祀,以备百姓兆民之用,以待不庭不虞之患。其余以均分公、侯、伯、子、男,使各有宁宇,以顺及天地,无逢其灾害。"

从《左传》《国语》记载可以看出,在西周时期应该的确存在过一种以周王都为中心的政治区域体系,其中由周王室直接控制的王畿可以明确是称为"甸服",服事周王室的任务最重,晋就是甸服诸侯。王畿外分为若干服,由各类诸侯和蛮夷戎狄居住。这种服制由商代内外服制发展而来,在西周时期不断发展变化,到春秋早期随着周王室的衰弱而名存实亡。不过,在春秋时期,周代服制仍然是周王和诸侯所知晓的"先王之制",在某些外交场合还被引用来作为论说的依据。

战国时期各种政治学说纷纷出现,尤其是到了战国晚期,天下趋于一统的形势已经很明显。战国学者以三代服制为基础构建了服制理论，有"五服制"（《尚书·禹贡》）、"六服制"（《周礼·秋官·大行人》）、"九服制"（《周礼·夏官·职方氏》）多个版本，都是以王畿为中心、按照距王畿远近不等划分服区而构建的统一国家管理制度。三代服制和战国服制理论为后世中国历代王朝治理边地部族政权提供了政治理论依据，后来又演化为盛行于古代亚洲地区的以朝贡制度为核心的政治藩属体制。

【三】惠鲁惠公之三十年隐元年前十七年，晋潘父fù弑昭侯晋昭侯而立桓叔曲沃桓叔，不克。晋人立孝侯晋孝侯。

【晋潘……不克】补《史记·晋世家》："晋大臣潘父弑其君昭侯而迎曲沃桓叔。桓叔欲入晋，晋人发兵攻桓叔。桓叔败，还归曲沃。"

【潘父】正补字潘。晋大夫。隐元年前十七年晋孝侯立后被晋人诛杀。

【昭侯】正补晋昭侯。姬姓，名伯，谥昭。晋文侯之子。隐元年前二十三年即位，在位七年。隐元年前十七年被潘父所弑。

【孝侯】正补晋孝侯。姬姓，名平，谥孝。晋昭侯之子。隐元年前十七年即位，在位十六年。隐元年前二年被曲沃庄伯所弑。

○补传世文献对读：《毛诗·唐风·扬之水》很可能与这段历史有关。据《诗序》，则这首诗反映的是曲沃强盛，晋昭侯微弱，晋人将叛昭侯而归曲沃。据《诗经原始》，则这首诗反映的是一位跟随潘父前往曲沃的知情者，通过诗歌委婉地向晋昭侯告密。可扫码阅读。

【四】惠鲁惠公之四十五年隐元年前二年，曲沃庄伯伐翼，弑孝侯晋孝侯。翼人立其弟鄂侯晋侯郄。鄂侯晋侯郄生哀侯晋哀侯。

【翼】见隐五·二。

○ 补 《左传》、古本《竹书纪年》所叙晋国史事,辑录于此,以补足曲沃篡晋的史事链条:

　　[惠之四十六年,]庄伯以曲沃叛,伐翼,公子万救翼,荀叔轸追之,至于家谷。(古本《竹书纪年》)

　　[隐之四年,]翼侯焚曲沃之禾而还。(古本《竹书纪年》)

　　[隐之五年,]曲沃庄伯以郑人、邢人伐翼,王使尹氏、武氏助之。翼侯奔随。曲沃叛王。秋,王命虢公伐曲沃,而立哀侯于翼。(《左传》)

　　[隐之六年,]翼九宗、五正、顷父之子逆晋侯于随,纳诸鄂。晋人谓之"鄂侯"。(《左传》)

　　[隐之八年,]晋武公元年,尚一军。芮人乘京、荀人董伯皆叛。翼侯伐曲沃,大捷,武公请成于翼,至桐乃返。(古本《竹书纪年》)

【五】哀侯侵陉 xíng 庭之田。陉庭南鄙启曲沃伐翼。

【陉庭】 正 补 在今山西曲沃听城村(原为庭城村)。从"陉庭南鄙"以及《史记·晋世家》"哀侯八年,晋侵陉庭,陉庭与曲沃武公谋"判断,陉庭应该是一个有一定自主权、与翼都晋政权和曲沃政权并存的政治实体或部族。参见《图集》22—23⑩16。图集标注不准确,本书示意图依据考证成果标注。

【启】 杨 引导。

【六】三年,春,曲沃武公伐翼,次于陉庭。韩万韩武子御戎,梁弘为右。[曲沃人]逐翼侯晋哀侯于汾隰 xí。[哀侯]骖絓 guà(挂)而止,[曲沃人]夜获之晋哀侯,及栾共 gōng 叔。

【曲沃武公】 正 补 后为晋武公。姬姓,名称,谥武,排行伯。曲沃庄伯(隐五·二)之子。隐八年即位为曲沃武公,在位三十八年。庄十六年周僖王命曲沃武公为晋侯,为晋武公,在位一年。庄十七年卒。

【次】 杨 补 在外驻扎两夜以上。

【韩万】 正 补 韩武子。姬姓,韩氏,名万,谥武。曲沃桓叔之子,晋穆侯之孙，曲沃庄伯弟。曲沃大夫，任戎御。食采于韩。战国时韩国之祖。【韩】⟦杨⟧⟦补⟧本为周时国，侯爵，姬姓。周初始封周武王之子于韩，在河北固安，两周之际迁徙至山西河津东北。隐元年前已被晋所灭，之后成为曲沃庄伯弟公子万（韩武子）采邑，公子万宗族遂以韩为氏。参见《图集》17—18②3。

【御戎】【为右】见《知识准备》"车马"。

【汾隰】⟦正⟧⟦补⟧汾水下游低洼地带，其核心地段应是从山西襄汾以南至汾河、浍河交汇处。【汾】⟦正⟧⟦杨⟧⟦补⟧水名，今名汾河。发源于山西宁武东寨镇西北，流经(忻州市)宁武、静乐、(太原市)娄烦、古交、万柏林、阳曲、尖草坪、杏花岭、迎泽、晋源、小店、清徐、(吕梁市)文水、孝义、(晋中市)祁县、平遥、介休、灵石、(临汾市)霍州、洪洞、尧都、襄汾、曲沃、侯马、(运城市)新绛、稷山、河津、万荣六市二十九县(市、区)，在万荣县荣河镇庙前村汇入黄河。春秋时汾水参见《图集》22—23③9至⑥7。

【骖絓而止】⟦正⟧⟦杨⟧〔晋哀侯戎车四马中位于两侧的〕骖马〔为树木所〕挂碍而停止不前。"骖"参见《知识准备》"车马"。

【获】⟦正⟧⟦补⟧杜注认为是死获，即杀人而获其尸。而《史记·晋世家》则曰："哀侯八年，晋侵陉廷。陉廷与曲沃武公谋，九年，伐晋于汾旁，虏哀侯。晋人乃立哀侯子小子为君，是为小子侯。小子元年，曲沃武公使韩万杀所虏晋哀侯。"如此则《史记》说法认为是生获晋哀侯，而后杀之。

【栾共叔】⟦正⟧⟦补⟧姬姓，栾氏，名成，谥共，排行叔。栾宾(曲沃桓叔傅)之子。晋大夫，任晋哀侯傅。桓三年战败被曲沃人所杀。

○⟦杨⟧⟦补⟧**传世文献对读：**《国语·晋语一》叙栾共叔之事较详，可扫码阅读。

桓公三年·二

⟦地理⟧鲁、齐见桓地理示意图 1。鲁、齐、嬴见桓地理示意图 4。

人物 鲁桓公（隐元·一·一）、齐僖公（隐三·七·春秋）

春秋 三年，春，正月，公鲁桓公会齐侯齐僖公于嬴。

【嬴】 正 杨 补 在今山东济南莱芜区西北羊里镇城子县村已发现其遗址（详见下）。齐邑。参见《图集》26—27③4。有学者认为，以嬴城遗址为核心的嬴汶水流域可能是古嬴姓部族的始居地。

○ 正 按常例，《春秋》每年正月书"王"，表明本年历法为周王室所颁布。从本年到桓十七年，除桓十年之外，正月皆不书"王"，可能是由于周王室政事昏乱，未能向各国颁布历法。

> ○ 补 嬴城遗址：遗址先后为春秋时期嬴邑、汉代嬴县县城。遗址东、北两面傍嬴汶河，包括古城址、冶炼区和墓葬区。城址位于遗址东北部，分为大围子城、小围子城。大围子城东西长440余米，南北宽270至390余米。小围子城位于大围子城东北角，东西长约170余米，南北宽140余米。遗址内发现的文化遗存包括大汶口文化、海岱龙山文化、岳石文化、商、周、汉时期的遗物。

左传 会于嬴，[我]成昏（婚）于齐也。

【成昏】 杨 见隐七·七·二。

桓公三年·三

地理 齐、卫见桓地理示意图1。齐、卫、蒲见桓地理示意图3。

人物 齐僖公（隐三·七·春秋）、卫宣公（隐四·二·春秋）

春秋 夏，齐侯齐僖公、卫侯卫宣公胥命于蒲。

【胥命】 正 杨 诸侯相见，约言而不歃血。【蒲】 正 杨 补 在河南长垣稍东。卫邑，曾为宁氏采邑。参见《图集》24—25③5。

左传 "夏,齐侯、卫侯胥命于蒲",不盟也。

桓公三年·四

地理 鲁见桓地理示意图1。鲁、杞1、郕见桓地理示意图4。

人物 鲁桓公(隐元·一·一)、杞武公(桓二·二·春秋)

春秋 六月,公_{鲁桓公}会杞侯_{杞武公}于郕 cheng。

左传 "公会杞侯于郕",杞求成也。

○正 桓二年鲁伐杞,如今杞来请求讲和修好,会于郕。

桓公三年·五

春秋 秋,七月壬辰朔_{初一},日有食之,既。

【朔】补 即日月合朔,指月球位于太阳和地球之间,太阳、月球在天球上位于同一黄道经度的瞬间。此时,日、月、地三者处在垂直于黄道面的同一平面上,月球未被太阳照亮的半面正对地球,在地球上由于看不到月球反射的太阳光,因此看不到月亮的存在。中国传统历法中以日月合朔发生之日(朔日)为每月初一,日月合朔可能出现在朔日(初一)从 0 时至 24 时之间的任何一个时刻。日月合朔是发生日食的必要但不充分条件。

【日有食之】补 见隐三·一·春秋。

【既】杨 补 食毕,指日全食。详见下。

○补 古文字新证:"既"字字形演变情况如桓字形图1所示。商代甲骨文"既"字从皀(簋字初文)、从旡,旡亦声,会人食毕,口转向后不再食之义。△2虽然口形向簋,但是身形背向簋,也足以显示食毕之义。商以后字形演变情况在此不再详述。总之,从古文字学证据看,"食毕"应为"既"之造字本义。此处既字即用其造字本义。

1 商.前 7.18.1〈甲〉	2 商.戬 12.10〈甲〉	3 商.囧其卣〈金〉	4 周早.作冊大鼎〈金〉
5 周中.休盤〈金〉	6 春晚.杕氏壺〈金〉	7 春戰.秦.石鼓	8 春戰.晉.侯馬 156:19
9 戰.楚.包 16〈楚〉	10 戰.楚.包 202 反〈楚〉	11 戰.楚.帛乙 4.26〈楚〉	12 戰.楚.郭.緇 46〈張〉
13 秦.泰山刻石〈篆〉	14 西漢.馬.老子甲後 291〈篆〉	15 東漢.孔宙碑〈篆〉	16 魏.三體石經〈徐〉

桓字形图 1(《说文新证》,2014 年)

桓公三年·六

地理 鲁、齐见桓地理示意图 1。鲁、齐、讙见桓地理示意图 4。

人物 公子翚(隐四·二·春秋)、齐僖公(隐三·七·春秋)、文姜、鲁桓公(隐元·一·一)、夷仲年(隐七·四·春秋)

春秋 公子翚 huī 如齐[为君]逆女。

【逆】 杨 迎。

九月,齐侯齐僖公送姜氏文姜于讙 huān。

【姜氏】 补 文姜。姜姓,谥文。齐僖公(隐三·七·春秋)之女,齐襄公(桓十五·五·春秋)之妹,桓三年归于鲁,为鲁桓公(隐元·一·一)夫人,鲁庄公(桓六·七·春秋)、共仲(庄二·二·春秋)、僖叔(庄三十二·四·春秋)、成季(庄二十五·六·春秋)之母。庄元年逊于齐,庄三年前归于鲁。庄二十一年卒。

【谨】正杨补在今山东肥城安家庄镇南夏辉村。鲁邑。定八年阳虎以谨、阳关叛于齐。定十年齐归之于鲁。哀八年齐人取之,同年归之于鲁。参见《图集》26—27④3。《说文》引作"酇",疑为古文正字。

公鲁桓公会齐侯齐僖公于谨。

○正此条《春秋》无对应《左传》。

夫人姜氏文姜至自齐。

○正此条《春秋》无对应《左传》。

冬,齐侯齐僖公使其弟年夷仲年来聘。

【聘】补见隐七·四·春秋。

左传[一]秋,"公子翚如齐逆女"。修先君之好,故[《春秋》]曰"公子"。

【修先……公子"】正杨补据《仪礼·士昏礼》(参见隐七·七·二),男方纳采辞曰:"某有先人之礼使某也,请纳采。"男方纳征辞曰:"吾子有嘉命贶室某也,某有先人之礼俪皮束帛使某也,请纳征。"女方醴宾辞曰:"子为事故至于某之室,某有先人之礼,请醴从者。"《仪礼》所载为士昏礼,故称"先人"。若男女双方为诸侯,则应称"先君"。诸侯昏礼以"先君"为礼辞,故公子翚虽实遵鲁桓公之命,而《左传》称其"修先君之好"。此前如隐四·二·春秋、隐十·一·春秋仅书"翚",而不书"公子",皆为讥刺公子翚之过。本年公子翚成齐、鲁婚姻之好,故《春秋》书"公子"以示嘉许。

[二]"齐侯送姜氏于谨",非礼也。凡公女嫁于敌国,姊妹,则

上卿送之，以礼于先君；公子，则下卿送之。[公女嫁]于大国，虽公子，亦上卿送之。[公女嫁]于天子，则诸卿皆行，公不自送。[公女嫁]于小国，则上大夫送之。

【敌国】 补 与本国地位相当的诸侯国。敌，对等。

【姊妹】 补 国君姊妹。

【公子】 正 杨 补 春秋时为男女通称，此处指国君之女，即庄三十二·四·二"女公子"，亦即后世所谓"公主"。

○ 杨 补 齐、鲁为匹敌之国，文姜为齐僖公之女，据本段所叙礼制，则应使下卿送之。如今齐僖公亲自送女，故为非礼。

【三】冬，齐仲年夷仲年来聘，致夫人文姜也。

○ 正 补 诸侯公室女子出嫁，若三个月后在夫家宗庙顺利完成庙见（参见隐七·七·二），婚姻得以稳固，则妇家将派卿大夫随后聘问，以存谦敬，序殷勤。若鲁女嫁于他国，鲁大夫随后前往，称"致女"（参见成九·五·春秋）。若他国之女嫁于鲁，他国大夫随后前来，则总称"聘"。《左传》因此以"致夫人"解释此次聘问具体内容。

桓公三年·七

地理 鲁见桓地理示意图1。

春秋 [我]有年。

○ 正 五谷皆熟为"有年"，即鲁国本年取得丰收。

○ 补 **古文字新证**："年"字字形演变情况如桓字形图2所示。商代甲骨文"年"从人负禾，会谷熟收成之意。商以后字形演变情况在此不再详述。总之，从古文字学证据看，"丰收"应为"年"之造字本义。

1 商.粹 853《甲》	2 商.佚 679《甲》	3 商.乙 6275《甲》	4 周早.霥卣《金》	5 周中.從鼎《金》
6 春.都公鼎《金》	7 春.番君鬲《金》	8 春.王孫鐘《金》	9 春中晚.王子午鼎《金》	10 春晚.鄩平鐘《金》
11 戰.齊.陳璋壺《集成》	12 戰.燕.廿年距末《金》	13 戰.燕.陶彙 4.17	14 戰.晉.壐彙 2279	15 戰.晉.廿七年寧《金》

桓字形图 2(《说文新证》，2014 年)

桓公三年·八

地理 魏见桓地理示意图 1。芮、魏见桓地理示意图 2。

人物 芮伯万、芮姜

左传 芮伯万之母芮姜恶 wù 芮伯芮伯万之多宠人也，故逐之。［芮伯］出居于魏。

【芮伯万】补 姬姓，名万，芮桓公之子。桓三年被其母所逐，出居于魏。桓四年周人、西虢人围魏，执之东归（据《竹书纪年》）。桓五年，戎人迎之，遂居于戎地（据《竹书纪年》）。桓十年，秦人助其归国复位。【芮】正 杨 补 商、周时国。此时应在今陕西韩城西庄镇梁带村附近。商代芮国可能是姞姓，应在今甘肃华亭、崇信、陕西陇县一带，与商代虞国（桓十·二）相邻。周代之芮为畿内国，伯爵，姬姓，传统说法认为在陕西大荔朝邑镇东南，《图集》即采用此说法。然而，梁带村芮国墓地及刘家洼遗址的考古发掘（详见下）表明，西周晚期至春秋早中期的芮国都城可能在今陕西韩城西庄镇梁带村附近，之后可能迁徙到了陕西澄城王庄镇刘家洼村。僖二十年被秦所灭。朝邑之芮参见《图集》17—18②3、22—23⑦7。《图集》标注不准确，本书示意图依据考古发现标注。

【芮姜】补 芮桓公夫人，芮伯万之母，排行仲。

【魏】正 杨 补 周时国,姬姓。在今山西芮城北五里永乐宫一带已发现其遗址(详见下)。闵元年毕万助晋献公灭魏,遂封于魏,其族此后改称魏氏。参见《图集》22—23⑦7。

○正 下启桓四年秦师侵芮(桓四·三)。

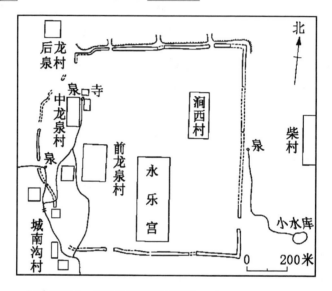

桓遗址图 1　魏国故城遗址平面图(《先秦城邑考古》,2017 年)

○补 **梁带村芮国墓地:** 墓地位于黄河西岸边的今陕西韩城昝村镇梁带村西北,已发现大、中、小型墓葬 1 300 多座,包括一座双墓道"中字"形大墓(M27)、四座单墓道"甲"字形大墓(M19、M26、M28、M502),已发掘墓葬的年代从西周中晚期至春秋早期后段。从出土铜器铭文可以肯定这是一处芮国墓地,其中 M27、M28 墓主人可能是前后相继的两代芮国君主。有学者认为,芮国墓地的发现,表明梁带村一带应该是西周中晚期至春秋时期芮国都城所在地。

○补 **刘家洼遗址:** 遗址位于今陕西澄城王庄镇刘家洼村西的鲁家河两岸,总面积约三平方公里,被鲁家河分为东西两区。东区中部发现一面积十余万平方米的古城址,城内还发现了铸铜手工作坊遗迹。在城址之外的东、西两区都发现了一般居址密集区和墓地,其中东区墓地中发现了两座带墓道的"中"形大墓(M1、M2)和一座竖穴土坑大墓(M3)。墓地年代为春秋早中期,根据大墓出土器物上的"芮公""芮太子"铭文判断,此处为芮国墓地。有学者认为,刘家洼遗址是春秋时期芮国另一个都城所在地,有可能是从梁带村迁徙而来。

○补 **魏国故城遗址**:城址平面近似正方形,南城墙长 1 150 米,东城墙长 1 260 余米。

桓公四年·一

地理 鲁见桓地理示意图1。鲁、郎见桓地理示意图4。

人物 鲁桓公（隐元·一·一）

春秋 四年，春，正月，公鲁桓公狩于郎。

【狩】补见隐五·一。【郎】杨见隐元·三。

左传 "四年，春，正月，公狩于郎。"[《春秋》]书，时，礼也。

【书，时，礼也】正杨《春秋》书此事，是表示它顺应农时，合于礼制。
本年周正春正月为夏正冬十二月，正农闲冬狩之时。

桓公四年·二

地理 周、鲁见桓地理示意图1。

人物 周桓王（隐四·二·七·一）、渠伯纠

春秋 夏，天王周桓王使宰渠伯纠来聘。

【渠伯纠】正补渠氏，名纠，排行伯。周王室卿大夫，任宰。
【聘】补见隐七·四·春秋。

左传 夏，周宰渠伯纠渠伯纠来聘。[渠伯纠]父在，故[《春秋》]名。

【父在，故名】正渠伯纠父亲还健在，因此《春秋》书其名"纠"。王官
之宰，当量才授位，如今渠伯纠之父居此官位而使其子摄行职务，出
聘列国，是轻侮王室官职的表现，因此《春秋》书名以表示讥讽。

桓公四年·三

地理 秦、周见桓地理示意图1。秦、芮、周、魏见桓地理示意图2。

人物 芮伯万（桓三·八）

左传【一】秋，秦师侵芮 ruì，〔秦师〕败焉，小之也。

【秦】 杨 补 周时国，伯爵（金文资料称"公"），嬴姓。此时都平阳。秦先人原本是居住在今山东的嬴姓东夷族群。据传世文献记载，秦先人首领伯益曾辅佐虞舜调训鸟兽，费昌曾为商天乙（商汤）驾马车，孟戏、中衍曾为商太戊驾马车，表明秦先人是善于驾车、养马的族群。秦先人西迁的次数和时间有多种说法，其中最后一次、也是比较确定的是西周初年的飞廉族人西迁。西周初年，秦先人首领飞廉率部众参与三监之乱（参见襄二十一·五·四·三），失败后投奔东土嬴族聚集地商奄（山东曲阜一带）。周公旦/周成王东征灭商奄之后，一方面将商奄之地分封给周公旦（其子伯禽实际就封），一方面将寄居在商奄的飞廉族人迁到宗周以西，戍守西部边陲。西迁秦先人最早定居地是邾虖，可能在甘肃省甘谷县西南（详见下）。其后居于西犬丘/西垂，应在甘肃礼县（详见下）。秦先人首领大骆生二子，次子为非子。非子一族后来离开西犬丘，在汧水、渭水之间为周孝王牧马有功，得封于秦，成为周的附庸国，秦人称"秦"始于此，此支嬴姓秦先人就是后来建立秦国的"秦嬴"；其父大骆一族仍居住在西犬丘，可称为"骆嬴"。非子所封之秦有甘肃清水（故秦亭）、陕西宝鸡（汧渭之会）、甘肃张家川三说。周厉王之时，西戎灭骆嬴一族，此后只有秦嬴一族。周宣王任命秦嬴首领秦仲为大夫，率秦嬴抗击西戎，在秦庄公时收复西犬丘，秦庄公、秦襄公、秦文公（初期）居于西犬丘。秦襄公救周有功，周平王封其为诸侯，并赐以岐山以西之地，秦国至此正式跻身诸侯国行列。秦文公时复迁于汧渭之会，可能在汧河和渭河东面夹角区域的宝鸡市陈仓区魏家崖村一带。秦宪公时迁于平阳，在陕西宝鸡陈仓区太公庙村已发现其遗址。秦德公时迁于雍，在陕西凤翔南已发现其遗址（见僖十三·二"雍"）。秦灵公时迁于泾阳，在陕西泾阳西北。秦献公时迁于栎阳，在陕西临潼武屯镇关庄和玉宝屯一带已发现其遗址。秦孝公时迁于咸阳，在陕西咸阳东。获麟之岁

(哀十四年)后二百六十年,秦灭齐,统一天下。西犬丘参见《图集》22—23⑦2"秦1",平阳参见《图集》22—23⑦4"秦2",雍参见《图集》22—23⑦4"秦3"。泾阳参见《图集》43—44③9"秦2"。栎阳参见《图集》43—44③10"秦3"。咸阳参见《图集》43—44③9"秦4"。

【小之也】正以芮为弱小〔从而轻视它〕。

○正补此次秦师侵芮,应该是为了送芮伯万归国复辟而讨伐芮国新君。

○补秦人西迁后早期居地:清华简二《系年》(引文见下)指出,飞廉族人在西方最早的定居地是邾圉。有学者认为,邾圉就是传世文献中的"朱圉(朱圄)",是位于甘肃天水甘谷县西南的一座山。《系年》中所说的"邾圉",应该是指以朱圉山为核心的一片地区,即今天甘谷县的大部。甘谷县位于发现了众多早期秦文化遗存的礼县(见下)西北,而且早在1982年就在甘谷县盘安乡毛家坪村发现一处古文化遗址(毛家坪遗址),其中A组遗存前段(西周时期)某些因素与东周秦文化相似,A组遗存后段为东周秦文化遗存,而且前、后段之前有较强连续性。此外,B组遗存与同时期的诸戎有关。毛家坪遗址的发现提示在朱圉一带寻找秦先人居地应该是很有希望的。

○补秦国早期核心区:20世纪90年代在甘肃礼县东北大堡子山、圆顶山发现秦国君主及贵族墓地,其中大堡子山M2"中"字形大墓和M3"目"字形大墓的墓主人应该是西周晚期至春秋早期的两位秦国君主或一对秦君夫妇。2004年西汉水流域考古调查结果认为秦早期核心区域应该位于礼县东北"大堡子山—赵坪""雷神庙—石沟坪""费家庄—龙八图"这三个周秦文化中心区范围内。2005—2006年在礼县县城周边的西山、大堡子山和山坪发现了三处西周至春秋时期的古城遗址,其中西山城址面积约8.7万平方米,始建年代不明,西周晚期至春秋早期已遭毁弃;大堡子山城址面积约55万平方米,始建年代不早于西周晚期,春秋晚期已遭毁弃;山坪城址面积约 8 万平方米。有学者认为,西山城址很有可能就是非子所居的西犬丘,而大堡子山城址、山坪城址可能是秦人迁离最初的西犬丘之后另建的都邑。

○补 **出土文献对读**:清华简二《系年》详细叙述秦早期历史,可扫码阅读。

《系年》此段叙述,有两点值得注意:

一、对于"三监",历来有两种说法。甲说以商纣之子武庚(即禄子耿)、管叔、蔡叔为三监,监管商王畿的殷民;乙说以管叔、蔡叔、霍叔为三监,监管商王畿内包括武庚在内的殷民。据《系年》,则三监是周初设置在商王畿监督殷民的长官,不包括武庚,与甲说不同,而支持乙说。此外,《系年》中三监被商人所杀的说法,与传世文献中三监被周成王/周公所诛杀/惩处的说法亦不同。本书对于三监之乱的叙述综合采用乙说及传世文献说法(参见襄二十一·五·四·三),而以此文引起读者注意。

二、据《系年》,则秦人之先出自商时东方诸侯商奄,即鲁都所在地区。马王堆汉墓帛书《战国纵横家书》"苏秦谓燕王"章亦云"自复而足,楚将不出沮、漳,秦将不出商奄"。秦人出自东方之说在传世文献中亦有诸多佐证,在此不一一列举。

【二】冬,王师、秦师围魏,执<u>芮伯</u>芮伯万以归。

○补 下启桓十年秦纳芮伯于芮(桓十·三)。

○杨 补 **传世文献对读**:据古本《竹书纪年》,则"[晋武公]八年,周师、虢师围魏,取<u>芮伯万</u>而东之。[晋武公]九年,戎人逆<u>芮伯万</u>于郏"。晋武公八年即鲁桓公四年。《竹书纪年》版本中,桓四年与周师(即王师)共同行动的是西虢师,而不是秦师,而且芮伯万是被王师、西虢师带回了王城地区(即郏)。《左传》版本中,"王师、秦师围魏，执芮伯万以归"后接着的是<u>桓十·三</u>"秦人纳芮伯万于芮"，则会让人认为本年"执<u>芮伯以归</u>"是秦人所为，而芮伯万所归之处为秦。

桓公五年·一

地理 陈见桓地理示意图 1。

人物 陈桓公（隐四·二·春秋）、陈文公、公子佗（隐六·四·二）、太子免

春秋 五年，春，正月甲戌_{桓四年十二月二十一日}、己丑_{正月六日}，陈侯鲍_{陈桓公卒}。

左传 "五年，春，正月甲戌、己丑，陈侯鲍卒"，再赴也。于是陈乱，文公_{陈文公}子佗_{公子佗}杀大(太)子免 wèn_{太子免}而代之。公_{陈桓公}疾病而乱作，国人分散，故再赴。

【"五年……赴也"】杨《春秋》记载了甲戌、己丑两个死亡日期，是因为陈两次向诸侯发布讣告。《公羊传》《穀梁传》则以为陈桓公以甲戌出走，己丑日得其尸，不知其气绝之日，故《春秋》举两日以包之，可备一说。

【于是……代之】补据襄二十五·四·一，陈桓公病危后，蔡人想要拥立蔡女所生的太子免庶弟公子跃为君，而郑庄公则支持陈桓公之弟、太子免叔父公子佗。最终陈桓公去世，公子佗杀太子免而自立为君。

【陈文公】补妫姓，谥文。陈平公之子。隐元年前三十二年即位。在位十年。隐元年前二十三年卒。

【大子免】正补太子免。妫姓，名免。陈桓公（隐四·二·春秋）之子。桓五年被公子佗所杀。

【疾病】正杨病危。

桓公五年·二

地理 齐、郑见桓地理示意图 1。齐、纪见桓地理示意图 4。

人物 齐僖公（隐三・七・春秋）、郑庄公（隐元・四・春秋）

春秋 夏，齐侯齐僖公、郑伯郑庄公如纪。

　　○ 正 按常例，其他诸侯国之间互相朝见之事，《春秋》不书。纪、鲁为婚姻之国（参见隐二・五），此前关系良好。此次齐、郑欲袭纪，纪人惧而来告，故《春秋》书之。

左传 夏，齐侯、郑伯朝于纪，欲以袭之。纪人知之。

　　【朝】 补 见隐四・二・七・一。

　　○ 杨 补 齐、郑为大国，而纪则为小国。齐僖公、郑庄公为当时小霸雄主，而联袂来朝，明显别有用心。遍检《春秋》《左传》，春秋一代，大国朝小国，仅此一例。

桓公五年・三

地理 周、鲁、陈、蔡、卫、郑见桓地理示意图 1。周、鲁、陈、蔡、卫、郑、虢、祝丘、繻葛见桓地理示意图 3。

人物 周桓王（隐四・二・七・一）、仍叔、仍叔之子、陈桓公（隐四・二・春秋）、郑庄公（隐元・四・春秋）、虢公林父、周桓公（隐六・八）、公子突（隐五・四・二・一）、曼伯（隐五・四・二・一）、祭足（隐元・四・二）、原繁（隐五・四・二・一）、高渠弥、祝聃（隐九・六・二）

春秋 天王周桓王使仍叔之子来聘。

　　【仍叔】 正 补 仍氏，排行叔。周王室卿大夫。
　　【聘】 补 见隐七・四・春秋。

葬陈桓公。

○正此条《春秋》无对应《左传》。

[我]城祝丘。

【祝丘】杨补在今山东临沂汤河镇张故县村一带已发现其遗址(详见下)。鲁邑。参见《图集》26—27⑤5。《图集》标注不准确,本书示意图根据考古发现标注。

○正此条《春秋》无对应《左传》。

○补**祝丘故城遗址**:遗址先后为春秋时期祝丘邑、汉代祝丘县县城。遗址包括古城址、制铜作坊、居住区和墓葬区。城址平面呈长方形,东西长约 860 米,南北宽约 750 米。遗址内发现了从大汶口文化、龙山文化、周代到汉代等不同时期的文化遗存。

秋,蔡人、卫人、陈人从王周桓王伐郑。

○杨春秋之世,周王亲征,仅此一役。

左传【一·一】王夺郑伯郑庄公政,郑伯不朝。

【朝】补见隐四·二·七·一。

○正补隐三年前"王贰于虢",即分周王室政于虢公,不复专任郑庄公。及隐三年周平王崩,周人欲将王政交付给虢公忌父,因周、郑交恶,未得实现。隐八年"虢公忌父始作卿士于周",隐九年"郑伯为王左卿士",则郑庄公为左卿士,虢公忌父为右卿士,夹辅周桓王。此处言周桓王夺郑庄公政,则是将其左卿士之权交付周桓公,与右卿士虢公林父夹辅周桓王。郑庄公积恨,故不再朝见周王。于是周王帅诸侯伐郑,使虢公林父将右军,周桓公将左军。

【一·二】秋,王周桓王以诸侯伐郑,郑伯郑庄公御之。王为中军;虢

_{guó} 公林父 _{fǔ} 将 _{jiàng} 右军，蔡人、卫人属焉；周公黑肩_{周桓公}将左军，陈人属焉。

【御】补 抵抗。

【虢公林父】正 补 姬姓，虢氏，名或字林，排行仲。虢公，兼任周右卿士。桓十年奔虞。

郑子元_{公子突}请为左拒 _{jǔ(矩)} 以当蔡人、卫人，为右拒以当陈人，曰："陈乱，民莫有斗心。[我]若先犯之，[陈]必奔。王卒顾之，必乱。蔡、卫不枝(支)，固将先奔。既而[我]萃于王卒，可以集事。"[郑伯]从之。曼 _{wàn} 伯为右拒，祭 _{zhài} 仲足_{祭足}为左拒，原繁、高渠弥以中军奉公_{郑庄公}，为鱼丽之陈(阵)：先偏后伍，伍承弥缝。

【拒】正 杨 方形军阵。

【王卒顾之，必乱】杨 补 王师回头看到陈师溃败[，军心动摇]，阵容必乱。顾，杨注解释为"照顾"，参见哀三·三·一之"顾府"之"顾"。然而有学者认为，春秋时王师与陈师各自列阵，恐怕无法照顾，仍解为"回头看"比较合理。

【萃于王卒】正 杨 集中[兵力]于王师。萃，聚。

【集】正 成。

【高渠弥】补 高氏，名渠弥，排行伯。郑大夫，官至卿位。桓十八年被齐人所杀。一说，"渠"通"锄"，"弥"通"鎌"，"锄""鎌"皆为农具，因此"渠"和"弥"意义相近，是字和名的关系，也就是说，高渠弥是高氏，字渠(锄)，名弥(鎌)。

【鱼丽之陈】补 据清华简六《郑文公问太伯》，鱼丽为地名(有学者认为就是襄十八·四·三的"鱼陵")，郑桓公曾在此地作战取得大胜，鱼丽之阵应该就是当时郑桓公所用阵型。

【先偏后伍，伍承弥缝】杨 描述鱼丽之阵的阵型。或说，二十五辆兵车(偏)在前，一百二十五辆兵车(伍)承其后弥合缝隙。

【一·三】［来师及郑师］战于繻 xū 葛。［郑伯］命二拒曰："旝 kuài 动而鼓！"蔡、卫、陈皆奔。王卒乱，郑师合以攻之，王卒大败。祝聃 dān 射王周桓王中肩，王亦能军。祝聃请从之。公郑庄公曰："君子不欲多上人，况敢陵天子乎！苟自救也，社稷无陨，多矣。"

【繻葛】 正 杨 即长葛，见隐五·十一·春秋。

【旝】 正 杨 大将所用发令旗，用绛色帛制作，无画饰。

【鼓】 补 动词，击鼓。鼓既是音乐歌舞中一种重要的击奏膜鸣乐器，也是行军作战时的一种号令进军的手段。考古发现东周时期的鼓实例见桓器物图 6。

【王亦能军】 正 杨 周桓王尚能指挥全军。杨注引王引之说，认为"亦"为"不"字之误，原文应为"王不能军"。

【上人】 杨 补 凌驾于人。

【多矣】 杨 足矣。

【一·四】夜，郑伯郑庄公使祭足劳王周桓王，且问左右。

【劳】 杨 慰问。

【二】"仍叔之子来聘"，弱也。

【弱】 补 年少。

○ 正 杨 仍叔之子虽已嗣其父位，然而年少未堪从政，故《春秋》系于其父，称"仍叔之子"，讥讽王室派遣幼弱之人出聘。《春秋》书此事在伐郑之前，而《左传》在伐郑之后。可能《春秋》在仍叔之子抵达之时即记其事，而《左传》则在此次聘问结束之时做一总结性记述。仍叔之子来聘，其目的可能是代表周桓王前来请鲁出师以伐郑。

桓器物图 6　湖北随县曾侯乙墓出土建鼓（1，鼓为复制品）、柄鼓（2）、扁鼓（3，复制品）、悬鼓（4，复制品），战国早期（《曾侯乙墓》，1989 年）

桓公五年·四

地理 鲁见桓地理示意图1。

春秋 [我]大雩 yú。

【雩】 正 杨 祈雨之祭。雩祭有二：一为常雩，在每年夏正夏四月举行，预为百谷祈雨；一为旱暵（hàn）之雩，在发生旱灾时举行。此处"大雩"为旱暵之雩，详见下文。

左传 秋，"大雩"。[《春秋》]书，不时也。

【书，不时也】 杨 补 《春秋》记载它，表明它不是按常时举行的雩祭。○ 补 《左传》记录四季，每季只记录一次。然而，桓五·三·一·二"秋，王以诸侯伐郑"已书"秋"，而桓五·四"秋，大雩"又书"秋"，应是编纂时疏漏，《左传》仅此一例。

凡祀，启蛰 zhé 而郊，

【启蛰】 正 杨 夏正（也就是今天的农历）春正月，昆虫经冬日蛰伏，开始复出活动，故称"启蛰"。【郊】 正 杨 补 春季祀天祈谷之祭，在国都郊外举行（故称"郊"），祀周始祖后稷以配天，祈农事。参见襄七·二·二"夫郊，祀后稷以祈农事"。郊天为周王之祭，诸侯本不得行之。据《礼记·明堂位》："成王以周公为有勋劳于天下，是以封周公于曲阜，地方七百里，革车千乘，命鲁公世世祀周公以天子之礼乐。是以鲁君孟春乘大路，载弧韣，旂十有二旒，日月之章，祀帝于郊，配以后稷，天子之礼也。"则鲁因周公旦之功，得周王室特许用郊祭。○ 杨 补 《春秋》书郊九次，皆在夏正春正月之后举行，即下文所谓"过，则书"。○ 正 补 "启蛰"是现在农历二十四节气中二月节"惊蛰"的源头。西汉初年时，前三个节气为立春（正月初，节）—启蛰（正月中，气）—雨水（二月初，节）。后为避汉景帝刘启讳，"启蛰"改为"惊蛰"，汉武帝太初之后又调换节气顺序，前三个节气改为立春（正月初，节）—雨水

（正月中，气）—惊蛰（二月初，节）。到了唐代，已经没有必要避讳"启"，"启蛰"又曾重新被使用，然而大衍历再次使用"惊蛰"，并沿用至今。二十四节气很早就传到了国外，今天日本仍用"启蛰"。

龙见（现）而雩，

【龙见】 正 杨 "龙"指青龙，东方角、亢、氐、房、心、尾、箕七宿总称。"龙见"并不是指七宿都出现，龙首角、亢两宿黄昏时出现在东方，就可称为"龙见"，当夏正夏四月。此时万物始盛，待雨而大，故举行雩祭，为百谷祈膏雨。

○ 杨 补 《春秋》书雩二十一次，皆为旱暵之雩，即下文所谓"过，则书"。

> ○ 补 **星宿**：我国古代天文学家将夜空中可见之星分成二十八组，称为二十八宿，分属东、西、南、北四方，每方各七宿：
>
> 北方玄武七宿：斗、牛、女、虚、危、室、壁；
>
> 东方青龙七宿：角、亢、氐、房、心、尾、箕；
>
> 南方朱鸟七宿：井、鬼、柳、星、张、翼、轸；
>
> 西方白虎七宿：奎、娄、胃、昴、毕、觜、参。

始杀而尝，

【始杀】 正 杨 夏正秋七月，秋气始至，开始有肃杀之象，故称"始杀"。此时嘉谷始熟，因此举行尝祭。【尝】 正 补 秋季以新谷享先祖之祭。望先祖品尝新收获之谷物，故称"尝"。

○ 杨 补 《春秋》书尝仅一次（桓十四·二·春秋），在夏正六月，是不及七月而祭，即下文所谓"过，则书"。

闭蛰而烝 zhēng。

【闭蛰】 正 杨 夏正冬十月，昆虫开始蛰伏，故称"闭蛰"。此时万物皆成,可进献者众多,于是举行烝祭。【烝】正 补 冬季以一年所收众多物产享祖先之祭。烝,众。

○杨《春秋》书烝仅一次(桓七—桓八·春秋),为正月己卯烝,五月丁丑又烝,《春秋》书之,以明其非礼。

过,则[《春秋》]书。

○杨 补 如果不按上述常时举行,《春秋》就会记载。

桓公五年·五

地理 鲁见桓地理示意图1。

春秋 [我]螽 zhōng。

【螽】正 杨 补 东亚飞蝗(*Locusta migratoria* manilensis),直翅目丝角蝗科昆虫。在适宜的环境条件(干旱)促进下,蝗虫大量生长繁殖,当虫口密度达到一定阈值时,其生活习性会发生改变,由喜欢独居变为喜欢群居,最终大量聚集、集体迁飞,沿途以地面植被及农作物为食,造成巨大破坏。

○正 补 鲁发生蝗灾。

桓公五年—桓公六年(桓公六年·一)

[地理] 曹、鲁见桓地理示意图1。州(淳于)、曹、鲁见桓地理示意图4。

[人物] 州公

[春秋] 冬,州公如曹。

【州公】[补] 州国君主。姜姓。桓五年如曹,桓六年遂至鲁,不复归国。【州】[正][杨][补] 周时国,公爵,姜姓。周武王始封炎帝之后于州。隐元年前迁于淳于,在今山东潍坊坊子区杞东村西北已发现其遗址(详见下)。桓五年州公如曹,桓六年遂至鲁,不复归国。后淳于地入于杞,为杞都。参见《图集》17—18①7、26—27③6。

【曹】[正][杨][补] 周时国,伯爵(与金文所见国君称号相同),姬姓。周武王始封周文王之子叔振铎于曹,都陶丘,在山东定陶西北四里。哀八年被宋景公所灭。参见《图集》17—18②5、26—27④2。

○[补] **淳于故城遗址**：遗址先后为春秋时期州国都城淳于、杞国都城淳于、汉代淳于县县城。遗址位于汶河东岸,东西长约1 600米,南北宽约1 500米,面积接近280万平方米,由六大部分组成,分别是杞国故城城墙、皇城顶遗址、周家庄子遗址、周家庄子墓地、石佛寺遗址和九女冢。

六年,春,正月,[州公]实来。

[左传][一] 冬,淳于公[州公]如曹。度 duó 其国危,遂不复。

【淳于公】[杨][补] 即州公。小国之君,既可以依其国名称之,也可以依其都城名称之,参见僖十·二"苏子"及"温子"。【淳于】[正][杨][补] 在今山东潍坊坊子区杞东村西北已发现其遗址。桓六年前为州都。桓六年至僖十四年,以及襄二十九年之后为杞都。参见《图集》

17—18①7、26—27③6。

〔二〕六年，春，〔淳于公〕自曹来朝。〔《春秋》〕书曰"寔来"，〔公〕不复其国也。

【朝】补见隐四·二·七·一。

【书曰……国也】正寔，通"实"确实。《春秋》若书"来奔"，则州公来行朝礼，与来奔不符；若书"来朝"，则州公遂留于鲁而不归国，与来朝亦不符，故变文而书"寔来"。

桓公六年·二

地理楚见桓地理示意图1。楚、随、汉水见桓地理示意图5。

人物楚君熊通、薳章、少师、斗伯比、熊率且比、季梁、随侯

左传【一】楚武王楚君熊通侵随，使薳 wěi 章求成焉，〔王〕军于瑕以待之。随人使少师董成。

【楚武王】补楚君熊通，桓八年后称王，芈姓，熊氏，名通，谥武。宵敖（文十六·三·三）之子，蚡冒之弟。隐元年前十八年即位，桓八年称王，共在位五十一年。庄四年卒。

【随】正杨补周时国，侯爵，姬姓。始封君为伯适（一说即文王八士之一的南宫适）的后代南公，始封年代在西周早期，封地在湖北随州。就是考古发现的姬姓曾国，详见下。战国楚宣王时被楚所灭。参见《图集》17—18④4、29—30⑤5。

【薳章】正杨补芈姓，薳氏，名章，字无钩。楚大夫。据《左传》，楚又有芳氏，一说薳氏即芳氏，一说薳氏与芳氏为同族异氏（详见下）。

【求成】补要求讲和修好，实际上是要求随顺服楚。

【军】补驻。【瑕】正随地。

【少师】正补随内朝官，太师副手。

【董成】正杨主持和谈。董，正，主持。

○ 补 **楚王族姓氏**：楚国君主为芈姓、熊氏。根据传世文献及清华简一《楚居》（全文见桓二·三）所公布的新材料，可梳理二者关系如下：季连是芈姓之祖。鬻氏是芈姓的一个分支。熊氏是鬻熊之后，自鬻氏分出，《楚居》记载的第一位以熊为氏的楚先祖是熊狂。在历史的发展中，熊氏独大，成为周代楚国王族。不过，芈、熊都不是楚人用的本字：在楚系先秦出土文献中，"芈"作"嬭"，而"熊"作"酓"。有学者认为，楚王族之氏"酓"源自楚人擅长的、沟通人神的祭祀活动"缩酒"（"缩"本作"茜"）。据《国语·晋语八》，周成王在岐山南面会合诸侯之时，楚君熊绎所承担的职责就是树立茅蕝，操作祭天享神的"缩酒"仪式。又据僖三—僖四·五，西周王室规定楚人进贡的贡品就是缩酒用的苞茅。

○ 补 **随国与曾国**：虽然传统观点均认为周代随国在今湖北随州，但随州境及周边地区长期没有发现随国墓葬和器物，而是发现了从西周早期到战国早期的曾国君主和贵族墓及铜器群，此外还有西周早期鄂侯墓。有学者认为，在商代晚期，方国体系中存在一非姬姓曾国（在南方江汉地区），此外还有一姞姓鄂国（可能在河南沁阳一带），其中鄂侯还曾经是商纣王廷三公之一，后被商纣王杀害。西周早期，周人将姬姓伯适之后分封到随州，袭用曾国之名，是为姬姓曾国；将鄂侯之后分封在曾国附近，是为姞姓鄂国。西周中晚期，姞姓鄂国一度得到周王室倚重，其国君被任命为"驭方"，抵御南淮夷。然而姞姓鄂国强大后，鄂侯驭方率南淮夷发动叛乱，被周人所灭，周王室在原地重新分封了一个姬姓鄂国。随后周王室将姬姓鄂国迁到了河南南阳东北，由申、吕管制，有南阳市新店乡夏响铺村西周晚期至春秋早期姬姓鄂国贵族墓地为证。姬姓鄂国迁走之后，姬姓曾国吞并了鄂国的旧地，填补了鄂国被灭的空白，从此成为汉水以东姬姓诸国中最强大的国家。

关于随国和曾国的关系，学界基本达成共识，那就是：出土铜器铭文中的随州曾国和传世文献中的"随国"应为同一国。至于一国二名的原因，有可能其国名本为"曾"，而该国春秋时期的都城名为"随"。

随州枣树林春秋中晚期曾国墓地 M169 曾侯宝夫人芈加墓出土的铜缶上有铭文"楚王媵随仲芈加",证实楚人称"曾"为"随",基本解决学术界争论不已的"曾随之谜"。类似一国两名的现象在先秦时期比较常见,比如商（殷）、州（淳于）（桓五—桓六）、苏（温）（僖十·二）、麇（锡）（文十—文十一·春秋）、魏（梁）。

○ 补 蔿氏、苪氏、𫇭氏：《左传》楚国卿大夫中,始终以蔿为氏的有蔿章、蔿启强（襄二十四·五·一·一）、蔿罢（襄二十七·五·一）、蔿射（昭五·八·一）、蔿泄（昭六·十·一）、蔿居（昭十三·二·一）、蔿越（昭二十一·六·五）、蔿固（定三—定四·十三）,始终以苪为氏的有苪吕臣（僖二十二—僖二十三·八·二）、苪贾（僖二十七—僖二十八·一）、苪艾猎（宣十一·二·二）,蔿、苪兼用的有苪（蔿）子冯（襄十五·三·一）、苪（蔿）掩（襄二十五·五）。此外,在淅川下寺 M2∶51、55、56、63 号铜器铭文中,苪（蔿）子冯以"蔿"作为氏称;下寺 M2∶60、61 号铜器铭文中,苪（蔿）子冯又以𫇭为氏称;而嫁给苪（蔿）子冯的蔡国女子姬丹,却以苪作为夫方（即子冯）的氏称（M3∶1、2 号铜器铭文）。传统说法认为蔿氏即苪氏。有学者认为,蔿、苪、𫇭是同族异氏,蔿氏为大宗,苪氏、𫇭氏为小宗;苪（蔿）子冯、苪（蔿）掩可能是由于兼任蔿氏大宗和苪氏/𫇭氏小宗族长,因此兼用二氏或三氏。蔿氏的始祖,可能就是清华简一《楚居》里提到的季连次子远仲。因为季连子嗣并未成为后世楚君,所以青铜器中蔿氏后人尊称自己这位始祖为"楚叔"。

【二】斗伯比言于楚子楚君熊通曰："吾不得志于汉东也,我则使然：我张吾三军,而被(披)吾甲兵,以武临之,彼则惧而协以谋我,故难间 jiàn 也。汉东之国,随为大。随张 zhàng,必弃小国。小国离,楚之利也。少师侈,请羸 léi 师以张之。"

【斗伯比】 正 杨 补 芈姓,斗氏（若敖氏大宗）,名伯比,排行季。若敖（僖二十七—僖二十八·十一）之子,斗廉（桓九·二·二）、斗缗

（庄十八—庄十九·一·一）、斗祁（庄四·二·二）之弟。楚大夫。

【得志】楊得逞其志，实指扩张国土。

【汉东】楊汉水以东地区，主要指随枣走廊和南阳盆地，其间多周王室所封姬姓小国，僖二十七—僖二十八·十四·二所谓"汉阳诸姬"，定三—定四·十八·一所谓"周之子孙在汉川者"是也。【汉】正楊補水名，又名夏水（参见昭十三·二·四·二"王沿夏"），今名汉江，发源于陕西西南部宁强北的米仓山，东南流经陕西南部、湖北西部和中部，在湖北武汉入长江。春秋时汉水参见《图集》20—21③6至③7。

【我则使然】補是我们自己使得［局面变成］这样的。

【间】楊离间。

【随张】正楊随人自高自大。张，自侈大。

【侈】補自多以陵人。

【赢师以张之】正斗伯比意谓藏楚师精锐，而以疲弱士卒代之，向少师示弱，使其自高自大。赢，弱。

熊率shuài且jū比曰："季梁在，何益？"

【熊率且比】正補芈姓，熊率氏，名且比。楚先君熊率（蚡冒，文十六·三·三）之后。楚大夫。率，旧读为lǜ，据清华简一《楚居》，"熊率"作"熊帅"，则率似应读shuài。

【季梁】正補芈姓，季氏，名梁。季连之后。随贤大夫。

斗伯比曰："以为后图。少师得其君随侯。"

○正斗伯比意思是，随侯虽然这次听从了季梁的劝谏，今后还是会采用少师的主张，所以说"以为后图"。

王楚君熊通毁军而纳少师。

【毁军】補即上文之"赢师"。

【三】少师归，请追楚师。随侯将许之。

季梁止之曰："天方授楚。楚之嬴 léi，其诱我也，君何急焉？臣闻小之能敌大也，小道大淫。所谓道，忠于民而信于神也。上思利民，忠也；祝、史正辞，信也。今民馁 něi 而君逞欲，祝、史矫举以祭，臣不知其可也。"

【天方授楚】正 补 上天正[以福佑]授予楚。楚在南方蛮夷之地，至楚君熊通/楚武王时始强盛，威服邻国，如有天助，故曰"天方授楚"。

【臣闻……大淫】正 补 臣下听说小国能与大国匹敌[只有一种情况]，[那就是]小国有道，大国无度。淫，过度。

【祝、史正辞】正 杨 补 太祝、太史祭神时言辞端正[，以实情禀告鬼神，不虚称君美]。【祝】正 补 太祝。周王室内朝官有太祝，掌祝祷祈神之事。此处为随内朝官，掌祝祷祈神。除随之外，《左传》所见，虢(庄三十二·三·四·一)、晋(成五·四)、宋(襄九·一·一)、卫(襄十四·五·五·四)、齐(襄二十五·一·三·一)、郑(襄二十五·二·三)、鲁(昭十七·二)皆有太祝。此外，卫有祝史(哀二十五·一·二)，为太祝、太史合并官职。晋(成十七·二)、卫(昭二十·五·三·一)、鲁(昭二十五·五·八)卿大夫家亦有祝。【史】正 补 太史。周王室内朝官有太史(僖十五·八·一·七)，掌典籍、占筮、历数、册命、顾问、箴谏之事。此处为随内朝官，职掌包括祭祀之事。除随之外，《左传》所见，虢(庄三十二·三·四·一)、卫(闵二·五·三)、鲁(文十八·三·二)、晋(宣二·三·四·一)、齐(襄二十五·一·五)、郑(襄三十·十三·二·一)皆有太史。此外，晋有筮史(僖二十七—僖二十八·二十六·二)、左史(襄十四·四·四)、祭史(昭十七·四·二)，其卿大夫家亦有史(襄二十七·三·二·八)。鲁有外史(襄二十三·八·八·二)。齐有南史(襄二十五·一·五)。楚有左史(昭十二·十一·二)。

【馁】正 饿。

【矫举】正 补 诈伪地陈述。

公随侯曰："吾牲牷 quán 肥腯 tú，粢 zī 盛 chéng 丰备，何则不信？"

【牲牷】正 杨 补 祭祀用家畜，即"牺牲"。牲，本义指形体完整之牛。牷，本义指毛色纯一之牛。【肥腯】正 杨 补 近义词连用，都是肥壮的意思。《说文》："牛羊曰肥，豕曰腯。"

【粢盛】正 杨 补 盛在祭器里的谷物。粢，祭祀用的黍、稷等谷物，参见桓元—桓二·三·二"粢食"。盛，盛在祭器中的祭物。

○补 据下文季梁之言，可知祝、史以祭品祭神时，其告辞应有"博硕肥腯""洁粢丰盛""嘉栗旨酒"等。随侯这段言论是在反驳季梁所说的"祝史矫举以祭"，他认为随国进献祭品的实际数量和品质与祝、史告神时上报的数量和品质相符，因此认为祝、史并没有"矫举"，对神灵并没有不讲诚信。而季梁在下文中则指出，祝、史告神之辞，并不是与所描述祭品相符合就能称为诚信。这些告辞的真正要义是它的象征性含义，也就是国家民力普存、牲畜肥壮蕃滋、三时不害而民和年丰、上下皆有嘉德而无违心等。只有随国真正达到了这些告辞象征性含义所对应的治理成就，才能说是真正地对神灵有诚信。

[季梁] 对曰：

"夫民，神之主也。是以圣王先成民，而后致力于神。

○补 那民众，是[供奉]鬼神[祭品]的[真正的]祭主。因此圣王先成就民众，[使得民生富足，]然后致力于供奉鬼神。

> ○补 **传世文献对读**：《论语·雍也》："子曰：'务民之义，敬鬼神而远之，可谓知矣。'"可与季梁此言印证。

"故奉牲以告曰'博硕肥腯'，谓民力之普存也，谓其畜 chù 之硕大蕃滋也，谓其不疾瘯 cù 蠡 lí 也，谓其备腯咸有也；

【博】正 广。【硕】正 大。

【谓民力之普存也】 正 杨 说的是民力普遍安存。此释"博"。

【谓其畜之硕大蕃滋也】 正 杨 补 说的是民众所养牲畜体型大而且繁殖兴旺。蕃滋,近义词连用,都是繁衍的意思。此释"硕"。

【谓其不疾瘯蠡也】 正 杨 补 说的是民众所养牲畜没有因病瘦弱。瘯,借为瘦。蠡,借为羸。杜注则认为瘯蠡为疥癣病一类的畜类小病。此释"肥"。

【谓其备腯咸有也】 正 杨 补 说的是民众所养牲畜良种充备无所不有。腯本义为"肥壮",这里将其引申为"充满""丰盛"。此释"腯"。

"奉盛 chéng 以告曰'洁粢丰盛 chéng',谓其三时不害而民和年丰也;

【洁粢丰盛】 正 杨 补 祭谷清洁,盛器丰满。

【三时不害】 正 杨 三时,指春、夏、秋,皆为务农时节。"三时不害",即不违农时。

"奉酒醴 lǐ 以告曰'嘉栗旨酒',谓其上下皆有嘉德而无违心也;

【嘉栗旨酒】 正 杨 又好又清的美酒。嘉,善。栗,借为洌,杜注则认为是为谨敬之意。旨,甘美。

"所谓馨香,无谗慝 tè 也。

○ 正 补 所谓祭品芳香远闻,是指没有[配不上这种芳香的]谗谀邪恶。馨,香之远闻。此总括以上三句。

"故[圣王]务其三时,修其五教,亲其九族,以致其禋 yīn 祀。于是乎民和而神降之福,故动则有成。

【三时】 正 春、夏、秋。

【五教】 正 父义、母慈、兄友、弟恭、子孝。

【九族】 正 补 若以某位男性成员为"己",则这里所说的"九族"包括父族四、母族三、妻族二。"父族四"是指己之同族(父母、兄弟、姐妹、儿女)、姑之子(姑姑的儿子,表兄弟)、姊妹之子(外甥)、女儿之子(外孙),"母族三"是指母之父(外祖父)、母之母(外祖母)、从母之子(姨妈的儿子,表兄弟),"妻族二"是指妻之父(岳父)、妻之母(岳母)。

【禋祀】 补 见隐十一·二·五。

"今民各有心,而鬼神乏主。君虽独丰,其何福之有?君姑修政,而亲兄弟之国,庶免于难。"

【其何福之有】 杨 即"其有何福"。

【兄弟之国】 杨 指汉水以东姬姓诸国。

【庶免于难】 杨 补 差不多可以免于祸难。庶,庶几,表希冀之副词。

随侯惧而修政,楚不敢伐。

○ 补 下启桓八年楚武王伐随(桓八·二)。

桓公六年·三

地理 鲁、齐见桓地理示意图 1。鲁、纪、齐、成见桓地理示意图 4。

人物 鲁桓公(隐元·一·一)、纪侯

春秋 夏,四月,公鲁桓公会纪侯于成。

【成】 正 杨 补 在今山东宁阳东庄乡南故城村以北已发现其遗址(详见下)。本为杞邑。桓六年时地已入于鲁。襄十六年前已为孟氏采邑。昭七年晋人取成,归之杞。昭二十六年前已复入于鲁,仍为孟氏采邑。哀十五年成叛于齐,同年齐归之于鲁。参见《图集》26—27④4。

○ 正 杨 补 **成城故城遗址**：遗址西临古城河。城址平面呈长方形，南北长约 850 米，东西宽约 630 米。

左传 夏，会于成，纪来谘谋齐难 nàn 也。

○ 正 杨 补 齐难，指齐欲灭纪的图谋，参见桓五・二。一方面，隐二年鲁伯姬归于纪；另一方面，桓三年鲁新与齐成婚。鲁与纪、齐皆为姻亲，因此纪前来相商，请鲁从中斡旋。

桓公六年・四

地理 北戎、齐、郑、鲁见桓地理示意图 1。

人物 太子忽（隐三・四・一）、大良、少良、鲁桓公（隐元・一・一）、齐僖公（隐三・七・春秋）、文姜（桓三・六・春秋）、郑庄公（隐元・四・春秋）

左传 [一] 北戎伐齐，齐使乞师于郑。郑大(太)子忽太子忽帅师救齐。六月，[郑忽]大败戎师，获其二帅大良、少 shào 良，甲首三百，以献于齐。

【甲首】 正 补 带甲戎人的头颅。

[二] 于是，诸侯之大夫戍齐，齐人馈之饩 xì，使鲁为其班，后郑。郑忽太子忽以其有功也，怒，故有郎之师。

【饩】 正 杨 补 凡馈人以食物，熟者为"飨"，生者为"饩"。饩有牛、羊、豕、黍、稷、禾等。就牲畜而言，熟肉为"飨"，生肉为"腥"，活牲畜为"饩"。

【使鲁为其班，后郑】 正 补 [齐人]让鲁人确定接受馈赠的先后次序，[鲁人]把郑排在后面。班，次。据桓十・五，则鲁人排序依据为周王室所定封爵次序。鲁为周公之后，守周礼最谨，又为侯爵，齐僖公使鲁确定诸侯受饩次序，也是尊王的表现。

【故有郎之师】⬜正所以才有［桓十年］郎地之战（桓十·五）。

【三·一】公鲁桓公之未昏（婚）于齐也，齐侯齐僖公欲以文姜妻qì郑大（太）子忽。大（太）子忽辞。人问其故。大（太）子太子忽曰："人各有耦（偶）。齐大，非吾耦（偶）也。《诗》云：'自求多福。'在我而已，大国何为？"君子曰："善自为谋。"

【辞】⬜补推辞不受。

【自求多福】⬜正《毛诗·大雅·文王》有此句。言求福由己，非由人。

【善自为谋】⬜杨⬜补善于自己做主谋划事情。这句应该是称赞太子忽推辞文姜，因为后来文姜成为鲁桓公夫人，最终导致鲁桓公被齐人所杀。

【三·二】及其败戎师也，齐侯又请妻qì之。［大子忽］固辞。人问其故。大（太）子曰："无事于齐，吾犹不敢。今以君命奔齐之急，而受室以归，是以师昏（婚）也。民其谓我何？"遂辞诸（之于）郑伯郑庄公。

【及其……妻之】⬜正桓三年文姜已嫁给鲁桓公，因此本年齐僖公是想把其他女子嫁给太子忽。

【遂辞诸郑伯】⬜杨太子忽告之于郑庄公而辞之。

○⬜正下启桓十一年郑昭公奔卫（桓十一·三）。

○⬜补太子忽为什么两次拒绝齐僖公的联姻邀约，即使祭足劝说（参见桓十一·三·一）也不回头？笔者认为，要探寻太子忽这样做的真实原因，一个要注意到的关键点是，虽然齐僖公很积极地想把自己的女儿推销给郑的储君，但郑现任国君郑庄公对太子娶齐女一事没有表现出丝毫的积极性。实际上，第二次太子忽就是以郑庄公的名义拒绝了此事。也就是说，说到底是郑庄公不想让自己的太子与齐联姻,而太子忽只是顺了郑庄公的心意而已。

因此,笔者认为太子忽两次拒绝的真实原因是:他认为自己的太子之位是否能稳定,关键在于父亲郑庄公是否对他放心和满意。如果在郑庄公正与齐僖公势均力敌地谋求小霸的时候,他娶了齐僖公的女儿,如祭足所说的那样,谁都能看出来他是想拉齐为外援,壮大自己的政治势力,为父亲去世后的君位之争作准备。祭足认为君位之争不可避免,太子忽本来就应该早作打算;然而太子忽很可能认为,如果真的在父亲并没有主动要求的情况下娶了齐女,表现出一种急不可耐想要拉外援的架势,必然会引起父亲郑庄公的猜忌,有可能会导致自己的太子之位不保。也就是说,太子忽认为,确保自己未来君位的关键因素是当郑庄公去世的时候他仍然是太子,因此他决不能冒这个险。

桓公六年 · 五

地理 鲁见桓地理示意图 1。

春秋 秋,八月壬午八日,[我]大阅。

○ 正 补 周正秋八月,当夏正夏六月,为农时,鲁于此时阅兵,必有不得已的原因。上文《左传》言诸侯戍齐,鲁以周班后郑,郑公子忽怒。可能鲁担心郑诉于齐而启伐鲁之谋,故检阅车马以备不虞。

左传 "秋","大阅",简车马也。

【简】 补 检阅。

桓公六年 · 六

地理 蔡、陈见桓地理示意图 1。

人物 公子佗(隐六·四·二)

春秋 蔡人杀陈佗公子佗。

○ 正 此条《春秋》在本年无对应《左传》，而在庄二十二·三·四·二有"陈厉公，蔡出也，故蔡人杀五父而立之"。五父即公子佗。

○ 补 据襄二十五·四·一，桓五年郑庄公支持公子佗杀太子免而自立为君。今年蔡人杀公子佗之后，郑庄公又转与蔡人共同支持蔡女所生公子跃即位，就是陈厉公。

> ○ 补 **传世文献对读**：据《榖梁传·桓公六年》："陈侯喜猎，淫猎于蔡，与蔡人争禽。蔡人不知其是陈君也，而杀之。"

桓公六年·七

地理 鲁见桓地理示意图 1。

人物 太子同、鲁桓公（隐元·一·一）、文姜（桓三·六·春秋）、申繻、晋僖侯、宋武公（隐元·一·一）、鲁献公、鲁武公

春秋 九月丁卯二十四日，子同太子同生。

【子同】 正 补 太子同，后为鲁庄公。姬姓，名同，谥庄。鲁桓公（隐元·一·一）嫡长子，文姜（桓三·六·春秋）所生。桓六年生。庄元年即位，在位三十二年。庄三十二年卒。

○ 正 鲁十二公，惟子同为嫡夫人之长子，备用太子降生之礼，故《春秋》书之。

左传 〔一〕"九月丁卯，子同生。"以大（太）子生之礼举之：接以大（太）牢，卜士负之，〔卜〕士妻食 sì 之，公鲁桓公与文姜、宗妇命之。

【接以大牢】 正 杨 ［鲁桓公］用太牢接见儿子。牢指祭祀、飨宴用牲。一说，牛、羊、豕三牲皆用为"太牢"，用羊、豕者为"少牢"，用一牲者为"特牢"。一说，牛为"太牢"，羊为"少牢"。子为婴儿，不可食太

牢,故以享其母。

【卜士负之】 杨 占卜[选择]士人[之吉者]以抱负太子。

【士妻食之】 正 杨 [占卜选]士人之妻[或大夫之妾之吉者以]哺育太子。

【文姜】 补 太子同之生母。**【宗妇】** 正 补 鲁君同宗妇人。

【命】 杨 起名。

○ 正 补 **接太子之礼**:《礼记·内则》载国君接太子之礼,据《三礼辞典》的总结,其主要仪节有:

一、**接子以太牢**。国君世子(太子)生,告于君,接以太牢,宰掌具。

二、**士、保、宰负之**。三日,卜士负之。吉者宿斋,朝服寝门外,持负之。射人以桑弧蓬矢六,射天地四方,保(保姆)受,乃负之。宰醴(礼)负子,赐之束帛。

三、**士妻食之**。卜士之妻、大夫之妾使食子。

四、**命名**。子生三月之后,君沐浴朝服,夫人亦如之。皆立于阼阶,西向。世妇(太子之母)抱子升自西阶。君名之,乃降。

若君薨而太子生,则三日后即行命名之礼,欲死者之灵不及葬而见子。

【二】 公鲁桓公问名于申繻 xū。[申繻]对曰:

○ 杨 此番问对应发生在上文命名礼举行之前。

"名有五,有信,有义,有象,有假,有类。

"以名生为'信',

○ 正 补 [婴儿]带着名出生称为"信"。如晋始封君唐叔虞生时手掌有文形似古文字"虞",因以为名(参见昭元·八·一·一)。

"以德命为'义',

○[正][补]根据[婴儿的]德性来命名称为"义"。如周文王名"昌"。据《史记·周本纪》,周文王出生时有圣瑞,其祖父周太王感叹说:"我世当有兴者,其在昌乎?"

"以类命为'象',

○[正][补]根据[与婴儿某方面相]类似[的事物]命名称为"象"。如孔子头象尼丘。据《史记·孔子世家》,叔梁纥与颜氏祷于尼丘而得孔子。孔子出生时,头顶中间凹下,象尼丘之形,因此命名为"丘",长大后命字为"尼"。

"取于物为'假',

○[正][杨]借用万物[的名称来命名]称为"假"。假,借。如孔子之子名"鲤"。据《孔子家语·本姓》,孔子的儿子出生时,鲁昭公赐鲤鱼给孔子。孔子尊崇君主的赏赐,因此命名为"鲤",长大后命字为"鱼"。

"取于父为'类'。

○[正][补]取用[和]父亲[有关的字眼来命名]称为"类"。如鲁庄公与其父鲁桓公同日生,故名"同"。

"不以国[为名],不以官[为名],不以山川[为名],不以隐疾[为名],不以畜牲[为名],不以器币[为名]。

【国】【官】【山川】[正][杨]指本国国名、官名、山川名。他国国名、官名、山川名则不受限制。

【隐疾】[正][杨]疾病。隐,痛。

【畜牲】[正]指马、牛、羊、豕、犬、鸡。养之则为"畜",用之祭祀则为"牲"。

【器币】正杨"器"指礼器,如俎、豆、罍、彝、钟、磬等;"币"指玉帛,如圭、璋、璧、琮、帛、锦、绣、黼等。

○杨传世文献对读:《礼记·曲礼》及《礼记·内则》所载命名之法,有"不以日月",而无"不以畜牲""不以器币"。

"周人以讳事神,名,终将讳之。

○正补周人用[死后]避讳[的原则]来事奉神灵,[因此国君如果以某事物之名]为名,则[国君]过世后[本国]将要避讳这个名。据《礼记·曲礼》,则丧礼卒哭之后,开始避讳死者之名。所讳世数,诸侯讳其父母、祖父母、曾祖父母、高祖父母之名;高祖以上,五世亲尽,其庙当迁,则不避讳。

"故以国[为名]则废名,

○正补以国名[为名]则将废弃人名。国名实不可改,因此唯有废改人名。

"以官[为名]则废职,

○杨补以官职[为名]则将废弃官职。官职实不可废,因此如果坚持以官名为人名,则改其官名,而使改名后的官属继续行使其原有职能。

"以山川[为名]则废主,

○正补以山川[为名]则废弃祭主。据成五·四,国家以山川为祭主。如果坚持以其国所主之山川为人名,则废改其山川(祭主)之名,而继续祭祀改名后的山川。

"以畜牲[为名]则废祀,

○杨补以畜牲［为名］则将废弃祭祀。以祭祀用牲为人名，则不可用之为牺牲，是废祭也。

"以器币［为名］则废礼。

○杨补以器币［为名］则废弃礼仪。以器币为人名，则不可用之行礼，是废礼也。

"晋以僖侯晋僖侯废司徒［之名］，

【僖侯】正补晋僖侯。姬姓，名司徒，谥僖。晋靖侯之子。隐元年前 118 年即位，在位十八年。隐元年前 101 年卒。

【司徒】补源自西周王官"三有司"（司土、司马、司工）中的"司土"。周外朝官有司徒（襄二十一·五·五），掌民众徒役之事，亦可率军征战。此处是晋外朝官，后因避讳晋僖侯之名而改称中军。除晋之外，《左传》所见，宋（文七·二·一）、楚（宣十一·二·二）、郑（襄十·七·二·一）、陈（襄十七·二）、鲁（昭四—昭五·九）、卫（哀十五—哀十六·四）皆有司徒。另外，齐有锐司徒、辟司徒（成元—成二·十二·二），宋有芮司徒（襄二十六·六·二·一）。鲁卿大夫家亦有司徒（昭十四·二·一）。

○正晋僖侯名司徒，晋因此改司徒为中军。

"宋以武公宋武公废司空［之名］，

○正宋武公名司空，宋因此改司空为司城。

"先君献鲁献公、武鲁武公废二山［之名］，

【献】正补鲁献公。姬姓，名具，谥献。鲁魏公之子，鲁厉公之弟。隐元年前 165 年即位，在位三十二年。隐元年前 134 年卒。

【武】正补鲁武公。姬姓，名敖，谥武。鲁献公之子，鲁真公之弟。隐元年前 102 年即位，在位九年。隐元年前 94 年卒。

【二山】正 杨 补 指具山，敖山。具山即山东蒙阴东北巨山，敖山即山东新泰青云山。参见《图集》26—27④4。

○ 正 鲁献公名具，鲁武公名敖，以避讳故，废具山、敖山本名，而改用其所在乡名来指代。据《国语·晋语》：“范献子聘于鲁，问具山、敖山。鲁人以其乡对。献子曰：‘不为具、敖乎？’对曰：‘先君献、武之讳也。’”范献子在昭公之世，当时鲁早已不避鲁献公、鲁武公之讳，而鲁人仍以其所在乡名以答，应是山名改变之后约定俗成，不再改回原名。

“是以大物不可以命。”

公曰：“是太子同其生也，与吾同物，命之曰‘同’。”

【同物】正 杨 指生日相同。据昭七·十一·二，岁、时、日、月、星、辰为六物。

○ 补 有学者认为，此处所说的“同物”是指鲁桓公与其子“同岁”，也就是鲁桓公和庄公出生之年，岁星运行在同一个星次，也就是说鲁桓公与庄公的年龄相差为 12 的倍数（岁星纪年法见襄九·五·五）。若此种说法正确，则可推断鲁桓公比太子同大 24 岁，也就是说，鲁桓公出生于鲁惠公四十年。以此推测与史书记载鲁桓公生平事迹相验证，无不符合，故录此说以备参考。

桓公六年·八

地理 鲁、齐见桓地理示意图 1。纪、鲁、齐见桓地理示意图 4。

人物 纪侯、周桓公（隐六·八）、鲁桓公（隐元·一·一）

春秋 冬，纪侯来朝。

【朝】补 见隐四·二·七·一。

左传 "冬，纪侯来朝"，请王_{周桓王}命以求成于齐。公_{鲁桓公}告不能。

○正补纪微弱，不能自通于周王，于是请求姻亲鲁国帮忙向王室求助，让周桓王发命令给齐，从而求得与齐讲和修好。所谓"成"，实际上是纪得以顺服齐，以换取齐不灭纪。

桓公七年·一

地理 鲁见桓地理示意图 1。鲁、咸丘见桓地理示意图 4。

春秋 七年，春，二月己亥二十八日，〔我〕焚咸丘。

【焚】正 补 放火烧山以狩猎。【咸丘】正 杨 补 在今山东巨野核桃园镇东北丘陵地带。鲁地。参见《图集》26—27④3。

○正《春秋》直书"焚咸丘"而不言"蒐""狩"，是因为放火烧山不是蒐狩之法，这样写也是在讥讽鲁人此举将咸丘野兽赶尽杀绝。

桓公七年·二

地理 鲁见桓地理示意图 1。鲁、谷、邓见桓地理示意图 5。

人物 穀伯绥、邓侯吾离

春秋 夏，穀伯绥来朝。邓侯吾离来朝。

【穀】正 杨 补 周时国，伯爵，嬴姓。在今湖北谷城邱家楼村附近。庄十八年至僖四年间被楚所灭。参见《图集》17—18③3、29—30④3。

【朝】补 见隐四·二·七·一。

【邓】杨 补 商、周时国，周时为侯爵，曼姓。商时邓国应在商王畿附近，西周初年已南迁，在湖北襄阳樊城区邓城村已发现其遗址（详见下）。庄十六年被楚所灭，地入于楚为县。参见《图集》17—18③4、29—30④4。

○正 此事，《春秋》书"夏"，而《左传》书"春"。有可能是因为《春秋》依据二君行朝礼的时间，而《左传》依据二君抵达鲁的时间。穀伯绥、邓侯吾离分别行朝礼，故《春秋》分书之，而不书"穀伯绥、邓侯吾离来朝"。

○补 邓国故城遗址：城址平面呈长方形，南北长约八百米，东西宽约七百米，城址时代从周代至西汉。遗址以北四公里左右的山湾、蔡坡土岗上发现了两处较大的周代墓地，曾出土楚邓公铜器。

左传 七年,春,谷伯谷伯绥、邓侯邓侯吾离来朝。[《春秋》书]名,贱之也。

【名,贱之也】正《春秋》直书两位国君的名,是表示对谷伯、邓侯这两个南方鄙陋小国君主的轻贱,因为他们行朝礼时礼数有阙。

桓公七年·三

地理 郑、齐、卫、周见桓地理示意图 1。郑、齐、卫、周、盟、向、郏见桓地理示意图 3。

人物 周桓王(隐四·二·七·一)

左传【一】夏,盟 mèng、向求成于郑,既而背之。

【盟、向】补见隐十一·三。
○正杨补据隐十一·三,周桓王将盟、向等自己无法实际控制的"南阳"地区苏忿生之田与郑。据清华简六《郑文公问太伯》,郑庄公曾经修筑了其中最大的温邑、原邑的城墙,说明郑国曾经试图采取措施实际控制苏国诸邑。然而"南阳"诸邑也不愿被郑国控制,特别是盟、向这两个远离郑国而靠近河南王城的邑。郑与盟、向守主此前必有冲突,而郑国在冲突中暂时占上风,因此本年盟、向请求与郑讲和。后来盟、向又背弃和约,而要求重新归属于周王室,因此有下文周桓王迁盟、向之民于郑之事。

【二】秋,郑人、齐人、卫人伐盟、向。王周桓王迁盟、向之民于郏 jiá。

【郏】正杨补又作"郏鄏",西周东都成周/雒邑(隐三·四·二)、东周都城王城(庄十九—庄二十—庄二十一·八)所在地区,以郏山得名,大概相当于今洛阳盆地西部地区。

桓公七年—桓公八年(桓公八年·一)

地理 鲁、周、晋见桓地理示意图 1。周、晋(翼)、曲沃见桓地理示意图 2。

人物 周桓王(隐四·二·七·一)、家父、曲沃武公(桓二—桓三·六)、晋小子侯

春秋 八年,春,正月己卯十四日,[我]烝。

【烝】补 见桓五·四。

○正 杨 周正桓八年春正月,相当于夏正桓七年冬十二月。据桓五·四,此时举行烝祭为过时,故《春秋》书之。

○正 此条《春秋》无对应《左传》。

天王周桓王 使家父 fǔ 来聘。

【家父】正 补 字家。周王室卿大夫。【聘】补 见隐七·四·春秋。

○正 此条《春秋》无对应《左传》。

左传 冬,曲沃伯曲沃武公诱晋小子侯,杀之。八年,春,[曲沃伯]灭翼。

【曲沃】补 见隐五·二。【晋小子侯】正 补 姬姓,无谥。晋哀侯之子。桓四年立,在位四年。桓七年被曲沃武公诱杀。

【翼】补 见隐五·二。

○补 下启桓八年周桓王立晋侯潘(桓八·三)。

桓公八年·二

地理 鲁、楚见桓地理示意图 1。鲁、邘、随、楚、黄、沈鹿、速杞、汉水、淮水见桓地理示意图 5。

人物 少师(桓六·二·一)、斗伯比(桓六·二·二)、楚武王(桓六·二·一)、薳章(桓六·二·一)、季梁(桓六·二·二)、随侯、斗丹

春秋 夏,五月丁丑十三日,[我]烝。

○ 补 周正夏五月,相当于夏正春三月。据桓五・四,此时举行烝祭
为过时,故《春秋》书之。

○ 正 此条《春秋》无对应《左传》。

秋,[我]伐邾。

○ 正 此条《春秋》无对应《左传》。

左传 [一] 随少师有宠。楚斗伯比曰:"可矣。雠有衅,不可失也。"

【少师】见桓六・二・一。

【雠】 补 指随。【衅】 正 杨 瑕隙,空子。

[二] 夏,楚子楚武王合诸侯于沈 chén 鹿。黄、随不会。[楚子]使薳
wěi 章让黄。楚子伐随,军于汉、淮之间。季梁请下之:"[楚]
弗许而后战,所以怒我而怠寇也。"少师谓随侯曰:"必速战。
不然,将失楚师。"随侯御之。

【沈鹿】 正 杨 补 在今湖北钟祥东高潮水库附近。楚地。参见《图
集》29—30⑤4。《图集》标注不准确,本书示意图依据《图志》标注。

【黄】 正 杨 补 周时国,金文所见国君称号为"子",嬴姓。在今河南
潢川隆古乡已发现其遗址(详见下)。僖十二年被楚所灭。后曾复
国。参见《图集》17—18③5、29—30④7。

【让】 正 补 责备。

【军于汉、淮之间】 杨 随在汉水、淮水之间,因此楚师驻扎在此区域。
军,驻。

【汉】 补 见桓六・二・二。

【淮】 正 补 水名,古四渎(江、河、淮、济)之一,今名淮河,发源于河
南桐柏境内的桐柏山,自西向东流经河南、安徽、江苏三省,在江苏三
江营入长江。春秋时淮水参见《图集》20—21③7。

【下之】 正 补 向楚表示顺服。

【御】 补 抵抗。

○ 补 据《史记·楚世家》记载(庄四·二·二),就在桓八年,楚君熊通得知周王室拒绝给自己加尊号后大怒,于是自封为楚王,从此与北方的周王形成"二王并立"的态势。笔者认为,此次沈鹿之盟应该是发生在熊通称王之后,其目的一是为了显示其南方之王的威势,二是为了测试其他南方诸侯国对他这位自封的新王的态度。

○ 补 **黄国故城遗址**:遗址位于淮河南岸,小潢河西岸,包括古城址、夯土建筑基址、手工业作坊遗址和墓葬区。城址平面呈长方形,东墙长1 650米,西墙长1 550米,南墙长1 800米,北墙长1 720米。手工业作坊遗址包括制陶、铸铜作坊。墓葬方面,遗址西北一公里处发现了黄国墓地,西南二十余公里的河南光山宝相寺发现了春秋早期黄国君主夫妇墓。

【三】[随侯]望楚师。季梁曰:"楚人上左,君[随侯]必左,无与王[楚武王]遇,且攻其右。右无良焉,必败。偏败,[楚]众乃携矣。"少师曰:"不当王,非敌也。"[随侯]弗从[季梁]。[随师、楚师]战于速杞,随师败绩。随侯逸,斗丹获其戎车,与其戎右少师。

【楚人……其右】 杨 楚人以左为上,君主一定要率领左师,不要与楚王[所率领的楚左师]相遇,而是攻击[自己面前的]楚右师。随师、楚师相对,随左师正对楚右师,随右师正对楚左师。中原诸国,多以右为上,而楚独相反。且,而。

【偏】 杨 偏师,非主力军。【携】 杨 补 离散。

【不当王,非敌也】 补 不与楚王当面[交战],这就表示[随、楚]不对等。敌,对等。

【速杞】 正 杨 补 在湖北广水西。随地。参见《图集》29—30⑤5。

【逸】 正 逃。

【斗丹】 正 补 芈姓,斗氏(若敖氏大宗),名丹。楚大夫。

【戎车】【戎右】补 见《知识准备》"车马"。

【四】秋,随及楚平。楚子楚武王将不许。斗伯比曰:"天去其疾矣,随未可克也。"乃盟而还。

【平】补 讲和。

【天去其疾矣】正 补 随有少师,如同人有疾病。此处说"天去其疾",则少师被获很可能是死获,也就是已被杀死。

桓公八年·三

地理 鲁、周、晋见桓地理示意图 1。周、虢(西虢)、晋(翼)见桓地理示意图 2。

人物 周桓王(隐四·二·七·一)、虢公林父(桓五·三·一·二)、晋哀侯(隐五·五)、晋侯缗

春秋 冬,十月,[我]雨 yù 雪。

○杨 本年周正冬十月相当于夏正秋九月,此时下雪为天时错乱,故《春秋》书之。

○正 此条《春秋》无对应《左传》。

左传 冬,王周桓王命虢 guó 仲虢公林父立晋哀侯之弟缗 mín,晋侯缗于晋。

【缗】补 晋侯缗。姬姓,名缗,无谥。晋侯郤之子,晋哀侯之弟。桓八年即位,在位二十七年。庄十六年被曲沃武公所弑。

○杨 传世文献对读:据《史记·晋世家》,则"周桓王使虢仲伐曲沃武公。武公入于曲沃。乃立晋哀侯弟缗为晋侯"。

桓公八年—桓公九年(桓公九年·一)

地理 周、鲁见桓地理示意图1。鲁、纪见桓地理示意图4。

人物 祭公、纪季姜

春秋 祭 zhài 公来,遂逆王后纪季姜于纪。

【王后】 补 纪季姜。纪女,姜姓,排行季。桓九年归于周,为周桓王后。

○ 正 古时通婚,男女双方地位须相称。周王与诸侯通婚,地位不相称。故周王室不自主婚,而委托同姓诸侯代为主持。故王姬下嫁,先送于主婚国,然后由主婚国遣嫁(参见庄元·二)。周王娶后亦如此:由王室派遣卿大夫先至主婚国,然后前往女方之国迎王后直归京师。故此次周王娶纪季姜为后,则由王室派遣卿大夫祭公来鲁,然后至纪迎王后回京师。

○ 杨 补 桓六年夏四月,纪侯来鲁商议齐难,冬又来朝,请鲁转求王命以与齐讲和,鲁桓公告以不能。纪于是在本年纳女于周王室以求自固,而鲁桓公也为之主婚,提供了力所能及的帮助,然而纪终不免为齐所灭。

九年,春,纪季姜归于京师。

【京师】 补 见隐六·七。

左传 〔一〕 "祭公来,遂逆王后于纪",礼也。

〔二〕 "九年,春,纪季姜归于京师。"凡诸侯之女行,唯王后书[于《春秋》]。

【行】 杨 出嫁。

桓公九年·二

地理 楚见桓地理示意图 1。楚、邓、鄾见桓地理示意图 5。

人物 巴子、韩服、楚武王(桓六·二·一)、道朔、薳章(桓六·二·一)、斗廉、养甥、聃甥

春秋 夏,四月。

左传【一】巴子使韩服告于楚,请与邓为好。楚子_{楚武王}使道朔将 jiàng 巴客_{韩服}以聘于邓。邓南鄙鄾 yōu 人攻而夺之币,杀道朔及巴行人_{韩服}。楚子使薳 wěi 章让于邓,邓人弗受。

【巴】正 杨 补 巴人为南方古族之一,族姓不明,商代已存在,是参加过武王伐纣的"《牧誓》八国"之一。周代为子爵,姬姓。春秋时期都邑当在楚西北的汉江上中游的大巴山区。战国时受楚、秦逼迫,西迁至重庆市渝中区一带。后被秦所灭。重庆之巴参见《图集》20—21④6。

【道朔】正 楚大夫。【聘】补 见隐七·四·春秋。

【鄾】正 杨 补 周时国,子爵,曼姓。在今湖北襄阳东北、汉江北侧。此时为邓属国。哀十八年前被楚所灭,地入于楚为邑。参见《图集》29—30④4。【之】杨 其。【币】杨 补 玉帛之类的财礼。

【行人】杨 补 周王室外朝官有行人(襄二十一·五·五),职掌包括接待宾客。此处为巴外朝官,掌外交事务。除巴之外,鲁(文四·四)、秦(文十二·五·五)、晋(宣十二·一·八)、吴(成七·六·三)、郑(襄十一·二·春秋)、卫(襄十八·二·春秋)、陈(昭八·二·春秋)、宋(定六·五·春秋)皆有行人。行人常由其他专职官员兼任。

【让】补 责备。

【二】夏,楚使斗廉帅师及巴师围鄾。邓养甥、聃 nān 甥帅师救

鄾。[邓师]三逐巴师,不克。斗廉衡(横)陈其师于巴师之中以战,而北。邓人逐之楚师,背巴师,而[楚师、巴师]夹攻之。邓师大败。鄾人宵溃。

【斗廉】[正][补]芈姓,斗氏(若敖氏大宗),名廉,排行伯。若敖(僖二十七—僖二十八·十一)之子。楚大夫。

【养甥】[补]应是邓侯之女嫁至养所生之子,在其舅家邓任大夫。【养】[补]周时国,金文作"羕",嬴姓。其始封地可能在河南沈丘东南,其后地入于楚为邑。春秋晚期之前西迁至在河南桐柏境(详见下)。春秋末年至战国初年被楚所灭。

【聃甥】[补]应是邓侯之女嫁至聃国/聃氏所生之子,在其舅家邓任大夫。【聃】[补]周时国,姬姓。周公旦始封周文王之子季载于聃,可能在陕西西安长安区西北。后东迁至河南开封境。僖二年前应已被郑所灭,地入于郑为邑(参见僖二·七"聃伯")。

【三逐巴师,不克】[杨][邓师]三次向巴师发起冲锋,不能取胜。

【斗廉……攻之】[正][杨]斗廉帅楚师在巴师之中横向列开与邓师交战,而后楚师伪装败走。邓师追逐楚师,[赶到前面,]而将巴师抛在背后,[此时,楚师回身,会同巴师]夹击邓师。

○[补]**养国地望**:养(羕)国地望在传世文献中没有明确记载。1993 年在河南桐柏月河镇左庄村以北地带清理了一系列东周墓葬,其中 M1 规模最大,出土有成套的铜礼器、乐器、兵器和大量玉器,墓葬年代在春秋晚期前段。学者根据随葬铜铎铭文"鄝子伯受之铎",推断墓主人为养(羕)君伯受。根据上述出土考古发现,学者认为春秋晚期养(羕)国应在桐柏县境。

桓公九年·三

[地理]虢(西虢)、芮、梁、贾、曲沃见桓地理示意图 2。

[人物]虢公林父(桓五·三·一·二)、芮伯、梁伯、荀侯、贾伯

春秋 秋,七月。

左传 秋,虢 guó 仲虢公林父、芮伯、梁伯、荀侯、贾伯伐曲沃。

【芮伯】补 应为芮伯万,详见下。

【梁】正 杨 补 周时国,伯爵,嬴姓。周平王始封秦仲之少子康于梁,在今陕西韩城东少梁村、西少梁村一带。僖十九年被秦所灭,地入于秦,为少梁邑。文十年地入于晋。参见《图集》17—18②3、22—23⑩15。

【荀】正 杨 补 又作"郇""筍",周时国,侯爵(与金文所见国君称号相同),姬姓。此时所在不明。周初始封周文王之子于筍,为畿内国,位于宗周王畿之内,在陕西旬邑附近。西周末年东迁至山西新绛西十五里。后南迁至山西临猗西南四里。后被晋武公所灭,曾为大夫原黯采邑。新绛之荀参见《图集》17—18②3"郇 2"、22—23⑩16。临猗之荀参见《图集》17—18②3"郇 1"、22—23⑩15。

【贾】正 杨 补 商、周时国,周代为伯爵,姬姓。周康王封唐叔虞之子公明于贾,在山西襄汾西南。文六年前已被晋所灭,之后曾为狐射姑采邑。参见《图集》17—18②3、22—23⑩16。

【曲沃】见隐五·二。

○补 周桓王此时支持晋侯缗而反对曲沃武公,虢公林父为周王卿士,应该是奉王命召集芮伯、梁伯、荀侯、贾伯讨伐曲沃。此处"芮伯"身份有两种可能,一是被王师、秦师从魏国带走的芮伯万,一是此时芮国内部另立的新君。笔者认为此处"芮伯"是芮伯万的可能性比较大,因为他是为周王室、秦国认可的君主,在桓十年就被秦国送回芮国复位,此时跟随周王卿士出征顺理成章。当然,芮伯万如今流亡在外,不可能组织与梁伯、荀侯、贾伯规模相当的军队,他所带的很可能就是跟随出奔的亲信。

桓公九年—桓公十年(桓公十年·一)

地理 曹、鲁见桓地理示意图1。

人物 曹桓公、太子射姑、公子尾

春秋 冬,曹伯_{曹桓公}使其世子射_{yì}姑_{太子射姑}来朝。

【曹伯】 杨 补 曹桓公。姬姓,名终生,谥桓。曹穆公之子。隐元年前三十四年即位,在位五十五年。桓十年卒。

【世子射姑】 补 太子射姑,后为曹庄公。姬姓,名射姑,谥庄。曹桓公之子。桓十一年即位,在位三十一年。庄二十三年卒。【世子】 正 杨 世子即太子,世、大古音同。《春秋》用"世子",《左传》用"大子"。

【朝】见隐四·二·七·一。

○正 所谓"来朝",应是国君亲自前来。本年曹太子射姑当享而叹,明年曹桓公卒,应是曹桓公有疾,故使其太子摄行君事而来,故《春秋》书"来朝"。

○补 此处有太子射姑,文五—文六·一有狐射姑,昭二十五·五·一·一有申夜(射)姑,定二—定三·一有夷射姑,可见"射姑"是春秋时常用名,然而不知其确切含义为何。

十年,春,王正月庚申_{六日},曹伯终生卒。

左传【一·一·一】冬,曹大_(太)子_{太子射姑}来朝。[我]宾之以上卿,礼也。

○正《周礼·典命职》:"凡诸侯之适子,誓于天子,摄其君,则下其君礼一等;未誓,则以皮帛继子男。"这是诸侯太子出国参加会朝的礼仪。所谓"誓",是指诸侯已将太子人选告于天子,得到了天子的确认和报命;所谓"未誓",是指诸侯国内已经确立了太子人选,但还没有告于天子。曹太子射姑应是未誓于天子,摄代其君来鲁朝见鲁桓公,鲁人以低于子爵、男爵诸侯君主的诸侯上卿之礼来接待他,是符合周礼的。

【一·二】［我］享曹大（太）子。初献，乐奏而［曹大子］叹。施父（fù，公子尾）曰："曹大（太）子其有忧乎? 非叹所也。"

【享】补设享礼款待。享礼详见下。

【施父】正补公子尾。姬姓，名尾，字施。鲁惠公（隐元·一·一）之子。鲁大夫。其后为施氏。

【非叹所也】补不是叹息的合适场合。

○补享礼：享礼，亦作"飨礼"，是西周、春秋时周王、诸侯、卿大夫招待贵宾的一种隆重礼仪。享礼重在行礼，所谓"享以训共俭"，因此虽然陈设食物而并不食用，爵中倒满醴却只啐不饮，陈设几案却不倚靠（参见昭五·四·二）。一般享礼结束后举行宴礼（亦作"燕礼"），宴礼重在饮宴（参见成十二·二·四·一），所谓"宴以示慈惠"。据《〈春秋左传〉所见周代重大礼制问题研究》一书综合传世文献和金文记载所作的总结，周王大享礼有如下几项主要内容：

一、**乐舞**。大享开始，如果是周王招待诸侯，则"金奏"（用钟鼓演奏）《肆夏》之三"（《樊》《遏》《渠》三部乐章）迎接客人的到来。客人入门升堂之后，要先后进行"升歌""间歌""合乐"表演。"升歌"是客人升堂后主人用醴进献客人期间演奏的音乐。"升歌"结束，堂下的音乐响起，并与堂上的音乐交替演奏，称为"间歌"。"间歌"结束，堂上和堂下的音乐一齐演奏，声势十分浩大，称为"合乐"。在演奏"间歌"和"合乐"的同时都有舞蹈表演。乐舞表演完毕，宾出奏《肆夏》以送之。

二、**体荐**。宣十六年周定王云："王享有体荐，宴有折俎。"古代祭祀、宴会，杀牲置于俎上曰"烝"。如果将整个牲体置于俎上，并不煮熟，曰"全烝"，只有在祭天时使用。如果将半个牲体置于俎上，不煮熟，曰"房烝"，亦曰"体荐"。如果将牲体肢解，煮熟，连肉带骨置于俎上，曰"殽烝"，亦曰"折俎"。"体荐"只是形式，并不真正食用；"折俎"则可以食用。

三、**享醴**。醴是一种用麦芽酿成的混浊的白甜酒，糖化度大而酒化度小，而且连酒糟在一起，类似于今天的酒酿。享礼中酒用醴，只饮至齿而不入口，重在行礼。在宾迎入之后，先由主人取酒爵到宾席前进敬宾酒，称为"献"；然后宾取酒爵到主人席前还敬主人酒，称为"酢"；再由主人先酌酒自饮，再劝宾随饮，称为"酬"。献、酢、酬合称"一献"。献的次数视宾的尊贵程度而定，最尊者有九献。

　　四、赏赐。酬时主人要给宾物质赏赐，称为"酬币"。周王大享时作为酬币赏赐给臣下的礼物包括礼玉、车马、礼服、弓矢等，丰厚的还包括土田。

　　五、赋诗。在享礼进行期间，宾主通过赋诗来表达心意，沟通交流。

　　诸侯享礼全程也有乐舞，肉食用"折俎"（比周王大享礼低一个档次），也有享醴、赏赐、赋诗等环节。

【二】十年，春，曹桓公卒。

桓公十年·二

地理 曹、周见桓地理示意图 1。曹、虢（西虢）、周、虞见桓地理示意图 2。

人物 曹桓公（桓九—桓十·春秋）、虢公林父（桓五·三·一·二）、詹父

春秋 夏，五月，葬曹桓公。

　　○正 此条《春秋》无对应《左传》。

左传 虢 guó 仲虢公林父 潛 zèn 其大夫詹父 fǔ 于王周桓王。詹父有辞，以王师伐虢。夏，虢公虢公林父出奔虞。

【谮】补 诬陷,中伤。

【詹父】正 补 字詹。虢公林父除了是西虢国君主,也是周王室卿士。詹父应该是虢公林父属下的王室大夫,而不是西虢大夫。

【有辞】杨 有理。

【虞】正 补 商、周时国。商时虞国族姓不明,位于今陕西陇县西南吴山附近,曾与邻近芮国(桓三·八)争讼。周时之虞,畿内国,公爵(金文资料称"侯"),姬姓。西周初年始封虞仲雍(僖五·八·一)后代于两地,一为吴(闵元·四·一·二),在今江苏南部;一为虞,在今山西平陆张店镇古城村已发现其遗址(详见下)。僖五年被晋所灭。参见《图集》17—18②3、22—23⑦8。

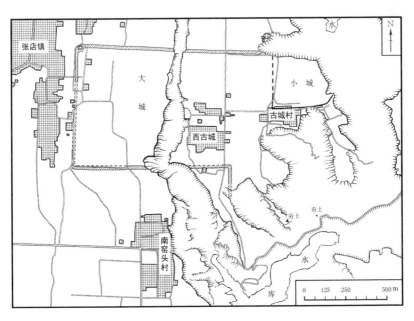

桓遗址图 2　虞国故城遗址平面图(《山西平陆虞国故城遗址调查简报》,2019 年)

○补 **虞国故城遗址**:遗址北依中条山余脉五龙山,现存东西长约一千二百米,南北宽约一千米。城址分为大城、小城,小城位于大城东北部,大城平面为曲尺形,小城为长方形。城址内发现龙山、周代和汉代遗存。在遗址以东枣园村发现了虞国贵族墓地。

桓公十年·三

[地理] 鲁、卫、秦见桓地理示意图 1。鲁、卫、桃丘见桓地理示意图 3。秦、芮见桓地理示意图 2。

[人物] 鲁桓公(隐元·一·一)、卫宣公(隐四·二·春秋)、芮伯万(桓三·八)

[春秋] 秋,公₍鲁桓公₎会卫侯₍卫宣公₎于桃丘,弗遇。

【桃丘】[正][杨][补] 在今山东东阿阿城镇陶城铺村。卫地。参见《图集》26—27③3。

○[正][杨] 鲁桓公本与卫宣公相约于桃丘会晤,然而卫此时已答应助齐、郑伐鲁,卫宣公于是背约而不来,因而不遇。鲁桓公本以会礼前往,故虽不遇而《春秋》书"公会卫侯"。

○[正] 此条《春秋》无对应《左传》。

[左传] 秋,秦人纳芮伯万于芮。

【纳】[补] 见隐四·二·四·一。

○[正][补] 桓三年芮伯万被其母排挤出居于魏(桓三·八)。桓四年秦人、王人从魏带走芮伯万(桓四·三·二,有争议)。今年秦人护送芮伯万返国复位。

桓公十年·四

[地理] 虞、共池见桓地理示意图 2。

[人物] 虞叔、虞公

左传【一】初,虞叔有玉,虞公求旃(之焉)。［虞叔］弗献。既而［虞叔］悔之,曰:"周谚有之:'匹夫无罪,怀璧其罪。'吾焉用此,其以贾 gǔ 害也?"乃献之。

【虞叔】 正 补 虞公之弟,排行叔。

【匹夫】 正 士人以上实行一妻多妾制,而庶人则只有夫妻相匹配,因此称庶人男女为"匹夫""匹妇"。

【璧】见桓元·一·春秋。

【贾】 正 买。

【二】［虞公］又求其宝剑。叔虞叔曰:"是无厌也。无厌,［难］将及我。"遂伐虞公。故虞公出奔共 hóng 池。

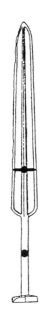

桓器物图 7.1　河南三门峡上村岭虢国墓地 M1052 出土剑,春秋早期(《上村岭虢国墓地》,1959 年)

桓器物图 7.2　山西太原金胜村晋国赵卿墓出土剑,春秋晚期(《太原晋国赵卿墓》,1996 年)

桓器物图 7.3　湖北江陵望山楚国墓地 M1 出土越王勾践剑,春秋晚期(《江陵望山沙冢楚墓》,1996 年)

【剑】补用于近身格斗的短兵器。考古发现东周时期铜剑见桓器物图7。

【厌】杨补满足。

【共池】杨补在今山西平陆洪池乡。虞地。参见《图集》22—23⑪15。

○补《左传》的陈述方式让人只注意到虞公贪得无厌，然而虞叔开始不献美玉的举动，以及后来他因为虞公再要一口宝剑就起兵成功赶走虞公的举动，可以看出虞叔的势力早已发展到了足以威胁虞公的程度。

桓公十年·五

地理齐、卫、郑、鲁见桓地理示意图1。

人物齐僖公(隐三·七·春秋)、卫宣公(隐四·二·春秋)、郑庄公(隐元·四·春秋)、公子忽(隐三·四·一)

春秋冬，十有(又)二月丙午二十七日，齐侯齐僖公、卫侯卫宣公、郑伯郑庄公来战于郎。

【郎】杨见隐九·四·春秋。

左传冬，齐、卫、郑"来战于郎"，我有辞也。初，北戎病齐，诸侯救之，郑公子忽有功焉。齐人饩xì诸侯，使鲁次之，鲁以周班后郑。郑人怒，请师于齐，齐人以卫师助之。故[《春秋》]不称侵伐。[《春秋》]先书齐、卫，王爵也。

【初，北……后郑】正事见桓六·四。

【故不称侵伐】正据《周礼·夏官·大司马》，"……以九伐之法正邦国……贼贤害民，则伐之；负固不服，则侵之"，然则侵伐皆为以武力讨有罪。此次战事，源于桓六年鲁以周班后郑。鲁秉周礼，而三国伐之，故鲁理直，而诸侯理曲。因此，《春秋》不称"侵伐"，而书"来战"，以明鲁之无罪。

【先书齐、卫，王爵也】 正《春秋》常例，主兵者先书。此次来战，郑为主兵，应在齐、卫之前。此处《春秋》不依常例，而先书齐、卫，是依据周王室封爵次序(齐、卫为侯爵，高于郑伯爵)，彰显鲁犹秉周礼。

桓公十一年·一

地理 齐、卫、郑、宋见桓地理示意图 1。齐、卫、郑、宋、恶曹见桓地理示意图 3。

春秋 十有（又）一年，春，正月，齐人、卫人、郑人盟于恶 wū 曹。

【恶曹】杨 补 在河南延津东南。参见《图集》24—25③5。

左传 十一年，春，齐、卫、郑、宋盟于恶曹。

○正《左传》有宋而《春秋》无，应是《春秋》阙文。《左传》解《春秋》，因此先列《春秋》所书三国，再补遗漏的宋，并不是表明盟誓时宋排在最后。

桓公十一年·二

地理 楚见桓地理示意图 1。楚、贰、轸、郧、随、绞、州、蓼、蒲骚、郊郢见桓地理示意图 5。

人物 屈瑕、斗廉（桓九·二·二）

左传 楚屈瑕将盟贰、轸。郧 yún 人军于蒲骚 xiāo，将与随、绞、州、蓼 liǎo 伐楚师。莫敖 屈瑕患之。

【屈瑕】正 补 芈姓，屈氏，名瑕。疑为清华简二《楚居》所记载的楚先人屈紃之后。楚大夫，官至执政。任莫敖。桓十三年兵败自缢而死。屈氏为战国时期楚三大族（昭、屈、景）之一。

【贰】正 杨 补 周时国，姬姓。在今湖北广水南。庄九年至僖四年间被楚所灭。参见《图集》29—30⑤5。

【轸】正 杨 补 周时国，可能为姬姓。在今湖北应城西。僖二十一年至文元年间被楚所灭。参见《图集》29—30⑥5。

【郧】正 杨 补 又作"鄖"，在今湖北安陆一带。此时为国，子爵，可能为嬴姓。庄十六年至僖五年间被楚所灭，地入于楚为郧县。参见《图集》29—30⑤5。【军】补驻。

【蒲骚】正 杨 补在今湖北应城西北三十五里。郧地。参见《图集》
29—30⑤5。

【绞】正 杨 补周时国,偃姓。始封君为皋陶之后。传统说法认为
在湖北郧县西北。庄九年至僖四年间被楚所灭。参见《图集》29—30
④2。有学者认为,郧县之绞距离蓼、随、郧、贰、轸太远,不合事理。
此时之绞应在彭水西北,但不应距离彭水太远,而郧县之绞应该是楚
灭绞之后绞人西迁所居之地。本书示意图采用传统说法,同时提醒
读者注意。

【州】正 杨 补周时国,偃姓。在今湖北监利东三十里。庄九年至
僖四年间被楚所灭。参见《图集》29—30⑥5。《图集》标注不准确,本
书示意图依据考证成果标注。

【蓼】正 杨 补周时国,己姓。始封君为飂叔安(昭二十九·四·
二)之后。在今河南唐河湖阳镇。庄九年至僖四年间被楚所灭,地入
于楚为湖阳县。参见《图集》17—18③4、29—30④4。

【莫敖】正 杨 补楚外朝官,春秋初期可能相当于中原诸侯国的
执政卿,权力仅次于楚王。后令尹(庄四·二·二)成为执政卿,
莫敖降至令尹之下,参见庄四·二·二"令尹斗祁、莫敖屈重"。
后楚又增设大司马、右司马、左司马,莫敖之位遂降至左司马之
下、诸尹之上,参见襄十五·三·一。《左传》所记载的莫敖均由
屈氏担任。

○补秋时诸侯会盟,都有军队随行。此次楚屈瑕帅师前往约定
地点与贰、轸会盟,半路得知随、绞、州、蓼将伐楚师,故有下文
谋划。

○补有学者认为,楚君熊通称王之后(即楚武王),楚国进行了一
系列"君称改官称"的官制改革。首先,楚武王将原本用于楚君的
称呼"敖"(庄十四·三·二)用于职官,设立"莫敖",并授予自己的
儿子屈瑕,屈瑕应该是第一位莫敖。莫敖承袭了楚君尊号和一部
分权力,是执政卿,地位仅次于楚王。屈瑕兵败自杀后,楚武王新
设立令尹作为执政卿,莫敖降到令尹之下。后来,楚人又依据相似

的思路,将原本用于诸侯国君的称呼"公"用于职官,设立县公(<u>庄三十・二</u>)。

<u>斗廉</u>曰:"郧人军其郊,必不诫,且日虞四邑之至也。君^{屈瑕}次于郊郢 yǐng,以御四邑;我以锐师宵加于郧。郧有虞心,而恃其城,莫有斗志。若败郧师,四邑必离。"

【郧人军其郊】补郧人驻扎在自己国都的郊区。

【诫】杨警戒。

【虞】杨望。【四邑】正指随、绞、州、蓼。邑,此处实为国。《左传》外交辞令中常称本国为"鄙邑",与此同。

【君】正楚君僭称王,县尹称公,故称卿为"君"。

【郊郢】正杨补在湖北钟祥。楚地。参见《图集》29—30⑤4。

【御】补抵抗。

【虞心】杨补盼望四国救援之心。

<u>莫敖</u>曰:"盍请济师于王?"

【盍请济师于王】正补何不向君王请求增兵?屈瑕所帅楚师是为会盟而来,规模、装备可能不如征伐之师,故有请求增援的打算。盍,何不。济,益。

[<u>斗廉</u>]对曰:"师克在和,不在众。商、周之不敌,君之所闻也。成军以出,又何济焉?"

【克】补胜。

【商、周之不敌】正补商、周决战时双方军力不相匹敌。周武王伐商时,商师多,周师少,而周终灭商。

<u>莫敖</u>曰:"卜之?"

[斗廉]对曰:"卜以决疑。不疑,何卜?"

[楚师]遂败郧师于蒲骚,卒盟[貳、叁]而还。

○[补]下启桓十二年楚伐绞(桓十二—桓十三)。

桓公十一年·三

[地理]郑、宋、卫见桓地理示意图 1。

[人物]郑庄公(隐元·四·春秋)、祭足(隐元·四·二)、公子突/郑厉公(隐五·四·二·一)、郑昭公(隐三·四·一)、邓曼、雍姞

[春秋]夏,五月癸未[七日],郑伯寤生[郑庄公]卒。

秋,七月,葬郑庄公。

○[正][补]据隐元·五,诸侯五月而葬。郑庄公三月而葬,于礼为速。

○[正]此条《春秋》无对应《左传》。

> ○[补]**出土文献对读:**清华简六《郑文公问太伯》记载了郑文公之臣太伯对于郑庄公功业的评价,可扫码阅读。

九月,宋人执郑祭[zhài]仲[祭足],突[公子突]归于郑。郑忽[郑昭公]出奔卫。

○[正][补]据成十八·四·一,"诸侯纳之曰'归'"。此处宋纳公子突于郑,故《春秋》书"归"。《春秋》书"突"而不书"公子突",应是郑国通告如此,鲁史照书之。忽此时为国君,依《春秋》常例应书"郑伯出奔卫"。郑昭公即位不到四个月(从郑庄公去世算起),君位尚未稳固、改元即位之礼亦未举行即出奔,可能郑人亦不以正常国君

视之,于是在发往诸侯的通告中用了"郑忽"这样一个既非公子亦非国君的模糊称谓,《春秋》因而书之。"突"前无"郑"而"忽"前有"郑",可能是宋人执郑祭仲、突归于郑载于同一份通告,于是"突"蒙前省略"郑"字;郑忽出奔卫载于另一份通告,因此"忽"前须有"郑"字。

[左传]【一】郑昭公之败北戎也,齐人将妻qì之。昭公郑昭公辞。祭zhài仲祭足曰:"必取之。君郑庄公多内宠,子郑昭公无大援,将不立。三公子皆君也。"[昭公]弗从。

【郑昭……公辞】[正]事在桓六·四。

【内宠】[杨]指妻妾。

【三公子皆君也】[正][补]"三公子"指太子忽(郑昭公)之弟公子突、公子亹(桓十七·七·一)、公子婴(桓十八·二·一)。三人之母皆有宠于郑庄公,因此皆有可能被立为国君。

【二】夏,郑庄公卒。

【三·一】初,祭封人仲足祭足有宠于庄公郑庄公,庄公使[祭仲]为卿。[祭仲]为公郑庄公娶邓曼wàn,生昭公郑昭公。故祭仲祭足立之郑昭公。宋雍氏女nǜ于郑庄公,曰雍姞jí,生厉公郑厉公。

【封人】[补]见隐元·四·六·二。

【邓曼】[正][补]邓女,曼姓。郑庄公(隐元·四·春秋)夫人,郑昭公(隐三·四·一)之母。

【宋雍氏女于郑庄公】[正]宋大夫雍氏把女儿(雍姞)嫁给郑庄公。

【雍姞】[补]宋雍氏女,姞姓。郑庄公妾,郑厉公(隐五·四·二·一)及公子语(桓十三—桓十四·春秋)之母。

【三·二】雍氏宗,有宠于宋庄公,故诱祭仲祭足而执之,曰"不立突郑厉公,将死",［雍氏］亦执厉公而求赂焉。祭仲与宋人盟,以厉公归而立之。秋,九月丁亥十三日,昭公郑昭公奔卫。己亥二十五日,厉公立。

【雍氏宗】杨 补 雍氏为人所尊仰。一说,"雍氏宗"即"雍氏宗族",与后文不以逗号点断,即"雍氏宗有宠于宋庄公"。

○补 祭足如果只是为了活命而与宋人盟誓,为什么回到郑安全无虞之后还要履行盟誓废掉郑昭公而改立郑厉公?深疑祭足在劝告太子忽与齐联姻以结大援被拒绝后,与这个主见很强的太子之间已有嫌隙(太子忽两次拒绝齐联姻请求,又坚决要罢黜郑庄公宠臣高渠弥,亦可见此人主见之强)。因此,祭足在宋被雍氏逼迫盟誓之后,也就将计就计,决定与雍氏联手,立这个有宋作为大援的公子突为君。为了巩固与雍氏的联系,祭足还将女儿嫁给雍氏族人雍纠(参见桓十五・四・一)。祭仲先后事奉郑庄公、郑昭公、郑厉公、郑子亹、郑子婴五君,在郑庄公朝尚为能臣,而在昭公、厉公、子亹、子婴朝则是不折不扣的权臣,屡次废立国君,对于郑国长期陷于争夺君位之乱负有重大责任。

桓公十一年・四

地理 鲁、宋、陈、蔡见桓地理示意图 1。

人物 柔、宋庄公(隐三・六・一・一)、陈厉公、蔡叔

春秋 柔会宋公宋庄公、陈侯陈厉公、蔡叔盟于折。

【柔】正 补 名柔。鲁大夫,官至卿位。未赐族,故不称氏。

【陈侯】补 陈厉公。妫姓,名跃,谥厉。陈桓公(隐四・二・春秋)庶子,太子免(桓五・一)弟。桓六年,蔡人杀公子佗而立陈厉公,在位七年。桓十二年卒。

【蔡叔】正 杨 补 姬姓,排行叔。蔡桓侯(桓二・三・春秋)同母弟。蔡大夫,官至卿位。

桓公十一年·五

地理 鲁、宋见桓地理示意图 1。鲁、宋、夫钟、阚见桓地理示意图 4。

人物 鲁桓公(隐元·一·一)、宋庄公(隐三·六·一·一)

春秋 公鲁桓公会宋公宋庄公于夫 fú 钟。

【夫钟】正 杨 补 在今山东汶上东北。郕邑,文十二年地入于鲁。参见《图集》26—27④3。

冬,十有(又)二月,公鲁桓公会宋公宋庄公于阚 kàn。

【阚】正 杨 补 在今山东汶上南旺镇北。鲁地。参见《图集》26—27④3。

桓公十二年·一

春秋 十有(又)二年,春,正月。

桓公十二年·二

地理 鲁见桓地理示意图 1。鲁、杞 2、莒、曲池见桓地理示意图 4。

人物 鲁桓公(隐元·一·一)、杞靖公、莒子

春秋 夏,六月壬寅,公鲁桓公会杞侯杞靖公、莒子盟于曲池。

【杞侯】补 杞靖公。姒姓,谥靖,杞武公(桓二·二·春秋)之子。桓九年立,在位二十三年。庄十三年卒。

【曲池】正 杨 补 在今山东肥城汶阳镇洼里村附近。鲁地。参见《图集》26—27④4。《图集》标注不准确,本书示意图依据《图志》标注。

左传 十二年，夏，"盟于曲池"，平杞、莒也。

○ 正 杨 补 隐四年莒伐杞，此后一直不和。本年鲁桓公从中调停，使杞、莒二国和解。

桓公十二年·三

地理 鲁、宋、陈、卫、郑见桓地理示意图 1。鲁、宋、燕（南燕）、陈、卫、郑、谷丘、虚、龟、武父见桓地理示意图 3。

人物 鲁桓公（隐元·一·一）、宋庄公（隐三·六·一·一）、陈厉公（桓十一·四·春秋）、郑厉公（隐五·四·二·一）、卫宣公（隐四·二·春秋）

春秋 秋，七月丁亥十七日，公鲁桓公会宋公宋庄公、燕人盟于谷丘。

【谷丘】 正 杨 补 在今河南商丘东南四十里。宋地。参见《图集》24—25④6。

八月壬辰，陈侯跃陈厉公卒。

【壬辰】 正 据杜预所推春秋历，八月无壬辰，壬辰为七月二十三日。
○ 正 此条《春秋》无对应《左传》。

公鲁桓公会宋公宋庄公于虚。

【虚】 正 杨 补 在今河南延津东。宋地。参见《图集》24—25③5。

冬，十有（又）一月，公鲁桓公会宋公宋庄公于龟。

【龟】 正 杨 在今河南睢县。宋地。

丙戌十八日，公鲁桓公会郑伯郑厉公，盟于武父fù。

【武父】 正 杨 补 在今山东东明西南。郑地。参见《图集》24—

25③5。

丙戌十八日，<u>卫侯晋</u>卫宣公卒。

【丙戌】正此处《春秋》重书"丙戌"，而不从上省略，应是鲁史旧文如此。

○正此条《春秋》无对应《左传》。

十有二月，[我]及郑师伐宋。丁未十日，战于宋。

左传【一】公鲁桓公欲平宋、郑。秋，公及<u>宋公</u>宋庄公盟于句 gōu 渎 dòu 之丘。宋成未可知也，故又会于虚。冬，又会于龟。<u>宋公</u>辞平。故[公]与<u>郑伯</u>郑厉公盟于武父，遂帅师而伐宋，战焉——宋无信也。

【公欲平宋、郑】正补宋自桓十一年拥立郑厉公后，不断向郑索取财物，郑人不能承受，因而不和。本年鲁桓公试图从中斡旋，使宋、郑两国和解。

【句渎之丘】正即谷丘。

【辞平】补谢绝讲和。

○补隐八年齐僖公平宋、卫于郑，会盟于王畿(隐八·七)，成为齐僖公小霸中原的标志性成就。桓十年鲁桓公与齐僖公、卫宣公、郑庄公战于郎(桓十·五)，打出"尊王"旗号，在国际政治舞台上崭露头角。桓十一年郑庄公卒后，宋干预郑君位继承，郑小霸事业衰颓。鲁桓公今年平杞、莒小试牛刀(桓十二·二)，又从去年开始五会宋庄公，试图平宋、郑，应是希望模仿齐僖公成就"小主诸侯盟会"之功，从而接替郑庄公成为中原小霸之一。然而鲁桓公终未能成就平宋、郑之功，从"劝架"变为"拉偏架"，联合郑厉公攻打宋庄公。

【二】君子曰："苟信不继，盟无益也。《诗》云'君子屡盟，乱是用长 zhǎng'，无信也。"

【君子屡盟，乱是用长】 正 杨 补《毛诗·小雅·巧言》有此句，可译为"君子屡次结盟，祸乱因此滋长"。是用，因此。

桓公十二年—桓公十三年(桓公十三年·一)

地理 楚见桓地理示意图 1。楚、绞、罗、赖、卢(卢戎)、彭水、鄢水见桓地理示意图 5。

人物 屈瑕(桓十一·二)、伯嘉、斗伯比(桓六·二·二)、楚武王(桓六·二·一)、邓曼

左传 【一】楚伐绞,军其南门。莫敖屈瑕曰:"绞小而轻,轻则寡谋。请无捍采樵者以诱之。"[楚人]从之。绞人获[楚人]三十人。明日,绞人争出,驱楚役徒于山中。楚人坐其北门,而覆诸山下,大败之绞人,为城下之盟而还。

【军】补 攻击。

【莫敖】见桓十一·二。

【轻】补 轻浮。

【无捍采樵者】正 杨 不护卫进山砍柴的楚役徒。行军必有砍柴的役徒,砍柴之时应有士兵护卫。如今楚师仅派砍柴役徒入山,其目的在于引诱绞人出击。捍,卫。樵,薪。

【楚役徒】杨 即上文之"采樵者"。

【楚人……山下】正 杨 补 楚师坐待在北门,又在山下设伏兵。坐,待。覆,设伏。诸,于。

【城下之盟】正 战胜国与战败国在战败国国都城下订立盟约,对战败国来说是奇耻大辱。参看宣十五·二·三。

○补 桓十一年郧欲与随、绞、州、蓼四国共同伐楚,楚当年败郧,本年伐绞。此役,楚师驻扎在南门,然后故意不派士兵捍卫砍柴的楚役徒。绞人轻松抓获三十名楚役徒之后,第二天倾巢出动,到山中驱赶楚人。当绞人在山中抓人时,楚人分兵一部驻扎到北门,并且在绞人下山必经之路旁设下埋伏。绞人下山时,楚人设置的伏兵突起,杀了一部分绞人。剩下的绞人以为楚师仍在南门,于是逃向北门试图进城,被坐等在那里的楚师打得大败。最终,绞人被迫与楚人订立城下

之盟。

【二·一】伐绞之役,楚师分涉于彭。罗人欲伐之,使伯嘉谍之,
[伯嘉]三巡数之。

【伐绞……于彭】此次楚人伐绞,应该是兵分两路:主力在汉水北侧
向绞(也位于汉水北侧)进军,目标是绞国都城;而偏师则在汉水南侧
同时进军,目标是到达绞国都城对岸。在此过程中,分出来的偏师将
要从南到北涉过彭水,所以叫"分涉于彭"。**【彭】** 正 杨 补 水名,今
名南河,南源于神农架阳日湾的粉清河,北源于武当山的马栏河,南
北两支在保康县寺平镇西汇合后称为南河,东北流入湖北谷城境,至
城关镇东格垒嘴入汉江。春秋时彭水参见《图集》29—30⑤2 至④3,
相当于北支马栏河—南河。

【罗】 正 杨 补 周时国,芈姓。始封君应为西周时期迁徙到汉水以
西地区的楚人分支之后。此时在湖北省宜城市雷河街道官堰村郭家
岗。桓十四年至庄三年被楚所灭。此后,罗人先徙于湖北当阳草埠
湖镇熊家墩附近,后又徙于湖南汨罗,在汨罗市河市镇古罗城村已发
现其遗址(详见下)。后被楚所灭。宜城之罗参见《图集》29—30⑤4
"罗 1"。当阳之罗参见《图集》29—30⑥3"罗 2"。汨罗之罗参见《图
集》29—30⑧5"罗 3"。

【伯嘉】 正 罗大夫。

【三巡数之】 正 杨 补 [伯嘉]把楚师数目清点了三遍。此处细节描
写说明罗国与寡谋的绞国不同,事先派人仔细刺探楚师规模,为桓十
三年罗人设计大败楚师作铺垫。

○ 补 **罗子国遗址:**汨罗江干流从遗址北面流过,汨罗江支流李
家河从遗址南面流过。城址平面略呈长方形,东西长约 620 米,
南北约宽 320 米,始建年代不晚于春秋晚期。遗址内出土有春秋
战国时期文物。

十三年，春，楚屈瑕伐罗，斗伯比送之。[斗伯比]还，谓其御曰：
"莫敖[屈瑕]必败。举趾高，心不固矣。"[斗伯比]遂见楚子[楚武王]，
曰："必济师！"楚子辞焉。[楚子]入告夫人邓曼。

【御】补 御者（驾车人）。

【趾】正 补 脚，下肢踝骨以下的部分。详见下。

【济师】正 补 增援[已出征的]楚师。济，益。

【楚子辞焉】杨 楚武王拒绝了斗伯比。楚王认为"济师"的意思是派
出军队增援出征的楚师。从下文邓曼所言可知，当时楚军已经全部
出动，无兵可派，因此拒绝。笔者认为斗伯比"济师"的意思可能就是
楚武王理解的这个意思，因此在被楚武王拒绝之后并没有进一步阐
述，而邓曼对于"济师"的解读可能是借题发挥。

【邓曼】正 补 邓女，曼姓。楚武王（桓六·二·一）夫人。

邓曼曰：

"大夫[斗伯比]其非众之谓，其谓君抚小民以信，训诸司以德，而
威莫敖以刑也。

【大夫其非众之谓】正 杨 大夫说的恐怕不是军队数量多少。"其非
众之谓"是"其非谓众"的倒装。

【诸司】补 各部门官吏。

"莫敖狃 niǔ 于蒲骚 xiāo 之役，将自用也，必小罗。君若不镇
抚，其不设备乎？夫固谓君训众而好镇抚之，召诸司而劝之
以令德，见莫敖而告诸（之以）天之不假易也。不然，夫岂不知
楚师之尽行也？"

【莫敖狃于蒲骚之役】正 杨 补 莫敖已经习惯于蒲骚之役[所取得
的胜利]。桓十一年蒲骚之役，屈瑕欲济师，以斗廉之言而止，最终以
少胜多。狃，习。

【自用】杨 自以为是。【小】杨 轻视。

【设备】补 设置防备措施。【令德】杨 善德。令，善。

【天之不假易也】正 杨 上天不会宽纵〔自大轻敌之人〕。假易，宽纵。

○补 邓曼所说的"训众"对象应该是屈瑕军中的兵众，"召诸司"的对象应该是屈瑕军中的诸司，"见莫敖"的对象是屈瑕本人。邓曼意思是建议楚武王赶紧召回屈瑕及其所率领的楚师，并且从上述三个方面"济师"。

楚子使赖人追之，不及。

【赖人】正 在楚都为官的赖人。【赖】正 补 又作"厉"，古国，烈山氏（昭二十九·四·二）之后。在今湖北随州殷店镇一带。参见《图集》29—30⑤5。《图集》标注不准确，本书依据相关考证标注。

○补 **古文字新证**："止"字字形演变情况如桓字形图 3 所示。商代甲骨文"止"字象人脚掌之形，脚趾省为三个，三代表多。商以后字形演变情况在此不再详述。"止"为"趾"之初文。总之，从古文字学证据看，"脚"应为"止（趾）"之造字本义。

1 商.甲 2744〈甲〉	2 商.甲 600〈甲〉	3 商.古陶 1.5	4 商.古陶 1.6	5 周晚.召伯簋〈金〉
6 春.者旨於賜鐘〈金〉	7 戰.齊.陶彙 3.769	8 戰.燕.陶彙 4.127	9 戰.晉.璽彙 895	10 戰.楚.天卜〈楚〉
11 秦.睡 10.11	12 漢初.老子甲 17〈篆〉	13 西漢.居延簡甲 11〈篆〉	14 東漢.夏承碑〈篆〉	15 東漢.熹平石經.易.說卦〈篆〉

桓字形图 3（《说文新证》，2014 年）

【二·二】莫敖屈瑕使徇 xùn 于师曰："谏者有刑！"及鄢 yān，〔楚师〕乱次以济。[楚师]遂无次,且不设备。[楚师]及罗,罗与卢戎两军之,大败之。**莫敖**缢于荒谷。群帅因于冶父以听刑。**楚子**楚武王曰"孤之罪也",皆免之。

【徇】[正][补]巡行宣令。

【及鄢,乱次以济】[补]到达鄢水岸边,[楚师]次序混乱地渡河。

【鄢】[正][杨][补]水名。传统说法认为即今蛮河,有两支:北支源出自湖北南漳县西北茅坪西山,名清凉河;南支为干流,出保康县南聚龙山北麓,名三道河;两支向东南流至南漳县谢家台汇合后称蛮河,向东南流经南漳县、宜城市、钟祥市,在钟祥市关家山入于汉江。传统说法鄢水见《图集》29—30⑤3—⑤4,相当于北支清凉河—蛮河下游。也有学者认为,蛮河、清凉河分别是古雎水、古漳水,详见下。

【卢戎】[正][杨][补]此部戎人,妫姓,商代已存在,是参加过武王伐纣的"《牧誓》八国"之一。周代在今湖北襄阳市欧庙镇卞岗村附近。桓十四年至庄三年被楚所灭,地入于楚为卢邑。参见《图集》13—14⑦7、17—18④4、29—30⑤4。

【两军之】[杨]从两面迫而击之。【缢】[正][补]上吊。

【听刑】[杨][补]听候楚武王依刑律处置。

【孤】[补]据《礼记·曲礼》,诸侯君主称"孤"情形为两种:第一,小国之君自称"孤";第二,诸侯见周王时自称"臣某侯某",与其民言时自称曰"寡人",服凶服时自称"嫡子孤",宽泛而论,诸侯君主有凶事之时自称"孤"。此处楚武王以兵败为凶事,自我贬损称"孤"。

○[补]《论语·卫灵公》:"子曰:'君子求诸己,小人求诸人。'"主帅自杀谢罪,群帅自囚请刑,君王罪己赦下,楚君臣在伐罗失败之后的行为所彰显的正是孔子所称颂的古君子之风,也使得后代读者得以确信,此次伐罗失败只是楚崛起之路上一次起到有益警醒作用的挫折。参见殽之战失利后秦穆公自责之事(僖三十三·三·四)。

○ 补 **睢水、漳水地望**：据哀六·六·四，则江水、汉水、睢水、漳水是楚所望祭之大川，这四条河流所涵盖的流域是楚国的中心区域。传统说法认为，江水即今长江，汉水即今汉江，睢水、漳水为今位于长江、汉江之间的沮河、漳河，"江、汉、睢、漳"所指示的春秋时期楚国核心区域就是今天的江汉平原，《图集》及本书示意图采用的就是这种说法。然而，有学者认为，睢水应该是今蛮河（桓地理示意图5"睢水？"），而漳水则是今蛮河支流清凉河（桓地理示意图5"漳水？"）。按照这种说法，则"江、汉、睢、漳"所指示的春秋时期楚国核心区域是位于汉江中游西侧的襄宜平原。

桓公十三年·二

地理 鲁、郑、齐、宋、卫见桓地理示意图1。鲁、郑、齐、宋、卫、燕（南燕）见桓地理示意图3。鲁、宋、纪见桓地理示意图4。

人物 鲁桓公（隐元·一·一）、纪侯、郑厉公（隐五·四·二·一）、齐僖公（隐三·七·春秋）、宋庄公（隐三·六·一·一）、卫惠公

春秋 十有(又)三年，春，二月，公鲁桓公会纪侯、郑伯郑厉公。己巳三日，及齐侯齐僖公、宋公宋庄公、卫侯卫惠公、燕人战。齐师、宋师、卫师、燕师败绩。

【卫侯】杨 补 卫惠公。姬姓，名朔，谥惠。卫宣公（隐四·二·春秋）之子，宣姜（桓十六—桓十七·一·一）所生。桓十三年即位，在位四年。桓十六年公子职等立公子黔牟，卫惠公奔齐。庄六年卫惠公归国复位，又在位二十年。庄二十五年卒。

左传 宋多责赂于郑。郑不堪命，故以纪、鲁及齐与宋、卫、燕战。［《春秋》］不书所战，［我］后也。

【宋多责赂于郑】正 杨 桓十一年宋拥立郑厉公,之后便多次向郑索取财货。参见桓十二·三。

【不书所战,后也】正《春秋》没有记载作战地点,是因为[鲁桓公到达作战地点]晚了。

桓公十三年·三

地理 卫见桓地理示意图 1。

人物 卫宣公(隐四·二·春秋)

春秋 三月,葬卫宣公。

桓公十三年·四

地理 鲁见桓地理示意图 1。

春秋 夏,[我]大水。

桓公十三年·五

春秋 秋,七月。

桓公十三年·六

春秋 冬,十月。

桓公十三年—桓公十四年(桓公十四年·一)

地理 鲁、郑、曹见桓地理示意图1。

人物 鲁桓公(隐元·一·一)、郑厉公(隐五·四·二·一)、公子语

春秋 十有(又)四年,春,正月,公鲁桓公会郑伯郑厉公于曹。

[我]无冰。

○ 正 杨 据昭四·二,周正二月有从山川取冰之事。本年二月气候异常温暖,无冰可取,故《春秋》书之。

○ 正 此条《春秋》无对应《左传》。

夏,五[月],郑伯郑厉公使其弟语公子语来盟。

【语】 补 公子语。姬姓,名语,字人。郑庄公(隐元·四·春秋)之子,郑厉公(隐五·四·二·一)同母弟,雍姞(桓十一·三·三·一)所生。郑大夫,官至卿位。其后为子人氏。其名(语)、字(人)相应,语为人言。

左传 [一] 郑人来请修好,十四年,春,会于曹。曹人致饩xì,礼也。

【郑人来请修好】 正 补 桓十二年鲁桓公五会宋庄公、试图平宋郑失败后,就已经决定与郑交好,当年便与郑厉公盟于武父,随后共同伐宋(桓十二·三)。桓十三年,郑厉公又带领鲁桓公、纪侯与齐僖公、宋庄公、卫惠公、燕人交战(桓十三·二),鲁、郑关系进一步升温。在此背景下,郑厉公主动派人来请修好,所修应是桓十二年武父之盟所奠定的鲁、郑之好。

【饩】 杨 见桓六·四·二。

○ 杨 据哀十二·四·二,"夫诸侯之会,事既毕矣,侯伯致礼,地主归饩,以相辞也"。此会,曹既为地主,会毕致饩,故《左传》曰"礼也"。

【二】夏，郑子人_{公子语}来寻盟，且修曹之会。

【寻盟】杨 重温桓十二年武父之盟（桓十二·三）。

桓公十四年·二

地理 鲁见桓地理示意图 1。

春秋 秋，八月壬申_{十五日}，[我]御廪 lǐn 灾。乙亥_{十八日}，[我]尝。

【御廪】正 鲁都城内仓库，用来储藏鲁君亲自参与耕种的藉田中所出产的祭祀用谷物。藉田见昭十八·四。

【灾】正 杨 据宣十六·二，"人火曰火，天火曰灾"。因此，"灾"指不能确定为人为引起的火灾。

【尝】杨 见桓五·四。

○正 补 周正八月当夏正六月。尝祭应在夏正七月举行，此处提前，故《春秋》书之，参见桓五·四。

左传 "秋，八月壬申，御廪灾。乙亥，尝。"[《春秋》]书，不害也。

【书，不害也】正 补 《春秋》记载此事，是为了表明御廪火灾并未造成重大灾害。尝祭为秋季向祖先奉献新谷的祭祀，而祭祀用谷物藏于御廪。因此，此处所谓"不害"，应是指御廪之屋虽损而谷物得以保全。由于尝祭之日在火灾之日后三天，祭日已告知百官，斋戒已经在进行中，既然祭祀用谷物并没有重大损失，则祭祀不应废止，因此火灾三日后仍然按原计划举行尝祭。《春秋》因此记载此事，作为后世效法的范例。

桓公十四年·三

地理 齐见桓地理示意图 1。

人物 齐僖公（隐三·七·春秋）

春秋 冬，十有(又)二月丁巳二日，齐侯禄父 fǔ，齐僖公卒。

桓公十四年·四

地理 宋、齐、蔡、卫、陈、郑见桓地理示意图 1。宋、齐、蔡、卫、陈、郑、牛首见桓地理示意图 3。

春秋 宋人以齐人、蔡人、卫人、陈人伐郑。

○ 正 据僖二十六·四，此次伐郑，齐、蔡、卫、陈之师接受宋人指挥，故《春秋》书"以"。

左传 冬，宋人以诸侯伐郑，报宋之战也。[诸侯之师]焚渠门，入，及大逵。[诸侯之师]伐东郊，取牛首。[宋人]以大(太)宫之椽 chuán 归，为卢门之椽。

【宋之战】 正 见桓十二·三。

【渠门】 正 补 郑都郛东门。郛参见《知识准备》"国野制"。

【大逵】 杨 见隐十一·二·二。

【牛首】 正 杨 补 在今河南通许冯庄乡小城村。郑邑。参见《图集》24—25④⑤。《图集》标注不准确，本书示意图依据《图志》标注。

【大宫】 补 见隐十一·二·二。

【椽】 正 杨 补 古代建筑屋顶构件。屋顶木构架中，在屋脊"栋"(参见襄三十一·七·一·四)两边，与栋平行，各有几条间距较大的木杆件，称为"檩"。在每侧檩上架有一排密集的细木杆件，其走向与栋、檩垂直，从栋向两侧延伸，这些细木杆件总称为"榱"，其中圆者为"椽"，方者为"桷"。榱上铺基底材料(如竹篾)，上面铺瓦。

【卢门】 正 杨 宋都东南城门。

桓公十五年·一

地理 周、鲁见桓地理示意图1。

人物 周桓王（隐四·二·七·一）、家父（桓七—桓八·春秋）

春秋 十有（又）五年，春，二月，天王周桓王使家父fǔ来求车。

左传 十五年，春，"天王使家父来求车"，非礼也。诸侯不贡车、服，天子不私求财。

【诸侯不贡车、服】正 杨 车、服皆为在上者（天子）用以赏赐在下者（诸侯）表示嘉奖之物，故诸侯不得贡车、服于天子。

【天子不私求财】正 补 诸侯有常规的职贡，周天子不应在此之外再求财货。此时正是由于诸侯不再按规定进贡，才迫使天子私下求财。

桓公十五年·二

地理 周见桓地理示意图1。

人物 周桓王（隐四·二·七·一）

春秋 三月乙未十一日，天王周桓王崩。

桓公十五年·三

地理 齐见桓地理示意图1。

人物 齐僖公（隐三·七·春秋）

春秋 夏，四月己巳十五日，葬齐僖公。

桓公十五年·四

地理 郑、蔡见桓地理示意图1。

人物 郑厉公（隐五·四·二·一）、太子忽/郑昭公（隐三·四·一）、祭足（隐元·四·二）、雍纠、雍姬

春秋 五月，郑伯突郑厉公出奔蔡。

郑世子忽太子忽/郑昭公复归于郑。

○正 补 郑厉公出奔之后，在外流亡的郑昭公本为太子，是法统最正的君位继承人，国人便以太子之礼迎之归国即位，发往鲁的通告中亦称其为太子，《春秋》照书之而不改。另一方面，郑昭公桓十一年出奔之前本为国君，本年复其君位，故《春秋》书"复归"，书法参见成十八·四·一。

左传【一】祭 zhài 仲祭足专。郑伯郑厉公患之，使其祭足婿雍纠杀之。

［雍纠］将享诸（之于）郊［而杀之］。

【专】 杨 专权，不待君命而行事。

【雍纠】 杨 补 雍氏，名纠。郑大夫。桓十五年被祭足所杀。雍纠很有可能即是宋雍氏（桓十一·三·三·二）族人。

【将享诸郊】 杨 ［雍纠］将在国都郊外设宴招待祭足［，并伺机杀掉他］。

雍姬知之，谓其母曰："父与夫孰亲？"

【雍姬】 补 郑女，姬姓。祭足（隐元·四·二）之女，雍纠之妻。

其母曰："人尽夫也，父一而已，胡可比也？"

［雍姬］遂告<u>祭仲</u>曰：“<u>雍氏</u>雍纠舍其室而将享子于郊，吾惑之，以告［子］。”

【二】<u>祭仲</u>杀<u>雍纠</u>，尸诸之于<u>周氏之汪</u>。<u>公</u>郑厉公载［尸］以出，曰：“谋及妇人，宜其死也。”夏，<u>厉公</u>郑厉公出奔<u>蔡</u>。六月乙亥二十二日，<u>昭公</u>郑昭公入。

【尸】补陈尸。【周氏之汪】正杨补汪，池。周氏应本为郑家族名，后被用于地名，“周氏之汪”命名法如同湖南长沙“侯家塘”“左家塘”。周氏之汪位于郑都南郊，靠近桔柣之门。

【六月乙亥，昭公入】补《史记·郑世家》：“<u>祭仲</u>迎<u>昭公忽</u>。六月乙亥，复入郑，即位。”桓十一年郑昭公奔卫，今年归国复位。

○补下启本年郑厉公入于栎（桓十五—桓十六·一）。郑厉公在出逃时仍不忘载雍纠之尸同出，足可见此人乃重情重义之人，这也许是他后来为何能得到旧部支持杀檀伯重回栎邑的原因之一。

桓公十五年·五

地理<u>鲁</u>、<u>齐</u>见桓地理示意图1。<u>许</u>、<u>鲁</u>、<u>齐</u>、<u>艾</u>见桓地理示意图3。

人物<u>许叔/许穆公</u>（隐十一·二·五）、<u>鲁桓公</u>（隐元·一·一）、<u>齐襄公</u>

春秋<u>许叔</u>入于<u>许</u>。

○正补隐十一年<u>齐</u>、<u>鲁</u>、<u>郑</u>三国入<u>许</u>，<u>许庄公</u>奔<u>卫</u>，<u>郑庄公</u>将<u>许叔</u>安置在许都外东部。当时<u>郑庄公</u>就曾对负责监管<u>许叔</u>的<u>百里</u>提出，自己去世后，就可以让许复国（参见隐十一·二·五）。不过，桓十一年<u>郑庄公</u>卒后，许并没有立即复国，原因不明。桓十四年，<u>齐僖公</u>卒，当年的伐许发起者（<u>齐僖公</u>）和战后监管者（<u>郑庄公</u>）均已不在人世。在此背景下，<u>许叔</u>进入许都即君位，即<u>许穆公</u>。

公鲁桓公会齐侯齐襄公于艾。

【齐侯】 补 齐襄公。姜姓,名诸儿,谥襄。齐僖公(隐三·七·春秋)嫡子。桓十五年即位,在位十二年。庄八年被公孙无知之徒所弑。

【艾】 杨 见隐六·三。

左传【一】"许叔入于许"。

【二】"公会齐侯于艾",谋定许也。

桓公十五年·六

地理 邾、牟、葛见桓地理示意图 4。

春秋 邾人、牟人、葛人来朝。

【牟】 正 杨 补 鲁附庸国。始封君为祝融之后。在今山东济南钢城区辛庄镇赵家泉村已发现其遗址(详见下)。参见《图集》26—27③4。

【葛】 正 杨 补 鲁附庸国,嬴姓。在今山东枣庄峄城区境。

【朝】 补 见隐四·二·七·一。

○正 邾此时尚未得王命,仍是鲁附庸国(参见隐元·二),而邾人、牟人、葛人一同行礼,可知其尊卑相当,由此可推知牟、葛也都是附庸国。此三人应皆为附庸国君太子,代其国君来鲁朝见,故《春秋》书"来朝"。附庸国君,依例称名,故其太子亦降等称"人"。

○补 **牟国故城遗址:** 城址平面呈长方形,南北长 620 米,东西宽 520 米,城址内采集到商、周、汉代遗物。

桓公十五年—桓公十六年(桓公十六年·一)

地理 郑、鲁、宋、卫、陈、蔡、曹见桓地理示意图 1。郑、鲁、宋、卫、陈、蔡、曹、栎、袤见桓地理示意图 3。

人物 郑厉公(隐五·四·二·一)、鲁桓公(隐元·一·一)、宋庄公(隐三·六·一·一)、卫惠公(桓十三·二·春秋)、陈庄公、蔡桓侯(桓二·三·春秋)、檀伯

春秋 秋,九月,郑伯突郑厉公入于栎 lì。

【栎】 正 杨 补 在今河南禹州,距郑都西南九十里。郑陪都。僖二十四年,被狄所取。宣十一年前复归于郑。昭元年前地入于楚。参见《图集》24—25④4。

冬,十有(又)一月,公鲁桓公会宋公宋庄公、卫侯卫惠公、陈侯陈庄公于袤 chǐ,伐郑。

【陈侯】 补 陈庄公。妫姓,名林,谥庄。陈桓公(隐四·二·春秋)之子,太子免(桓五·一)、陈厉公(桓十一·四·春秋)之弟。桓十三年即位,在位七年。庄元年卒。

【袤】 正 杨 补 在今安徽涡阳东北。宋地。参见《图集》24—25⑤7。○ 杨 据《公羊传》及《说文》,则"宋公"上或脱"齐侯"二字。

十有六年,春,正月,公鲁桓公会宋公宋庄公、蔡侯蔡桓侯、卫侯卫惠公于曹。

夏,四月,公鲁桓公会宋公宋庄公、卫侯卫惠公、陈侯陈庄公、蔡侯蔡桓侯伐郑。

秋,七月,公鲁桓公至自伐郑。

左传【一】秋，郑伯郑厉公因栎人杀檀伯，而遂居栎。

【檀伯】正补檀氏，排行伯。栎邑大夫。桓十五年被郑厉公指使栎人所杀。

○杨补据昭十一·十·二，"郑庄公城栎而置子元焉"。子元即公子突，亦即郑厉公。据此，则栎在郑庄公时期本为公子突旧邑，故本年郑厉公得以策动栎人为己杀檀伯而入居之。

【二】冬，会于袲，谋伐郑，将纳厉公郑厉公也。弗克而还。

【纳】补见隐四·二·四·一。

【克】补胜。

> ○杨**传世文献对读**：《史记·郑世家》："诸侯闻厉公出奔，伐郑，弗克而去。宋颇予厉公兵自守于栎，郑以故亦不伐栎。"

【三】十六年，春，正月，会于曹，谋伐郑也。

○正去年诸侯伐郑试图送郑厉公复位没有成功，因此本年再次会面谋划。

【四】夏，伐郑。

【五】"秋，七月，公至自伐郑"，[《春秋》书之，]以饮至之礼也。

○杨参见桓二·五·二。

桓公十六年·二

地理鲁见桓地理示意图 1。鲁、向见桓地理示意图 4。

春秋冬，[我]城向。

【向】杨见隐二·二·春秋。此时已为鲁邑。

左传 "冬,城向。"[《春秋》]书,时也。

【书,时也】补《春秋》书此事,是表明它符合筑城之正时。参见庄二十九·五。

桓公十六年—桓公十七年(桓公十七年·一)

地理 卫、齐、鲁见桓地理示意图1。齐、鲁、纪、莘见桓地理示意图4。

人物 卫惠公(桓十三·二·春秋)、鲁桓公(隐元·一·一)、齐襄公(桓十五·五·春秋)、纪侯、卫宣公(隐四·二·春秋)、夷姜、太子急、右公子职、公子寿、公子朔/卫惠公(桓十三·二·春秋)、左公子泄、宣姜、公子黔牟

春秋 十有(又)一月,卫侯朔卫惠公出奔齐。

十有七年,春,正月丙辰十三日,公鲁桓公会齐侯齐襄公、纪侯盟于黄。

【黄】正杨在今山东淄博淄川区东北。齐邑。

左传【一·一】初,卫宣公烝 zhēng 于夷姜,生急子太子急,属(嘱)诸(之于)右公子右公子职。[公]为之太子急娶于齐,而美,公卫宣公取之宣姜。[宣姜]生寿公子寿及朔公子朔,属(嘱)寿公子寿于左公子左公子泄。夷姜缢。

【烝】正补杜注谓"上淫曰烝",即晚辈男性与长辈女性淫乱。然而,据本年记述及《史记·卫世家》,卫宣公烝于夷姜(过世父亲之妾),生太子急。据庄二十八·二·一,晋献公娶于贾,无子,后烝于齐姜(过世父亲之妾),生秦穆夫人及共太子申生。据闵二·五·四·一,卫惠公即位时年龄过小不能生育,齐人便迫使其庶兄昭伯烝于宣姜(过世父亲之妾),生齐子、卫戴公、卫文公、宋桓夫人、许穆夫人。国君(或国君庶兄代劳)烝于其父之妾,其妾反而获得相当于国君嫡夫人的地位,其所生子女,男得为太子,女得为他国君主夫人。有学者认为,"烝"是春秋时期贵族阶层中存在的一种与乱伦通奸有别的特殊婚姻行为,即不依常礼从异姓国新娶女

子为妻,而是娶去世父亲之妾为妻,往往以生儿育女为目的。【夷姜】正杨补夷女,姜姓。本为卫前庄公(隐四·二·一·一)妾。卫前庄公之子卫宣公(隐四·二·春秋)烝之,生太子急。桓十七年前自缢而死。

【急子】杨补太子急(据《史记·卫康叔世家》)。姬姓,名急(《史记·卫康叔世家》、《毛诗·邶风·新台》《毛诗·邶风·二子乘舟》序皆曰名"伋")。卫宣公之子,夷姜所生。桓十七年前被卫宣公使人所杀。

【属诸右公子】补将太子急嘱托给右公子职。指让右公子职作为太子急之傅。

【寿】补公子寿。姬姓,名寿。卫宣公之子,太子急异母弟,宣姜所生。桓十七年前为救太子急而被卫宣公所使贼人所杀。

【朔】补公子朔,后为卫惠公。

【夷姜缢】正夷姜失宠,故自缢而死。

○补参见隐元·一鲁惠公为其子息姑娶妻而自取之。

○杨补据《左传》,卫宣公先后烝夷姜生太子急,为太子急娶妻,自娶宣姜生公子寿与公子朔,公子朔与宣姜构陷太子急,派太子急出使齐国并派人将其杀害。到卫宣公为太子急娶妻时,太子急应该已行冠礼成年,据襄九·五·五,当时年龄应该大于 12 岁。到卫宣公杀太子急时,公子寿能与太子急饮酒,而且能驾车先行,其年龄至少应该大于 10 岁。由于卫宣公在位共十九年,小于太子急和公子寿最小年龄之和,这就意味着卫宣公烝夷姜是在其还没有即位、仍是公子晋之时,当时卫国君主是他的哥哥卫桓公。此处《左传》说"卫宣公烝于夷姜"是笼统言之。

宣姜与公子朔构急子。公使诸(之于)齐,使盗待诸(之于)莘 shēn,将杀之太子急。寿子公子寿告之太子急,使[急子]行。[急子]不可,曰:"弃父之命,恶 wū 用子矣!有无父之国则可也。"

【宣姜】正补齐女,姜姓。齐僖公(隐三·七·春秋)之女。原应为太子急之妻,因貌美被卫宣公自娶为夫人,生公子寿及卫惠公(桓十三·二·春秋)。后昭伯(闵二·五·四·一)烝之,又生齐子(闵二·五·四·一)、卫戴公(闵二·五·四·一)、卫文公(闵二·五·四·一)、宋桓夫人(闵二·五·四·一)、许穆夫人(闵二·五·四·一)。

【构】杨挑拨离间。【公使诸齐】补卫宣公派太子急出使齐国。

【莘】正杨补在今山东莘县北莘亭街道。卫地,位于卫、齐边境,其地狭隘。参见《图集》24—25②6。

【使行】正杨补杜注、杨注认为此处之"行"是"逃走"的意思,"使行"就是"让太子急逃走"。而《史记·卫世家》作"……[寿子]乃谓太子曰:'界盗见太子白旄,即杀太子,太子可毋行'……",也就是说,《史记》版本中,"行"是"出使上路"的意思。《左传》下文"及行"的"行"也是"出使上路"的意思。若"行"作"出使上路"解,则此处"使行"应为"使毋行",脱一"毋"字。

【恶】正安。

及[急子]行,[寿子]饮 yìn[急子]以酒。寿子载其太子急旌以先,盗杀之公子寿。急子至,曰:"我之求也。此何罪? 请杀我乎!"[盗]又杀之太子急。

【及行,饮以酒】补等到上路时,[公子寿]招待[太子急]饮酒[,将太子急灌醉]。

【旌】补春秋时旗的一种。其形制的核心是"析羽",也就是用羽毛编缀而成的旗幅,可以是两支、三支或者更多。此外,旌的竿首还可装饰不同的毛物,可以是鸟羽、牦牛尾或者豪猪毛。旌在战争中用以指挥士卒进攻,在军队行进时用以向后方军队昭示前方情况,在田猎时用以标明身份,还经常出现在娱乐、丧葬活动中。东周时期析羽之旌形象参见桓器物图 8。

【我之求也】补即"求我也"。

【此】补指公子寿的尸体。

桓器物图 8.1　河南汲县山彪镇 M1 出土铜鉴刻纹，战国早期（《山彪镇与琉璃阁》，1959 年）

桓器物图 8.2　山西长治分水岭晋国墓地 M84 出土铜鉴刻纹，战国中期（《长治分水岭东周墓地》，2010 年）

二公子故怨惠公_{卫惠公}。

【二公子】正右公子职与左公子泄。公子职、公子泄应该是卫宣公先君的左右媵之子，所以称为"右公子""左公子"。二人应该是卫宣公的庶兄弟。

【一·二】十一月，左公子泄、右公子职立公子黔牟。惠公_{卫惠公}奔齐。

【公子黔牟】补姬姓，名黔牟。卫宣公（隐四·二·春秋）之子，太子急同母弟，夷姜所生。桓十七年公子职等立公子黔牟，在位八年。庄六年齐送卫惠公返国复位，公子黔牟被放逐至周。

[二] 十七年，春，盟于黄，平齐、纪，且谋卫故也。

【平齐、纪】 正 杨 补 齐欲灭纪，而桓十三年纪又从鲁、郑击败齐，故鲁桓公试图从中调停，使齐、纪两国和解，成就"小霸"功绩。

【且谋卫故也】 正 杨 补 桓十六年卫惠公奔齐，诸侯欲纳之，故聚会谋之。

○ 补 下启庄六年诸侯纳卫惠公（庄五—庄六）。

桓公十七年·二

地理 鲁见桓地理示意图 1。鲁、邾见桓地理示意图 4。

人物 鲁桓公（隐元·一·一）、邾安公（隐元·二·春秋）

春秋 二月丙午，公鲁桓公会邾仪父邾安公，盟于趡cuǐ。

【丙午】 正 据杜预所推春秋历，二月无丙午，最接近的丙午为三月四日。

【趡】 正 杨 当在今山东泗水与邹城之间。鲁地。

左传 [公] 及邾仪父邾安公"盟于趡"，寻蔑之盟也。

【蔑之盟】 正 见隐元·二·春秋。

桓公十七年·三

地理 鲁、齐见桓地理示意图 1。鲁、齐见桓地理示意图 4。

人物 鲁桓公（隐元·一·一）

春秋 夏，五月丙午五日，[我师] 及齐师战于奚。

【奚】 正 杨 补 在齐、鲁边境。鲁地。

○ 正 补 齐背黄之盟而来侵鲁疆，鲁有理，故《春秋》不书侵伐，而书

"战"。参见桓十·五。

[左传]〔一〕夏,"及齐师战于奚",疆事也。

〔二〕于是齐人侵鲁疆,疆吏来告。公鲁桓公曰:"疆埸 yì 之事,慎守其一,而备其不虞。姑尽所备焉。事至而战,又何谒 yè 焉?"

【于是】[杨][补]在此时。

【疆吏】[补]鲁外朝地方官,职掌边境守卫。

【疆埸】[杨][补]近义词连用,都是"边境"的意思。

【其一】[杨][补]边疆为两国或数国土地交界处,"其一"指边界本国的一边。

【不虞】[杨]意外。

【姑尽所备焉】[补]姑且尽力防备。

【谒】[杨]报告,请示。

桓公十七年·四

[地理]蔡、陈见桓地理示意图1。

[人物]蔡桓侯(桓二·三·春秋)、公子献舞

[春秋]六月丁丑,蔡侯封人蔡桓侯卒。

秋,八月,蔡季公子献舞自陈归于蔡。

【蔡季】[正][补]公子献舞,后为蔡哀侯。姬姓,名献舞,谥哀,排行季。蔡宣公(隐八·五·春秋)之子,蔡桓侯(桓二·三·春秋)之弟。桓十八年即位,在位二十年。庄十一年被楚文王所俘,曾被短暂释放。庄十四年又被楚文王所俘,从此长期被楚扣留。庄十九年卒于楚。

○[正]陈纳公子献舞于蔡,故《春秋》书"归"。参见成十八·四·一。

癸巳,葬蔡桓侯。

○ 正 补 据隐元·五,诸侯五月而葬。蔡桓侯三月而葬,于礼为速。《春秋》常例,诸侯之卒,书"国名＋爵位＋名(同盟国)",如上文"蔡侯封人卒",而葬则书"国名＋谥号＋公"。此处不书"葬蔡桓公"而书"葬蔡桓侯",而此后《春秋》再书蔡侯卒、葬,皆书"蔡侯某卒""葬蔡某公",可能是本年笔误。

○ 正 此条《春秋》无对应《左传》。

左传 蔡桓侯卒。蔡人召蔡季公子献舞于陈。秋,"蔡季自陈归于蔡",蔡人嘉之也。

【秋……之也】 正 补 《春秋》书"蔡季",称其排行"季",是表明蔡人对他的嘉许。

桓公十七年·五

地理 鲁、宋、卫见桓地理示意图 1。鲁、宋、卫、邾见桓地理示意图 3。

春秋 [我]及宋人、卫人伐邾。

左传 [我]"伐邾",宋志也。

○ 正 杨 鲁违背本年初越之盟而与宋人、卫人共同伐邾,是屈从于宋的意志。

桓公十七年·六

春秋 冬,十月朔初一,日有食之。

【朔】 补 见桓三·五·春秋。

【日有食之】 补 见隐三·一·春秋。

左传 [一]"冬,十月朔,日有食之。"[《春秋》]不书日,官失之也。天子有日官，诸侯有日御。日官居卿以底 zhǐ 日，礼也。日御不失日，以授百官于朝。

【不书日，官失之也】[补]《春秋》没有记载日食发生的日期（指当日的干支），这是由于日御疏失漏记造成的。

【日官居卿】[正]周王室的日官职掌天象，朝位特尊，虽不在六卿之数，而地位与卿相当，故曰"日官居卿"。

【底日】[杨]周王室的日官用土圭测量日影，观测日影至与不至，从而推知日月运行，寒暑物候，称为"底日"。底，致。

【日御……于朝】[杨][周王室的日官确定历法并将其颁于诸侯，]诸侯的日御承奉历法不失坠，并在朝廷上将其传授给百官。

桓公十七年 · 七

[地理]郑见桓地理示意图1。

[人物]郑庄公（隐元·四·春秋）、高渠弥（桓五·三·一·二）、太子忽/郑昭公（隐三·四·一）、公子亹、公子达

[左传]【一】初，郑伯郑庄公将以高渠弥为卿。昭公太子忽/郑昭公恶 wù 之，固谏[郑伯]，[郑伯]不听。昭公立，[高渠弥]惧其郑昭公杀己也，辛卯十月二十二日，弑昭公，而立公子亹 wěi。

【公子亹】[正][补]后为郑子亹。姬姓，名亹（清华简二《系年》曰名"亹寿"，即《毛诗》常见之"眉寿"），无谥。郑庄公（隐元·四·春秋）之子，郑昭公（隐三·四·一）之弟。桓十七年被高渠弥立为君，在位一年。桓十八年被齐人所杀。

○[杨]**传世文献对读**：据《史记·郑世家》，"冬十月辛卯，渠弥与昭公出猎，射杀昭公于野。祭仲与渠弥不敢入厉公，乃更立昭公弟子亹为君，是为子亹也，无谥号"。

【二·一】君子谓："昭公_{郑昭公}知所恶 wù 矣。"

○正 弑君是人臣能够犯下的最大恶事。郑昭公厌恶高渠弥，而高渠弥果然犯下大恶，所以说昭公是知道该厌恶谁。

【二·二】公子达曰："高伯_{高渠弥}其为戮乎！复恶已甚矣。"

【公子达】正 补 姬姓，名达。鲁大夫。

【复恶已甚矣】正 杨 补 ［高渠弥］报复［郑昭公对他的］厌恶太过分了。已，太。杜注则认为，"复"解为"重复"，意思是说，高渠弥自身被郑昭公所厌恶，又犯下弑君的大恶，是重复为恶，太过分了，如此则本句应该标点为"复恶，已甚矣"。

○正 杨 补 **传世文献对读：**《韩非子·难四》论及此事，可扫码阅读。

桓公十八年·一

地理 鲁、齐见桓地理示意图1。鲁、齐、泺水见桓地理示意图4。

人物 鲁桓公（隐元·一·一）、齐襄公（桓十五·五·春秋）、文姜（桓三·六·春秋）、申繻、公子彭生

春秋 十有（又）八年，春，王正月，公鲁桓公会齐侯齐襄公于泺luò。公与夫人姜氏文姜遂如齐。

【泺】 正 杨 补 水名，源出今山东济南泺源街道的趵突泉，北行经过旧城区西部，又北流至泺口入黄河。鲁桓公与齐襄公相会处应在泺口，当时是泺水入济水处。春秋时泺水参见《图集》26—27③3。

【与】 杨《公羊传》《穀梁传》《唐石经》皆无"与"字。遍观《春秋》，此种情况或书"及"，或书"暨"，未有书"与"者，可能此处是传抄者妄增。

夏，四月丙子十日，公鲁桓公薨于齐。

○ 正 鲁桓公实为齐人所戕害，而《春秋》书"薨"，是避讳国恶。

丁酉五月初一，公鲁桓公之丧至自齐。

○ 正 此条《春秋》无对应《左传》。

左传 [一] 十八年，春，公鲁桓公将有行，遂与姜氏文姜如齐。申繻xū曰："女有家，男有室，无相渎也，谓之有礼。易此，必败。"

【申繻】 杨 鲁大夫。

【女有……必败】 正 杨 补 女方已经有了夫家，男方已经有了妻室，［应该谨守界限，］不要相互亵渎，这才叫有礼。违反了这个，一定会有祸败。易，违反。"女"指文姜，"男"指齐襄公。据《史记·齐太公世家》，则文姜在出嫁前曾与齐襄公私通。申繻之言表明，鲁人对于文姜与齐襄公之间的旧日奸情已有所耳闻。

○补先秦时期、乃至于整个中国古代都没有国君携夫人一同出访之礼，因此笔者推测，此次鲁桓公与文姜前去的理由是不同的：鲁桓公前去的理由是与齐襄公会面商议政事，而文姜前去的理由应该是回母国省亲。然而即使这样，国君和夫人同行仍然非常怪异，因此会引起申繻为代表的国内卿大夫的猜疑和议论。

> ○补 **传世文献对读**：《毛诗·齐风·南山》是一首讽刺齐襄公与文姜淫乱的诗，可扫码阅读。

【二】"公会齐侯于泺"，遂及文姜如齐。齐侯齐襄公通焉。公谪zhé 之文姜，[文姜]以告[齐侯]。

【齐侯……以告】正 杨 补 齐襄公与其妹文姜通奸。鲁桓公得知以后责骂文姜，[文姜]将情况告诉[齐襄公]。谪，谴，责。

> ○补 **传世文献对读**：《公羊传·庄公元年》记载说，文姜不仅将鲁桓公责骂自己的情况告诉了齐襄公，还说，"公曰：'同非吾子，齐侯之子也'"（"鲁君说：'太子同不是我的孩子，是齐侯的孩子'"），惹得齐襄公大怒，遂有后来拉杀鲁桓公之事。

【三】夏，四月丙子十日，[齐侯]享公鲁桓公。[齐侯]使公子彭生乘chèng 公，公薨 hōng 于车。

【享】补见桓九—桓十·一·二。

【使公……于车】正 杨 补齐襄公让公子彭生协助鲁桓公登车，鲁桓公在车中去世。据《公羊传》及《史记·齐太公世家》，则公子彭生力大，拉鲁桓公躯干，将其杀死。

○补公子彭生杀死鲁桓公的方法，应该是强力将鲁桓公脊柱拉断，这样在外面看不到明显伤口。齐襄公之所以要这样杀害鲁桓公，应该是为了将整件事伪装成一次"不幸事故"，甚至连公子彭生是否造成了鲁桓公的死亡都无法确认。这样一来,如果鲁人要求追究责任,齐人顶多只需将"有嫌疑"的公子彭生处死赔罪即可,而无需承担"故意杀害来访友邦国君"这样的大罪。

【四】鲁人告于齐曰:"寡君_{鲁桓公}畏君_{齐襄公}之威,不敢宁居,来修旧好。礼成而[_{寡君}]不反_(返),无所归咎,恶_{wù}于诸侯。请以彭生_{公子彭生}除之。"齐人杀彭生。

【无所……除之】 补 没有地方去归属罪责,在诸侯中造成恶劣影响。请用彭生来消除这种恶劣影响。咎,罪。

桓公十八年·二

地理 齐、郑、陈见桓地理示意图 1。齐、郑、陈、首止见桓地理示意图 3。

人物 郑子亹(桓十七·七·一)、高渠弥(桓五·三·一·二)、祭足(隐元·四·二)、郑子婴

春秋 秋,七月。

左传 【一】秋,齐侯师于首止。子亹_{郑子亹}会之,高渠弥相_{xiàng}。七月戊戌_{三日},齐人杀子亹,而辕_{huàn}高渠弥。祭_{zhài}仲_{祭足}逆郑子_{郑子婴}于陈而立之。

【秋,齐侯师于首止】 正 齐师此行,为讨郑弑其君。【首止】 正 杨 补 在今河南睢县东南。卫地。参见《图集》24—25④6。
【相】 杨 古时国君行朝聘、盟会、享宴、祭祀之礼,必有佐助之人。其人为"相",其事为"相礼",亦简称"相"。
【辕】 正 车裂。
【郑子】 正 补 郑子婴。姬姓,名婴,字仪,无谥。郑庄公(隐元·

四・春秋)之子,郑昭公(隐三・四・一)之弟。曾出居于陈,庄元年被祭足立为君,在位十三年。庄十四年被傅瑕所杀。

【二】 是行也,祭仲_{祭足}知之,故称疾不往。人曰"祭仲以知(智)免",仲_{祭足}曰:"信也。"

○ 杨 补 **传世文献对读**:《史记・郑世家》叙此事较详,且有与《左传》不同之处,可扫码阅读。

桓公十八年・三

地理 周见桓地理示意图 1。周、燕(南燕)见桓地理示意图 3。

人物 周桓公(隐六・八)、周庄王、王子克、辛伯

左传 【一】 周公_{周桓公}欲弑庄王_{周庄王}而立王子克。辛伯告王_{周庄王},遂与王杀周公黑肩_{周桓公}。王子克奔燕。

【周公……子克】 杨 补 据桓五・三,则周王室本有左、右二卿士,由周桓公、虢公林父分别担任。桓十年虢公林父出奔虞,则此后周桓公独揽周王室之政,此时欲行废立之事。**【庄王】** 正 补 周庄王。姬姓,名佗,谥庄。周桓王(隐四・二・七・一)之子。桓十六年即位,在位十五年。庄十二年卒。**【王子克】** 正 补 姬姓,名克,字仪。周桓王之子,周庄王之弟。桓十八年奔燕。

【辛伯】 正 补 姒姓,辛氏,排行伯。周王室大夫。

【二】 初,子仪_{王子克}有宠于桓王_{周桓王},桓王属(嘱)诸(之于)周公_{周桓公}。辛伯谏[周公]曰:"并后,匹嫡,两政,耦国,乱之本也。"周公弗从,故及[于难]。

【桓王属诸周公】 补 周桓王将王子克嘱托给周桓公。

【并后……本也】正 杨 补两个王后并列（指宠妃和王后并列），两个嫡子匹敌（指爱子与嫡子匹敌），国政分成两部分（指宠臣和正卿分掌国政），两个国都并排（指大都邑与国都并排），这是祸乱的本源。参见闵二·七·四狐突所引辛伯之言"内宠并后，外宠二政，嬖子配嫡，大都耦国，乱之本也"。

○杨 补传世文献对读：《韩非子·说疑》论"并后""贰政""配适"更详，无"耦国"，而有"拟主"，可扫码阅读。

桓公十八年·四

地理鲁见桓地理示意图1。

人物鲁桓公（隐元·一·一）

春秋冬，十有(又)二月己丑二十七日，葬我君桓公鲁桓公。

○正 补据隐元·五，诸侯五月而葬。鲁桓公九月而葬，于礼为缓。

扫描二维码，
阅读参考资料

庄公元年·一

地理 鲁、齐见庄闵地理示意图1。

人物 文姜（桓三·六·春秋）

春秋 元年，春，王正月。

三月，夫人文姜孙（逊）于齐。

○正 杨 文姜正月时在齐（见下），后曾归鲁，三月又出奔齐。《春秋》讳言国恶，故不书"奔"而书"孙"，如同说文姜逊让而去。

左传【一】"元年，春。"[《春秋》]不称[公]即位，文姜出故也。

○正 补 文姜与鲁桓公一同至齐，而鲁桓公被齐人所杀，故文姜此时仍在齐，不敢归鲁。鲁庄公父死、母出，不忍行即位之礼，不告于宗庙，故《春秋》不书即位。若鲁桓公死而文姜在，则鲁庄公不至于此，故《左传》称"不称即位，文姜出故也"。

【二】"三月，夫人孙于齐。"[《春秋》]不称"姜氏"，绝不为亲，礼也。

○正 补 《春秋》此处及之后一直称文姜为"夫人"，说明仍以文姜为鲁桓公夫人，与鲁庄公母子之义仍存。然而齐杀鲁庄公之父，有不共戴天之仇，故《春秋》不书"姜氏"，表明鲁断绝了与齐的姻亲关系（齐为姜姓），这是符合礼的。杜注、孔疏则认为，文姜既为已嫁之女，应以其夫鲁桓公为天。其夫既然被其母国齐所杀，则文姜根据礼义应当与齐断绝亲缘关系。然而文姜并没有这样做，却又出奔到了齐。《春秋》于是在记载文姜出奔的条文中去其母家姓"姜氏"，表明文姜应与齐断绝亲缘关系的礼义，《春秋》这种表态是符合礼的。然而，遍检《左传》，但凡有"行某事，礼也""行某事"都是确已发生的行为，而并不是对某事所应持有的态度，比如下文的"为外，礼也"，因此本书不取杜注、孔疏观点。

庄公元年·二

[地理] 周、鲁见庄闵地理示意图 1。单、周、鲁见庄闵地理示意图 3。

[人物] 单伯、王姬

[春秋] 夏，单伯送王姬。

【单伯】[正][补] 姬姓，单氏，排行伯。周王室成员之后。周王室卿大夫。食采于单。【单】[正][杨][补] 周畿内国，姬姓。始封在周文王、武王时期，始封地在今陕西眉县杨家村附近。后东迁，在今河南孟津会盟镇北。其国君世为周王室卿大夫。参见《图集》24—25④3。《图集》标注不准确，本书示意图依据《图志》标注。

【王姬】[正][补] 周女，姬姓。周平王（隐元·五·春秋）孙女。庄元年归于齐，为齐襄公（桓十五·五·春秋）夫人。庄二年卒。

○[正][杨] 周庄王嫁女于齐，命鲁主婚（参见桓八—桓九·春秋）。因此周王室公卿单伯送女来鲁，以备齐人来迎。

○[正] 此条《春秋》无对应《左传》。

秋，[我]筑王姬之馆于外。

【外】[补] 指鲁都城外。

[左传] "秋，筑王姬之馆于外。"为外，礼也。

○[正][补] 桓公死后，鲁实力不敌齐，不能兴师问罪，而只能提出惩办公子彭生，而齐随后便杀了公子彭生作为交代。也就是说，鲁的要求已经得到满足，因此在公开场合不得再仇视齐，然而实际上鲁庄公仍视齐襄公为杀父仇人，仍然以齐为仇敌。此时鲁桓公已下葬，其子鲁庄公在守丧期间。鲁庄公既不愿以常礼在宗庙接待齐来迎新妇之使，又不愿忤逆王命而不主婚，于是以守丧不能行常礼为由，在城外筑王姬之馆,使齐人从外自行迎王姬归于齐。鲁人此举符合礼制权变之宜,故曰"为外,礼也"。

庄公元年·三

地理陈见庄闵地理示意图 1。

人物陈庄公(桓十五—桓十六·春秋)

春秋冬,十月乙亥十七日,陈侯林陈庄公卒。

○正此条《春秋》无对应《左传》。

庄公元年·四

地理周、鲁见庄闵地理示意图 1。

人物周庄王(桓十八·三·一)、荣叔、鲁桓公(隐元·一·一)

春秋王周庄王使荣叔来锡桓公鲁桓公命。

【荣叔】正补姬姓,荣氏,排行叔。周厉王(僖二十四·二·二·一)卿士荣夷公之后。周王室卿大夫。【锡】正赐。

○正杨周庄王使荣叔追赐诏命给已经去世的鲁桓公。春秋之时,周王赐诸侯命,有在即位时赐之者(如文元年赐鲁文公命,僖十一年赐晋惠公命),有即位后八年赐之者(成八年赐鲁成公命),有周王将与诸侯通婚时赐之者(如襄十四年赐齐灵公命,襄十五年娶王后于齐),有诸侯去世后追赐之者(如庄元年追赐鲁桓公命,昭七年追赐卫襄公命)。此次追命,文辞当与昭七年追赐卫襄公之命相近。

庄公元年·五

地理周、齐见庄闵地理示意图 1。

人物 王姬（庄元·二·春秋）

春秋 王姬归于齐。

○ 正 《春秋》不书齐人来逆王姬，应是因为鲁庄公没有参与交接仪式。

庄公元年·六

地理 齐见庄闵地理示意图 1。齐、纪、郱、鄑、郚见庄闵地理示意图 4。

春秋 齐师迁纪郱 píng、鄑 zī、郚 wú。

【郱】 正 杨 补 在今山东临朐辛寨镇境内。本为纪邑，庄元年地入于齐。参见《图集》26—27③5。

【鄑】 正 杨 补 在今山东昌邑龙池镇东利渔村、西利渔村东南已发现其遗址（详见下）。本为纪邑，庄元年地入于齐。参见《图集》26—27③6。

【郚】 正 杨 补 在今山东省安丘市红沙沟镇李家西郚村东已发现其遗址（详见下）。本为纪邑，庄元年地入于齐。参见《图集》26—27③5。

○ 正 补 郱、鄑、郚皆为纪邑。齐欲灭纪，于是强行将这三邑民众迁走，而占有其地。齐在纪西部，三邑在纪东部，因此本年之后，齐对纪已经构成两面夹击之势。

○ 补 **鄑邑故城遗址：** 城址南北宽二百余米，东西长三百余米。
○ 补 **郚城遗址：** 遗址先后为春秋时期郚邑、汉代郚县县城。城址东西长三百米，南北宽四百米。

庄公二年·一

地理 陈见庄闵地理示意图1。

人物 陈庄公（桓十五—桓十六·春秋）

春秋 二年，春，王二月，葬陈庄公。

○ 正 鲁遣使往陈会葬，故《春秋》书之。

庄公二年·二

地理 鲁见庄闵地理示意图1。鲁、于余丘见庄闵地理示意图4。

人物 共仲

春秋 夏，公子庆父共仲帅师伐于余丘。

【公子庆父】 正 杨 补 共仲。姬姓，名或字庆，谥共，排行仲。鲁桓公（隐元·一·一）之子，鲁庄公（桓六·七·春秋）同母弟，文姜（桓三·六·春秋）所生。鲁大夫，官至卿位。闵二年出奔莒，后自缢而死。其后为鲁"三桓"之一的孟氏（《春秋》称仲氏）。

【于余丘】 正 杨 补 近鲁小国，疑在今山东临沂东南。参见《图集》26—27⑤5。

○ 补 笔者对共仲讨伐于余丘的内幕有详细分析，请见专著《陵迟：鲁国的困境与抗争》（出版中，暂定书名）相关章节。

庄公二年·三

地理 齐见庄闵地理示意图1。

人物 王姬（庄元·二·春秋）

春秋 秋,七月,齐王姬卒。

○ 正 《春秋》常例,鲁女嫁为诸侯之妻者书卒,而他国夫人卒则不书。王姬并非鲁女,但其出嫁由鲁主婚,于是鲁将王姬视同鲁女,《春秋》因此特书其卒。《礼记·檀弓》:"齐谷(应为告)王姬之丧,鲁庄公为之大功。或曰:由鲁嫁,故为之服姊妹之服。"

庄公二年·四

地理 鲁、齐见庄闵地理示意图1。鲁、齐、禚见庄闵地理示意图4。

人物 文姜(桓三·六·春秋)、齐襄公(桓十五·五·春秋)

春秋 冬,十有(又)二月,夫人姜氏文姜会齐侯齐襄公于禚 zhuó。

【禚】 正 杨 补 在今山东齐河西南。齐邑。参见《图集》26—27③3。

左传 二年,冬,"夫人姜氏会齐侯于禚。"[《春秋》]书,奸也。

○ 正 补 《春秋》如此记载,是讥刺文姜主动前往齐邑与齐襄公通奸。一说,奸并非奸淫之意,而是通"干",意思是,《春秋》如此记载,是讥刺文姜干预国政,像一个国君一样与齐襄公会面。

庄公二年·五

地理 宋见庄闵地理示意图1。

人物 宋庄公(隐三·六·一·一)

春秋 乙酉四日,宋公冯 píng,宋庄公卒。

庄公三年·一

地理 鲁、齐、卫1见庄闵地理示意图1。

人物 公子溺

春秋 三年，春，王正月，溺公子溺会齐师伐卫。

【溺】 正 补 公子溺。姬姓，名溺。鲁大夫，官至卿位。

左传 三年，春，"溺会齐师伐卫"，[《春秋》不书"公子"，]疾之也。

○ 正 杨 《春秋》书"溺"而不书"公子溺"，是嫌恶公子溺专命而行。
参见隐四·二·六。

庄公三年·二

地理 宋见庄闵地理示意图1。

人物 宋庄公（隐三·六·一·一）

春秋 夏，四月，葬宋庄公。

庄公三年·三

地理 周见庄闵地理示意图1。

人物 周桓王（隐四·二·七·一）

春秋 五月，葬桓王王周桓王。

左传 夏，"五月，葬桓王"，缓也。

○ 正 补 据隐元·五，周王七月而葬。周桓王崩于桓十五年三月，至今才正式举行葬礼,于礼为缓。

庄公三年·四

地理 齐、鲁、郑见庄闵地理示意图1。纪、齐、鲁、鄑见庄闵地理示意图4。齐、鲁、郑、滑见庄闵地理示意图3。

人物 纪季、鲁庄公(桓六·七·春秋)、郑厉公(隐五·四·二·一)

春秋 秋,纪季以鄑 xī 入于齐。

【纪季】 正 补 姜姓,排行季。纪侯(桓十六—桓十七·春秋)之同母弟。庄三年纪季以鄑入于齐为附庸。庄四年即位,在位十八年。庄二十一年卒。

【鄑】 正 杨 补 在今山东淄博临淄区皇城镇。纪邑,庄三年入于齐。参见《图集》26—27③5。

○ 正 补 齐欲灭纪,纪侯又不能降位而事奉齐襄公,纪有旦夕之危。其弟纪季能以鄑入于齐为附庸,最终使得纪先祀不废,社稷有奉,故《春秋》书其排行"季"而不书名(参见桓十七·四),书"入"而不书"叛",以示嘉许。

冬,公鲁庄公次于滑。

【滑】 正 杨 补 在今河南睢县西北。本为滑国旧都,此时已为郑邑。参见《图集》24—25④5。

左传 【一】"秋,纪季以鄑入于齐。"纪于是乎始判。

○ 正 杨 判,分。纪从此一分为二:纪侯(兄)居于纪;纪季(弟)居于鄑,为齐附庸国。

【二】"冬,公次于滑",将会郑伯郑厉公,谋纪故也。郑伯辞以难 nàn。凡师,一宿为"舍 shè",再宿为"信",过信为"次"。

【郑伯辞以难】⟨补⟩郑厉公以国家有难为由加以推辞。当时郑厉公在栎，图谋入郑，不能为救纪而与大国齐为敌。

【凡师……为"次"】⟨正⟩⟨补⟩凡是军队行动，住一夜称为"舍"，住两夜称为"信"，住两夜以上称为"次"。

○⟨正⟩⟨杨⟩⟨补⟩杜注、杨注都认为，此处之"郑伯"是住在郑国都城的郑子婴。然而此说有两个问题：首先，郑厉公才是中原诸侯承认的郑国君主，即"郑伯"。桓十五年郑厉公出奔之后，桓十五年秋九月《春秋》书"郑伯突入于栎"，仍称"郑伯"，表明鲁仍然以郑厉公为君；同年十一月鲁、宋、卫、陈谋划伐郑，试图将郑厉公送回郑国复位，事情未能成功；桓十六年春，鲁、宋、卫、蔡再次谋划此事，同年春天，鲁、宋、卫、陈、蔡再次伐郑试图送回郑厉公。第二，郑子婴虽然是郑国都城内的君主，然而《左传》两次在叙事中无疑义地提到他，都称他为"郑子"（桓十八·二·一，庄十四·二·一·一），一次在对话中提到他，称他为"子仪"（庄十四·二·二）。窃以为，对于当时郑国"二主并立"的状况，中原诸侯称郑国都城内的为"郑子"，称盘踞在栎邑的为"郑伯"，他们承认和支持的是"郑伯"，也就是郑厉公。

庄公四年·一

地理 鲁、齐见庄闵地理示意图1。鲁、齐、祝丘见庄闵地理示意图4。

人物 文姜（桓三·六·春秋）、齐襄公（桓十五·五·春秋）

春秋 四年，春，王二月，夫人姜氏_{文姜}享齐侯_{齐襄公}于祝丘。

【享】 补 见桓九—桓十·一·二。【祝丘】 补 见桓五·三·春秋。

○ 正 杨 《春秋》书享仅此一例。享礼为两君相见之礼，文姜不应使用，故《春秋》直书其事，以彰显文姜失礼。

庄公四年·二

地理 楚见庄闵地理示意图1。楚、随、溠水、汉水见庄闵地理示意图5。纪见庄闵地理示意图4。

人物 纪伯姬（隐二·五·春秋）、楚武王（桓六·二·一）、邓曼（桓十二—桓十三·二·一）、斗祁、屈重

春秋 三月，纪伯姬卒。

○ 正 此条《春秋》无对应《左传》。

左传 〔一〕四年，春，王三月，楚武王荆尸，授师子焉，以伐随。〔王〕将齐（斋），入告夫人邓曼曰："余心荡。"邓曼叹曰："王_{楚武王}禄尽矣。盈而荡，天之道也。先君其知之矣，故临武事，将发大命，而荡王心焉。若师徒无亏，王薨 hōng 于行 háng，国之福也。"

【荆尸】 正 杨 补 楚地方言，相当于中原用语的"治兵"，具体内容主要是操练军队、演习军阵。值得注意的是，"荆尸"与楚简中的"刭层"、秦简中的"刑夷""刑尸"音近通假，是楚历法中的月份名称，对应

周正三月、夏正一月。有可能楚人在该月有治兵的习俗,因此将此月命名为"荆尸"。

【子】 正 补 即戬,参见隐十一·二·二。

【将齐】 杨 出师前在太庙授兵,之前须斋戒。

【心荡】 正 补 心跳动荡不安。

【盈】 杨 满。

【王薨于行】 正 君王能够死在军队行列之中[,而不死于敌手]。

○ 补 楚历月名与夏正、周正月份对照表,其中括号外是包山楚简所载楚历月名,括号内是睡虎地秦简所载楚历月名:

楚历月序	第1月	第2月	第3月	第4月	第5月	第6月
楚历月名	冬栾 (冬夕、中夕)	屈栾 (屈夕)	远栾 (援夕)	刐屒 (刑夷、刑尸)	夏屒 (夏夷、夏尸)	享月 (纺月)
夏正月份	十月	十一月	十二月	一月	二月	三月
周正月份	十二月	一月	二月	三月	四月	五月
楚历月序	第7月	第8月	第9月	第10月	第11月	第12月
楚历月名	夏栾 (七月、夏夕)	八月	九月	十月	臭月 (爨月)	献马
夏正月份	四月	五月	六月	七月	八月	九月
周正月份	六月	七月	八月	九月	十月	十一月

【二】王楚武王遂行,卒于樠mán木之下。令尹斗祁、莫敖屈重

zhòng 除道,梁溠 zhà,营军临随。随人惧,行成。莫敖_{屈重}以王命入盟随侯,且请为会于汉汭 ruì 而还。[楚师]济汉而后发丧。

【令尹】杨 补 楚外朝官,相当于中原诸侯国的执政卿,权力仅次于楚王,其职掌事务有:一,担任军事统帅;二,总领各项社会、经济事务;三,总管司法;四,立储君;五,任免官吏;六,参加盟会、聘问等外交活动。

【斗祁】补 芈姓,斗氏(若敖氏大宗),名祁,排行叔。若敖(僖二十七—僖二十八·十一)之子,斗廉(桓九·二·二)、斗缗(庄十八—庄十九·一·一)之弟。楚大夫,官至执政。任令尹。

【莫敖】补 见桓十一·二。【屈重】补 芈姓,屈氏,名重。屈瑕(桓十一·二)之子。楚大夫,任莫敖。

【除道】正 杨 开路。

【梁溠】正 杨 在溠水上架桥。【溠】正 杨 补 水名,今名扶恭河,亦作浟恭河,源出湖北随州西北鸡鸣山,南流注入涢水。春秋时溠水参见《图集》29—30④5 至⑤5。

【营军临随】杨 建筑营垒兵临随都城下。

【行成】杨 补 请求讲和修好。

【汉汭】正 补 杜注认为是汉水隈曲之处。笔者认为,应从"汭"之《说文》义"水相入也",是其他某水入汉水处。汉水见桓六·二·二。盟会地点应在汉水东岸。

○正 杨 补 武王新薨,楚师欲速退,而秘不发丧,反而开辟道路,在随都附近的溠水上架桥,并建筑营垒威逼随都,做出整治后勤通道、建设围城营垒、准备长期作战的态势,促使随人不战而降。楚在汉水以西,随在汉水以东。莫敖屈重在随都与随侯盟誓之后,又请随侯前往汉汭再行会礼,申固盟约,然后楚师班师回国。楚师向西渡过汉水之后,方才发布楚武王去世消息。

○补 **传世文献对读**:《史记·楚世家》叙楚武王三十五年(桓六年)、三十七年(桓八年)、五十一年(庄四年)楚伐随之事,与《左传》相关叙述多有不同,可扫码阅读。

庄公四年·三

地理 齐、陈、郑见庄闵地理示意图 1。齐、陈、郑、垂见庄闵地理示意
图 3。

人物 齐襄公（桓十五·五·春秋）、陈宣公、郑厉公（隐五·四·
二·一）

春秋 夏，齐侯齐襄公、陈侯陈宣公、郑伯郑厉公遇于垂。

【陈侯】补 陈宣公。妫姓，名杵臼，谥宣。陈桓公（隐四·二·春秋）之
子，太子免（桓五·一）、陈厉公（桓十一·四·春秋）、陈庄公（桓十五—
桓十六·春秋）之弟。庄二年即位，在位四十五年。僖十二年卒。

【遇】杨 见隐四·二·春秋。【垂】杨 见隐八·一·春秋。

庄公四年·四

地理 齐见庄闵地理示意图 1。齐、纪见庄闵地理示意图 4。

人物 纪侯（桓十六—桓十七·春秋）、纪季（庄三·四·春秋）

春秋 纪侯大去其国。

○正 大去，去而不返。纪侯以国与纪季，纪季居于酅以奉纪社稷，故
《春秋》不书"灭"；纪侯并未遭到直接迫逐，故《春秋》不书"出奔"；于
是变文书"大去"。

左传 纪侯不能下齐，以与纪季。夏，"纪侯大去其国"，违齐难也。

【下齐】正 杨 降屈以服属齐。【以与纪季】正 杨 庄三年纪季以酅
入于齐后，纪已一分为二。现在纪侯将纪剩下国土让给其弟纪季，弃
国而去。据庄十二·一·春秋，"叔姬归于酅"，则纪季得纪国之后，
并未移就纪都，而是将纪国宗庙、社稷迁到酅。

【违】正 避。

○补 据《公羊传·庄公四年》，齐襄公宣扬的灭纪目的是报九世先祖齐哀公被纪侯谮杀的大仇，可扫码阅读。

《公羊传》甚至提出，一个诸侯国的历代国君都是一体，先君的耻辱就是今君的耻辱，今君为先君报仇，即使中间隔了一百代，也是正当的行为。抗日战争期间，著名学者杨树达为鼓舞抗战士气，在其阐释春秋大义的著作《春秋大义述》中将"荣复仇"放在开篇第一条，提出"《春秋》荣复仇，复国仇者贤之。国仇不可并立于天下，虽百世可复也"，他所依据的正是《公羊传》对齐灭纪一事的评述。有学者认为，齐国灭纪在实际利益层面的原因，除了向东开疆拓土之外，还可能是为了攫取纪国境内丰富的海盐资源。

庄公四年·五

地理 齐见庄闵地理示意图 1。齐、纪见庄闵地理示意图 4。

人物 齐襄公（桓十五·五·春秋）、纪伯姬（隐二·五·春秋）

春秋 六月乙丑二十三日，齐侯齐襄公葬纪伯姬。

○正 补 庄三年纪季以酅入于齐，本年纪侯亦大去其国。齐襄公以礼对待初附之纪，故代为料理纪伯姬（纪侯夫人）之丧，以纪国夫人之礼葬之。齐襄公号称为了报先祖大仇而灭纪（见庄四·四所引《公羊传》），采取以兵威相逼而不动武、待纪侯"自行出走"后接收的方式完成此事，允许纪季在酅以附庸国的形式延续纪宗庙祭祀，并且以礼安葬纪先君夫人，说明他想尽量减少国际社会对他"灭同姓"的非议（齐、纪同为姜姓），并向天下表明，自己具备成为霸主的"威"和"德"。

庄公四年·六

春秋 秋，七月。

庄公四年·七

地理 鲁、齐见庄闵地理示意图 1。鲁、齐、禚见庄闵地理示意图 4。

人物 鲁庄公（桓六·七·春秋）

春秋 冬，公鲁庄公及齐人狩于禚 zhuó。

【狩】 补 见隐五·一。【禚】 补 见庄二·四·春秋。

○ 正 杨 《春秋》书"齐人"，杜注认为是齐大夫，而《公羊传》《穀梁传》都认为是齐襄公。

庄公五年·一

春秋 五年,春,王正月。

庄公五年·二

地理 鲁、齐见庄闵地理示意图1。

人物 文姜(桓三·六·春秋)

春秋 夏,夫人姜氏文姜如齐师。

○ 正 杨 补 此时齐襄公率领齐师在外,可能是在疆理刚接收的纪国土地,也可能是向西进发,准备在冬季会合诸侯伐卫(见庄五—庄六)。文姜如齐师,应是与齐襄公相会。按照庄二·四说法,《春秋》记载此事,是为了彰显文姜之奸。

庄公五年·三

地理 鲁见庄闵地理示意图1。鲁、郳见庄闵地理示意图4。

人物 郳犁来

春秋 秋,郳ní犁来来朝。

【郳犁来】 正 补 郳(小邾)第四代国君。曹姓,名犁来。【郳】 正 杨 补 本为商时古国。此时为宋附庸国,曹姓。邾君颜始封其小子邾友父于郳,在今山东滕州东五里(地望有争议,详见下)。后跟从齐桓公尊周有功,封为子爵,改国号为"小邾",而《左传》仍时常称其旧名"郳"。据金文资料,则其实自称"郳""邾",因此"小邾"应是他国人为与旧邾相区别而起的称呼。战国楚考烈王时被楚所灭。参见《图集》26—27④4。

【朝】 补 见隐四·二·七·一。

○ 补 郳国都城地望：郳（小邾）国都城究竟在何处一直存在争议。一说在山东滕州东五里，《图集》即采用这种说法。然而在此处并未发现古城址，其地势也不适合筑城。一说在山东枣庄山亭区东江村。2002 年在此处发掘了六座春秋时期墓葬，包括至少三座单墓道"甲"字形大墓（M1、M2、M4）。根据墓葬形制及随葬铜器铭文判断，M2、M4 墓主人应是郳（小邾）国君。在墓地周围发现了古城址，西面、北面有夯土墙，东面、南面有十字河流过，夯土墙建筑年代不晚于春秋时期。一说在枣庄山亭区河北村。此处也有古城址，平面略呈长方形，东西长五百米，南北宽三百米。有学者认为，东江村古城为郳（小邾）早期都城遗址，而河北村古城为郳（小邾）中晚期都城遗址。本书示意图仍采用《图集》观点，而在此提醒读者注意。

左传 五年，秋，"郳犁来来朝"。[《春秋》]名，未王命也。

【名，未王命也】 正 补 《春秋》书郳君之名"犁来"，是因为他还没有得到周王室爵命。附庸国君称名之例参见隐元·二。后来，郳国升格称为子爵国，改国号为"小邾"，则其国君来朝，《春秋》书"小邾子来朝"，如僖六—僖七·春秋。

庄公五年—庄公六年(庄公六年·一)

地理 鲁、齐、宋、陈、蔡、卫1、周、秦(秦1)见庄闵地理示意图1。

人物 鲁庄公(桓六·七·春秋)、子突、卫惠公(桓十三·二·春秋)、公子黔牟(桓十六—桓十七·一·二)、宁文仲、左公子泄(桓十六—桓十七·一·一)、右公子职(桓十六—桓十七·一·一)、文姜(桓三·六·春秋)

春秋 冬,公鲁庄公会齐人、宋人、陈人、蔡人伐卫。

○杨《穀梁传》谓"齐人、宋人"实为齐襄公、宋闵公。

六年,春,王正月,王人子突救卫。

○正《春秋》书"王人",说明此人是官职较低的王室官员,不是卿;又书其字"突"表示尊崇,则是由于他接受的是周王救卫的重大使命。周王支持此时在国都的黔牟,不愿让卫惠公回国,因此派子突率军救援。《春秋》尊崇王室微官,是表达对诸侯逆王命的谴责。

夏,六月,卫侯朔卫惠公入于卫。

○正 补据成十八·四·一,则国人迎立,《春秋》书"入";诸侯纳之,《春秋》书"归"。卫惠公实为诸侯所纳,而以国人迎立告于诸侯,《春秋》因而不书"归"而书"入"。

秋,公鲁庄公至自伐卫。

○正此条《春秋》无对应《左传》。

[我]螟 míng。

○补见隐五·九·春秋。
○正此条《春秋》无对应《左传》。

冬,齐人来归卫俘。

【俘】 正 杨《公羊传》《穀梁传》经传俱作"宝"。《左传》亦云"齐人来归卫宝"。按俘、宝古音相近,得相通假,"俘"可能是误字,实应为"宝"。一说,俘不仅可以指人,也可以指俘获的器物,不须通假。

左传【一】冬,"伐卫",纳惠公卫惠公也。

【纳】 补 见隐四·二·四·一。

○ 正 补 卫惠公于桓十六年奔齐。本年以齐人为首的诸侯伐卫,试图送卫惠公归国复位。

【二】六年,春,王人子突救卫。

【三】夏,卫侯卫惠公入,放公子黔牟于周,放宁 nìng 跪宁文仲于秦,杀左公子泄、右公子职,乃即位。

【放】 正 杨 放逐。【宁跪】 正 杨 补 宁文仲。姬姓,宁氏,名跪,谥文,排行仲。宁顷叔之子,卫武公(襄二十九·九·一·二)之子季亹之后。庄六年被流放至秦。

【四】君子以二公子之立黔牟公子黔牟为不度 duó 矣。夫能固位者,必度 duó 于本末,而后立衷焉。不知其本,不谋。知本之不枝,弗强。《诗》云:"本枝百世。"

【二公子之立黔牟】 杨 事见桓十六—桓十七。

【不度】 补 不能揣度[本末形势]。

【夫能……衷焉】 正 杨 补 那能够稳固君位的拥立行动,必然要事先揣度候选公子的"本"以及"末",而后拥立适合[为君的公子]。所谓"本",是指内在基本条件,也就是这个候选人在宗法、德才方面看是否应该被立;所谓"末",是指外在影响因素,是指这个候选人被立为国君后,是否能够得到国内外支持,长久地保有国家。

【不知……弗强】正 杨 补 如果不知道候选人的"本"在哪里，也就是说此人不具备成为国君的基本条件，那就不要去谋划。如果知道候选人具备"本"，但是难以获得支持、长久执政，就像虽有根却不长枝叶，那就不要勉强立他为君。

【本枝百世】正 杨《毛诗·大雅·文王》有此句，而"枝"作"支"。可译为"本枝俱茂，繁衍百世"。

【五】冬，齐人来归（馈）卫宝，文姜请之也。

○正 补 本年齐人率诸侯纳卫惠公，鲁庄公亲自帅师参与。事成之后，卫惠公以卫宝器报答齐人。如今齐人应文姜请求，将一部分卫宝器送给鲁。

庄公六年·二

地理 楚见庄闵地理示意图 1。楚、申、邓见庄闵地理示意图 5。

人物 楚文王、邓祁侯、骓甥、聃 nán 甥（桓九·二·二）、养甥（桓九·二·二）

左传【一】楚文王伐申，过邓。邓祁侯曰"吾甥也"，止[楚子]而享之。骓 zhuī 甥、聃 nán 甥、养甥请杀楚子 楚文王，邓侯 邓祁侯弗许。

【楚文王】补 芈姓，熊氏，名赀，谥文。楚武王（桓六·二·一）之子。庄五年即位，在位十五年。庄十九年卒。

【吾甥也】正 杨 楚文王为邓祁侯姊妹（邓曼）之子，因此邓祁侯称楚文王为"吾甥"。

【享】补 见桓九—桓十·一·二。

【骓甥】正 应为邓侯之女嫁至骓国/氏所生之子，在其舅家为官者。
○补 据庄十八—庄十九·一·二，则伐申之役，巴人跟从楚师。又据哀十七·四·二，伐申之役，楚获彭仲爽，后为楚令尹。

三甥曰："亡邓国者，必此人也。若不早图，后君噬齐（脐），其及图之乎？图之，此为时矣。"

【若不……之乎】 正 补 如果不早作图谋，后代君主将要后悔莫及，[到那时]难道还来得及图谋吗？人咬不到自己的肚脐，因此古人用"噬齐"比喻后悔莫及。

邓侯曰："人将不食吾余。"

○ 正 补 国君将食余赐予臣下之事参见襄二十六·八·二"加膳则饫赐"。有学者认为，将上位者享用过的食物按照等级分赐给下位者，达到分享福祉恩泽的目的，是周代礼制的重要组成部分。除了本节所描述的将国君正餐食余分赐给臣下之外，更为重要的是将祭祀中神灵或祖先享用过的祭食分赐给神灵/祖先的下位者。比如，周王在祭社或祭祖之后，派使者将祭肉（"脤"或"膰"）分赐给同姓宗亲诸侯或有功劳的异姓诸侯（参见闵二·七·二）；在诸侯国君祭祖仪式中，祖先神灵享用祭食之后，尸（扮演祖先的活人）、国君、卿大夫、士、百官依次享用祭食。

邓祁侯意谓，此次设享、宴款待楚文王，若于席间将其杀害，那么现场所有食物沾染的将不是邓楚两国友好的福祉，而是邓祁侯恶意谋杀楚文王的凶邪。因此，如果将这次享宴的剩余食物赐予臣下，臣下会因为鄙视厌恶邓祁侯而拒绝食用。

[三甥]对曰："若不从三臣，抑社稷实不血食，而君焉取余？"

○ 杨 补 三甥对答说："如果不听从我们三位臣子，[邓将很快被楚所灭，]土地神和谷神都将要吃不到带血活物了，君主还到哪里去取得剩余食物[分赐臣下]？"抑，发语词。血食，指祭品用牲，因其为带血活物，故曰"血食"。

[邓侯]弗从。

【二】还年，楚子楚文王伐邓。十六年鲁庄公十六年，楚复伐邓，灭之。

【还年】 正 补 据上博简四《曹沫之陈》所见文例,则"还年"应解为"来年""次年",而非杜注"伐申还之年"。

○ 补 邓位于楚(以楚? 位置为准)与申、吕之间,把守着楚人渡汉水北上的必经之路。楚文王先向邓借道灭申、吕,再回头灭邓,与僖五年晋献公先向虞借道灭虢,再回头灭虞的手法如出一辙(参见僖五·八)。

庄公七年·一

地理 鲁、齐见庄闵地理示意图1。鲁、齐、防（东防）见庄闵地理示意图4。

人物 文姜（桓三·六·春秋）、齐襄公（桓十五·五·春秋）

春秋 七年，春，夫人姜氏文姜会齐侯齐襄公于防。

【防】 正 杨 东防，见隐九·五·春秋。

左传 "七年，春，文姜会齐侯于防"，齐志也。

○正《春秋》记载文姜与齐襄公数次相会，若会于齐地，则奸发于文姜，如庄二·四所述；若会于鲁地，则为齐襄公之志，如本年所述。

庄公七年·二

春秋 夏，四月辛卯五日，夜，恒星不见(现)。夜中，星陨如雨。

【恒星】 正 杨 恒，常。恒星就是常见之星。周正四月夜空的常见之星南方井、鬼、柳、星、张、翼、轸七宿。

左传 夏，"恒星不见"，夜明也。"星陨如雨"，与雨偕也。

【夏，……明也】 杨 补 夏，"常见的星看不到了"，这是夜晚天空明亮的缘故。杨注认为，夜空明亮是因为下文所言流星雨照亮的缘故。但是仔细揣摩《春秋》原意，应该是入夜"恒星不见"在前，夜中发生流星雨在后，"恒星不见"不应该是由于流星雨使得夜空明亮造成的。实际上，由于下文解经语"与雨偕也"应该是经师臆测之言，笔者认为"夜明也"也应该是经师臆测之言，"恒星不见"的真实原因也许是入夜之时有云遮挡。

【"星……偕也"】 正 杨 补 "星陨如雨"，是说星星和雨一起落下。按《左传》的这种解说，则"如"是"而"的意思，"星陨如雨"就是"星陨而雨"。"星陨如雨"应如《公羊传》《穀梁传》所言,解为"星星如下雨般陨落",亦即今日所谓"流星雨",《左传》的解说应是没有见过流星雨的经师臆测之言。

庄公七年·三

地理 鲁见庄闵地理示意图1。

春秋 秋,〔我〕大水。

　　○正 此条《春秋》无对应《左传》。

无麦、苗。

左传 秋,"无麦、苗",不害嘉谷也。

　　○正 杨 补 此时麦已熟,因大水而无收,故曰"无麦";晚熟的黍稷尚未成禾,故曰"〔无〕苗"。黍稷之苗漂没后,还可再种,并不影响收成,故曰"不害"。黍稷为祭祀用谷物,故曰"嘉谷"。麦见隐三·四·二。黍、稷见僖五·八·一。

庄公七年·四

地理 鲁、齐见庄闵地理示意图1。鲁、齐、谷见庄闵地理示意图4。

人物 文姜(桓三·六·春秋)、齐襄公(桓十五·五·春秋)

春秋 冬,夫人姜氏文姜会齐侯齐襄公于谷。

　　【谷】正 杨 补 在今山东平阴东阿镇。齐邑,曾为管敬仲采邑。参见《图集》26—27③3。

庄公八年·一

地理 鲁、陈、蔡、齐见庄闵地理示意图 1。鲁、陈、蔡、齐、郕、郎见庄闵地理示意图 3。

人物 共仲（庄二·二·春秋）、鲁庄公（桓六·七·春秋）、皋陶

春秋 八年，春，王正月，[我]师次于郎，以俟陈人、蔡人。

【郎】 杨 见隐元·三。

○正 此条《春秋》无对应《左传》。

甲午十三日，[我]治兵。

【治兵】 杨 此为在太庙分发武器。参见隐十一·二·二"授兵"。

夏，[我]师及齐师围郕 chéng，郕降于齐师。

秋，[我]师还。

○正 按常例，鲁君帅师征伐某国，归国后如果祭告了先祖，《春秋》即书"公至自伐某"，而不书"师还"。鲁庄公克己复礼，不与齐师发生冲突，全师而还，《春秋》因而特书"师还"以善鲁庄公。

左传【一】八年，春，[公]治兵于庙，礼也。

【二】"夏，师及齐师围郕。郕降于齐师。"仲庆父 fǔ，共仲 请伐齐师。公鲁庄公 曰："不可。我实不德，齐师何罪？罪我之由。《夏书》曰：'皋陶 yáo 迈 mài（勖）种德，德，乃降 xiáng。'姑务修德以待时乎。"

【罪我之由】 杨 即"罪由我"。

【皋陶……乃降】 正 杨 此为逸《书》。可译为"皋陶勉力培育德行，

德行具备,别人自然降服"。迈,借为劢,勉。降,降服。【皋陶】 补
少暤(文十八・三・二)之后,虞舜九官之一,任士(司法官)。鲁所在
地为"少暤之虚(墟)"(参见定三—定四・五・四),而清华简十《四
告》所载鲁始封君周公旦告辞,一开头称皋陶为"鲁天尹",在鲁祭祀
时接受配享,可见皋陶在鲁祀典中的重要地位。

〖三〗"秋,师还。"

〖四〗君子是以善鲁庄公。

○补笔者鲁庄公参与伐郕的内幕有详细分析,请见专著《陵迟:
鲁国的困境与抗争》(出版中,暂定书名)相关章节。

庄公八年—庄公九年—庄公十年(庄公十年·一)

地理 齐、鲁、宋见庄闵地理示意图 1。齐、鲁、宋、宿、莒、蒇、长勺、乘丘、姑棼、葵丘、贝丘、鲍、生窦、堂阜、干时、洙水见庄闵地理示意图 4。

人物 公孙无知、齐襄公(桓十五·五·春秋)、鲁庄公(桓六·七·春秋)、公子纠、公子小白/齐桓公、连称、管至父、齐僖公(隐三·七·春秋)、夷仲年(隐七·四·春秋)、连称从妹、公子彭生(桓十八·一·三)、徒人费、石之纷如、孟阳、鲍牙、管敬仲、召忽、秦子、梁子、高敬仲、曹刿、公子偃

春秋 冬,十有(又)一月癸未_{七日},齐无知_{公孙无知}弑其君诸儿_{齐襄公}。

【无知】补 公孙无知。姜姓,名无知。夷仲年(隐七·四·春秋)之子,齐前庄公之孙,齐襄公(桓十五·五·春秋)从兄弟。庄八年弑齐襄公而自立。庄九年被雍廪人所杀。

○正补 据宣四·三·一·二,则臣弑君,《春秋》称臣之名(无知),表明公孙无知有罪。

九年,春,齐人杀无知_{公孙无知}。

○正补 公孙无知弑君而自立为君后,尚未参加过诸侯会盟,未得到诸侯承认,故《春秋》不书"弑其君无知",而书"杀无知"。参见隐四·二·春秋。

公_{鲁庄公}及齐大夫盟于蒇 xì。

【蒇】正 杨 补 在今山东兰陵车辋镇附近。鲁地。参见《图集》26—27⑤4。

夏,公_{鲁庄公}伐齐,纳子纠_{公子纠}。齐小白_{公子小白}入于齐。

【纳】补 见隐四·二·四·一。【子纠】补 公子纠。姜姓,名纠。齐

僖公(隐三·七·春秋)庶子,齐襄公(桓十五·五·春秋)之弟。庄八年奔鲁。庄九年争君位不胜,终被鲁人所杀。

【小白】补公子小白,后为齐桓公。姜姓,名小白,谥桓。齐僖公庶子,公子纠之弟,卫姬(昭十三·二·十三)所生。庄九年即位,在位四十三年。僖十七年卒。据《论语·宪问》,则孔子认为"齐桓公正而不谲",与"晋文公谲而不正"正相对。

○正补公子纠、公子小白在齐内部各有党羽,因此虽然部分齐大夫与鲁庄公盟而纳公子纠,鲁庄公仍需率师伐齐乃得入,而又被公子小白抢先。齐大夫中为公子小白党者迎小白而立之,故《春秋》书"入",参见成十八·四·一。

秋,七月丁酉二十四日,葬齐襄公。

○正补据隐元·五,诸侯五月而葬。齐内乱,襄公九月而葬,于礼为缓。

○正此条《春秋》无对应《左传》。

八月庚申,[我师]及齐师战于乾 gān 时。我师败绩。

【乾时】正杨补地名,因其地有时水,干旱时则枯竭,故名乾时。齐地。齐、鲁战场当在山东淄博临淄区西南与桓台县之间。参见《图集》26—27③4 至③5。【时】正杨补水名,古时源出今山东临淄西南,一支西流经今桓台县境西北入济水;一支北流折东略循今小清河合淄水入海,即《水经注》时水的干流,又称为耏水。春秋时水参见《图集》26—27③5—②5。

九月,齐人取子纠公子纠,杀之。

○正据下文《左传》,则实际情况是:齐人声称不忍杀公子纠,遂使鲁人杀之。《春秋》作者厌恶齐人实际上是想以诈计求得管敬仲,而并非真不忍心自行杀公子纠,因此书"齐人取子纠,杀之",以暴露齐人本心。

冬，[我]浚洙。

【浚】⬚补疏通。【洙】⬚正⬚杨⬚补水名，今源出山东新泰东北，在泰安东南改道西流与柴汶会合北入汶水，今为小汶河上游，已与泗水隔绝。曲阜市、兖州市间的古洙水故道早已湮塞。自兖州市以下，现今的府河和济宁市、微山县鲁桥镇间的运河大致即为古洙水故道。春秋时洙水参见《图集》26—27④4—④3。

○⬚正此条《春秋》无对应《左传》。

○⬚正⬚补疏通洙水的目的，杜注认为是为了防备齐国。然而，此后齐、鲁几次交战皆不在洙水两岸，杜注无据。笔者认为庄七·三所述大水可能就发生在洙水流域，而本年疏通洙水是为了提高其行洪能力。

十年，春，王正月，公鲁庄公败齐师于长勺。

【长勺】⬚正⬚杨⬚补在今山东济南莱芜区苗山镇东见马村东北。鲁地。参见《图集》26—27③4。据定三—定四·五·四，周王室分鲁伯禽以"殷民六族"，其中有长勺氏。长勺应为长勺氏旧居地。

> ○⬚补**长勺之战遗址**：遗址西起苗山镇灰堆村，沿方下河而上，经枸山前，东至苗山镇石湾子村，河两岸为丘陵，山间平地最宽处1.5公里，适合战车作战条件，符合"惧有伏焉"的地形。苗山镇的常庄以东是齐国和鲁国的分界线，符合"遂逐齐师"的地理条件。村民在这一带用土时挖到一些零星的青铜剑等兵器。

二月，公鲁庄公侵宋。

○⬚正此条《春秋》无对应《左传》。

○⬚补下启本年宋师跟随齐师伐鲁（庄八—庄九—庄十·十）。鲁庄公应是受到长勺之战胜利鼓舞，不仅继续向东北与齐争战，而且又向西南与宋开战端。

三月，宋人迁宿。

【宿】⬚补 见隐元·八·春秋。

○⬚正 这是宋人强行迁走宿国民众,并夺取其地。

○⬚正 此条《春秋》无对应《左传》。

夏,六月,齐师、宋师次于郎。公鲁庄公败宋师于乘 shèng 丘。

【郎】⬚杨 见隐九·四·春秋。

【乘丘】⬚正 ⬚杨 ⬚补 在今山东兖州西北小孟镇陈岗村一带。鲁地。《图集》未标注,本书依据《图志》标注。

⬚左传【一·一】齐侯齐襄公使连称、管至父 fǔ 戍葵丘。[二人]瓜时而往,[公]曰“及瓜而代”。期 jī 戍,公齐襄公问不至。[二人]请代,[公]弗许。故[二人]谋作乱。

【连称、管至父】⬚正 二子皆为齐大夫。【葵丘】⬚正 ⬚杨 又作“渠丘”,在今山东淄博临淄区北高阳村。齐地。参见《图集》26—27③5。

【瓜时】⬚杨 ⬚补 瓜熟时节,当周正九月(夏正七月)。李白《送外甥郑灌从军三首》“及瓜归日未应迟”、杜甫《秋日夔府咏怀奉寄郑监李宾客一百韵》“瓜时仍旅寓”典出于此。

【及瓜而代】⬚杨 ⬚补 到来年瓜熟时,会有人替换。

【期】⬚正 ⬚杨 一周年。

【一·二】僖公齐僖公之母弟曰夷仲年,生公孙无知,有宠于僖公,衣服礼秩如適(嫡)。襄公齐襄公绌(黜)之公孙无知。二人因之公孙无知以作乱。

【母弟】⬚补 同母弟,胞弟。

【衣服礼秩如適】⬚正 ⬚杨 ⬚补 服饰待遇等级与嫡子[太子诸儿(后为齐襄公)]相当。

【襄公绌之】⬚杨 ⬚补 齐襄公[即位之后,]降低了公孙无知的服饰待遇。据《史记·齐太公世家》,则“[襄公]始为太子时,尝与无知斗,及立,绌无知秩服,无知怨"。

【二人】正连称、管至父。

【一·三】连称有从妹在公宫,无宠。[公孙无知]使[连称从妹]间 jiàn
公,曰:"捷,吾公孙无知以汝连称从妹为夫人。"

【使间公】正补[公孙无知]使[连称从妹]作为内应寻找[作乱的]
瑕隙。间,寻找瑕隙。

【二】冬,十二月,齐侯齐襄公游于姑棼 fén,遂田于贝丘。[公]见大
豕 shǐ。从者曰:"公子彭生也!"公齐襄公怒曰"彭生公子彭生敢见
(现)",射之,豕人立而啼。公惧,队(坠)于车,伤足,丧屦 jù。

【十二月】正应为十一月,见《春秋》。

【姑棼】正杨补即薄姑,又作"蒲姑",在今山东博兴寨下村东北。
蒲姑本为商时东夷国,周朝初年参与三监之乱(参见襄二十一·五·
四·三),周成王/周公旦东征灭蒲姑,以其地封齐。此时为齐地。参
见《图集》13—14①13、17—18①7、26—27②5。

【田】正猎。【贝丘】正杨补在今山东博兴东南二十余里。齐地。
参见《图集》26—27②5。

【从者曰:"公子彭生也!"】正补公子彭生之事见桓十八·一·三。
这位从者应该也是乱党的一员,故意造此谣言以刺激齐襄公。《周
易·睽》上九爻辞:"睽孤,见豕负涂,载鬼一车。"可能古人相信豕与
鬼有关,因此从者有此呼号。

【豕人立而啼】杨补野猪像人一样直立起来嚎叫。

【足】补有可能是指人的整个下肢(详见下),也有可能是专指踝骨
以下的脚。【丧屦】补丢了鞋。屦见桓元—桓二·三·二。

○补古文字新证:"足"字字形演变情况如庄字形图 1 所示。商
代甲骨文"足"字象从臀部到脚板的整个下肢之形。商以后字形
演变情况在此不再详述。总之,从古文字学证据看,"下肢"应为
"足"之造字本义。

1 商.甲 2878《甲》	2 商.燕 758《甲》	3 商.鐵 138.2《甲》	4 商.欽鼎《金》	5 周早.兒簋《金》
6 周晚.師兌簋《金》	7 戰.燕.陶彙 4.8	8 戰.晉.璽彙 946	9 戰.楚.包 2.112《楚》	10 戰.楚.望 1《楚》
11 戰.楚.郭.老甲 27《張》	12 秦.睡 10.2《篆》	13 西漢.孫臏 185《篆》	14 東漢.魯峻碑《篆》	

庄字形图 1(《说文新证》,2014 年)

[公]反(返),诛屦于<u>徒人费</u>bì。[徒人费]弗得[屦],鞭之_{徒人费},见血。[费]走出,遇贼于门。[贼]劫[费]而束之。费_{徒人费}曰:"我奚御哉!"袒而示之_贼背,[贼]信之。费请先入。[费]伏公_{齐襄公}而出,斗,死于门中。<u>石之纷如</u>死于阶下。

【诛屦于徒人费】 正 杨 责令徒人费将鞋找回。诛,责。**【徒人费】** 杨 补 应从《汉书·古今人表》作"寺人费",名费。齐寺人,主管国君鞋履。寺人参见僖二·四·二。

【走出,遇贼于门】 补 徒人费跑出门,在门口遇到公孙无知乱党。应是在公宫中刺探消息的连称从妹将齐襄公田猎受伤之事告知了乱党,乱党因此起事。

【束】 补 捆绑。

【我奚御哉】 杨 补 我为什么要抵御你们呢! 奚,何。

【袒而示之背,信之】 杨 补 脱去上衣把背[上鞭伤]给贼人看,[贼人]相信了他。古人鞭挞多施于背。

【伏】 杨 藏匿。

【石之纷如】 杨 补 石氏,名纷如,之,语助词。齐寺人。庄八年被公孙无知乱党所杀。

[贼]遂入,杀<u>孟阳</u>于床,曰"非君_{齐襄公}也,不类"。[贼]见公之足

于户下，遂弑之，而立无知公孙无知。

【孟阳】杨补齐寺人。庄八年被公孙无知乱党所杀。

【不类】补不像。

【三】初，襄公齐襄公立，无常。鲍叔牙鲍牙曰"君使民慢，乱将作矣"，奉公子小白出奔莒 jǔ。乱作，管夷吾管敬仲、召 shào 忽奉公子纠来奔。

【无常】正补政令无定准。桓十八年齐襄公师于首止，杀郑子亹、辗高渠弥，手段残忍（桓十八·二·一）；而庄四年吞并纪时，又不用杀戮，以礼葬纪伯姬（庄四·五），令人不知其标准究竟为何。

【鲍叔牙】杨补鲍牙。姒姓，鲍氏，名牙，排行叔。鲍敬叔之子。齐大夫。任公子小白傅，庄九年齐桓公即位后任太宰。食采于鲍、郭。据《墨子·所染》，"齐桓染于管仲、鲍叔"，可知鲍牙是齐桓公最重要的两位辅臣之一。【鲍】补在今山东济南王舍人镇南、鲍山之下。齐邑，鲍氏初封采邑。参见《图集》26—27③4。

【慢】杨松弛放纵。

【管夷……来奔】补公子纠为鲁女所生，故奔鲁。【管夷吾】杨补管敬仲。姬姓，管氏，名夷吾，谥敬，排行仲。管庄仲之子，周穆王（昭四·三·二·一）之后。齐大夫，官至卿位。先任公子纠傅，庄九年齐桓公即位后辅相桓公成就霸业。僖十五年卒。食采于谷、狐。《论语·宪问》："子路曰：'桓公杀公子纠，召忽死之，管仲不死。'曰：'未仁乎？'子曰：'桓公九合诸侯，不以兵车，管仲之力也。如其仁！如其仁！'"《论语·宪问》："子贡曰：'管仲非仁者与？桓公杀公子纠，不能死，又相之。'子曰：'管仲相桓公，霸诸侯，一匡天下，民到于今受其赐。微管仲，吾其被发左衽矣。岂若匹夫匹妇之为谅也，自经于沟渎而莫之知也。'"《论语·八佾》："子曰：'管仲之器小哉！'或曰：'管仲俭乎？'曰：'管氏有三归，官事不摄，焉得俭？''然则管仲知礼乎？'曰：'邦君树塞门，管氏亦树塞门。邦君为两君之好，有反坫，管氏亦有反坫，管氏而知礼，孰不知礼？'"可见孔子一方面称赞管敬仲有大仁，一方面责备他不知礼。据《墨子·所染》，"<u>齐桓</u>染于<u>管仲、鲍叔</u>"，可知<u>管敬仲</u>是<u>齐桓公</u>最重要的两位辅臣之一。

【四】初，<u>公孙无知</u>虐于<u>雍廪</u> lǐn。九年，春，<u>雍廪</u>杀<u>无知</u>_{公孙无知}。
【虐】⟨补⟩粗暴对待。【雍廪】⟨杨⟩⟨补⟩《史记·齐太公世家》作"雍林"，齐邑。有学者认为，昭十一·十·二"齐<u>渠丘</u>实杀<u>无知</u>"，<u>雍廪</u>与<u>渠丘</u>（<u>葵丘</u>）可能是小地名和大地名的关系。齐都西门为<u>雍</u>门，其外有楸树林（参见襄十八·三·十），而<u>渠丘</u>也正好就在齐都以西。<u>雍廪</u>（<u>雍林</u>）得名应与<u>雍</u>门外的树林有关。

> ○⟨补⟩**传世文献对读**：据《史记·齐太公世家》，则<u>雍林</u>人杀<u>无知</u>后，"告齐大夫曰：'<u>无知</u>弑<u>襄公</u>自立，臣谨行诛。唯大夫更立公子之当立者，唯命是听。'"

【五】"公及齐大夫盟于<u>蔇</u>"，齐无君也。

【六】"夏，公伐齐，纳<u>子纠</u>"。<u>桓公</u>_{公子小白/齐桓公}自<u>莒</u> jǔ 先入。

> ○⟨补⟩**传世文献对读**：《史记·齐太公世家》叙此段史事甚详，可扫码阅读。

【七】秋，[我]师"及齐师战于<u>乾时</u>，我师败绩"。公_{鲁庄公}丧戎路，传乘 chéng 而归。<u>秦子</u>、<u>梁子</u>以公旗辟（避）于下道，是以皆止。
【戎路】⟨正⟩⟨补⟩即戎车，国君兵车，见《知识准备》"车马"。
【传乘】⟨正⟩⟨杨⟩⟨补⟩杨注认为"乘坐快车"的意思。杜注认为是"转乘其他战车"的意思。有学者认为，杜注之所以这样解释，是因为他所见《左传》文本"传（傳）"本作"傅"，即僖十四·三·二"皮之不存，毛将焉傅"的"傅"，是"附着"的意思。"傅乘而归"，就是鲁庄公在丧失自己的战车之后,附乘其他卿大夫的战车逃回国内。

【秦子……皆止】 正 杨 补 鲁庄公戎御及戎右秦子、梁子打着鲁庄公的旗帜躲在小道上[诱骗齐师],因此[两人]都被[齐人]擒获。戎御、戎右参见《知识准备》"车马"。

【八】鲍叔鲍叔牙帅师来言曰:"子纠公子纠,亲也,请君鲁庄公讨之。管管敬仲、召召忽,雠也,请受而甘心焉。"[我]乃杀子纠于生窦,召忽死之。管仲管敬仲请囚,鲍叔受之,及堂阜fù 而税(脱)之。[鲍叔]归而以告曰:"管夷吾管敬仲治于高傒xī,高敬仲,使相 xiàng可也。"公齐桓公从之。

【子纠……讨之】 杨 补 公子纠,是[我国君主的]亲人,[我国君主不忍下手,]请贵国君主[代为]诛杀。讨,诛,杀。

【生窦】 正 杨 补 在今山东菏泽北二十余里。鲁地。参见《图集》24—25③6。

【堂阜】 正 杨 补 在今山东蒙阴常路镇南、北围子村交界处。齐地,位于齐、鲁边境。参见《图集》26—27④4。【税】 补 解脱。

【管夷吾治于高傒】 正 管夷吾的治国才能超过高傒。【高傒】 正 杨 补 高敬仲。姜姓,高氏,名傒,谥敬,排行仲。齐文公之子子高后裔。齐大夫,官至卿位。

○ 正 补 传世文献对读:《国语·齐语》详细描述了齐桓公派鲍叔牙迎回管敬仲,并在其辅佐下修明内政之事,包括"参(叁)其国而伍其鄙""定民之居,成民之事""作内政而寄军令""三选""相地而衰征"等改革举措,皆为《左传》所无,对于全面理解齐桓公霸业非常重要,可扫码阅读。

笔者对本段传世文献材料有详细分析,请见专著《称霸:春秋国际新秩序的建立》(齐桓篇)(中华书局 2019 年版)相关章节。

【九·一】十年，春，齐师伐我。

【九·二】公_{鲁庄公}将战。曹刿 guì 请见。其乡人曰："肉食者谋之，又何间 jiàn 焉？"刿_{曹刿}曰："肉食者鄙，未能远谋。"

【曹刿】补鲁士人，庄二十三年已为大夫。

【肉食者】正补指享受国家俸禄，由官府供给工作餐肉食的大夫及以上官员。《礼记·玉藻》说，天子日食少牢，诸侯日食特牲，大夫特豕，士特豚。如此则士亦食肉。但"士特豚"是其在家之礼，并非公朝常食。襄二十八·九·二叙齐卿公孙灶、公孙虿"公膳，日双鸡"，就是指这种工作餐肉食。

【间】正杨参与其间。

【鄙】杨补固陋无见识。

[刿]乃入见[公]，问[公]何以战。

公曰："衣食所安，[寡人]弗敢专也，必以分人。"

【衣食所安】补所安享的衣服饮食。

[刿]对曰："小惠未遍[于民]，民弗从也。"

【小惠未遍】正补[以衣食分人这类]小恩惠[只可能惠及左右近臣，]不可能遍及[广大民众]。

公曰："牺牲玉帛，[寡人]弗敢加也，必以信。"

【牺牲】正补牲指祭祀用家畜，牺指毛色纯一之牲。

【玉帛】正补见桓六·七·二，此处指祭神之玉帛。

○杨补鲁庄公意谓他将按照礼制规定进献祭品，不敢妄自增加以求媚于神。参看桓六·二·三季梁关于如何才算是对神灵诚信的论述。

［刿］对曰："小信未孚［于神］，神弗福也。"

【小信未孚】正 补［祝史祭祀时这点］小诚信也不能取信［于神灵］。孚，信。

公曰："小大之狱，［寡人］虽不能察，必以情。"

【虽不能察，必以情】杨 补虽然不能查明［全部真相］，一定［尽力］根据实情［进行裁断］。情，实情，与"伪"相对，参见僖二十七—僖二十八·十一"民之情伪"。

［刿］对曰："忠之属也，可以一战。战，则［刿］请从。"

【忠】正 补据桓六·二·三，"上思利民"为忠。鲁桓公说他亲自参与刑狱工作，尽力根据实情裁断，不让民众蒙受冤屈，这便是"上思利民"的具体表现。据襄十四·七"天生民而立之君，使［君］司牧之，勿使［民］失性"，则国君的职责就是护养民众，所以此处之忠与"忠于职守"之忠最为近似。

【九·三】公与之乘 chéng。［我师及齐师］战于长勺。公将鼓之。刿曰："未可。"齐人三鼓。刿曰："可矣！"齐师败绩。公将驰之。刿曰："未可。"［刿］下视其辙，登轼而望之，曰："可矣！"遂逐齐师。

【下视……望之】正 杨 补轼参见《知识准备》"车马"，是车前部用于扶持的横杠。综合杜注、杨注的观点，这句应标点为"下，视其辙；登，轼而望之"，解释为"下车，查看齐师车辙；登车，站在车中扶着轼眺望齐师"。然而，根据出土的马车实测数据，东周时期车轼最矮的只有 35 厘米（从车厢底面算起），最高的也不过 67 厘米，平均高度是 52 厘米。又根据出土的人类骸骨实测数据，东周时成年男性平均身高为 166 厘米。因此，如果曹刿真是站立在车上想要眺望齐师的话，他要想扶轼就必须俯下身，臀部向后撅，要想站直远眺就无法扶轼。

然而,如果曹刿登上车轼直立,则可以显著地提高自己的高度,从而可以达到帮助眺望齐师的目的。另外,曹刿一只脚踩在前轼,另一只脚踩在旁边的横栏(辂)上,就可站稳,因此登上车轼直立也是可行的。此外,要想看到齐师车辙是否凌乱,也无须下车凑近地面观察,在车上向下看足以看清楚。因此,本句另外一种标点方式为“下视其辙,登轼而望之”,解释为“在车上向下看观察齐师车辙,再登上车轼眺望齐师”,本书采取这种标点和解释。

【九·四】既克,公问其故。[刿]对曰:

“夫战,勇气也。一鼓作气,再而衰,三而竭。彼竭我盈,故克之。

“夫大国,难测也,惧有伏焉。吾视其辙乱,望其旗靡,故逐之。”

【靡】杨 补偃,倒。

> ○补笔者对齐鲁长勺之战的可能真相有详细分析,请参阅拙文《鲁人曹刿:奇才·军师·刺客·肉食者》。

【十】“夏,六月,齐师、宋师次于郎”。公子偃曰:“宋师不整,可败也。宋败,齐必还。请击之。”公鲁庄公弗许。[公子偃]自雩yú门窃出,蒙皋比而先犯之。公从之,大败宋师于乘丘。齐师乃还。

【公子偃】正 补姬姓,名偃。鲁大夫。
【雩门】正 杨鲁都南城西门。
【蒙皋比】正[把战马]蒙上老虎皮。参见僖二十七—僖二十八·十七“胥臣蒙马以虎皮”。
○杨 补据庄十二—庄十三·一·一,则乘丘之役,鲁庄公戎右歂孙活捉宋大夫南宫万。

○ 杨 补 **传世文献对读**：《礼记·檀弓上》记载了乘丘之役的细节，可扫码。

○ 补 **出土文献对读**：上博简四《曹沫之陈》以曹沫（即曹刿）与鲁庄公问对的形式，较为全面地阐述了曹刿的军事和政治思想，可扫码阅读。

　　笔者对本段出土文献材料有详细分析，请见专著《称霸：春秋国际新秩序的建立》（齐桓篇）（中华书局 2019 年版）相关章节。

庄公十年·二

地理 楚、蔡、陈见庄闵地理示意图 1。楚、蔡、陈、息、莘见庄闵地理示意图 5。

人物 蔡哀侯、息侯、息妫、楚文王（庄六·二·一）

春秋 秋，九月，荆败蔡师于莘 shēn，以蔡侯献舞 蔡哀侯归。

【荆】 杨 即楚。详见下。【莘】 正 杨 在今河南汝南境。蔡地。

○ 正 补 据隐二·二·春秋，《春秋》记载其他诸侯征伐，或称"某师"，或称"某人"，或称帅师卿名氏，或书君国别爵位，总之，不得直书国号。楚本为南蛮僻远之国，此时始通中原诸侯，可能其来告文辞不合中原礼制规范，故《春秋》所书亦在常例基础上有所减损。

○ 正 补 自此处《春秋》书"荆"之后，终鲁庄公之世，《春秋》皆书"荆"。僖元年，《春秋》书"楚人伐郑"，自此改称"楚"。杜注认为，这是因为"荆"是楚本号，后来改名"楚"。然而，从春秋、战国时期金文、简牍证据看，楚国人自称"楚"而不自称"荆"。"荆"是中原对于楚的一种称呼，含有一定贬义，直到春秋末年仍然如此（参见昭二十六·八·四·一"窜在荆蛮"）。中原史书《春秋》从称"荆"，转变为称其本号"楚"，可能是与这一时期楚不断强大，成为一个中原不可蔑视的南方强国有关。

[左传] 蔡哀侯娶于陈，息侯亦娶焉。息妫 guī 将归[于息]，过蔡。蔡
侯[蔡哀侯]曰"吾姨也"，止[息妫]而见之，弗宾。息侯闻之，怒，使
谓楚文王曰"伐我，吾求救于蔡，而[君]伐之[蔡]"，楚子[楚文王]从
之。"秋，九月，楚败蔡师于莘，以蔡侯献舞归。"

【息妫将归，过蔡】[杨][补]陈都在今河南周口淮阳区（《图集》29—30
③6），蔡都在今河南上蔡西南（《图集》29—30③6），而息都在今河南
息县治西南十五里（《图集》29—30④6）。因此，息妫由陈归于息，须
途经蔡。【息妫】[补]陈女，妫姓。此时为息侯夫人。庄十四年前已
为楚文王（庄六·二·一）夫人，堵敖（庄十四·三·二）及楚成王（庄
十四·三·二）之母。

【姨】[正]妻之姊妹。

【弗宾】[正][杨][补]不以宾礼相待。蔡哀侯对息妫"弗宾"的程度必定
非常严重，不然不至于使息侯失去理智，引楚文王伐息以伐蔡。据下
引清华简二《系年》，"息妫乃入于蔡，蔡哀侯妻之"，"妻之"就是"以之
为妻"，的确是非常严重的侮辱。《左传》说法很可能是一种讳言，而
《系年》说法则很可能是据实而书。

○[补]下启庄十四年前楚灭息、庄十四年楚入蔡（庄十四·三）。

○[补]**出土文献对读：**清华简二《系年》叙此事与《左传》大同而小
异，可扫码阅读。

庄公十年·三

[地理]齐见庄闵地理示意图 1。齐、谭、莒见庄闵地理示意图 4。

[人物]谭子、齐桓公（庄八—庄九—庄十·春秋）

春秋 冬,十月,齐师灭谭。谭子奔莒 jǔ。

【谭】正 杨 补 周时国,子姓,子爵。在今山东济南章丘区龙山街道
已发现其遗址(城子崖遗址,详见下)。庄十年被齐所灭。参见《图
集》17—18①6、26—27③4。

○补 商周金文有"覃"族,"覃"乃以器煮盐之会意字。覃族本来是煮
盐为职业的古族,后来就以"覃"为族氏名。周代谭国应为覃族之后。

○补 **城子崖遗址:**遗址位于巨野河东岸,南北长 530 米,东西宽
430 米。

左传 齐侯 齐桓公 之出也,过谭,谭不礼焉。及其 齐桓公 入也,诸侯皆
贺,谭又不至。冬,"齐师灭谭",谭无礼也。"谭子奔莒",同
盟故也。

【齐侯之出也】【及其入也】正 见庄八—庄九—庄十·三。

庄公十一年·一

春秋 十有(又)一年，春，王正月。

庄公十一年·二

地理 鲁、宋见庄闵地理示意图1。

人物 鲁庄公(桓六·七·春秋)、宋后闵公、臧文仲、夏禹、商汤、夏桀、商纣、公子御说、臧哀伯(桓元—桓二·三·二)

春秋 夏，五月戊寅[十七日]，公[鲁庄公]败宋师于鄑 zī。

【鄑】正 杨 在今山东微山。鲁地，在宋、鲁之间。

秋，宋大水。

○正 补《春秋》常例，不书他国灾害。此次宋大水，鲁庄公使吊焉，故《春秋》书之。

左传 [一] 十一年，夏，宋为乘 shèng 丘之役故侵我。公[鲁庄公]御之。宋师未陈而[我师]薄之，败诸(之于)鄑。凡师，敌未陈[《春秋》书]曰"败某师"，皆陈曰"战"，大崩曰"败绩"，得俊曰"克"，覆而败之曰"取某师"，京师败曰"王师败绩于某"。

【乘丘之役】补 见庄八—庄九—庄十·十。
【御】补 抵抗。
【薄】杨 补 迫击。
【俊】正 补 军中才力杰出者。
【覆】正 设伏。
【京师】正 补 周王室军队。

[二·一] "秋，宋大水。"公[鲁庄公]使吊焉，曰："天作淫雨，害于粢 zī

盛 chéng，若之何不吊？"［宋公］对曰："孤宋后闵公实不敬，天降之灾，又以为君鲁庄公忧，拜命之辱。"

【淫雨】｜杨｜即霖雨，参见隐九·二。

【粢盛】｜补｜参见桓六·二·三。

【孤】｜补｜宋后闵公。子姓，名捷，谥闵。宋庄公（隐三·六·一·一）之子。庄三年即位，在位十年。庄十二年被南宫万所弑。

【拜命之辱】｜正｜杨｜补｜拜谢君命，实不敢当。

○｜补｜在乘丘之役、鄑之役这两次对宋战事接连取得胜利之后，鲁庄公在对待宋时俨然以小霸之君自居，于是有此"宽宏大量""恩威并施"的吊灾之举。

【二·二】臧文仲曰：

【臧文仲】｜正｜杨｜补｜姬姓，臧氏，名辰，谥文，排行仲。伯氏瓶之子，臧哀伯（桓元—桓二·三·二）之孙。鲁大夫，官至卿位。文十年卒。《论语·公冶长》："子曰：'臧文仲居蔡，山节藻棁，何如其知也？'"《论语·卫灵公》："子曰：'臧文仲其窃位者与！知柳下惠之贤而不与立也。'"《左传·文二年》："仲尼曰：'臧文仲，其不仁者三，不知者三。下展禽，废六关，妾织蒲，三不仁也。作虚器，纵逆祀，祀爰居，三不知也。'"可见孔子对臧文仲颇多非议。

"宋其兴乎！

"禹夏禹、汤商汤罪己，其兴也悖（勃）焉；

【禹】｜补｜夏禹。相传为虞舜九官之一，任司空，后接受虞舜禅让，为夏朝开国之君。姒姓，名文命，号禹。鲧（僖三十三·五·一·二）之子。

【汤】｜补｜商汤。商朝开国之君。子姓，号汤，名履，日名天乙（卜辞作"大乙"）。

【罪己】｜杨｜补｜归罪于己。夏禹罪己，史无明文。据《论语·尧曰》载商汤祷雨之辞曰"朕躬有罪，无以万方；万方有罪，罪在朕躬"，此则为商汤罪己明文。

【悖】正杨 同勃,兴起貌。

"桀夏桀、纣商纣罪人,其亡也忽焉。

【桀】补 夏桀。夏朝亡国之君。姒姓,名履癸,号桀。夏发之子。鸣条之战商师击败夏师,夏桀遂出奔,死于巢(见文十二・三・春秋)。

【纣】补 商纣。商朝亡国之君。子姓,号纣,日名帝辛。商帝乙(文二・五・二・一)之子。在位年数有五十二年(今本《竹书纪年》)、三十三年(《帝王世纪》)两说。牧野之战周师击败商师,商纣自焚而死。

【罪人】补 归罪于人。

【忽】正 速貌。

"且列国有凶,称'孤',礼也。

【称'孤'】正杨补 称孤之礼参见桓十二—桓十三・二・二。此处宋后闵公以水灾为凶事,自我贬损称"孤"。

"言惧而名礼,其庶乎!"

○正补 言辞惶恐(指罪己)而称谓合于礼(指称孤),这就差不多了吧!

既而闻之曰"公子御说 yuè 之辞也"。臧孙达臧哀伯曰:"是公子御说宜为君,有恤民之心。"

【公子御说】正杨补 后为宋桓公。子姓,名御说,谥桓。宋庄公(隐三・六・一・一)之子,宋后闵公之弟。即君位前为宋大夫。庄十三年即位,在位三十一年。僖九年卒。

○正 臧哀伯得知宋后闵公此番言辞实为公子御说所教之时,应已在庄十三年之后。此时公子御说已即位为君(宋桓公),故臧哀伯称其"宜为君"。

○ 补 吊恤礼：《周礼·春官·大宗伯》："以吊礼哀祸灾""以恤礼哀寇乱"。根据性质来看，"吊礼"和"恤礼"都是对凶险不祥之事进行慰问和关怀，为了叙述方便，可以把它们合称"吊恤礼"。吊恤礼是周代国家礼乐制度的重要组成部分，在王室与诸侯、诸侯与诸侯的政治交往当中发挥着重要作用。根据《左传》《国语》的记载，吊恤礼发生的主要情形如下：

一、周王驾崩，诸侯国遣使前往吊恤。参见文八年鲁卿孟穆伯前往周王室吊丧（文八·五）。

二、周王姻亲去世，诸侯国遣使前去吊恤。参见昭九年周景王有姻丧，晋国遣赵景子前往周王室吊丧（昭九·二·三）。

三、周王室卿大夫去世，诸侯国遣使前去吊恤。参见文三年周王室卿士王叔文公卒，鲁国遣使前去吊丧（文三·三）。

四、诸侯国君主去世，周王遣使前去吊恤。参见昭九年卫襄公卒，周景王遣使前往卫国吊恤（昭七·八·三）。

五、诸侯国君主去世，盟国诸侯遣使前去吊恤。参见昭六年杞文公卒，鲁国遣使吊唁（昭六·一）。

六、大国君主配偶去世，小国遣使前去吊恤。参见昭三年晋平公宠妾少姜卒，鲁昭公欲亲自前去吊丧，被婉拒后遣季武子前去吊丧（昭二—昭三）。

七、诸侯国君主去世，盟国对君主之子进行吊恤。参见僖九年晋献公卒，秦穆公遣使至公子重耳、公子夷吾处吊丧（《国语·晋语二》，僖九·二·三·二）。

八、卿大夫途经盟国，恰逢盟国君主去世，依礼进入该国进行吊恤。参见成二年卫穆公卒，晋三卿自鞌之役回国途经卫国，进行吊唁（成二·三）。

九、诸侯国受到外敌征伐侵略，盟国诸侯派使者前去吊恤。参见哀十五年楚国讨伐吴国，吴国盟国陈国遣使前去吴国吊恤（哀十五·二）。

十、大国战败，小国诸侯君主前去吊恤。参见昭六年楚国战败，鲁卿子叔敬子前去吊恤（昭六·十）。

十一、诸侯国发生政治内乱，盟国遣使前去吊恤。参见襄十四年卫献公因内乱出奔齐国之后，鲁国使厚成叔到卫国吊恤（襄十四·五·六·一）

十二、诸侯君主失国，盟国遣使至流亡地吊恤。参见襄十四年卫献公出奔寄居在齐国时，鲁遣臧武仲到齐国吊恤（襄十四·五·十）。

十三、诸侯国发生自然灾害，盟国遣使前去吊恤。参见庄十一年宋国大水，鲁庄公遣使者前去吊恤（庄十一·二·二·一）。

庄公十一年·三

地理 周、鲁、齐见庄闵地理示意图1。

人物 共姬、齐桓公（庄八—庄九—庄十·春秋）

春秋 冬，王姬共姬归于齐。

【王姬】补 共姬。周王室女，姬姓，谥共。庄十一年归于齐，为齐桓公（庄八—庄九—庄十·春秋）夫人。

○正 补 庄元年周王室嫁女于齐襄公，鲁为主婚，鲁庄公不见齐人，故《春秋》不书齐人来迎新妇，而直书"王姬归于齐"。此次周王室女嫁与齐桓公，鲁又主婚，齐桓公亲自来迎新妇，鲁庄公可能一则因为此前曾拥立公子纠而与齐桓公为敌，二则因为仍不能忘却齐杀父之仇，因此又不见齐桓公，故《春秋》又不书齐侯来迎新妇，而书"王姬归于齐"。

左传 冬，齐侯齐桓公来逆共 gōng 姬。

庄公十二年·一

地理 鲁见庄闵地理示意图 1。鲁、鄑见庄闵地理示意图 4。

人物 纪叔姬（隐七·一·春秋）

春秋 十有₍ₓ₎二年，春，王三月，纪叔姬归于鄑 xī。

【鄑】 杨 见庄三·四·春秋。

○ 正 补 隐七年纪叔姬归于纪，为纪侯妾。庄四年纪侯大去其国，其弟纪季居鄑为齐附庸。此后纪侯死，纪叔姬归于母家鲁。如今鄑作为纪国延续地位已定，因此纪叔姬归于鄑，投靠纪季。

庄公十二年·二

春秋 夏，四月。

庄公十二年—庄公十三年(庄公十三年·一)

地理 宋、陈、齐、蔡、卫 1 见庄闵地理示意图 1。宋、陈、齐、蔡、邾、遂、卫 1、北杏、亳、萧、蒙泽见庄闵地理示意图 3。

人物 南宫万、宋后闵公(庄十一·二·二·一)、仇牧、齐桓公(庄八—庄九—庄十·春秋)、鲁庄公(桓六·七·春秋)、歂孙、华父督(桓元—桓二·春秋)、子游、公子御说/宋桓公(庄十一·二·二·二)、南宫牛、猛获、萧叔大心、宋戴公、宋武公(隐元·一·一)、宋宣公(隐三·六·一·一)、宋穆公(隐三·六·春秋)、宋庄公(隐三·六·一·一)、石祁子

春秋 秋，八月甲午 十日，宋万 南宫万 弑其君捷 宋后闵公 及其大夫仇牧。

【宋万】 正 补 南宫万。南宫氏，名万，字长。宋大夫，官至卿位。庄十二年奔陈。当年被宋人所杀。

【仇牧】 正 补 仇氏，名牧。宋大夫，官至卿位。庄十二年被南宫万所杀。

○ 正 杨 据下文《左传》，宋卿华父督亦被杀，而《春秋》不记载，可能是因为宋人通告中没有提到。

冬，十月，宋万出奔陈。

十有(又)三年，春，齐侯 齐桓公、宋人、陈人、蔡人、邾人会于北杏。

【北杏】 正 杨 补 在今山东聊城茌平区南与东阿县交界处。齐地。参见《图集》26—27③3。

夏，六月，齐人灭遂。

【遂】 正 杨 补 商、周时国，妫姓。商汤始封虞舜之后于遂，在山东肥城安临站镇。庄十三年被齐所灭。参见《图集》26—27③3。

左传【一·一】乘 shèng 丘之役，公鲁庄公以金仆姑射南宫长万南宫万，公右歂 chuán 孙生搏之南宫万。宋人请之南宫万[，我归之]。宋公宋后闵公靳 jìn 之，曰："始，吾敬子。今子，鲁囚也，吾弗敬子矣。"[南宫万]病之。

【乘丘之役】正见庄八—庄九—庄十·十。
【仆姑】正杨箭名。
【生搏】正杨活捉。搏，捕。
【宋人请之】杨补宋人请求[释放]南宫万。
【靳】正补戏弄某人，使其羞愧。
【病之】正[南宫万]以之为耻。

【一·二】十二年，秋，宋万南宫万弑闵公宋后闵公于蒙泽。[南宫万]遇仇牧于门，批而杀之。[南宫万]遇大(太)宰督华父督于东宫之西，又杀之。[南宫万]立子游。群公子奔萧，公子御说 yuè 奔亳 bó。南宫牛、猛获帅师围亳。

【蒙泽】正杨补泽名，位于今河南商丘东北。宋地。参见《图集》24—25④6。
【批而杀之】正杨补[南宫万]反手击倒[仇牧]，将其杀死。批，反手击。
【大宰】补见桓元—桓二·二。
【东宫】杨诸侯小寝，参见庄三十二·四·春秋。
【子游】正补宋公子，子姓，字游。庄十二年被南宫万立为君，同年被宋公族所帅曹师所杀。
【萧】正杨补在今安徽萧县圣泉乡南。本为国，嬴姓。此时为宋邑。庄十二年南宫万之乱后，庄二十三年之前，宋以萧封大心，为附庸国，子姓。宣十二年被楚所灭。襄十年前地入于宋为邑。参见《图集》24—25④7。
【亳】正杨补又作"薄"，在今山东曹县阎店楼镇附近。曾经是商朝早期都城,此时为宋邑。参见《图集》24—25④6。

【南宫牛】正 杨 补南宫氏,名牛。南宫万之子(一说为弟)。庄十二年被宋公族所帅曹师所杀。

> ○正 杨 补**传世文献对读**:《公羊传·庄公十二年》载此事,与《左传》不同,可扫码阅读。
>
> ○补**传世文献对读**:《论语·八佾》:"子曰:'居上不宽,为礼不敬,临丧不哀,吾何以观之哉?'"此为"居上不宽"之例。

【二】冬,十月,萧叔大心及戴宋戴公、武宋武公、宣宋宣公、穆宋穆公、庄宋庄公之族以曹师伐之,杀南宫牛于师,杀子游于宋,立桓公宋桓公。猛获奔卫。南宫万奔陈,以乘 shèng 车辇 niǎn 其母,一日而至。

【萧叔大心】正 杨名大心,排行叔。庄十三年已为萧邑大夫,后为萧国始封君。

【戴、武……之族】正 补皆为宋公族。【戴】正 补宋戴公。子姓,名撝,谥戴。宋哀公之子。春秋前七十七年即位,在位三十四年。春秋前四十四年卒。

【师】杨 补指包围亳邑的南宫牛、猛获之师。

【乘车】正 杨载人马车。【辇】正 补以人力拉车。

【三】宋人请猛获于卫。卫人欲勿与。石祁子曰:"不可。天下之恶 è 一也。[猛获]恶 wù 于宋而保于我,保之,何补? 得一夫而失一国,与恶 è 而弃好,非谋也。"卫人归之猛获。[宋人]亦请南宫万于陈,以赂。陈人使妇人饮 yìn 之南宫万酒,而以犀革裹之。比 bǐ 及宋,[南宫万]手足皆见(现)。宋人皆醢 hǎi 之。

【石祁子】正 杨 补姬姓,石氏,谥祁。石骀仲之子,石碏(隐四·二·一·二)族人。卫大夫,官至卿位。

【与恶而弃好】杨 补 佐助恶人而放弃盟好。与，助。宋、卫有同盟之好。

【犀】补 犀牛，奇蹄目犀科野兽，皮毛灰黑色，皮可制甲衣。

【比】杨 等到。

【醢】正 杨 补 古代酷刑之一，用于惩处谋反、弑君等重罪犯，先将罪犯杀死，取其肉剁碎、加调料腌制成肉酱，然后可能要分送给其他官员，以达到震慑潜在作乱者的目的。这里作动词，将人杀死制成肉酱之意。

【四】十三年，春，会于北杏，以平宋乱。遂人不至。夏，齐人灭遂而戍之。

○补 宋有南宫万之乱，齐桓公欲修霸业，故会诸侯以平宋乱。

庄公十三年·二

春秋 秋，七月。

庄公十三年·三

地理 鲁、齐见庄闵地理示意图 1。鲁、齐、柯见庄闵地理示意图 4。

人物 鲁庄公（桓六·七·春秋）、齐桓公（庄八—庄九—庄十·春秋）

春秋 冬，公鲁庄公会齐侯齐桓公盟于柯。

【柯】正 杨 补 在今山东阳谷阿城镇已发现其遗址（详见下）。齐邑。参见《图集》26—27③3。

○补 **阿城故城遗址**：遗址先后为春秋时期齐国柯邑、汉代东阿县。城址平面呈正方形，边长两千米。城址中有大汶口、龙山、春秋时期的文化遗存。

左传 冬，"盟于柯"，始及齐平也。

【平】补 讲和修好。参见隐六·一。

○补 **传世文献对读**：齐、鲁交恶起点为桓十八年齐襄公使公子彭生害死鲁桓公。庄九年鲁庄公纳公子纠失败之后，齐、鲁两国庄十年战于长勺，鲁庄公在曹刿指导下靠违礼使诈取胜。然而此后，据《史记·刺客列传》记载，曹沫（即曹刿）再也没有重现长勺之战的奇迹，在对齐战争中，鲁军三战三败，丢失了汶水以北的大片领土。至本年，鲁被迫与齐在柯地讲和盟誓。《公羊传·庄公十三年》载此次盟会上曹子（即曹刿）逼迫齐桓公归还汶阳之田之事，可扫码阅读。

《史记·刺客列传》的记载与《公羊传》大体相同，但细节多有不同，可扫码阅读。

庄公十三年—庄公十四年(庄公十四年·一)

地理 齐、陈、曹、宋、周见庄闵地理示意图1。齐、陈、曹、宋、周、单见庄闵地理示意图3。

人物 单伯

春秋 十有(又)四年,春,齐人、陈人、曹人伐宋。

夏,单 shàn 伯会伐宋。

【单伯】 正 补 周王室卿大夫。

左传 宋人背北杏之会。十四年,春,诸侯伐宋。齐请师于周。夏,单伯会之。[诸侯]取成于宋而还。

【齐请师于周】 正 齐桓公欲尊崇周王,故请师于周,以示大顺,并非担心不能战胜而必须借助周王室之力。

【取成于宋】 补 从宋取得求和服从[的成果]。

庄公十四年·二

地理 郑、鲁见庄闵地理示意图1。郑、鲁、栎见庄闵地理示意图3。

人物 郑厉公(隐五·四·二·一)、傅瑕、郑子婴(桓十八·二·一)、郑子婴之二子、鲁庄公(桓六·七·春秋)、申缟(桓六·七·二)、原繁(隐五·四·二·一)、郑桓公、郑庄公(隐元·四·春秋)

左传 【一·一】郑厉公自栎[lì]侵郑,及大陵,获傅瑕。傅瑕曰:"苟舍我,吾请纳君 郑厉公。"[厉公]与之 傅瑕盟而赦之。六月甲子二十日,傅瑕杀郑子 郑子婴及其二子,而纳厉公 郑厉公。

【郑厉公自栎侵郑】 正 补 桓十五年郑厉公出奔蔡,同年返国,居于栎(桓十五—桓十六),本年自栎侵郑都。

【大陵】 正 杨 在今河南禹州(栎)与新郑(郑)之间。郑地。

【傅瑕】 正 补 郑大夫。庄十四年被郑厉公所杀。

【纳】 补 见隐四·二·四·一。

○ 补 据《史记·郑世家》,郑子婴十二年(即庄十二年),拥立郑子婴、长期掌控郑国的权臣祭足去世。郑厉公应是在得知祭足去世后即开始准备夺权,两年后终于得逞。

[一·二] 初,内蛇与外蛇斗于郑南门中,内蛇死。六年而<u>厉公</u>_{郑厉公}入。公_{鲁庄公}闻之,问于<u>申繻</u> xū 曰:"犹有妖乎?"_[申繻]对曰:"人之所忌,其气馅 yàn 以取之。妖由人兴也。人无衅焉,妖不自作。人弃常,则妖兴,故有妖。"

【人之……取之】 正 杨 补 此句有两解。第一解是将"馅"理解为"气"的状态。《尚书·洛诰》:"无若火始馅馅。"《说文》:"馅,火行微馅馅也。"如此则此句可解为"一个人所忌惮的事(指妖邪之事),是他自己心气不坚正、馅馅未盛而进退不定的状态获取来的"。第二解是将"气馅"理解为一个词。"馅",《左传》唐石经本、《左传》金泽文库本、《汉书·五行志》引文、《汉书·艺文志》引文皆作"炎",阮元《校勘记》也认为应该作"炎"。《说文》:"炎,火光上也。"《玉篇》:"焰,光也。""气馅"就是"气炎",也就是我们今天所说的"气焰"。如此则此句可解为"一个人所忌惮的事(指妖邪之事),是他自己心气的光焰吸引获取来的"。

【衅】 正 补 瑕隙,空子。

[二] <u>厉公</u>入,遂杀傅瑕。_[公]使谓原繁曰:"<u>傅瑕贰</u>,周有常刑,既伏其罪矣。纳我而无二心者,吾皆许之上大夫之事,吾愿与伯父_{原繁}图之。且寡人出,伯父_{原繁}无里言;_[寡人]入,_[伯父]又不念寡人,寡人憾焉。"

【傅瑕贰】 补 傅瑕有二心。郑厉公杀傅瑕的公开理由是:傅瑕本来是为了郑子婴在大陵抵御郑厉公,被俘之后就轻易变节改投郑厉公,并反过来将郑子婴一脉赶尽杀绝,这是有二心。郑厉公杀傅瑕的实际理由是:此人反复无常,敢下狠手,不可信赖,必须杀掉以除后患。

【纳我而无二心者】补那些迎接我回国却没有二心的人。郑厉公以郑子婴为不合法统的傀儡,而自己则为流亡在外的、受到其他诸侯国支持的合法国君,归国复位为理所当然。因此,厉公提出,内心一直不拥戴郑子婴、而在帮助自己复辟的臣子是没有二心的忠臣。

【里言】杨补关于郑都内部情况的话。

[原繁]对曰:"先君桓公郑桓公命我先人典司宗祐 shí。社稷有主,而外其心,其何贰如之? 苟主社稷,国内之民,其谁不为臣? 臣无二心,天之制也。子仪郑子婴在位,十四年矣,而谋召君郑厉公者,庸非贰乎? 庄公郑庄公之子犹有八人,若皆以官爵行赂劝贰而可以济事,君其若之何? 臣闻命矣。"[原繁]乃缢而死。

【桓公】正补郑桓公。郑始封君。姬姓,名友,字多,谥桓。周厉王(僖二十四·二·二·一)之子,周宣王(僖二十四·二·二·一)同母弟。隐元年前八十四年封于郑,在位三十六年。隐元年前四十九年随周幽王被犬戎所杀。然而亦有学者认为郑桓公当时并未被杀,之后还来到中原继续重建郑国。

【典司】补主管。【宗祐】正补宗庙中保藏神主牌位的石函。

【社稷……如之】杨补国家有君主,心思却在国外,还有比这更大的二心吗? 原繁认为郑子婴既主郑社稷十四年,则为国君,因此郑子婴之臣,若有迎立郑厉公复辟之心,则为有二心。

【庸】杨岂。【济事】补成事。

庄公十四年·三

地理楚、蔡见庄闵地理示意图 1。楚、蔡、息见庄闵地理示意图 5。

人物蔡哀侯(桓十七·四·春秋)、息妫(庄十·二)、楚文王(庄六·

二·一）、堵敖、楚成王

春秋 秋，七月，荆入蔡。

【荆】 补 实指楚，参见 庄十·二·春秋。

左传【一】 蔡哀侯为莘 shēn 故，绳（讗）息妫 guī 以语 yù 楚子 楚文王。楚子如息，以食入享 ［息侯］，遂灭息。

【蔡哀……楚子】 正 杨 补 庄十年楚为息伐蔡，败蔡师于莘，蔡哀侯曾被楚俘虏。此后蔡哀侯应是知晓了息侯的策略，于是对楚文王极力称赞息妫貌美，希望引导楚文王灭亡息以复仇。绳，《说文》作“讗”，称赞。

【楚子……灭息】 正 杨 补 楚文王到息国，带着食物［和器具］进入［息国］设宴招待［息侯］，随即灭了息国。据下引清华简二《系年》，则楚灭息在庄十年的“明年”，也就是庄十一年，这里是追叙前事。据宣四·五·四，则克息之役，楚文王获得三支好箭。

【二】［楚子］以息妫归，生堵敖及成王 楚成王 焉。［息妫］未言。楚子 楚文王 问之，［息妫］对曰：“吾一妇人，而事二夫。纵弗能死，其又奚言？”楚子 楚文王 以蔡侯 蔡哀侯 灭息，遂伐蔡。秋，七月，楚入蔡。

【堵敖】 补 楚君。芈姓，熊氏，名艰，无谥，号堵敖。楚文王（庄六·二·一）之子，息妫（庄十·二）所生。庄十一年灭息之后、庄十四年前生。庄二十年即位，在位三年。庄二十二年被王子頵（楚成王）所弑。

【成王】 补 楚成王。芈姓，熊氏，名頵，谥成。楚文王（庄六·二·一）之子，堵敖之弟，息妫（庄十·二）所生。庄十一年灭息之后、庄十四年前生。庄二十三年即位，在位四十六年。文元年被太子商臣所弑。

【未言】 正 补 [息妫]没有说过话。

【吾一妇人，而事二夫】 补 如下引《清华简》所述，楚成王杀了息侯之后才娶了息妫，息妫"事二夫"是"先后服事两位丈夫"的意思。

【奚】 补 何。

【楚子……伐蔡】 正 补 楚文王因[听信]蔡哀侯[谗言]而灭息，于是讨伐蔡。杜注从文句表面意思解读，认为楚文王讨伐蔡是为了取悦息妫，因为他是受了蔡哀侯的蛊惑才灭了息。然而，从现实政治的角度看，楚文王为息侯伐蔡，在蔡哀侯"蛊惑"下灭息，又伐蔡以惩戒蔡哀侯蛊惑自己，这个经典"红颜祸水"故事后的实质是楚文王巧妙利用蔡、息矛盾开疆拓土、进逼中原，息妫并不是真正的标的，而只是一个好用的借口。

○ 补 据《史记·管蔡世家》的说法，蔡哀侯在庄十年被楚文王俘虏后，就一直被扣留在楚长达 9 年，直至庄十九年去世。但如果真是这样的话，那庄十四年楚为报复蔡哀侯而伐蔡就失去了讨伐的对象。综合《左传》、《史记》、清华简二《系年》的记载，蔡哀侯从庄十年起的经历可能是这样的：庄十年蔡哀侯被楚文王俘虏，在向楚文王进言息妫之美后，就被楚文王释放回国。庄十四年楚文王灭息之后再次伐蔡，蔡哀侯再次被楚文王俘虏，从此被扣留在楚，直至去世。

○ 杨 补 据《左传》及《史记·楚世家》，楚君称"某敖"者共五人，即若敖（僖二十七—僖二十八·十一）、霄敖、堵敖、郏敖（襄二十九·三·二·一）、訾敖（昭十三·二·七）。另外，若敖、霄敖之间还有一位蚡冒（文十六·三·三），冒可能通敖。敖，即獒，是"酋豪"之义。有学者认为，楚君称"某敖"的情况有两类，以在位期间称王的楚君熊通（楚武王）为分水岭：若敖、（蚡冒）、霄敖在楚有王号、谥号之前，"某敖"就是楚人对其君的称呼。堵敖、郏敖、訾敖在楚有王号、谥号之后，都死于弑乱而无谥，因而不称"楚某王"而援引旧例称"某敖"。若（郏）、霄为居地（据清华简《楚居》），有可能亦为其葬地；堵意义不明；郏、訾为其葬地。有学者认为此类楚君称谓通例应该是"葬地＋敖"。

○ 补 **出土文献对读**：清华简二《系年》亦叙楚灭息之事（接庄十·二所引《系年》），与《左传》有较大差异，可扫码阅读。

《系年》所叙与《左传》有两点不同：

一、《系年》版本中，蔡哀侯曾与楚文王同行至息，在宴会中称赞息妫之美，并怂恿楚文王亲眼见到了息妫，从而使楚文王产生夺取息妫的念头。在《左传》中，楚文王仅根据蔡哀侯言语描述就产生了夺取息妫的念头。相比之下，《系年》版本更加合理。

二、楚文王是在见到息妫之后第二年起兵讨伐息国，除了夺取息妫之外，还杀死了息侯。在《左传》中，楚文王是以进入息国设宴为掩护灭了息国，息侯生死不明。窃疑历史上只发生了一次宴会，在《系年》版本中该宴会发生在灭息一年前，而在《左传》版本中该宴会成了灭息行动的一部分。

【三】君子曰："《商书》所谓'恶之易也，如火之燎于原，不可乡_{（向）}迩，其犹可扑灭'者，其如蔡哀侯乎！"

【恶之……扑灭】 杨 见隐六·四·三。

庄公十四年—庄公十五年(庄公十五年·一)

地理 周、齐、宋、卫1、郑见庄闵地理示意图1。周、单、齐、宋、卫1、郑、鄄见庄闵地理示意图3。

人物 单伯、齐桓公(庄八—庄九—庄十·春秋)、宋桓公(庄十一·二·二·二)、卫惠公(桓十三·二·春秋)、郑厉公(隐五·四·二·一)、陈宣公(庄四·三·春秋)

春秋 冬,单伯会齐侯齐桓公、宋公宋桓公、卫侯卫惠公、郑伯郑厉公于鄄 juàn。

【鄄】 正 杨 补 在今山东鄄城旧城镇。卫邑,曾为齐豹采邑。参见《图集》24—25③6。

○ 正 补 齐桓公修霸业,卒平宋乱,宋人服从。齐桓公归功于周王,故发往鲁国通告上列周王室卿士于诸侯之上。《春秋》因而书之,以成全齐桓公尊王之义。

十有(又)五年,春,齐侯齐桓公、宋公宋桓公、陈侯陈宣公、卫侯卫惠公、郑伯郑厉公会于鄄。

○ 正 补 自隐元年至庄十四年,卫、陈四次同时参与诸侯会盟,卫都排在陈前面。从庄十五年本次鄄之会起,陈都排在卫前面。杜注、孔疏认为,此时齐桓公始霸,楚亦始强,陈介于二大国之间,又为三恪之后(参见襄二十五·四·一"以备三恪"),齐桓公从霸政形势出发,将陈的班次改到卫之上,之后就成了惯例,一直到春秋结束。

左传 冬,"会于鄄",宋服故也。十五年,春,复会焉,齐始霸也。

○ 补 庄十四年楚文王灭息、伐蔡,威逼中原,可能促成了鄄之会上诸侯开始拥戴齐桓公为霸主,且将毗邻蔡、靠近楚的陈位次改到卫之上。

庄公十五年·二

地理 鲁、齐见庄闵地理示意图1。

人物 文姜（桓三·六·春秋）

春秋 夏,夫人姜氏文姜如齐。

○正补 文姜为齐僖公之女,此时其父齐僖公已去世十一年。依当时礼制,父母在,则可归国省亲;父母过世,则应使卿代为至母家聘问。文姜本年如齐,不知其母尚在否,若在,则合于礼;若已过世,则为非礼。

庄公十五年—庄公十六年(庄公十六年·一)

地理 宋、齐、郑、卫1见庄闵地理示意图1。宋、齐、邾、郳、郑、卫1见庄闵地理示意图3。

春秋 秋,宋人、齐人、邾人伐郳。

○ 正 补 宋为主兵,故序于齐之上。参见隐五·八·春秋。

郑人侵宋。

冬,十月。

十有(又)六年,春,王正月。

夏,宋人、齐人、卫人伐郑。

○ 正 补 宋为主兵,故序于齐之上。参见隐五·八·春秋。

左传 秋,诸侯为宋伐郳 ní。郑人间 jiàn 之而侵宋。十六年,夏,诸侯伐郑,宋故也。

【诸侯为宋伐郑】 正 补 郳为宋附庸国,属宋而叛,因此霸主齐联合邾(郳宗主国)为宋伐郳。

【间】 杨 补 承其空隙,趁机。

庄公十六年·二

地理 楚、郑见庄闵地理示意图1。楚、郑、栎见庄闵地理示意图5。

人物 郑厉公(隐五·四·二·一)

春秋 秋,荆伐郑。

【荆】 补 实指楚,参见庄十·二·春秋。

左传 郑伯 郑厉公 自栎 lì 入,缓告于楚。秋,楚伐郑,及栎,为 [郑] 不礼 [于楚] 故也。

【郑伯自栎入】 正 见庄十四·二。

○ 补 此次伐郑,是春秋时期楚第一次出兵讨伐位于中原腹地的诸侯国。在楚文王领导下,楚已经占据南阳盆地,与中原腹地直接相邻,正积极谋求北上中原。郑厉公在栎邑流亡期间,应该是与楚文王订立了密约,内容大概是楚支持郑厉公复辟,而郑厉公在事成之后对楚有所报答。然而,郑厉公在复辟过程中并没有寻求楚的帮助,而且他在复位之后急着想要继承父亲郑庄公遗志参与中原争霸,不愿意在这个时候让其他中原华夏诸侯国知道自己与蛮夷楚曾经有过政治交易,因此在事成之后很久才向楚发情况通报。楚文王可不能接受这种"始乱终弃"的做法,于是在本年出兵伐郑,警告郑厉公要礼敬楚。

庄公十六年·三

地理 郑、卫 1 见庄闵地理示意图 1。

人物 郑厉公(隐五·四·二·一)、雍纠(桓十五·四·一)、公子阏、强锄、公父定叔、共叔段(隐元·四·春秋)

左传 [一] 郑伯 郑厉公 治与 yù 于雍纠之乱者,九月,杀公子阏 è,刖 yuè 强锄。公父 fù 定叔 出奔卫。三年而 [郑伯] 复 公父定叔,曰"不可使共 gōng 叔 共叔段 无后于郑"。 [郑伯] 使 [公父定叔] 以十月入,曰"良月也,就盈数焉"。

【雍纠之乱】 正 见桓十五·四。

【公子阏、强锄】 正 二人皆为祭足党羽。

【刖】 正 补 古代一种断足的酷刑,这里的"足"既可能是指整个下肢,也可以专指踝骨以下的脚。从考古资料来看,商代刖刑经常是将膝盖骨以下的小腿截掉,甚至有将大腿骨截断的情况,而周代主要是将踝骨以下的脚截掉,也有将膝盖骨以下的小腿截掉的情况。

【公父定叔】正 杨 补公父氏,谥定,排行叔。公孙滑(隐元·十·一)之子,共叔段(隐元·四·春秋)之孙。庄十六年奔卫。庄十九年复归于郑。

【三年而复之】补三年后[郑厉公]使公父定叔归国复职。此为探后言之。

【良月】杨古代以奇数月为忌,偶数月为良。

【盈数】正数至十为小盈,至万则为大盈。

○正 补雍纠之乱使郑厉公出奔、郑昭公复入,参与之人自然是反对郑厉公的势力。郑厉公清算雍纠之乱,自然为了清除异己,巩固自己的君位。不过,公父定叔既然出奔,应该当年也参与了反对势力,他为何会受到郑厉公优待令人寻味。长期盘踞在京邑的共叔段当年试图扳倒郑都的郑庄公没有成功,而长期盘踞在栎邑的郑厉公则是通过扳倒郑都内的郑子婴而再次成为郑君,因此,共叔段和郑厉公可谓是夺权路上的"同道中人"。郑厉公自己说他召公父定叔回国是因为"不可使共叔无后于郑",这就提示我们,郑厉公优待公父定叔的目的是表明自己同情共叔段的立场,从而笼络同情和支持过共叔段的政治势力,其目的还是为了巩固自己的君位。

[二] 君子谓:"强锄不能卫其足。"

○补参见成十七·四·三·二孔子评论"鲍庄子之知不如葵,葵犹能卫其足"。

庄公十六年·四

地理鲁、齐、宋、陈、卫1、郑见庄闵地理示意图1。鲁、齐、宋、陈、卫1、郑、许、滑(近周之滑)、滕见庄闵地理示意图3。

人物 齐桓公（庄八—庄九—庄十·春秋）、宋桓公（庄十一·二·二·二）、陈宣公（庄四·三·春秋）、卫惠公（桓十三·二·春秋）、郑厉公（隐五·四·二·一）、许穆公（隐十一·二·五）、滑伯、滕子

春秋 冬，十有（又）二月，[公]会齐侯齐桓公、宋公宋桓公、陈侯陈宣公、卫侯卫惠公、郑伯郑厉公、许男许穆公、滑伯、滕子同盟于幽。

【滑】正 杨 补 又称"费滑"，周时国，伯爵，姬姓。周初始封周文王之后于滑，在今河南睢县西北。庄十六年时已迁于费，在今河南偃师府店镇府店村北、滑城河村之间已发现其遗址（详见下）。僖三十三年被秦所灭，同年晋人败秦于殽，滑遂入于晋。襄十八年前入于郑。昭二十二年前地入于周，又称"侯氏"。睢县之滑参见《图集》24—25④5"滑1"。偃师之滑参见《图集》22—23④3"滑2"。

【幽】正 宋地。

○ 补 滑国故城遗址：遗址位于府店村与滑城河之间的一处靴形台地上，先后为春秋时期滑国都城、汉代缑氏县县城。城址依地形曲折建成，南北长约两千米，东西宽北部约一千米、中部约七百米、南部约五百米，城址内外发现了仰韶、龙山、殷商、东周、两汉和唐代遗物。

左传 冬，"同盟于幽"，郑成也。

○ 补 庄十四年柯之盟后鲁服于齐（庄十三·三），庄十四年鄄之会后宋服于齐（庄十四—庄十五），此时中原列国中尚未服于齐的就是郑厉公领导下的郑。庄十六年夏诸侯伐郑之后，郑厉公有所收敛，在此次幽之盟上表示愿意服从齐。然而，郑并未真正顺服，因而有庄十七年齐人执郑执政卿叔詹之事（庄十七·一）。

庄公十六年·五

地理 邾见庄闵地理示意图 4。

人物 邾安公(隐元·二·春秋)

春秋 邾子克_{邾安公}卒。

○正 补 庄十三年邾参与北杏之会(庄十二—庄十三·春秋),庄十五年邾又参与伐郳(庄十五—庄十六·春秋)。邾本为鲁附庸国,无爵,齐桓公以邾跟从尊周有功,因而请于王而进邾为子爵诸侯,故卒时《春秋》书"邾子"。

庄公十六年·六

地理 周、晋 1 见庄闵地理示意图 1。周、晋 1(翼)、虢、曲沃见庄闵地理示意图 2。

人物 周僖王、虢公、曲沃武公/晋武公(桓二—桓三·六)、夷诡诸、芮国、周公忌父、周惠王

左传 【一】王_{周僖王}使虢 guó 公命曲沃伯_{曲沃武公}以一军为晋侯。

【王】正 补 周僖王。姬姓,名胡齐,谥僖。周庄王(桓十八·三·一)之子。庄十三年即位,在位五年。庄十七年卒。

○正 补 据《史记·晋世家》,"晋侯二十八年,齐桓公始霸。曲沃武公伐晋侯缗,灭之,尽以其宝器赂献于周釐王。釐王命曲沃武公为晋君,列为诸侯,于是尽并晋地而有之","自桓叔初封曲沃以至武公灭晋也,凡六十七岁,而卒代晋为诸侯"。据《周礼·夏官·叙官》:"凡制军,万有二千五百人为军。王六军,大国三军,次国二军,小国一军。"曲沃窜晋之初,实为小国,仅有一军,故周王室命曲沃武公以一军为晋侯。

○补 据《史记·晋世家》,曲沃武公/晋武公之子晋献公回顾曲沃篡

晋的历程时说"始吾先君庄伯、武公之诛晋乱",可见新晋国公室在向后代讲述"先君功业"时,就是回避小宗吞灭大宗、臣下颠覆君主的恶名,而是充分利用曲沃初封时即为国的事实(参见桓二—桓三·二),把整件事情"包装"成一个昌明的曲沃国平定一个昏乱邻国(晋国)内乱的正义行动。实际上,曲沃篡晋事件与在周代具有绝对正当性的周灭商事件非常相似:曲沃国名义上臣属于晋国,正如同周国名义上臣属于商王室;曲沃国经过桓叔、庄伯、武公三代的努力,颠覆了昏乱的旧晋国、建立了新晋国,正如同周人经过季历、文王、武王三代的努力,颠覆了荒淫暴虐的商朝、建立了周朝。

【二】初,晋武公伐夷,执夷诡诸。芮 wěi 国请而免之夷诡诸。既而[夷诡诸]弗报。故子国芮国作乱,谓晋人曰"与我伐夷而取其地",遂以晋师伐夷,杀夷诡诸。周公忌父 fǔ 出奔虢。惠王周惠王立而复之周公忌父。

【夷诡诸】正 补 夷氏,名诡诸。周王室大夫。庄十六年被芮国所杀。食采于夷。【夷】正周邑。

【芮国】正 补 芮氏,名或字国。周王室大夫。庄二十一年被虢公丑所杀。

【既而弗报】正 补 [夷诡诸获释]之后没有酬谢[芮国]。

【周公忌父】正 补 姬姓,周氏,名或字忌。周桓公(隐六·八)之后。周王室卿士。庄十六年出奔西虢,庄十八年复位。僖二十四年被狄人所杀。

【惠王立而复之】正 补 周惠王庄十八年即位之后,使周公忌父返回京师复职。此为探后言之。【惠王】补 周惠王。姬姓,名阆,或曰名毋凉,谥惠。周僖王之子。庄十八年即位。庄十九年王子颓作乱,卫、燕伐周,立王子颓。庄二十年,郑厉公使周惠王处于栎。庄二十一年,郑、西虢护送周惠王复位,杀王子颓。在位共二十四年。僖七年卒。

○正 庄三·三·春秋书"葬桓王"。自庄三年至本年,周有庄王,又

有僖王,崩、葬不见于《春秋》《左传》,可见周王室微弱,不复能自通于
诸侯。

○补 本段描述王子颓之师芿国因私人恩怨作乱之事,下启庄十九年
芿国参与王子颓之乱。

庄公十七年·一

地理 齐、郑见庄闵地理示意图1。

人物 叔詹

春秋 十有(又)七年，春，齐人执郑詹叔詹。

【郑詹】正 补 叔詹。姬姓，名詹，排行叔。郑厉公(隐五·四·二·一)之子，郑文公(庄十九—庄二十—庄二十一·十一·二)之弟。郑大夫，官至执政卿。"三良"之一(参见僖六—僖七·五·三)。庄十七年被齐人所执，同年自齐奔鲁，遂归于郑。

○正 庄十五年郑人侵宋，又不朝齐。齐桓公始霸，欲惩戒不服之诸侯，故因郑执政叔詹如齐聘问而将其扣留。据襄十一·二·五·一，若出使卿大夫无罪而被执，则《春秋》书"执行人某某"，以表明此人为使者，不应被执。郑不服霸主，而叔詹为郑执政，则叔詹实有罪，故《春秋》不书"齐人执行人郑詹"。

左传 "十七年，春，齐人执郑詹"，郑不朝[齐]也。

【朝】补 见隐四·二·七·一。

庄公十七年·二

地理 齐见庄闵地理示意图1。齐、遂见庄闵地理示意图3。

春秋 夏，齐人歼于遂。

【歼】正 尽。【遂】补 见庄十二—庄十三·春秋。

○正 补 齐人戍遂，轻敌无备，小国之人得以诱而尽杀之。《春秋》书"齐人歼于遂"，如同齐人自尽，可能是齐人为掩盖国恶，在通告中含糊其词，而《春秋》因而书之，也可能是《春秋》要表达对齐人的讥讽。

左传 夏，遂因氏、颌氏、工娄氏、须遂氏飨齐戍。[齐戍]醉而[遂人]杀之,齐人歼焉。

【因氏……遂氏】杨 四家皆为遂强族。【飨】正 杨 以酒食招待。

【齐戍】正 补 庄十三年齐灭遂之后,留在遂戍守的齐人。

【齐人歼焉】杨 齐人被全部杀死。

庄公十七年·三

地理 郑、齐、鲁见庄闵地理示意图 1。

人物 叔詹(庄十七·一·春秋)

春秋 秋,郑詹叔詹自齐逃来。

○正 叔詹不能伏节守死以解国难,而遁逃苟免,故《春秋》书"逃"以示贬责。使臣被执,守死以解国难之例见昭元·一·四。

庄公十七年·四

地理 鲁见庄闵地理示意图 1。

春秋 冬,[我]多麋。

【麋】补 麋鹿(*Elaphurus davidianus*),偶蹄目鹿科兽类,俗称"四不像"。

○正 麋鹿多则伤害庄稼,故《春秋》书之。

庄公十八年·一

地理 晋、周、郑、陈见庄闵地理示意图1。虢（西虢）、晋（翼）、周、郑、原、陈见庄闵地理示意图3。

人物 虢公丑、晋献公、周惠王（庄十六·六·二）、郑厉公（隐五·四·二·一）、原庄公、陈妫

春秋 十有（又）八年，春，王三月，日有食之。

【日有食之】补 见隐三·一·春秋。

○正 此条《春秋》无对应《左传》。

左传【一】 十八年，春，虢 guó 公虢公丑、晋侯晋献公朝王周惠王。王飨醴 lǐ，命之宥（侑）yòu。皆赐玉五瑴 jué、马三匹，非礼也。王命诸侯，名位不同，礼亦异数，不以礼假人。

【虢公】杨 补 虢公丑。名丑，排行叔。兼任周王室卿士。僖五年，晋灭西虢，虢公丑奔周。【晋侯】杨 补 晋献公。姬姓，名佹诸，谥献。晋武公（桓二—桓三·六）之子。庄十八年即位，在位二十六年。僖九年卒。【朝】补 见隐四·二·七·一。

【王飨醴，命之宥】正 杨 补 周惠王在飨礼上用醴酒［招待虢公丑、晋献公］（飨醴），［周惠王向虢公丑、晋献公敬酒之后］，命虢公丑、晋献公回敬酒［以示亲近］（命之宥）。飨礼参见桓九—桓十·一·二。宥，通侑，与酬、酢同义。

【玉五瑴】正 补 五对玉。瑴，亦作"珏"，双玉。【马三匹】杨 补 古本《竹书纪年》："三十四年，周王季历来朝，武乙赐地三十里，玉十瑴，马八匹。"如此则玉五瑴当马四匹。春秋时一车驾四马，三马不合用。因此，此处"马三匹"疑应为"马四匹"。"四"古又作"〓"，商周古文字中常有"借笔合文"现象，这里可能是"〓"最下面一横与下面的"匹"字顶部一横共用，而后人转抄时已不明了，于是写成"三匹"。上述马、玉皆为"酬币"，参见桓九—桓十·一·二。

【不以礼假人】正 补 不把［超过规范的］礼数借给他人。假,借。虢公丑为公爵,晋献公为侯爵,而得到同样赏赐,因此是借公爵之礼数给晋献公。从现实政治角度看,周惠王这样做的目的可能是为了笼络晋献公。对比成元—成二·六·二孔子所言"唯器与名,不可以假人,君之所司也",以及昭三十二·六·二晋太史墨所言"是以为君,慎器与名,不可以假人",可知本处"名位不同,礼亦异数,不以礼假人"之"礼",实指名器之辨中的"器",也就是与名位对应的、尊卑异数的礼制待遇。

【二】虢公虢公丑、晋侯晋献公、郑伯郑厉公使原庄公逆王后于陈。陈妫 guī 归于京师,实惠后。

【原庄公】杨 补 姬姓,原氏,谥庄。周文王(僖五·八·一)之后。周王室卿大夫。食采于原。【原】补 见隐十一·三·一。

【陈妫】补 陈女,妫姓。庄十八年归于周。为周惠王后,周襄王(僖五·五·春秋)、甘昭公(僖七—僖八·一)之母。

【京师】补 见隐六·七。

【实惠后】补 ［陈妫］就是惠后。

○ 补 周王室在派使者至陈迎亲之前必已有提亲、定亲等步骤,三位诸侯君主为何要多此一举地"联合加持"这项既定的婚礼步骤?这是因为,在齐僖公、齐襄公、齐桓公三代齐君的持续努力下,"尊王"已经成为当时中原国际政治中的"政治正确"原则之一:任何一个国家想要在国际政治中起更大作用,必然要举"尊王"的旗帜。在"尊王"的共同旗号下,三位君主其实"各怀鬼胎":虢公丑本来就是周王室卿士,他"尊王"表面上是积极履行本职,实际上是为了提高西虢的国际地位;晋献公是一位很有政治抱负的君主,他"尊王"是为了给晋参与中原国际事务打基础;郑厉公一方面正受到齐桓公打压,另一方面又吸取了其父郑庄公欺凌王室霸业不成的教训,他"尊王"是想要继承父亲遗志,重振郑霸业。

庄公十八年·二

地理　鲁见庄闵地理示意图 1。鲁、戎、济水见庄闵地理示意图 4。

人物　鲁庄公（桓六·七·春秋）

春秋　夏，公鲁庄公追戎于济西。

　　【济】补见隐三·七。

左传　"夏，公追戎于济西。"〔《春秋》〕不言其来，讳之也。

　　○正戎人来时，鲁人不知；戎人去时方追，又无所获。《春秋》不书戎人来侵，是避讳鲁人边防阙失。

庄公十八年·三

地理　鲁见庄闵地理示意图 1。

春秋　秋，有蜮 yù。

　　【蜮】杨一种田间害虫。

左传　"秋，有蜮。"〔《春秋》书之，〕为灾也。

庄公十八年—庄公十九年(庄公十九年·一)

地理 楚见庄闵地理示意图1。楚、权1、权2(那处)、申、黄、踏陵、澨见庄闵地理示意图5。

人物 楚武王(桓六·二·一)、斗缗、阎敖、楚文王(庄六·二·一)、鬻拳

春秋 冬,十月。

十有(又)九年,春,王正月。

左传 【一·一】初,楚武王克权,使斗缗mín尹之。[斗缗]以[权]叛[楚],[楚子]围[权]而杀之。[楚子]迁权于那处,使阎敖尹之。

【权】正 杨 补 商、周时国,子姓,为商代中期南迁的商人所建立。在今湖北荆门东南。楚武王克权,迁权人于那处,在今湖北钟祥石牌镇李家集村附近。桓五年至庄三年间被楚所灭。权参见《图集》29—30⑥4“权1”。那处参见《图集》29—30⑥4“权2”。

【使斗缗尹之】杨 [楚武王]任命斗缗治理权县。详见下。【斗缗】正 补 芈姓,斗氏(若敖氏大宗),名缗,排行仲。若敖(僖二十七—僖二十八·十一)之子,斗廉(桓九·二·二)之弟。楚大夫,楚武王之时曾任权尹,后被武王所杀。

【那处】正 杨 补 在今湖北荆门东南。楚地,曾为权都。参见《图集》29—30⑥4。

【阎敖】正 补 楚大夫。庄十九年前被楚文王所杀。

○补 有学者认为,楚国灭权国之后设立了权县,这是见于传世文献记载的春秋时期第一个县,楚是春秋时期首创县制的诸侯国。

【一·二】及文王楚文王即位,与巴人伐申,而惊其师。巴人叛楚而伐那处,取之,遂门于楚。阎敖游涌而逸。楚子楚文王杀之

_{阎敖}，其族为乱。冬，巴人因之_{阎敖之族}以伐楚。

【与巴人伐申】|杨| 见庄六·二·一。

【而惊其师】|正| 而[楚师]惊吓了巴师。

【门于楚】|正| 攻打楚都城门。

【涌】|补| 水名。

十九年，春，楚子_{楚文王}御之_{巴人}，[楚师]大败于津。_[楚子]还，鬻 yù
拳弗纳。_[楚子]遂伐黄，败黄师于踖 què 陵。_[楚子]还，及湫 jiǎo，
有疾。夏，六月庚申_{十五日}，_[楚子]卒。鬻拳葬诸_(之于)夕室，亦自
杀也，而葬于绖 dié 皇。

【御】|补| 抵抗。【津】|补| 楚地。

【鬻拳】|正||杨||补| 芈姓，鬻氏，名拳。楚祖先鬻熊(_{僖二十六·二})之
后。楚大夫。后自刖其足，遂为楚大阍。庄十九年自杀而死。

【弗纳】|杨| 不接纳[楚文王进城]。据下文，鬻拳为楚大阍，掌楚都城
门，故能为此事。

【黄】|补| 见桓八·二·二。楚文王伐黄，其理由应该是报复桓八年
黄人拒绝出席楚武王召集的沈鹿之会(<u>桓八·二·二</u>)。

【踖陵】|正||杨||补| 在今河南光山东南。黄地。参见《图集》29—30
⑤6。

【湫】|正||杨||补| 又作"椒"，在今湖北钟祥北。楚邑，曾为伍氏采邑。
参见《图集》29—30⑤4。

【夕室】|正||杨| 楚王冢墓所在地。

【绖皇】|正||杨||补| 楚王陵墓区陵门内靠近陵门的建筑。<u>宣十四·
四·二</u>有"窒皇"，彼则为楚王路寝门内靠近寝门的建筑。大概两者
位置、形制、功能相似，因此同名。鬻拳生为大阍，职守楚都城门；葬
于绖皇，则是死不失职，仍为楚王守陵门。路寝见<u>庄三十二·四·
春秋</u>。

【一·三】初，鬻拳强 qiǎng 谏楚子_{楚文王}，楚子弗从。_[鬻拳]临之以

兵，［楚子］惧而从之。鬻拳曰"吾惧君以兵，罪莫大焉"，遂自刖也。楚人以［鬻拳］为大阍 hūn，谓之"大（太）伯"，使其后掌之。

【兵】补兵刃。【刖】补见庄十六·三·一。

【大阍】正杨补楚外朝官，职守楚都城门，为门官之长。

【使其后掌之】正补杜注解"后（後）"为"子孙"，整句意思是"让鬻拳的子孙常掌大阍之官"。一说，从昭五·四·二楚灵王欲以韩宣子为阍以辱晋之事来看，阍为贱官，常以受刑之人掌之，使鬻拳后代掌此官似不合情理。因此，"后（後）"当读为"后"，解为"主"，整句意思是"让鬻拳主管执掌城门启闭之事"。正因为城门启闭由鬻拳全权负责，因此会发生鬻拳拒绝楚王入城之事。

〔二〕君子曰："鬻拳可谓爱君矣：谏以自纳于刑，刑犹不忘纳君于善。"

庄公十九年·二

春秋 夏，四月。

地理 鲁、陈、齐、宋、郑、周、卫1见庄闵地理示意图1。鲁、陈、齐、宋、郑、周(王城)、温(苏)、卫1、燕(南燕)、虢(西虢)、原、鄢、栎、邬、成周、弭、虎牢、珲见庄闵地理示意图3。莒见庄闵地理示意图4。

人物 公子结、齐桓公(庄八—庄九—庄十·春秋)、宋桓公(庄十一·二·二·二)、文姜(桓三·六·春秋)、郑厉公(隐五·四·二·一)、王姚、周庄王(桓十八·三·一)、王子颓、芮国(庄十六·六·二)、周惠王(庄十六·六·二)、边伯、子禽祝跪、詹父、石速、苏子、燕仲父、虢公丑(庄十八·一·一)、郑武公(隐元·四·一)、原庄公(庄十八·一·二)、陈妫(庄十八·一·二)、郑文公

春秋 秋,公子结媵 yìng 陈人之妇于鄄 juàn,遂及齐侯齐桓公、宋公宋桓公盟。

【公子结】正 补 姬姓,名结。鲁大夫,官至卿位。

【媵】正 补 这里作动词,指送媵妾之事。媵婚制详见下。

【鄄】杨 见庄十四—庄十五·春秋。

○正 补 此处应是卫嫁女给陈宣公为夫人,鲁以庶女陪嫁,使公子结送媵女于卫。公子结本应送女至卫都城,使与陈宣公夫人同行。但当公子结行至卫鄄地时,听闻齐桓公、宋桓公有会,于是临时改变计划,使他人送女,自己则代表鲁参加盟会。公子结以媵臣身份与齐、宋国君盟会,招致二国不满;又未能完成送媵至陈之使命,招致陈不满,因此本年冬齐、宋、陈三国前来讨伐鲁。

○正 此条《春秋》无对应《左传》。

○媵婚制:媵婚制是春秋时期广泛实行的诸侯间联姻制度。根据《公羊传·庄公十九年》及其注疏的说法,当甲国君主从异姓的乙国公室女子中娶一位作为夫人时,乙国会将夫人的一位侄(兄弟的女儿)和一位娣(妹妹)一并送至甲国作为陪嫁,与

乙国友好的其他两个同姓国家也会各送一位公室女子（称为左媵或者右媵）、一位该女子的侄、一位该女子的娣到甲国作为陪嫁。也就是说，理论上共有九位女子来到甲国，包括夫人、夫人侄、夫人娣、左媵、左媵侄、左媵娣、右媵、右媵侄、右媵娣。如果宽泛来说，则除夫人之外的其他八位陪嫁女子都可以被称为是"媵妾"。

在宗法嫡庶问题上，夫人的儿子是嫡子，媵妾和其他妾的儿子是庶子。在君位继承问题上，如果夫人无嫡子，甲国君主不应另娶夫人，而应该优先从媵妾儿子中挑选继承人。

从《左传》和出土媵器记载的实际情况来看，春秋时诸侯国之间的媵婚实践有如下几个特点：

一、乙国夫人的侄娣陪嫁很常见，而乙国的友好国家送左右媵则只有一例（详见下），可见"侄娣从媵"是春秋时期媵婚的主流。如果夫人无嫡子，她的侄娣的儿子的确常被选为顺位继承人，可见媵婚制具有加强甲、乙两国政治联姻稳定性的重要作用。

二、乙国友好国家致送媵妾，其目的是巩固更大范围的政治联盟。致送媵妾的乙国友好国家未必是两个，也未必是乙国的同姓国，都是以国家间结盟的实际政治需求为准。比如说，鲁成公八年，鲁国（姬姓）嫁共姬至宋国（子姓），卫国（姬姓）、晋国（姬姓）、齐国（姜姓）先后送媵妾至宋国（参见成八·四、成八·十、成九·六、成十·四），这五国通过媵婚巩固了他们之间的政治联盟。

三、夫人和侄娣之间可能存在明显的年龄差距，所以在实践中，如果侄娣年幼，可以等到年龄到了之后再前往甲国（参见隐七·一）。

夫人姜氏文姜如莒jǔ。

○ 正 杨 补 文姜如莒，原因不明。莒非文姜母家，没有省亲可能，因此《春秋》书此事，以表明文姜此行为非礼。

○正此条《春秋》无对应《左传》。

冬,齐人、宋人、陈人伐我西鄙。

【鄙】杨补边陲,边境地区。
○正此条《春秋》无对应《左传》。

二十年,春,王二月,夫人姜氏文姜如莒。
○正此条《春秋》无对应《左传》。

夏,齐大灾。

【灾】补见桓十四·二·春秋。
○正此条《春秋》无对应《左传》。

秋,七月。

冬,齐人伐戎。
○正此条《春秋》无对应《左传》。

二十有(又)一年,春,王正月。

夏,五月辛酉二十七日,郑伯突郑厉公卒。

秋,七月戊戌五日,夫人姜氏文姜薨。
○正此条《春秋》无对应《左传》。

冬,十有二月,葬郑厉公。

○正补据隐元·五,诸侯五月而葬。郑厉公八月而葬,于礼为缓。
○正此条《春秋》无对应《左传》。

[左传]【一】初，王姚嬖 bì 于庄王_{周庄王}，生子颓_{王子颓}。子颓有宠，苏 wěi 国为之师。及惠王_{周惠王}即位，取苏国之圃以为囿 yòu。

【王姚】[正][补]姚姓。周庄王（桓十八·三·一）妃，王子颓之母。

【嬖】[补]得宠。

【子颓】[补]王子颓。姬姓，名颓。周庄王庶子，王姚所生。庄十九年冬被五大夫立为王。庄二十一年被虢公丑所杀。

【圃】[补]见隐十一·六·二·二。

【囿】[正]畜养禽兽的园地，外有围墙。

边伯之宫近于王宫，王_{周惠王}取之。

王夺子禽祝跪与詹父 fǔ 田，而收膳夫石速之秩。

【膳夫】[正][杨][补]周内朝官。掌管王、王后、世子膳食。此膳夫即下文提到的石速。《左传》所见，诸侯国内朝职掌公室膳食的官职情况如下：齐（僖十七—僖十八·二）有饔人。晋有膳宰（昭九·四·二）。晋（宣二·三·一）、郑（宣四·三·一·一）、齐（昭二十·八·三）有宰夫。晋有馈人（成十·五·三）。另外，鲁卿大夫家亦有饔人（昭二十五·五·一·一）。

【秩】[正][杨]俸禄。

故苏国、边伯、石速、詹父、子禽祝跪作乱，因苏氏。

【因苏氏】[正][补]依靠苏氏。周王室与位于"南阳"地区的苏国之间以往的恩怨参见隐十一·三·一及桓七·三·一。桓七年后，郑逐渐放弃"南阳"诸邑，这片位于河水以北的地区又回到周王室名下，苏子为周王室卿大夫。不过苏国仍然不服周王室管辖，双方多有嫌隙冲突。

【二】秋，五大夫奉子颓_{王子颓}以伐王_{周惠王}，不克，出奔温。苏子奉子颓以奔卫。卫师、燕师伐周。冬，立子颓。

【五大夫】 正 杨 芳国、边伯、石速、詹父、子禽祝跪。

【温】 正 补 见隐三·四·二。苏国都。

【苏子】 正 补 苏国君主，周王室卿大夫。己姓。周武王司寇苏忿生（隐十一·三·一）之后。庄十九年奔卫，后归于温。僖十年奔卫。○ 杨 补 据《史记·卫世家》及庄五—庄六记载，庄五年末诸侯伐卫试图驱逐公子黔牟而送回卫惠公，庄六年周王室派子突救卫，庄六年卫惠公复辟后，周王室又收容了被卫放逐的公子黔牟。卫惠公因此与周王室结怨，因此本年卫联合南燕讨伐周王室。

【三】二十年，春，郑伯郑厉公和王室，不克。[郑人]执燕仲父。

【克】 正 能。

【燕仲父】 正 南燕国君。姞姓，字仲。庄二十年被郑人所执。

【四】夏，郑伯郑厉公遂以王周惠王归。王处于栎 lì。

【栎】 杨 见桓十五—桓十六·春秋。

【五】秋，王周惠王及郑伯郑厉公入于邬。[王及郑伯]遂入成周，取其宝器而还。

【邬】 正 见隐十一·三·一。

【成周】 杨 补 见隐三·四·二。王子颓在王城，成周在王城以东。

【六】冬，王子颓享五大夫，乐及遍舞。郑伯郑厉公闻之，见虢 guó 叔虢公丑，曰："寡人闻之，'哀乐失时，殃咎必至'。今王子颓歌舞不倦，乐祸也。夫 fú 司寇行戮，君为之不举，而况敢乐祸乎！奸 gān 王之位，祸孰大焉？临祸忘忧，忧必及之。盍(何不)纳王周惠王乎？"虢公曰："寡人之愿也。"

【享】 补 见桓九—桓十·一·二。

【乐及遍舞】 正 "遍舞"指周所存六代乐舞，包括黄帝之《云门》《大卷》，唐尧之《大咸》、虞舜之《大韶》、夏禹之《大夏》、商汤之《大濩》、周武王之《大武》。奏黄钟，歌大吕，舞《云门》，以祀天神；奏大蔟，歌应钟，舞咸池，以祭地示；奏姑洗，歌南吕，舞《大磬》，以祀四望；奏蕤宾，歌林钟，舞《大夏》，以祭山川；奏夷则，歌中吕，舞《大濩》，以享先妣；奏无射，歌夹钟，舞《大武》，以享先祖。

【司寇】正补周外朝官，掌刑狱捕盗。除周之外，《左传》所见，宋（文七·二·一）、鲁（文十八·三·一）、齐（成十八·二·一）、晋（襄三·五·三·一）、郑（昭二·二·一）、卫（昭二十·五·一）皆有司寇。另外，宋有少司寇（成十五·六·一），为司寇副手。郑有野司寇（昭十八·三·二·三）。此外，楚（文十·二·二）、唐（定三—定四·二·二）有司败，其职掌与司寇相当。

【不举】正杨指君主贬损膳食，撤除伴奏音乐。周王至于大夫，日间正餐称为"举"。举为盛馔，杀牲为食，且有奏乐助兴。据《周礼·天官·膳夫职》，平常周王早餐为杀牲正餐，而中餐、晚餐则食用早餐剩下的食物，所谓"王日一举"；唯斋戒之日每餐皆杀牲，取其新鲜洁净，所谓"王齐日三举"；遇到大丧事、大饥荒、大瘟疫、天地灾异、国家有大事则取消杀牲正餐，所谓"大丧则不举，大荒则不举，大札则不举，天地有灾则不举，邦有大故则不举"。

【奸】正杨犯。

【纳】补见隐四·二·四·一。

〔七〕二十一年，春，〔郑伯、虢叔〕胥命于弭。

【胥命】杨参见桓三·三·春秋。
【弭】正杨补在今河南新密西。郑地。参见《图集》24—25④4。

〔八〕夏，〔郑伯、虢叔〕同伐王城。郑伯郑厉公将 jiàng 王周惠王自圉 yǔ 门入，虢叔虢公自北门入，杀王子颓及五大夫。

【王城】杨补在河南洛阳西工区西部、涧河（古涧水、谷水）入洛河（古雒水）处已发现其遗址（详见下）。自东周建立至定元年周敬王徙居成周为止,王城为东周都城。战国早期,获麟之岁(哀十四年)后四十一年,周考王分封其弟,成立西周公国,王城成为西周公国的都城。战国晚期,成周被东周公国君主所占据,周赧王被迫迁至王城地区,此时王城被西周公国君主所占据。西周君居住在王城内的宫城,而周王居住在王城外的小城。参见《图集》22—23⑦9。

【将】杨奉。【围门】杨王城南门。

○杨补 **东周王城遗址**:遗址北有邙山,南有洛河,西有涧河。涧河穿越城西,包括古城址、夯土建筑基址、粮仓遗址、手工业作坊遗址和周王陵区等。

城址分为郭城、宫城和小城三部分。一、郭城修筑时代约为战国早中期,北墙全长2 890米;西墙位于涧河两岸,曲折多弯,南北相距约3 200米;南墙残存800余米;东墙残存约1 000米。二、宫城位于遗址西南部,年代可以上溯至春秋时期,南面与郭城共用南墙,外有洛河;西面有涧河古河道;东面有古河道;北面有城墙和壕沟。三、小城位于宫城以南、郭城之外,城墙南北复原长度约300米,东西复原长度约100米。有学者认为,春秋时期至战国早期,王城仅有宫城而无郭城;战国早期西周公国成立后,逐步修筑了郭城;战国晚期,周赧王迁回王城时,西周公国君主居住在郭城内的宫城,而周赧王很可能是居住在郭城外的小城。手工业作坊遗址包括制陶、制骨、制石、冶铁作坊。

周王陵区分为王城陵区、周山陵区和金村陵区三部分。其中,王城陵区位于城址东部,目前已发现十座单墓道“甲”字形(陵区中部、北部,春秋晚期至战国时期)、两座双墓道“中”字形和一座四墓道“亚”字形大墓(陵区东南部、春秋早期),其中“亚”字形大墓可能是周平王陵(参见隐三·二·春秋)。周山陵区位于洛阳市西南侧,有四座封土大墓,其中一座在西(相传为周灵王陵),三座在东(相传为周悼王、敬王、定王陵)。金村陵区位于孟津县平乐镇金村附近,目前已发现八座大墓。

○杨 补 **传世文献对读:**《国语·郑语》亦载此事,"五大夫"作 "三大夫",且"虢叔自北门入,杀子颓及三大夫,王乃入也",录以 备参考。

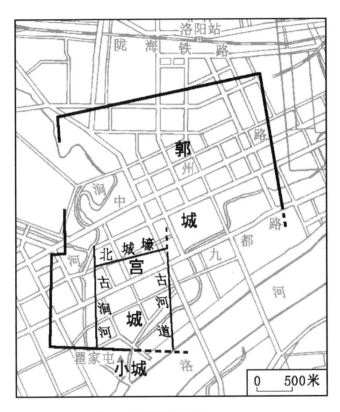

庄遗址图1　东周王城遗址平面图(《先秦城邑考古》,2017年)

【九·一】郑伯郑厉公享王周惠王于阙 què 西辟(僻),乐备。王与之郑厉 公武公郑武公之略,自虎牢以东。

【享】补见桓九—桓十·一·二。

【阙西辟】正 杨 补 阙西边[的塾]。周王、诸侯宫门外两旁各有一 个高大的方形建筑台,由于中间阙然有道路,故称为"阙";建筑台上有楼,可供人观望,因此也称为"观"。阙上有供悬挂法令之处,称为"象魏"(参见哀三·三·一)。阙上虽有楼,但其面积不足以举办享礼,此次享礼应该是在阙西面的塾中举行的。

【乐备】 正 补 六代之乐齐备,也就是上文所说的"乐及遍舞"。

【与之……以东】 正 补 周惠王将郑武公时代的[郑国旧有]疆土赐给郑厉公,[这片疆土]位于虎牢以东地区。郑国在武公之后,一部分疆土被划归毗邻的周王室,如今周惠王将其重新赐予郑厉公。略,界。【虎牢】 正 杨 补 在今河南荥阳汜水镇虎牢关村西北约四五里的黄河道中,不是今天的虎牢关。据《穆天子传》,周穆王七萃之士高奔戎生擒猛虎,周穆王将虎置于牢笼之中,养在东虢,养虎之地遂得名"虎牢"。郑灭东虢,地遂入于郑,成为制(隐元·四·二)的一部分。虎牢位于大伾山以北、河水以南,为郑西北战略要塞。襄二年晋师诸侯筑城于此,当时应已被晋占领。襄十年或稍后复归于郑。参见《图集》24—25④4。

【九·二】 原伯原庄公曰:"郑伯效尤,其亦将有咎。"

【原】 补 见隐十一·三·一。

【郑伯效尤】 正 郑伯效仿他人的过错。尤,过。指郑厉公去年既以王子颓"乐及遍舞"为非,而今年自己又享用周惠王所备六代之乐。

【咎】 补 灾祸。

【十】 五月,郑厉公卒。

> ○ 补 **出土文献对读**:清华简六《郑文公问太伯》记载了郑文公之臣太伯对于郑昭公、郑厉公的评价,可扫码阅读。

【十一·一】 王周惠王巡虢 guó 守 shòu。虢公虢公丑为王宫于玤 bàng,王与之酒泉。

【王巡虢守】正杨补周惠王巡视虢公所守封疆。《孟子·梁惠王下》："天子适诸侯曰'巡狩',巡狩者,巡所守也;诸侯朝于天子曰'述职',述职者,述所职也。"

【珬】正杨补又作"蚌",在今河南渑池县西。西虢地。参见《图集》24—25④2。

【酒泉】正补周邑。当在今河南渑池县境。

【十一·二】郑伯郑厉公之享王周惠王也,王以后陈妫之鞶 pán 鉴予之。虢公请器,王予之爵。郑伯郑文公由是始恶 wù 于王。

【鞶鉴】正杨补杜注、孔疏认为鞶为革带,鉴为铜镜,鞶鉴是以铜镜为装饰的革带。或说鞶为大,鉴为铜镜或盛水照面的大铜盆(详见下文),鞶鉴是大铜镜或大铜盆。笔者认为,周惠王不大可能将女子的贴身饰物(铜镜为饰的革带)赠予郑厉公,男女通用的大铜镜/大铜盆的可能性较大。

【虢公请器,王予之爵】补此事应该是发生在郑厉公去世后、周惠王巡视西虢国期间。爵,饮酒器(参见桓二·五·二),比鞶鉴贵重。

【郑伯由是始恶于王】正补郑文公由于他父亲郑厉公在平定王子颓之乱中功劳远大于虢公,而所得的赏赐却不如虢公,于是开始厌恶周王。【郑伯】正补郑文公。姬姓,名捷(《史记·郑世家》曰名"踕"),谥文。郑厉公(隐五·四·二·一)之子。庄二十二年即位,在位四十五年。僖三十二年卒。

○正下启僖二十四年郑文公执周襄王之使(僖二十四·二·一)。

○补先秦传世文献中的确有将铜镜称为"鉴"的例子,而且考古发掘也发现从新石器时代开始就有铜镜,春秋战国时已经达到非常精美的水平。然而,出土先秦铜镜没有自名为"鉴"的。考古发现的先秦时期自名为"鉴"或"监"的铜器形似较深的大盆,为盛水器,其功用应该是盛水以照面。先秦传世文献中有多处以水监/鉴照面的记载，说明当时水鉴应仍在使用。因此，《左传》中提到的"鉴"到底是铜镜还是盛水铜盆，疑不能明。

【十二】冬，王_{周惠王}归自虢。

庄公二十二年·一

地理 鲁见庄闵地理示意图1。

春秋 二十有(又)二年,春,王正月,[我]肆大眚 shěng。

【肆大眚】 正 杨 补 赦免有大过错[之人],也就是后来所说的"大赦"。肆,赦。眚,过。

○正 杨 补 大赦荡涤怨恶,与民更始,属于非常措施,故《春秋》书之。此次大赦,在文姜去世之后、安葬之前,应是为彻底消除与鲁桓公客死于齐有关的怨恶。大赦之后,鲁立即以夫人之礼安葬文姜,同年鲁庄公前往齐国纳币求婚,重修齐、鲁婚姻之好。

庄公二十二年·二

地理 鲁见庄闵地理示意图1。

人物 文姜(桓三·六·春秋)

春秋 癸丑二十三日,葬我小君文姜。

【小君】 补 国君为君,国君夫人为小君。

○补 笔者对于文姜其人其事有详细分析,请参阅拙文《齐女文姜:"不知羞耻"的首位女外交家》。

庄公二十二年·三

地理 陈、齐、鲁见庄闵地理示意图1。

人物 太子御寇、陈敬仲、颛孙、齐桓公(庄八—庄九—庄十·春秋)、懿氏、懿氏之妻、陈厉公(桓十一·四·春秋)、公子佗(隐六·四·二)、陈桓子、陈成子

春秋 陈人杀其公子御寇_{太子御寇。}

【公子御寇】 正 补 太子御寇。妫姓，名御寇。陈宣公（庄四·三·春秋）之子。庄二十二年被陈人所杀。

○ 正 补 据下文《左传》，御寇实为太子。可能是陈人不愿宣扬杀太子之国恶，因此发到鲁的通告上书"公子"而不书"世子"（太子），将整件事说成是国家讨杀公子，《春秋》因而书之。

左传 【一】 二十二年，春，陈人杀其大_(太)子御寇_{太子御寇。}陈公子完_{陈敬仲}与颛 zhuān 孙奔齐，颛孙自齐来奔。

【公子完】 补 陈敬仲。妫姓，陈氏，名完，谥敬，排行仲。陈厉公（桓十一·四·春秋）之子。庄二十二年奔齐，任工正。

○ 杨 传世文献对读：据《史记·陈杞世家》，"二十一年，宣公后有嬖姬生子款，欲立之，乃杀其太子御寇。御寇素爱厉公子完，完惧祸及己，乃奔齐"。

○ 补 据《史记·田敬仲完世家》，"敬仲之如齐，以陈字为田氏"。此句含义不明，但无论如何，是说陈敬仲奔齐之后，不依常例以故国国名称"陈氏"，而改称"田氏"。若如此，则陈敬仲之后在齐国应自称"田氏"。然而，《左传》无此说法，而是始终称陈敬仲之后为"陈氏"。从古文字实证来看：第一，春秋时期妫姓陈国器物铭文中，作为国名/氏称的陈作 敶/陳，隶定为敶/陳；第二，春秋早中期齐国器物"陈戝造戈"铭文中，齐国陈氏之陈与陈国之陈相同，并不作田；第三，战国时期齐国器物铭文中，齐侯或贵族之氏称有 墬，隶定为墬，亦不作田。由于加"土"是战国齐系阜部字的普遍情况，所以可认为墬是陈字随着齐国文字一般变化而变化的结果。总之，春秋时期，陈敬仲出奔到齐国之后，其后代仍然用故国国名为氏，并未将陈氏改为田氏；战国时期，夺取了齐国政权的陈敬仲之后仍为陈氏，并未改为田氏。

【二】 齐侯﹝齐桓公﹞使敬仲﹝陈敬仲﹞为卿。﹝敬仲﹞辞曰："羁（羇）旅之臣，幸若获宥 yòu，及于宽政，赦其不闲于教训，而免于罪戾 lì，弛于负担，君之惠也。﹝臣﹞所获多矣，敢辱高位以速官谤？﹝臣﹞请以死告。《诗》云：'翘 qiáo 翘车乘 shèng，招我以弓。岂不欲往，畏我友朋。'"﹝齐侯﹞使﹝敬仲﹞为工正。

【辞】 ⎡补⎤推辞。

【羁旅之臣】 ⎡正⎤⎡补⎤寄居为客的臣子。羁，寄。旅，客。杜甫《寄彭州高三十五使君适虢州岑二十七长史参三十韵》"羁旅推贤圣"典出于此。

【宥】 ⎡正⎤赦。

【不闲于教训】 ⎡杨⎤闲，习。不习于教训，故获罪而出逃。

【速】 ⎡补⎤招致。

【请以死告】 ⎡正⎤⎡补⎤请以﹝虽﹞死﹝不敢接受卿位之志﹞相告。

【翘翘……友朋】 ⎡正⎤⎡杨⎤⎡补⎤此为逸诗。可译为"高高的车上，有人用弓招引我。难道我不想前去，只怕朋友责备我"。翘翘，高貌。据昭二十·八·二·一，"弓以招士"，则陈敬仲引此诗，是谦逊之辞，自以为羁旅失位之人，地位只可与士相当。

【弓】 ⎡补⎤远射兵器，用以发矢射杀敌人。考古发现东周时期弓箭实例见庄器物图 1。

【工正】 ⎡正⎤⎡补⎤齐外朝官，职掌各种官营手工业。除齐之外，楚（宣四·五·二）、宋（襄九·一·一）、鲁（昭四—昭五·九）皆有工正。另外，楚有工尹（文十·二·二）。鲁卿大夫家亦有工师（定十·二·三）。

【三·一】 ﹝敬仲﹞饮 yìn 桓公﹝齐桓公﹞酒，乐。公﹝齐桓公﹞曰："以火继之。"﹝敬仲﹞辞曰："臣卜其昼，未卜其夜，不敢。"

【以火继之】 ⎡补⎤点起火烛继续饮宴。古代烛不用蜡，而用荆条束之，灌以油脂，小烛由人手执，大烛则铺于地上，又称"庭燎"。

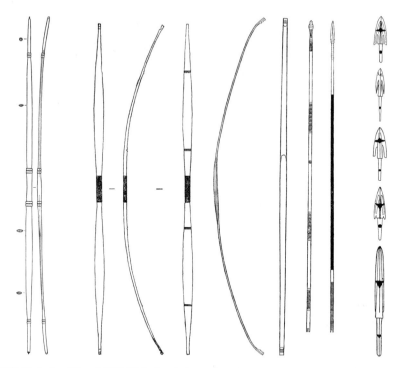

庄器物图 1.1　河南光山宝相寺黄君孟夫妇墓出土竹弓,春秋早期(《春秋早期黄君孟夫妇墓发掘报告》,1984 年)

庄器物图 1.2　山东临沂凤凰岭东周墓出土弓,春秋晚期(《临沂凤凰岭东周墓》,1988 年)

庄器物图 1.3　湖北随县曾侯乙墓出土弓及矢,战国早期(《曾侯乙墓》,1989 年)

庄器物图 1.4　春秋时期矢镞(《中国青铜器综论》,2009 年)

【三·二】君子曰:"酒以成礼,不继以淫,义也。以君成礼,弗纳于淫,仁也。"

【淫】杨过度。

○补仁者爱人,陈敬仲"以君成礼,弗纳于淫",自然是爱君。陈敬仲之爱君可与鬻拳爱君(参见庄十八—庄十九)进行比较。鬻拳爱楚文王不合君臣之礼,最后逼死楚文王,自己也落得自残、自杀;陈敬仲爱齐桓公合于中庸之道,不但帮助齐桓公成为一代英主,也使得陈氏在齐国站稳脚跟,为后来发展壮大奠定根基。齐桓公为齐国最为杰出的君主,而其德尚不如陈氏始祖陈敬仲,这就为后来陈(田)氏代齐作了铺垫。

【四·一】初,<u>懿氏卜妻</u> qì <u>敬仲</u>陈敬仲。其妻占之,曰:

【懿氏卜妻敬仲】 正 杨 陈大夫懿氏想把女儿嫁给陈敬仲,因此卜以定吉凶。"卜"见《知识准备》。

【占】 补 观兆象而问吉凶。

"吉。是谓'凤皇(凰)于飞,和鸣锵锵。

【凤皇】 正 杨 神鸟,雄为凤,雌为凰。

【于】 杨 补 动词前助词,无义。

○ 正 杨 补 吉利。这叫作"凤凰飞翔,鸣声相和清脆嘹亮"。凤凰雄雌同飞和鸣,喻陈敬仲夫妻相随和睦。

"有妫 guī 之后,将育于姜。

【有】 杨 补 名词前助词,无义。【妫】 正 补 陈公族之姓。

【姜】 正 补 齐公族之姓。

○ 正 杨 补 妫姓[国]的后代,将长育于姜姓[国]。

"五世其昌,并于正卿。

○ 正 补 第五世恐怕就要兴盛,官位与正卿相当。

"八世之后,莫之与京。'"

○ 正 补 第八世以后,没有人可以和他比大。京,大。

【四·二】<u>陈厉公</u>,蔡出也,故蔡人杀<u>五父</u> fǔ,公子佗而立之。[厉公]生敬仲陈敬仲。[敬仲]其少 shào 也,周史有以《周易》见<u>陈侯</u>陈厉公者。陈侯使[周史]筮 shì 之,遇《观》☷☴之《否 pǐ》☷☰。曰:

【蔡出也】 杨 陈厉公生母为蔡女。

【蔡人杀五父而立之】　正　事见桓六·六·春秋。

【筮】　补　见《知识准备》"筮"。

【《观》☷☴之《否》☷☰】　正　杨　补　此筮例为本卦一爻变,得之卦,而主要以《周易》本卦变爻爻辞占之。《观》☷☴,本卦,《坤》☷下《巽》☴上。《观》☷☴六四阴爻变为九四阳爻,则《观》☷☴变为《否》☷☰。《否》☷☰,之卦,《坤》☷下《乾》☰上。主要以《观》六四爻辞占之。

"是谓'观国之光,利用宾于王。'此其代陈有国乎? 不在此,其在异国。非此其身,在其子孙。

【观国……于王】　正　此为《观》六四爻辞。

"光,远而自他有耀者也。《坤》,土也。《巽 xùn》,风也。《乾》,天也。风为天,于土上,山也。有山之材,而照之以天光,于是乎居土上,故曰'观国之光,利用宾于王'。

【光……者也】　正　补　根据孔疏,应解为"光,是从此处照到远方,而从远方的他处产生明耀的"。另一说解为"光,是从远方的他处照耀过来的"。陈敬仲是从陈出奔到远方的齐之后才发展壮大,就像光照到远方的他处,在他处产生明耀,因此孔疏解法更合理。

【《坤》……山也】　正　补　《坤》为土,《巽》为风,《乾》为天。风变为天,在土地之上,是山。《观》之《否》,下卦《坤》不变,而上卦《巽》变为《乾》,即风变为天,故曰"风为天"。《观》中,发生变化的六四阴爻在《坤》之上,《坤》为土,故曰"于土上"。六四爻变,之卦《否》第二爻至第四爻,若按"互体"来看,则正为《艮》☶,《艮》为山,故言"山也"。

【有山……之光】　正　补　有了山上的木材,又有天光照耀,就这样在土地上居住,所以说"观看国家的荣光"。山为林木生长之处,故曰"有山之材"。《否》中,下有地(《坤》),上有天(《乾》),故曰"照之以天光"。综合起来,有山上木材等物产,有天光照耀,又有周王赐予的土地,这是诸侯的意象。

【利用宾于王】杨此五字疑为衍文。本段实释"观国之光",下段乃释"利用宾于王"。

"庭实旅百,奉之以玉帛,天地之美具焉,故曰'利用宾于王。'"
【庭实】正杨指诸侯朝周王、或诸侯互相聘问时陈列在庭院里的礼物。
【旅】正陈。
【百】正杨举成数,表明礼物的完备。
○正杨补庭院中陈列的礼物有上百件,另外进献玉璧和束帛,天地间美好的东西都具备了,所以说"利于作君王的上宾"。《否》中,《乾》为金玉,《坤》为布帛,互体《艮》为门庭,有诸侯朝王,进献金玉布帛、陈于门庭的意象,故曰"庭实旅百,奉之以玉帛"。另外,《否》中,下为《坤》为臣,上为《乾》为君,全卦有臣朝君做贵宾的意象。

"犹有观焉,故曰其在后乎。"
○正补还要观看,所以说他的昌盛在后代。就《观》卦卦名而言,"观",是观看他人作为的意思。

"风行而著于土,故曰其在异国乎。"
○正杨补风行起于此处而最后落于他处土地上,所以说他的昌盛应当在异国他乡。

"若在异国,必姜姓也。姜,大(太)岳之后也。山岳则配天。物莫能两大,陈衰,此其昌乎!"
【大岳】补参见隐十一·二·五。
○正补如果在别国,那一定是姜姓国家。姜姓是太岳之后。山岳高大足以与天相配。但事物不可能两者一般大,陈灭亡,这个氏族恐怕就要昌盛吧! 前文已说明《观》之《否》有山的意象,故知陈敬仲之后定会在与山岳相关的国家繁荣昌盛。太岳与山岳紧密联系，而姜姓为太岳之后，故知为姜姓国。

【四·三】及陈之初亡也，**陈桓子**始大于齐；其后亡也，**成子**_{陈成子}得政。

【初亡】正昭八年楚首次灭陈。

【陈桓子】正补妫姓，陈氏，名无宇，谥桓。陈文子（襄二十二·三）之子，陈敬仲五世孙。齐大夫，官至卿位。昭二年被晋人所执。同年归于齐。

【后亡】正哀十七年楚再次灭陈。

【成子】正补陈成子。妫姓，陈氏，名恒，谥成。陈僖子（哀四—哀五·一）之子，陈瓘（哀十一·一·七·一）之弟。陈敬仲七世孙。齐大夫，官至卿位。

○正杨补此为追述"五世其昌，并于正卿。八世之后，莫之与京"的应验情况。据《史记·田敬仲完世家》，陈敬仲（一世）生陈穉孟夷，陈穉孟夷（二世）生陈滑孟庄，陈滑孟庄（三世）生陈文子，陈文子（四世）生陈桓子，陈桓子（五世）生陈武子与陈僖子，陈僖子（六世）生陈成子，陈成子（七世）生陈襄子。陈襄子（八世）生陈庄子。陈敬仲五世为陈桓子，官至卿位，与"五世其昌"及"并于正卿"均相符。陈敬仲七世为陈成子，杀齐简公，立齐平公，己为执政，与"八世之后"稍有差距，而与"莫与之京"则相符。杜注认为陈敬仲八世为陈成子，与《史记》所记载世系不符。

○补此处为《左传》第一次预言陈氏篡齐。鲁昭公之时，陈氏始大于齐，关于陈氏代齐的言论屡见于《左传》，参见昭三·三·二齐晏平仲之言，昭八—昭九·二晋史赵之言，昭二十六·九·二齐晏平仲之言，及哀十五·三·一鲁仲由之言。

庄公二十二年·四

春秋夏，五月。

○ 正 无事而空书每季首月之例见隐六・五・春秋。此处不书"夏，四月"，而书"夏，五月"，不知何故。

庄公二十二年・五

地理 鲁、齐见庄闵地理示意图1。鲁、齐、防（东防）见庄闵地理示意图4。

人物 高敬仲（庄八—庄九—庄十・八）

春秋 秋，七月丙申，[我]及齐高傒 xī，高敬仲盟于防。

【防】 杨 东防，见隐九・五・春秋。

○ 正 《春秋》不书与会鲁人名氏，则应是官阶较低的大夫。高敬仲为齐上卿，而与鲁大夫盟，可见齐桓公谦待诸侯、以崇霸业之志。

庄公二十二年—庄公二十三年(庄公二十三年·一)

地理 鲁、齐见庄闵地理示意图1。

人物 鲁庄公(桓六·七·春秋)

春秋 冬,公鲁庄公如齐纳币。

【纳币】 杨 补 即纳征,参见隐七·七·二。

○ 正 补 鲁庄公将娶齐公室女为夫人,亲自如齐纳币。依礼制,纳征应派使者前往。鲁庄公亲往纳币,为非礼之举。文姜(鲁庄公之母)丧期未尽,而鲁庄公图娶妇之事,亦为非礼之举。

二十有(又)三年,春,公鲁庄公至自齐。

庄公二十三年·二

地理 周、鲁见庄闵地理示意图1。

人物 祭叔

春秋 祭 zhài 叔来聘。

【祭叔】 补 祭氏,排行叔。周王室卿大夫。

【聘】 补 见隐七·四·春秋。

庄公二十三年·三

地理 鲁、齐见庄闵地理示意图1。

人物 鲁庄公(桓六·七·春秋)、曹刿(庄八—庄九—庄十·九·二)

春秋 夏,公鲁庄公如齐观社。

【观社】正 杨 补 齐祭社时，或同时检阅军队（见襄二十四·五·一·一），或聚男女而游观（见《墨子·明鬼下》）。据《国语·鲁语上》，则齐国此次祭社时同时检阅军队。因此，所谓"观社"，是指观看祭社仪式以及同时举行的阅兵。【社】正 补 这里指祭社活动。社是祭祀土地神的场所。其主体是一座土坛和四周的矮墙，它们总称为"壝"。在土坛中树立着土地神的神主，可以移动（参见定三—定四·五·四"祝奉[社主]以从[君]"）。神主材质有木、石、土多种说法。正常的社土坛上没有屋顶等覆盖物，为的是通达天地之气，而亳社（襄三十·六·二·一）则不同。部分重要的社在壝周围有宫室，称为"社宫"（参见哀七—哀八·二·一）。

公鲁庄公至自齐。

○正 此条《春秋》无对应《左传》。

左传【一】二十三年，夏，"公如齐观社"，非礼也。

【二】曹刿 guì 谏曰："不可。夫礼，所以整民也。故会以训上下之则，制财用之节；朝以正班爵之义，帅（率）长幼之序；征伐以讨其不然。诸侯有王 wàng，王有巡守 shòu，以大习之。非是，君不举矣。君举必书。书而不法，后嗣何观？"

【会】正 补 诸侯君主或卿大夫在约定地点会面。

【朝】正 补 小国君主朝见大国君主。参见隐四·二·七·一。

【班爵】补 周王室规定的诸侯班次爵位。【帅】杨 循。

【不然】正 补 指违反上述礼制的行为。

【诸侯……习之】正 杨 补 诸侯有朝见周王[的行动]，周王有巡视[诸侯]所守[封疆的行动]，以[比诸侯间会、朝]更大规模[、更高规格]地演习会、朝之礼。

【非是，君不举矣】正 杨 补 如果不是为了[参加诸侯之会、朝见大国君主、征伐不守礼诸侯、朝见周王、陪同周王巡守]这些[行动]，诸侯君主就不出行。举。出行。

【君举必书】正 补国君的行动一定会[被史官]记载[在史册上]。

【不法】杨不合法度。

○补此处是曹刿在《左传》中最后一次出现。笔者对曹刿其人其事有详细分析,请参阅拙文《鲁人曹刿:奇才·军师·刺客·肉食者》。

庄公二十三年·四

地理楚、鲁见庄闵地理示意图1。

春秋荆人来聘。

【荆】补实指楚,参见庄十·二·春秋。【聘】补见隐七·四·春秋。

○杨 补据《史记·楚世家》记载,庄二十三年楚成王即位,"成王恽元年,初即位,布德施惠,结旧好于侯。使人献天子,天子赐胙,曰:'镇尔南方夷越治乱,无侵中国。'"因此,楚人来聘的主要内容可能就是通报楚成王即位。

庄公二十三年·五

地理鲁、齐见庄闵地理示意图1。鲁、齐、谷见庄闵地理示意图4。

人物鲁庄公(桓六·七·春秋)、齐桓公(庄八—庄九—庄十·春秋)

春秋公鲁庄公及齐侯齐桓公遇于谷。

【遇】补见隐四·二·春秋。【谷】杨见庄七·四·春秋。

庄公二十三年·六

地理鲁见庄闵地理示意图1。鲁、萧见庄闵地理示意图4。

人物 萧叔、鲁庄公（桓六·七·春秋）

春秋 萧叔朝公_{鲁庄公}。

【萧叔】补 萧国君主，疑即庄十二年之萧叔大心。【萧】正 杨 见庄十二—庄十三·二。此时已为宋附庸国。

○正 鲁庄公此时应在齐谷邑，而不在鲁国都。萧叔前往谷邑朝见鲁庄公，故《春秋》不书"来朝"而书"朝"。

庄公二十三年·七

地理 晋 1 见庄闵地理示意图 1。

人物 曲沃桓叔（桓二—桓三·一·一）、曲沃庄伯（隐五·二）、晋献公（庄十八·一·一）、士蒍、富子

左传 晋桓_{曲沃桓叔}、庄_{曲沃庄伯}之族逼，献公_{晋献公}患之。士蒍 wěi 曰："去富子，则群公子可谋也已。"公_{晋献}曰："尔试其事。"士蒍与群公子谋，谮 zèn 富子而去之。

【晋桓、庄之族逼】正 补 曲沃桓叔（晋献公曾祖父）、曲沃庄伯（晋献公祖父）所生群公子强盛，逼迫公室。

【士蒍】正 杨 补 祁姓，士氏，名蒍，字舆。隰叔（任士师）之子或之孙。晋大夫，官至卿位。先任大士（大理），庄二十六年任司空。

【富子】杨 补 桓、庄之族中一个名称为"富子"的多智计能谋划之人。郑亦有一大夫名为"富子"，参见昭十六·四·一·三。

【士蒍……去之】正 补 士蒍与群公子谋划，[向群公子]诬陷富子，而后除掉了他。

○补 下启庄二十四年士蒍使群公子杀游氏之二子（庄二十四·四）。

地理 鲁、曹、齐见庄闵地理示意图1。

人物 曹庄公(桓九—桓十·春秋)、鲁庄公(桓六·七·春秋)、齐桓公(庄八—庄九—庄十·春秋)、御庆、鲁桓公(隐元·一·一)

春秋 秋,[我]丹桓宫楹。

【丹桓宫楹】正 杨 补 给鲁桓公庙的堂前大柱涂上红漆。楹,厅堂前大柱。

冬十有(又)一月,曹伯射 yì 姑 曹庄公卒。

○ 正 此条《春秋》无对应《左传》。

十有二月甲寅 五日,公 鲁庄公 会齐侯 齐桓公 盟于扈。

【扈】杨 在今山东莘县观城镇。齐地。

○ 正 此条《春秋》无对应《左传》。

二十有四年,春,王三月,[我]刻桓宫桷 jué。

【刻桓宫桷】正 杨 补 在鲁桓公庙的椽子上雕刻纹饰。桷,方形椽子,参见桓十四·四。

左传 [一] [二十三年]"秋,丹桓宫之楹";二十四年,春,刻其桷,皆非礼也。

○ 正 杨 补 丹楹、刻桷,可能都是鲁庄公为迎娶齐女为夫人而作的准备,因为成婚后二人要到鲁桓公庙祭拜。依礼,周王、诸侯之楹漆用微青黑色,大夫用青色,士用黄色。红色为非礼。依《穀梁传》,周王宫庙之桷,斫之砻之,又加以细磨;诸侯宫庙之桷,斫之砻之,不加细磨;大夫之桷,只斫不砻;士人之桷,砍断树根而已。无论如何,刻桷为非礼。从现实政治角度看,鲁庄公超过礼制规定装饰鲁桓公庙,是向齐国示好的表现。

[二] 御孙御庆 谏曰:"臣闻之,'俭,德之共(洪)也;侈,恶之大也'。先君鲁桓公 有共(洪)德,而君纳诸(之于)大恶,无乃不可乎!"

【御孙】 正 杨 补 御庆。姬姓,御氏,名庆。鲁大夫,任匠师。
【共】 杨 大。【侈】 补 自多以陵人。

○ 杨 补 **传世文献对读:**《国语·鲁语上》载御庆与鲁庄公对话,可扫码阅读。

庄公二十四年·二

地理 曹见庄闵地理示意图 1。

人物 曹庄公(桓九—桓十·春秋)

春秋 葬曹庄公。

庄公二十四年·三

地理 鲁、齐见庄闵地理示意图 1。

人物 鲁庄公(桓六·七·春秋)、哀姜、御庆(庄二十三—庄二十四·二)

春秋 夏,公鲁庄公如齐逆女。

○ 正 补 诸侯君主娶夫人,亲迎为正礼,有事可使卿代迎,实际情况中使卿代迎为常态。此次鲁庄公遵循正礼亲迎齐女,是向齐示好的表现。

○|正|此条《春秋》无对应《左传》。

秋，公_{鲁庄公}至自齐。

○|正||补|据<u>庄三十二·四·一</u>，鲁庄公先前私许党氏之女孟任为夫人，割臂为盟。此后至本年前，孟任实为鲁庄公夫人，生公子般，鲁庄公临终前立为太子。据杜注基于《公羊传》的分析，鲁庄公先入鲁都，应是为安抚处置孟任，停当之后，哀姜方才进入国都。

○|正|此条《春秋》无对应《左传》。

八月丁丑_{二日}，夫人姜氏_{哀姜}入。

【姜氏】|补|哀姜。齐女，姜姓，谥哀。庄二十四年归于鲁，为鲁庄公（<u>桓六·七·春秋</u>）夫人。僖元年被齐人所杀。

戊寅_{三日}，大夫宗妇觌 dí[夫人]，用币。

【大夫宗妇】|正||杨|国君同姓大夫的夫人。【觌】|正|见。

【币】|补|玉帛之类的财礼。

○|杨||补|依礼，国君夫人（小君）至，大夫宗妇持榛、栗、枣、脩等见面礼见小君。鲁庄公欲向齐示好，故使大夫宗妇持重礼玉帛相见。此外，鲁庄公如此大张旗鼓地尊崇哀姜，也可能是要向国内强调今后哀姜才是正夫人，提醒大夫宗妇不要再循旧例尊崇孟任。

|左传|[一] 秋，哀姜至。公_{鲁庄公}使宗妇觌，用币，非礼也。

[二] 御孙_{御庆}曰：“男贽 zhì，大者玉帛，小者禽鸟，以章（彰）物也。女贽，不过榛、栗、枣、脩，以告虔也。今男女同贽，是无别也。男女之别，国之大节也，而由夫人_{哀姜}乱之，无乃不可乎！”

【男贽……禽鸟】|正||杨||补|男子见面礼，大者为玉帛，小者为禽鸟，

用来彰显物类[，区别贵贱等差]。根据礼制规定，春秋时男子行相见礼，公、侯、伯、子、男五等诸侯执玉，诸侯太子、附庸国君主、诸侯上卿执帛，卿执羔，大夫执雁，士执雉，庶人执鹜，工商执鸡。

【脩】 正 杨 经捶治而加姜桂的干肉。《论语·述而》"子曰：'自行束脩以上，吾未尝无诲焉'"，可见脩为较菲薄的礼物。

【虔】 正 杨 诚敬。

庄公二十四年·四

地理 晋 1 见庄闵地理示意图 1。

人物 士劳（庄二十三·七）、晋献公（庄十八·一·一）

左传 晋士劳 wěi 又与群公子谋，使杀游氏之二子。士劳告晋侯晋献公曰："可矣。不过二年，君必无患。"

【游氏之二子】 正 补 此二人亦为桓、庄之族人，参见庄二十三·七。○ 补 下启庄二十五年晋尽杀群公子（庄二十五—庄二十六·一）。

庄公二十四年·五

地理 鲁见庄闵地理示意图 1。

春秋 [我]大水。

庄公二十四年·六

地理 曹、陈见庄闵地理示意图 1。戎、曹、陈见庄闵地理示意图 3。

人物 太子羁、公子赤

春秋 冬，戎侵曹。

曹羁_{太子羁}出奔陈。

【羁】 正 杨 补 太子羁。姬姓，名羁。曹庄公（桓九—桓十·春秋）之子。庄二十四年奔陈。

> ○ 正 **传世文献对读**：《公羊传·庄公二十四年》："曹羁者何？曹大夫也。……戎将侵曹，曹羁谏曰：'戎众以无义。君请勿自敌也。'曹伯曰：'不可。'三谏不从，遂去之。"《公羊传》认为曹羁为曹大夫，录以备考。

赤_{公子赤}归于曹。

【赤】 正 补 公子赤，后为曹僖公。姬姓，名赤，谥僖。曹庄公之子。曾出居他国，庄二十四年归于曹即位，在位九年。庄三十三年卒。

○ 正 补 据成十八·四·一，则他国纳之，《春秋》书"归"，此处纳公子赤者应为戎人。

○ 正 补 综合本年及上年《春秋》，则可推测曹国史事如下：庄二十三年曹庄公卒后，本年戎侵曹，迫使刚即位不久的曹太子羁出奔陈，而纳公子赤，是为曹僖公。参见桓十一·三·春秋："九月，宋人执郑祭仲，突归于郑。郑忽出奔卫。"

庄公二十四年·七

地理 郭见庄闵地理示意图 4。

人物 郭公

春秋 郭公……

【郭】 补 周时国，在今山东聊城故郭城。僖十七年前已亡国。

○ 正 此处《春秋》原文应有阙。

庄公二十五年·一

地理 陈、鲁见庄闵地理示意图1。

人物 陈宣公（庄四·三·春秋）、女叔

春秋 二十有（又）五年，春，陈侯陈宣公使女 rǔ 叔来聘。

【女叔】正 补 女氏，排行叔。陈大夫，官至卿位。【聘】补 见隐七·四·春秋。

左传 二十五年，春，陈"女叔来聘"，始结陈好也。嘉之，故[《春秋》]不名。

【嘉之，故不名】正 杨 补 由于赞许这件事，所以《春秋》没有记载女叔的名。本年之前，陈未曾来聘，因此《春秋》对陈本次来聘表示嘉许。

庄公二十五年·二

地理 卫1见庄闵地理示意图1。

人物 卫惠公（桓十三·二·春秋）

春秋 夏，五月癸丑十二日，卫侯朔卫惠公卒。

庄公二十五年·三

地理 鲁见庄闵地理示意图1。

春秋 六月辛未朔初一，日有食之。［我］鼓、用牲于社。

【朔】补 见桓三·五·春秋。

【日有食之】补 见隐三·一·春秋。

【鼓、用牲于社】正 补 在社(土地神坛)击鼓、用牲牲祭祀土地神。

左传 夏,"六月辛未朔,日有食之。鼓、用牲于社",[《春秋》书之,]非常也。唯正 zhèng 月之朔,慝 tè 未作,日有食之,于是乎用币于社,伐鼓于朝。

【唯正……于朝】正 杨 补 此为诸侯救日食的正确时间和正确礼仪。据此处及文十五·五、昭十七·二,如果在正阳之月(周正六月、夏正四月)这个阳气渐盛、阴气不应发作的月份的初一发生日食(月侵日),是阴气侵犯阳气、臣下冒犯君主之象,国家须救之,其他月发生日食,则不需救。救日食的正礼,周王、诸侯不同:周王减损膳食,在社(土地神坛)击鼓、用牲祭祀土地神;诸侯在社用币(玉帛)祭祀土地神,在朝廷击鼓。社为上公之神,周王位尊于社,故击鼓于社,以责阴而救阳。诸侯位卑于社,不敢击鼓责阴,故用币于社,以请阴止而勿侵阳;而在朝廷击鼓,退以自责,并申明君臣尊卑大义。

○正 补 杜注认为此次日食实际上发生在周正七月辛未,而不是六月辛未。《春秋》《左传》书"六月辛未朔",可能是当时鲁历法有误。杜注认为,"非常也"是"非常鼓之月"(不是按照常规需要救日食的月份)的意思。也就是说,杜预认为,书写这条《春秋》解经语的作者知道这个历法上的错误,而且这位作者认为,《春秋》记载此事的意图主要是讥讽鲁在一个不需要救日食的月份行救日食之礼。正因为如此,所以这位作者接下来解释说,唯有在正阳之月的初一发生了日食,诸侯才需要"用币于社、伐鼓于朝"。当然,此次鲁用的礼也不对,僭越了周王之礼,不过这并不是这位作者所认为的《春秋》微言大义所在。

　　杜注关于本年"非常也"的解释,是与他对文十五·五"'六月辛丑朔,日有食之。鼓、用牲于社',非礼也"的解释相联系的。杜注认为,文十五年的确是在周正六月(正阳之月)发生了日食,是"常鼓之月",行救日食之礼本身并没有错,但是鲁国行的不是诸侯之礼,而是僭用周王之礼,所以说"非礼也"。也就是说,庄二十五·三"非常也"和文十五·五"非礼也"一字之差,意思大不相同。

　　笔者认为,书写这条《春秋》解经语的作者并未明确指出月份有误,在他看来,此次日食就是在周正六月(正阳之月)发生的。如果是这样的话,那么此处"非常也"就是"非常礼也"的意思,也就是文十五·五的"非礼也",两者之间的一字之差并没有什么微言大义。也就是说,这位解经者认为,《春秋》记载此事的意图只是在讥讽鲁国僭用周王之礼救日食,从而丧失了常礼,他并不认为鲁不应行救日食之礼。实际上,下文庄二十五·五的"'秋,大水。鼓、用牲于社、于门',亦非常也",杜注就将"亦非常也"解为"失常礼"。

庄公二十五年·四

地理 鲁见庄闵地理示意图 1。鲁、杞见庄闵地理示意图 4。

人物 杞伯姬

春秋 伯姬杞伯姬归于杞。

　　【伯姬】补 杞伯姬。鲁女,姬姓,排行伯。鲁庄公(桓六·七·春秋)之女。庄二十五年归于杞,为杞成公(僖二十三·三·春秋)夫人。
　　○正 杞来迎之人官阶低,故《春秋》不书其人,而直言"伯姬归于杞"。

庄公二十五年·五

地理 鲁见庄闵地理示意图 1。

春秋 秋,[我]大水。[我]鼓、用牲于社、于门。

　　【门】正 补 城门。《礼记·祭法》:"王为群姓立七祀:曰司命,曰中霤,曰国门,曰国行,曰泰厉,曰户,曰灶。王自为立七祀。诸侯为国立五祀,曰司命,曰中霤,曰国门,曰国行,曰公厉。诸侯自为立五祀。"国门就是城门。

|左传| "秋，大水。鼓、用牲于社、于门"，[《春秋》书之，]亦非常也。凡天灾，有币，无牲。非日、月之眚不鼓。

【凡天灾，有币，无牲】 |正| |杨| 上天降灾，乃为谴告人君，使其改过修善，而非为求人祭祀、供给饮食。故遇天灾，唯以玉帛告请而已，不设牺牲。这应该是诸侯之礼，天子未必如此。《论语·尧曰》《墨子·兼爱下》都记载了商汤祷雨之辞，提到用"玄牡"（黑色公牛）作为牺牲；《毛诗·大雅·云汉》为周宣王求神祷雨之诗，其中有"靡神不举，靡爱斯牲"。旱灾亦为天灾，而商汤、周宣王都用牲。

【非日、月之眚不鼓】 |正| |补| 不是日、月有灾（指日食、月食）就不应该击鼓。眚，灾。

庄公二十五年·六

|地理| 鲁、陈见庄闵地理示意图 1。

|人物| 成季

|春秋| 冬，公子友成季如陈。

【公子友】 |杨| |补| 成季。姬姓，名友，谥成，排行季。鲁桓公（隐元·二·一）之子，鲁庄公（桓六·七·春秋）、共仲（庄二·二·春秋）、僖叔（庄三十二·四·春秋）同母弟，文姜（桓三·六·春秋）所生。鲁大夫，官至执政卿。僖十六年卒。其后为鲁"三桓"之一的季氏，其族长称为"季孙"。

○|正| 成季此行是回报陈女叔本年初的聘问。

庄公二十五年—庄公二十六年(庄公二十六年·一)

地理 鲁、晋见庄闵地理示意图1。鲁、戎、晋(翼/绛)见庄闵地理示意图3。

人物 鲁庄公(桓六·七·春秋)、士𫇭(庄二十三·七)、晋献公(庄十八·一·一)

春秋 二十有(又)六年,春,公鲁庄公伐戎。

○**正** 此条《春秋》无对应《左传》。

夏,公鲁庄公至自伐戎。

○**正** 此条《春秋》无对应《左传》。

左传 【一】晋士𫇭 wěi 使群公子尽杀游氏之族,乃城聚而处之。冬,晋侯晋献公围聚,尽杀群公子。

○**杨 补** 杨注认为聚与下文所说的绛都是两地,而绛都就是翼都(隐五·二)。然而,据《史记·晋世家》:"[献公]乃使[士𫇭]尽杀诸公子,而城聚都之,命曰'绛',始都绛。"则司马迁认为,聚邑被重命名为"绛",两者是一地。司马迁的说法实际上颇为有理,一个可能的重构是:士𫇭先是以旧都狭小局促为由,建设了名为"聚"的新都城,然后以正当名义邀请群公子先行入住。晋献公尽杀群公子之后,将新都改名为"绛",意为"深红色的新都"以纪念这次血腥的肃反行动。晋穆侯就以军事行动来命名太子仇和公子成师,因此这样改名并不难理解。经过士𫇭增修之后(详见下文),晋献公将绛都作为新都城。

○**补** 虽然《左传》称"尽杀群公子",不过此次屠杀曲沃桓叔诸子、曲沃庄伯诸子的行动有"漏网之鱼",其中最重要的就是曲沃桓叔之子韩万(以采邑为氏)。韩氏能够逃过这一劫的原因不明,可能是因为韩万在大屠杀开始时已经去世,也可能是因为韩万较为收敛,没有威逼晋献公的行为。不过,在晋献公统治期间,韩氏很可能受到了公室的冷落和防备,韩万之子韩赇伯的事迹没有出现在任何史籍记载中。韩氏再次出现在《左传》中是在僖十五年,当时晋、秦两国在韩地的原野开战,韩赇伯之子韩定伯跟随晋献公之子晋惠公参与了这场战斗,对于采邑周边地形的熟悉可能是韩氏再次被重用的原因之一。最终,韩氏成为春秋末年瓜分晋国的三大卿族之一。

【二】二十六年,春,晋<u>士蒍</u>为大司空。夏,<u>士蒍</u>城绛,以深其宫。

【大司空】 正 补 即司空,晋外朝官。此时为卿职,晋文公之后降为大夫职,平时掌工程建设,战时在军中掌修筑营垒。

【士蒍城绛,以深其宫】 补 士蒍主持增修名为"绛"的新都城,加高了宫城的城墙。**【绛】** 正 杨 补 从庄二十六年晋献公城绛起,至成六年晋景公迁于新田止为晋都。成六年迁都后,绛改称"故绛",而新都则沿用"绛"名。传统说法认为绛、翼(<u>隐五·二</u>)为一地,《图集》即依此标注,参见《图集》22—23⑪16。然而,从<u>庄二十五一庄二十六·一</u>分析来看,绛与翼应为两地。一说绛在今山西翼城西北的苇沟—北寿城遗址,此遗址以东周晋文化遗存为主,曾经出土过有"降(绛)亭"陶文的战国陶器。由于绛都地望不能确定,因此本书暂时沿用《图集》标注,将绛、翼标注为一地。

庄公二十六年·二

地理 曹见庄闵地理示意图1。

春秋 曹杀其大夫。

○ 正 补 《春秋》所谓"大夫",即《左传》所谓"卿"。杜注认为,据<u>文七·二·三</u>,《春秋》不书卿大夫之名,则表明被杀之卿大夫无罪。然而,据<u>文六·四·三</u>,《春秋》书国杀,则表明被杀之卿大夫有罪。笔者认为,被杀之卿大夫究竟是否有罪,疑不能明。

○ 补 从<u>庄二十四·六·春秋</u>推测,此次应是曹僖公即位之后,铲除太子羁党羽之举。

庄公二十六年·三

地理 鲁、宋、齐、徐、晋见庄闵地理示意图 1。虢（西虢）、晋（绛）见庄闵地理示意图 2。

人物 鲁庄公（桓六·七·春秋）

春秋 秋，公鲁庄公会宋人、齐人伐徐。

【徐】 杨 补 夏、商、周时国，周代为子爵（金文资料显示其自称为"王"），嬴姓。始封在夏代，始封君为伯益之后若木。在今江苏泗洪南（有争议，详见下）。昭三十年被吴所灭，徐王章羽（昭三十·三）奔楚，楚将其安置在夷（僖二十二—僖二十三·八·一）。后终被楚所灭。参见《图集》17—18③7、29—30③10。

○ 正 补 《春秋》常例，诸侯征伐，鲁君若参与，则书于其他诸侯之前。宋为主兵，故序于齐上。

○ 正 此条《春秋》无对应《左传》。

○ 补 **春秋徐国地望：** 春秋时期徐都所在，有文献记载支持的主要有江苏泗洪说、浙江舟山说、江苏邳州说。江苏泗洪说影响最大，《图集》采用的是这种说法，但多年来江苏考古工作者在此地却一直没有发现春秋时期城垣、墓葬等遗存。浙江舟山说也同样得不到考古学上的印证。20 世纪 90 年代在江苏邳州戴庄镇西发现了九女墩大墓群，经考古发掘和研究认为是春秋晚期徐国王族墓群。在戴庄镇禹王山西北麓有梁王城遗址，约为方形，边长各约 1 000 米，地层堆积共七层，其中第四、五层为商、周时期堆积，城内发现春秋战国时期大型夯土建筑基址。在戴庄镇山窝村谷山下有鹅鸭城遗址，约为方形，边长各约 500 米，地势比较低洼，遗物反映出商周时期文化特征。有学者将这些考古发现和文献记载结合起来，提出梁王城、鹅鸭城很可能是春秋中、晚期徐国都城。本书示意图仍然采用《图集》观点，而以此文提醒读者注意。

冬，十有（又）二月癸亥朔初一，日有食之。

【朔】补见桓三·五·春秋。

【日有食之】补见隐三·一·春秋。

○正此条《春秋》无对应《左传》。

左传秋，虢 guó 人侵晋。冬，虢人又侵晋。

○正下启庄二十七年晋将伐西虢（庄二十七·五），僖二年晋借道伐西虢（僖二·三）。

庄公二十七年·一

地理 鲁见庄闵地理示意图 1。鲁、杞、洮见庄闵地理示意图 4。

人物 鲁庄公（桓六·七·春秋）、杞伯姬（庄二十五·四·春秋）

春秋 二十有（又）七年，春，公鲁庄公会杞伯姬于洮。

【洮】正 杨 补 在今山东泗水历山村西北。鲁地。

○补 杞伯姬归国省亲，其父鲁庄公离开鲁都前往洮与其相会。

左传 "二十七年，春，公会杞伯姬于洮"，[《春秋》书之，]非事也。天子非展义不巡守 shòu，诸侯非民事不举，卿非君命不越竟（境）。

【非事也】正 非诸侯之事。

【展义】正 宣布德义。

【举】杨 出行。

庄公二十七年·二

地理 鲁、齐、宋、陈、郑见庄闵地理示意图 1。

人物 鲁庄公（桓六·七·春秋）、宋桓公（庄十一·二·二·二）、陈宣公（庄四·三·春秋）、郑文公（庄十九—庄二十一—庄二十一·十一·二）

春秋 夏，六月，公鲁庄公会齐侯齐桓公、宋公宋桓公、陈侯陈宣公、郑伯郑文公同盟于幽。

左传 夏，"同盟于幽"，陈、郑服也。

○正 庄二十二年陈人杀死太子御寇，陈敬仲奔齐，而齐桓公以为工正，陈先前可能因此不服于齐；庄二十五年郑与楚讲和交好（参见文十七·四·二），因此先前可能也不服于齐，至此两国才表示顺服。

庄公二十七年·三

地理 鲁、陈见庄闵地理示意图1。

人物 成季（庄二十五·六·春秋）、原仲

春秋 秋，公子友成季如陈，葬原仲。

【原仲】正 补 原氏，排行仲。陈大夫，官至卿位。庄二十七年卒。

左传 “秋，公子友如陈，葬原仲”，非礼也。原仲，季友成季之旧也。

○杨 原仲仅为成季私人好友，故成季之行，应不是出于公命。上文曰“卿非君命不越竟”，故《春秋》直书其事，以讥其非礼。

庄公二十七年·四

地理 鲁见庄闵地理示意图1。杞、鲁见庄闵地理示意图4。

人物 杞伯姬（庄二十五·四·春秋）

春秋 冬，杞伯姬来。

左传 “冬，杞伯姬来”，归宁也。凡诸侯之女，归宁[《春秋》书]曰“来”，出曰“来归”。夫人归宁曰“如某”，出曰“归于某”。

【归宁】正 补 女子出嫁后，返回母家省亲。宁，安，这里指问父母安否。

【诸侯之女】补 嫁至他国的鲁公室女子。

【出】正 杨 被夫家休弃。

【夫人】补 嫁给鲁君作夫人的他国女子。

○ 正 补 **传世文献对读**：《大戴礼记·本命》记载了所谓"七出三不去"的休妻原则，可扫码阅读。

庄公二十七年·五

地理 晋见庄闵地理示意图 1。晋（绛）、虢见庄闵地理示意图 2。

人物 晋献公（<u>庄十八·一·一</u>）、士蒍（<u>庄二十三·七</u>）、虢公丑（<u>庄十八·一·一</u>）

左传 晋侯_{晋献公}将伐虢 guó。士蒍 wěi 曰：

"不可。

"虢公_{虢公丑}骄，若骤得胜于我，必弃其民。[虢公]无众而 [我]后伐之，[虢公]欲御我，谁与？

【骤】补 数，屡次。

【欲御我，谁与】 杨 补 [虢公] 即使想要抵抗我方，谁会跟从他？与，从。

"夫礼、乐 yuè、慈、爱，战所畜也。夫民，让事、乐 yuè 和、爱亲、哀丧，而后可用也。虢弗畜也，亟 qì 战，将饥。"

【夫礼……畜也】补 礼、乐、慈、爱，这是出战前应该蓄养的。

【让事】正 礼尚谦让，故"让事"谓礼。

【乐和】正 乐以和亲，故"乐和"谓乐。

【爱亲】正 慈谓爱之深也，故"爱亲"谓慈。

【哀丧】正 爱极然后哀丧，故"哀丧"谓爱。

【亟】 杨 补 数，屡次。

庄公二十七年·六

地理 鲁见庄闵地理示意图 1。鲁、莒见庄闵地理示意图 4。

人物 庆、叔姬

春秋 莒庆来逆叔姬。

【庆】正 补 名庆。莒大夫，官至卿位。

【叔姬】正 补 鲁女，姬姓，排行叔。鲁庄公（桓六·七·春秋）之女。庄二十七年归于莒，为庆夫人。

○正 据宣五·一·三，则莒卿庆此行是为自己来鲁迎娶叔姬。

庄公二十七年·七

地理 鲁见庄闵地理示意图 1。杞、鲁见庄闵地理示意图 4。

人物 杞惠公

春秋 杞伯杞惠公来朝。

【杞伯】补 杞惠公。姒姓，谥惠。杞共公之子。庄二十二年立，在位十八年。僖五年卒。【朝】补 见隐四·二·七·一。

○正 杨 补 此前《春秋》称杞国君主为“杞侯”（桓二·二·春秋、桓三·四·春秋、桓十二·二·春秋），而本年及往后，大多数情况下称“杞伯”，爵位下降一等；少数情况下称“杞子”，爵位下降二等。参见僖二十三·三·春秋。

庄公二十七年·八

地理 鲁、齐见庄闵地理示意图 1。鲁、齐、城濮见庄闵地理示意图 3。

人物 鲁庄公（桓六·七·春秋）、齐桓公（庄八—庄九—庄十·春秋）

〔春秋〕公鲁庄公会齐侯齐桓公于城濮。

【城濮】〔正〕〔杨〕〔补〕在今山东鄄城临濮镇。卫地。参见《图集》24—25③6。

○〔正〕〔补〕齐桓公将伐卫,故与鲁庄公会于卫地城濮。鲁最终没有参与,故庄二十八年齐人独伐卫。

庄公二十七年—庄公二十八年(庄公二十八年·一)

地理 齐、卫1、周见庄闵地理示意图1。

人物 周惠王(庄十六·六·二)、召伯廖、齐桓公(庄八—庄九—庄十·春秋)、王子颓(庄十九—庄二十一—庄二十一·一)

春秋 二十有(又)八年,春,王三月甲寅,齐人伐卫。卫人及齐人战,卫人败绩。

【甲寅】杨 据王韬所推春秋历,三月无甲寅。
○正《左传》称"齐侯伐卫",而《春秋》书"齐人伐卫",应是齐避讳齐桓公取赂而还,因此以"齐人伐卫"来告于鲁。

左传【一】王周惠王 使召 shào 伯廖 liáo 赐齐侯齐桓公命,且请伐卫,以其立子颓王子颓也。

【王使召伯廖赐齐侯命】正 杨 此次赐命,是正式任命齐桓公为侯伯(诸侯之长,即霸主)。《史记·周本纪》对此事的记载,就是"惠王十年,赐齐桓公为伯"。
【召伯廖】正 杨 补 姬姓,召氏,名廖。召康公(僖三—僖四·五)之后。周王室卿士。【召】正 杨 补 周畿内国,姬姓。召康公长子克封于北燕,次子召仲留在王畿为召公。初在陕西岐山刘家塬村。后东迁,可能在山西垣曲东。此时应已食采于东周王畿,其国君世为周王室卿大夫。岐山之召参见《图集》17—18②1。
【以其立子颓也】正 卫助立王子颓事见庄十九—庄二十一—庄二十二·一。

【二】二十八年,春,齐侯齐桓公伐卫。战,败卫师。[齐侯]数 shǔ 之以王命,取赂而还。

【数】杨 责。

庄公二十八年·二

[地理] 晋、齐、秦(秦2)见庄闵地理示意图1。晋(绛)、贾、秦(秦2)、大戎、骊戎、白狄、曲沃、蒲、屈(北屈)见庄闵地理示意图2。

[人物] 晋献公(庄十八·一·一)、齐姜、秦穆姬、共太子申生、大戎狐姬、公子重耳、小戎子、公子夷吾、骊戎男、骊姬、公子奚齐、骊姬之娣、公子卓、梁五、东关嬖五

[左传]【一】晋献公娶于贾,无子;

[公] 烝 zhēng 于齐姜,生秦穆夫人秦穆姬及大(太)子申生共太子申生;

【烝】[补]见桓十六—桓十七·一·一。【齐姜】[正][补]齐女,姜姓。晋武公(桓二—桓三·六)妾,后为晋武公之子晋献公(庄十八·一·一)所烝,生秦穆姬及共太子申生。僖四年已去世。

【秦穆夫人】[补]秦穆姬。晋女,姬姓,排行伯。晋献公之女,齐姜所生,秦穆公(僖九·二·三·二)夫人,秦康公(僖十五·八·一·六)之母。

【大子申生】[杨][补]共太子申生。姬姓,名申生,谥共。晋献公之子,秦穆夫人之弟,齐姜所生。晋大夫,官至卿位。闵元年任下军帅(卿职),闵二年任上军帅(卿职,有争议)。僖五年奔曲沃,同年自缢而死。

[公] 又娶二女于戎,大戎狐姬生重 chóng 耳公子重耳,小戎子生夷吾公子夷吾。

【大戎狐姬】[补]大戎女,姬姓,排行季。狐突(闵二·七·二)之女,晋献公妾,晋文公之母。【大戎】[正][杨][补]此部戎人,姬姓,晋始封君唐叔虞(僖十五·九·三·一)之后,分布于今山西省交城县一带。

【重耳】[补]公子重耳,后为晋文公。姬姓,名重耳,单名重,谥文。

晋献公庶子,大戎狐姬所生。庄二十二年生(据《左传》《国语·晋语》)。僖五年自晋都奔蒲,同年奔狄。僖十六年自狄地出发,经卫至齐。僖二十二年自齐出发,经曹、宋、郑、楚,僖二十三年至秦。僖二十四年在秦穆公护送下返国即位,在位九年。僖三十二年卒。据《论语·宪问》,则孔子认为"晋文公谲而不正",与"齐桓公正而不谲"正相对。

【小戎子】补戎女,子姓。晋献公妾,晋惠公之母。【小戎】补此部戎人,子姓,商王室之后。

【夷吾】补公子夷吾,后为晋惠公。姬姓,名夷吾,谥惠。晋献公庶子,晋文公之异母弟,小戎子所生。僖五年自晋都奔屈。僖六年自屈奔梁,遂至秦。僖九年在秦、齐之师护送下返国。僖十年即位,在位十四年。僖二十三年卒。

晋伐骊lí戎,骊戎男女nǜ[献公]以骊姬。归,[骊姬]生奚齐公子奚齐,其娣dì生卓子公子卓。

【晋伐……骊姬】正杨补晋讨伐骊戎,骊戎男把女儿骊姬嫁给晋献公。女,纳女于人。据《史记·晋世家》,此事在庄二十二年(晋献公五年)。【骊戎】正杨补此部戎人,姬姓,男爵。旧居于今陕西西安临潼区的骊山附近。庄二十八年前已东迁至晋东部,在今山西析城山与王屋山之间。庄二十二年被晋所灭。东迁后骊戎参见《图集》22—23⑥9。【骊姬】补骊戎女,姬姓。骊戎男之女,晋献公妾,公子奚齐之母。僖九年被里克、丕郑所杀。

【奚齐】补公子奚齐,后为太子奚齐。姬姓,名奚齐。晋献公庶子,骊姬所生。僖四年被立为太子。僖九年晋献公卒,太子奚齐未即位而被里克所杀。

【娣】补参见隐四·二·一·一。

【卓子】补公子卓。姬姓,名卓。晋献公庶子,骊姬之娣所生。僖九年被荀息立为君,同年被里克所杀。《史记》及清华简二《系年》皆曰名"悼子"。

○ 杨 补《左传》版本中，骊戎男将骊姬嫁给晋献公，骊姬妹妹陪嫁。然而，据《国语·晋语一》（详见下引文）："献公伐骊戎，克之，灭骊子，获骊姬以归。"在《国语》版本中，晋献公杀死了骊戎君长，俘获了他的女儿骊姬。如果《国语》所叙方为真相，倒是为骊姬接下来处心积虑的政治阴谋和行动提供了一个合理的解释，那就是通过将自己所生的儿子扶上晋国君位，为自己被晋人所杀的父亲报仇。这也就是为什么《国语》版本中史苏会说"今君灭其父而畜其子，祸之基也"。

○ 补 据僖四·二·一"初，晋献公欲以骊姬为夫人……[公]弗听，立之，[骊姬]生奚齐，其娣生卓子"，及《国语·晋语一》"献公伐骊戎，克之，灭骊子，获骊姬以归，立以为夫人，生奚齐，其娣生卓子"，则晋献公获骊姬后，骊姬深得晋献公宠爱，晋献公在其尚未生子之前便将其立为夫人，夫人骊姬随后生下公子奚齐，其妹生公子卓。

○ 补 从上文可知，大戎狐姬、骊姬、骊姬之娣均为姬姓，与晋献公同姓。在春秋时期，贵族婚配遵循"同姓不婚"的原则。如果发生了同姓婚配的事情，最可能的原因就是女子绝美，男方宁愿违背礼制也要把她娶回家（参见昭元·八·一·一公孙侨论晋平公疾）。据昭十三·二·十三，"我先君文公，狐季姬之子也，有宠于献"，公子重耳受到晋献公宠爱，很可能与他母亲狐姬貌美一度得宠有关；而骊姬在成为晋献公妾之后，凭借其美貌和智计获得晋献公专宠，升为夫人，成为晋国内乱的主角之一。

[二]骊姬嬖，欲立其子公子奚齐，赂外嬖梁五与东关嬖五，使言于公晋献公曰：

【骊姬嬖，欲立其子】 补 骊姬得宠，[已被晋献公立为夫人，]想要立自己的儿子奚齐为太子。这是"子以母贵"的典型案例。

【外嬖】 杨 男宠。女宠为内嬖。

【梁五】 正 补 嬴姓，梁氏，名五。晋嬖大夫。

【东关嬖五】正补名五。晋嬖大夫。疑其居于晋都内东关。

"曲沃,君之宗也;蒲与二屈,君之疆也,不可以无主。

【曲沃,君之宗也】正补曲沃,是国君的宗邑。此时当政的晋公室源于曲沃桓叔(见桓二—桓三·一·一),至曲沃武公受周僖王册命为晋武公(参见庄十六·六·一)。曲沃有曲沃桓叔庙、曲沃庄伯庙、曲沃武公/晋武公庙,故称"君之宗",亦即下文的"宗邑"。晋文公及以下晋侯之庙,则在晋都绛。【曲沃】补见隐五·二。

【蒲与二屈,君之疆也】正补蒲与南北二屈,是国君的边境重邑。

【蒲】正杨补应该在今山西永济西蒲州故城遗址附近(详见下)。晋邑,曾为郤犨之弟郤居采邑。参见《图集》22—23⑤7。《图集》标注不准确,本书示意图按照考证成果标注。

【二屈】正杨补南北二屈,北屈在山西吉县东北车城乡附近,南屈在其南。一说"二屈"当为"北屈"。晋邑。北屈参见《图集》22—23⑤7。

○补**蒲邑地望**:蒲邑地望有两种主要说法,一种认为在山西隰县一带,具体说来可能在隰县东北均庄遗址附近;一种认为在山西永济市一带,具体说来可能在永济市西蒲州故城遗址附近。据《史记·晋世家》的记载,蒲邑靠近秦,而屈靠近狄地。若从隰县说,则蒲在屈以北,更加靠近狄地;若从永济说,则蒲在晋西南,恰好位于秦晋接壤地带。此外,据《国语·晋语二》,僖十六年公子重耳出奔时,首先到达柏谷,而柏谷位于河水以南,也与永济说契合。因此本书取永济说。

"宗邑无主,则民不威;疆埸 yì 无主,则启戎心。戎之生心,民慢其政,国之患也。

【不威】杨不畏。

【疆場】⬚杨 边境。

"若使大(太)子共太子申生主曲沃,而重耳公子重耳、夷吾公子夷吾主蒲与屈,则可以威民而惧戎,且旌君伐。"

【旌】⬚正⬚杨表彰。【伐】⬚正功。

［骊姬］使［梁五、东关嬖五］俱曰:

"狄之广莫(漠),于晋为都。

【狄】⬚补晋西白狄。详见下。

○⬚正⬚杨⬚补狄人广漠的土地,如果归属晋,则可在其上建立城邑。都参见隐元·四·二,此处可能是泛指城邑。

○⬚补"狄"是华夏诸国对于非华夏部族的通称之一。狄,即逖,本义为远、驱除,引申为本居远方而应被驱除的部族。《左传》所见之狄,按其服色及体态特征,有白狄、赤狄、长狄三种。
　一、赤狄:见宣三·六·春秋。
　二、白狄:见僖三十三·五·一·一。
　三、长狄:见文十一·四·一。

"晋之启土,不亦宜乎!"

【启土】⬚正⬚杨开疆拓土。

晋侯晋献公说(悦)之。

夏,［公］使大(太)子居曲沃,重耳居蒲城,夷吾居屈。群公子皆鄙,唯二姬之子在绛。

【群公子皆鄙】⬚正⬚杨⬚补群公子都［居住在］边境。据僖二十三—僖二十四·十四,晋献公有子九人,除去居曲沃的太子申生、居绛的公子奚齐和公子卓之外,尚有六人。这六人就是这里所说的"群公子",其中公子重耳居蒲城,公子夷吾居屈,其他四公子之居地不明。

【二姬之子】 补 指公子奚齐、公子卓。

【绛】 补 晋都,见庄二十五—庄二十六·二。

【三】 二五梁五、东关嬖五卒与骊姬谮 zèn 群公子而立奚齐公子奚齐,晋人谓之"二五耦"。

【谮】 补 诬陷,中伤。

【二五耦】 正 补 古代两人各持一耜,并肩耕作叫"耦"。梁五与东关嬖五朋比为奸,垦伤晋公室,故晋人称其为"二五耦"。

○ 补 传世文献对读:《国语·晋语一》叙晋献公伐骊戎之前史苏占卜之事,以及立骊姬为夫人之后群臣议论之事,为《左传》所无,可扫码阅读。

○ 杨 补 传世文献对读:《国语·晋语一》又载骊姬与优施谋划排挤共太子申生、公子重耳、公子夷吾之事,为《左传》所无,可扫码阅读。

○ 补 传世文献对读:《国语·晋语一》又载太子申生、公子重耳、公子夷吾出居城邑之后,史苏论骊姬必乱晋之事,可扫码阅读。

庄公二十八年·三

地理 郕见庄闵地理示意图4。

人物 郕宪公

春秋 夏,四月丁未二十三日,郕子琐郕宪公卒。

【郕子琐】 补 郕宪公。曹姓,名琐,谥宪。庄十七年即位,在位十二年。庄二十八年卒。

庄公二十八年·四

地理 楚、郑、鲁、齐、宋见庄闵地理示意图 1。楚、郑、鲁、宋、桐丘见庄闵地理示意图 5。

人物 鲁庄公(桓六·七·春秋)、王子善、息妫(庄十·二)、楚文王(庄六·二·一)、御人、斗御强、斗梧、耿之不比、斗班、王孙游、王孙喜

春秋 秋,荆伐郑。公鲁庄公会齐人、宋人救郑。

【荆】 补 实指楚,参见庄十·二·春秋。

左传【一】 楚令尹子元王子善欲蛊文夫人息妫,为馆于其息妫宫侧,而振万焉。夫人息妫闻之,泣曰:"先君楚文王以是舞也,习戎备也。今令尹王子善不寻诸(之于)仇雠,而于未亡人之侧,不亦异乎!"御人以告子元。子元曰:"妇人不忘袭雠,我反忘之!"

【令尹】 补 见庄四·二·二。【子元】 正 杨 补 王子善。芈姓,名善,字元。楚武王(桓六·二·一)之子,楚文王(庄六·二·一)之弟。楚大夫,官至执政(一说继鲍申)。任令尹。其名(善)、字(元)相应,《周易·乾·文言》:"元者,善之长也。"

【蛊】 正 惑。

【振万】 正 杨 补 振[铎打节拍,跳]万舞(武舞)。万舞参见隐五·七。

【寻】 正 用。【仇雠】 杨 仇敌。雠,仇。

【未亡人】 正 古代寡妇自称。

【御人】 正 息妫侍人。

○ 补 王子善为楚文王之弟,息妫为楚文王夫人,因此王子善是在勾引自己的兄嫂。

【二】秋,子元_{王子善}以车六百乘 shèng 伐郑,入于桔 xié 柣 dié 之门。子元、斗御强、斗梧、耿之不比为旆 pèi,斗班、王孙游、王孙喜殿。众车入自纯门,及逵市。[郑]县(悬)门不发,[郑人]楚言而出。子元曰:"郑有人焉。"

【桔柣之门】[正][补]郑都郛南门。郛参见《知识准备》"国野制"。

【斗御强】[补]芈姓,斗氏(若敖氏大宗),名御强。楚大夫。与斗班之父斗强不是一人。

【为旆】[正][补]作为前驱。"旆"本指军前大旗上可拆系的象征开战的飘带,与称为"旐"(桓元—桓二·三·二)的飘带不同,引申指系有旆的军前大旗。"旆"在某些语境下指插有旆的前驱兵车,曾侯乙墓简书把这种兵车写作"𫐐"。

【斗班】[杨][补]芈姓,斗氏(若敖氏大宗),名班,斗强之子。楚大夫,任申县公。

【殿】[正][补]殿后。

【纯门】[正][补]郑都郭城南门。郭参见《知识准备》"国野制"。

【逵市】[正][杨][补]郑都纯门(郭城南门)至皇门(内城南门)之间九达大路旁的市场。逵,九达大路,见隐十一·二·二。皇门见宣十二·二·三。

【县门不发,楚言而出】[正][杨][补]郑都内城悬挂的闸门没有放下[关闭],[郑人]说着楚方言出来。此悬门所在的城门应该就是皇门。郑人此举是向楚显示其镇定不慌乱,为后世"空城计"之雏形。

【三】诸侯救郑。楚师夜遁。郑人将奔桐丘,谍告曰"楚幕有乌",[郑人]乃止。

【桐丘】[正][杨][补]在今河南扶沟西十公里韭园镇后郑村北。郑邑。参见《图集》24—25④5。

【楚幕有乌】[正][杨][补]楚师帐篷上有乌鸦。这表明楚师已抛弃帐幕撤走。因为帐篷中无人,所以乌鸦敢落。

○[补]这是中原霸主国(此时为齐)和南方强国楚第一次围绕郑展开

争夺。从此开始,郑成为中原霸主(齐、晋)和南方强国楚之间长期争霸的"标的":郑倒向齐/晋,则显示着齐/晋在争霸中占上风,而楚则会讨伐郑迫使它叛变,反之亦然。这种被南北两个大国争夺、欺凌的地缘政治困局持续了一百二十多年,一直到襄二十七年晋、楚举行弭兵之盟结束武力争霸后才宣告结束,而解脱出来的郑随即在贤相公孙侨(子产)的领导下励精图治、走向中兴。

庄公二十八年·五

地理 鲁、齐见庄闵地理示意图 1。鲁、齐、郿见庄闵地理示意图 4。

人物 臧文仲(庄十一·二·二·二)

春秋 冬,[我]筑郿 méi。

【郿】正 杨 补 在今山东东平戴庙乡。鲁邑。参见《图集》26—27 ④3。

[我]大无麦、禾。臧孙辰臧文仲告籴 dí 于齐。

【大无麦、禾】正 补 严重缺乏麦、稷。年终之时统计一年收成,因此《春秋》书此事于冬。麦参见隐三·四·二。禾参见隐三·四·二,此处为狭义。

【告】杨 请。【籴】正 补 买入/借入粮食。

○正《春秋》书此事在筑郿之后,《左传》在之前。可能《左传》依据的是臧文仲启程时间,而《春秋》依据的是臧文仲完成使命回到鲁国的时间。

左传【一】冬,[我]饥。"臧孙辰告籴于齐",礼也。

【礼也】补 据《国语·鲁语上》(详见下引文),"国有饥馑,卿出告籴,古之制也",故曰"礼也"。

○ 正 补 **传世文献对读**：《国语·鲁语上》叙臧文仲告籴之事甚详，可扫码阅读。

【二】"筑郿"，非都也。凡邑，有宗庙先君之主[《春秋》书]曰"都"，无曰"邑"。邑曰"筑"，都曰"城"。

庄公二十九年·一

地理 鲁见庄闵地理示意图1。

春秋 二十有(又)九年,春,[我]新[作]延厩。

【延厩】 正 杨 厩,马棚。延,马棚之名。

○ 正 《春秋》书"新延厩",而《左传》书"新作延厩",应是《春秋》阙"作"字。参僖二十·一·春秋"新作南门"、定二·四·春秋"新作雉门及两观"。

左传 二十九年,春,"新作延厩"。[《春秋》]书,不时也。凡马,日中而出,日中而入。

【书,不时也】 正 补 《春秋》记载此事,是表明它不合时令。修作马厩应在秋分马将入厩之前。

【日中而出,日中而入】 正 日中,指春分、秋分。春分时节,百草始繁,马匹出厩,在郊野放牧,所谓"日中而出"。秋分时节,水寒草枯,马匹入厩,所谓"日中而入"。

庄公二十九年·二

地理 郑见庄闵地理示意图1。郑、许见庄闵地理示意图3。

春秋 夏,郑人侵许。

左传 "夏,郑人侵许。"凡师,有钟鼓曰"伐",无曰"侵",轻曰"袭"。

【轻曰"袭"】 正 杨 轻师掩其不备为"袭"。

庄公二十九年·三

地理 鲁见庄闵地理示意图1。

|春秋|秋，[我]有蜚fěi。

　　【蜚】|补|见隐元·七。

|左传|"秋，有蜚"，[《春秋》书之]，为灾也。凡物，不为灾，[《春秋》]不书。

庄公二十九年·四

　　|地理|纪(鄑)见庄闵地理示意图 4。

　　|人物|纪叔姬(隐七·一·春秋)

|春秋|冬，十有(又)二月，纪叔姬卒。

　　○|正||补|庄十二年纪叔姬归于鄑，至今年卒。

庄公二十九年·五

　　|地理|鲁见庄闵地理示意图 1。鲁、诸、防(东防)见庄闵地理示意图 4。

|春秋|[我]城诸及防。

　　【诸】|正||杨||补|在今山东诸城枳沟镇乔庄村南。鲁邑。参见《图集》
26—27④6。
　　【防】|杨||补|东防，见隐九·五·春秋。

|左传|冬十二月，"城诸及防"。[《春秋》]书，时也。

　　凡土功，

　　龙见(现)而毕务、戒事也；

　　○|正||杨||补|夏正九月(周正十一月)，青龙七宿中的角、亢二宿早晨
出现于东方(龙见)。此时农事已完毕(毕务)，告诫民众开始准备土

木工程之事（戒事）。

火见（现）而致用；

【火】大火星，又名"辰""大辰"，即心宿二，亦即天蝎座 α 星，是银河系的一颗红超巨星，星等是一等星，看起来是红色。古人认为它与人间火政（用火、禁火、火灾等）有关。

○ 正 杨 夏正十月（周正十二月）初，大火星早晨出现在东方（火见）。此时，就要把板、臿、畚、梮等用具送到工地（致用）。

水昏正而栽；

【水】大水星，又名"营室"，即室宿一、室宿二，亦即飞马座 α 星、飞马座 β 星，分别是 2.57 等星和 2.61 等星，是两颗亮度相近的大星。古人认为它与人间土功、宫室有关。

○ 正 杨 补 夏正十月（周正十二月），大水星黄昏正现于南方（水昏正），此时就要树立板、榦（栽），开始筑墙。板、榦见宣十一·二·二。

日至而毕。

○ 正 杨 补 冬至之时（日至）就要全部完工。

○ 正 杨 补 考之《春秋》《左传》，《春秋》但凡书冬季筑城、筑囷者，《左传》皆曰"时"，凡七次。其中，本章"城诸及防"、文十二·六"城诸及郓"在周正十二月；成九·十三"城中城"在周正十一月和十二月之间；宣八·五"城平阳"在周正十月二十六日之后；襄十三·五"城防"、昭九·六"筑郎囷"在冬季，但无法确定是在哪个月。以上六例，都可以认为与本段所述周正十一月开始筑城的正时不相矛盾。然而，桓十六·二"城向"在冬季（十月至十二月），而且下有"十有一月，卫侯朔出奔齐"，杜注以前的旧注一方面认为这意味着"城向"在周正十月，另一方面又认为庄二十九·五所述筑城正时不可能有误，于是认为桓十六·二《左传》记载有误；杜注、孔疏则认为"城向"和"卫侯朔出奔齐"同在十一月，桓十六·二《左传》记载无误。

庄公二十九年—庄公三十年(庄公三十年·一)

地理 鲁、周见庄闵地理示意图1。周(京师)、虢、樊见庄闵地理示意图2。鲁、成见庄闵地理示意图4。

人物 樊皮、周惠王(庄十六·六·二)、虢公丑(庄十八·一·一)

春秋 三十年,春,王正月。

夏,[我师]次于成。

【成】 杨 见桓六·三·春秋。

○ 正 补 成邑是鲁国北部边防重镇(参见定十二·二·二·三)。鲁人可能是听闻齐将要逼降郕(在成西偏北),为防备不测,因此出兵驻扎在成邑(见下文)。

○ 正 此条《春秋》无对应《左传》。

左传 樊皮叛王周惠王。三十年,春,王命虢 guó 公虢公丑讨樊皮。夏,四月丙辰十四日,虢公入樊,执樊仲皮樊皮,归于京师。

【樊皮】 正 杨 补 姬姓,樊氏,名皮,排行仲。周宣王(僖二十四·二·二·一)卿士樊穆仲之后。周王室大夫。庄三十年被虢公丑所执,归于京师。食采于樊。【樊】 补 见隐十一·三·一。

【京师】 补 见隐六·七。

○ 正 补 樊是与周王室关系不和的"南阳"诸邑之一(参见),樊皮作乱可能与此有关。

庄公三十年·二

地理 齐见庄闵地理示意图1。齐、郮见庄闵地理示意图4。楚、郑、申(此时已为楚县)见庄闵地理示意图5。

人物 王子善(庄二十八·四·一)、斗射师、斗班(庄二十八·四·

二）、斗穀於菟

春秋 秋，七月，齐人降鄣。

【鄣】 **正** **杨** **补** 周时国，姜姓。周成王始封齐太公支子于鄣，在今山东东平接山乡鄣城村已发现其遗址（详见下）。庄三十年，齐人降鄣。参见《图集》17—18②6、26—27④3。

○ **正** 此条《春秋》无对应《左传》。

○ **正** **鄣国故城遗址**：遗址位于大汶河北岸。城址东西长 1 300 米，南北宽 650 米。

左传 楚公子元王子善归自伐郑，而处王宫。斗射师谏，[王子善]则执而梏之。秋，申公斗班杀子元王子善。斗穀 gòu 於 wū 菟 tú 为令尹，自毁其家，以纾楚国之难。

【楚公……王宫】 **正** **补** 王子善从伐郑归来之后，就住在楚王宫中。息妫之宫应在楚王宫中，王子善此举，应是想进一步接近并诱惑息妫。参见庄二十八·四·一。

【梏】 **正** **杨** **补** 古代束缚四肢的刑具，用在双脚上的叫作"桎"，用在双手上的叫作"梏"。这里作动词。

【申公】 **正** **补** 即申县县公。楚僭越称"王"，而楚县又是在被灭小国基础上建立，因此楚县长官称"公"。县公职掌事务包括：一、平时掌本县政事；二、战时帅本县军队参与征伐。楚除申公之外，《左传》所见，尚有息公（僖二十五·三）、商公（文十·二·一）、期思公（文十一·文十一·一）、郧公（成七·五·一）、析公（襄二十六·八·二）、陈公（昭八—昭九·一·二）、蔡公（昭十一·十·一）、叶公（定五·五·八·二）、白公（哀十六·四·二）。此外，楚有邑尹，治理楚邑之政，其职掌事务与县公相似，《左传》所见有棠尹（昭二十·三·三）、武城尹（哀十七·四·三）。【申】 **正** **杨** 见隐元·四·一。此时已为楚县。

【斗縠於菟】 [正] [补] 芈姓,斗氏(若敖氏大宗),名縠於菟,字文。斗伯比(桓六・二・二)之子。楚大夫,官至执政(继王子善)。任令尹。其名(谷於菟)、字(文)相应,楚人谓虎为於菟,虎以毛皮文采为特征。《周易》:"大人虎变,其文炳也。"《论语・公冶长》:"子张问曰:'令尹子文三仕为令尹,无喜色;三已之,无愠色。旧令尹之政,必以告新令尹。何如?'子曰:'忠矣。'曰:'仁矣乎?'曰:'未知,焉得仁?'"可见,孔子认为斗縠於菟"忠",但还达不到"仁"。

【令尹】 见庄四・二・二。

【自毁……之难】 [正] [杨] [补] 自己捐弃家财,来缓解楚国危难。毁,破。纾,缓。

○[补]笔者对于王子善贸然伐郑及最终被杀之事的幕后真相有详细分析,请见专著《不服周:楚国的奋斗与沉沦》(出版中,暂定书名)的相关章节。

○[补]**传世文献对读**:《国语・楚语下》载楚大夫斗且廷对斗縠於菟(子文)的评述,可扫码阅读。

《战国策・楚策》载莫敖子华对斗縠於菟(子文)的评述,可扫码阅读。

庄公三十年・三

[地理]纪(鄑)见庄闵地理示意图 4。

[人物]纪叔姬(隐七・一・春秋)

[春秋]八月癸亥二十三日,葬纪叔姬。

○[补]庄二十九年冬十二月纪叔姬卒于鄑,今年安葬。

庄公三十年·四

地理 鲁见庄闵地理示意图 1。

春秋 九月庚午朔〔初一〕，日有食之。〔我〕鼓、用牲于社。

【朔】补 见桓三·五·春秋。

【日有食之】补 见隐三·一·春秋。

【鼓、用牲于社】杨 参见庄二十五·三·春秋。

○补 据庄二十五·三所叙诸侯救日食的正确时间和礼仪，此时鲁国
"鼓、用牲于社"有两处违礼：第一，周正九月不是正阳之月，本月发
生日食不需救；第二，鲁救日食所用礼仪不对，僭用周王之礼。

[地理] 鲁、齐、山戎(北戎)、燕(北燕)见庄闵地理示意图 1。鲁、齐、薛、薛(近阿泽)、济水见庄闵地理示意图 4。

[人物] 鲁庄公(桓六·七·春秋)、齐桓公(庄八—庄九—庄十·春秋)

[春秋] 冬,公_{鲁庄公}及齐侯_{齐桓公}遇于鲁济。

【遇】[补] 见隐四·二·春秋。

【鲁济】[正][杨] 春秋时济水流经曹、卫、鲁诸国,在鲁境内河段称为"鲁济",大致在河南范县、山东阳谷、东平、巨野之间。

齐人伐山戎。

【山戎】[杨] 主要分布在今河北北部、北京以北的山地(详见下)。山戎应即北戎(隐九·六·一),详见下。参见《图集》28②7。《图集》标注不准确,本书示意图依据考古发现标注。

○[补] 山戎地望:考古工作者在今河北张家口宣化区、河北怀来、北京延庆、河北平泉、辽宁凌源发现了多处重要的山戎部落墓地,跨越的年代从西周中期到战国中晚期,具有与中原文化迥然不同的埋葬制度和器物群,具有鲜明的早期骑马民族文化特色。这些墓地分布范围基本上集中在河北北部、北京以北的燕山、军都山及其余脉,这一带应该就是山戎的主要分布区域。

○[杨][补] 据《史记·匈奴列传》,"是后六十有五年,而山戎越燕而伐齐,齐釐公与战于齐郊。其后四十四年,而山戎伐燕。燕告急于齐,齐桓公北伐山戎,山戎走"。山戎越燕而伐齐之事,就是桓六年的"北戎伐齐"。山戎疑即北戎,都是指分布在河北北部山区的戎人。当他们离开山区、南下侵犯位于平原地带的中原各诸侯国时,从中原的视角看他们自然是"北戎",也就是"来自北方的戎人"。齐桓公讨伐山戎,既是拯救北燕,也是为遭受北戎侵害的各诸侯国

除害。当齐桓公率师北上,在冀北山区讨伐此部戎人时,从齐桓公
的视角看他们自然是"山戎",也就是"(北)燕国附近群山中的戎
人",正是视角的不同造成了称谓的差异。

三十有(又)一年,春,[我]筑台于郎。

【台】|杨||补|即泉台,靠近遄泉。遄泉见庄三十二・四・三。

【郎】|杨|见隐九・四・春秋。

○|正|《春秋》书此事,应是表明其违背土木工程的时令(参见庄二十
九・五)。

○|正|此条《春秋》无对应《左传》。

夏,四月,薛伯卒。

○|正|此条《春秋》无对应《左传》。

[我]筑台于薛。

【薛】|正||补|在今山东阳谷东北,近阿泽。鲁地。参见《图集》26—
27③2。

○|补|《春秋》书此事,应是表明其违背土木工程的时令。

○|正|此条《春秋》无对应《左传》。

六月,齐侯齐桓公来献戎捷。

○|正|向尊者进献战胜所获俘虏、财物称为"献捷",也称"献功"。齐
桓公向鲁献捷不合周礼规定(见下文《左传》),故《春秋》记载此事以
显示齐桓公之过。

|左传|[一] 冬,遇于鲁济,谋山戎也,以其病燕故也。

【病】|补|使……困苦。【燕】|正||杨||补|北燕,周时国,伯爵(金文资料

称"侯"),姬姓。此时国都在临易。周武王或周成王始封周王室支族之后召康公于燕,召康公留佐王室,而使嫡长子克就封,实际就封时间应该在周成王时期、召康公北伐商王子禄父(即武庚)胜利之后。燕国初都遗址在北京市琉璃河镇董家林村(详见下)。此后燕国都城多次迁徙,有多种说法,其中一种认为:西周中晚期,燕人攻占初都以北的蓟国(唐尧之后,周武王时期分封)作为国都,在今北京西南部。春秋早期燕桓侯时,燕人为躲避山戎而南迁于临易,在河北容城南阳村已发现其遗址。战国时,燕人为躲避齐国攻伐而北迁回蓟。此后燕都又有多次迁徙。战国燕昭王时,燕国达到全盛,当时有三都,上都为蓟,中都在北京市房山区窦店村西的窦店古城遗址,下都在河北易县东南六公里的燕下都遗址。获麟之岁(哀十四年)后二百五十九年被秦所灭。蓟参见《图集》28③5"北燕1、3"、临易参见《图集》28③5"北燕2"。

○补 本次齐桓公应是期望与鲁共同讨伐山戎,最终鲁未出师,齐独自出师伐山戎。

> ○补 **琉璃河燕国故城遗址**:遗址包括古城址和墓葬区。城址平面可能呈长方形,北城墙长约829米,东西城墙北半段长约300米,城墙始建年代不晚于西周早期。西周时期墓葬级别从燕侯级大墓、燕国贵族墓葬和一般平民小墓都有,年代从西周早期到晚期都有,其中大中型墓集中在西周早期和中期前段。遗址作为燕国都城主要在西周早期,废止年代在早中期之交或稍晚。
>
> ○杨 补 **传世文献对读**:《史记·齐太公世家》叙齐桓公伐山戎之事,可扫码阅读。

【二】 三十一年,夏,"六月,齐侯来献戎捷",[《春秋》书,]非礼也。凡诸侯有四夷之功,则献于王,王以警于夷。中国则否。诸侯不相遗 wèi 俘。

【中国则否】 补 中原诸国[互相攻伐,]则不[献捷于周王]。

【遗】补 与。

○杨 据成二·八，"晋侯使巩朔献齐捷于周。王弗见，使单襄公辞焉，曰：'蛮夷戎狄，不式王命，淫湎毁常，王命伐之，则有献捷。王亲受而劳之，所以惩不敬、劝有功也。兄弟甥舅，侵败王略，王命伐之，告事而已，不献其功，所以敬亲昵、禁淫慝也。……'"。可与此处互证。

○补 从现实政治角度看，齐桓公"自降身段"将战利品进献给共同谋划过北伐事宜却没有出兵的鲁庄公，想要借此向天下各诸侯国传达的信息应该是：他是秉持着一种"事来了带头担当""事平了不敢居功"的理念来担任诸侯霸主，因为感念鲁庄公参与谋划的功劳，并且尊崇鲁国在列国中的尊贵地位（周公之后），所以将北伐战利品进献给鲁庄公。如果说齐桓公以前在中原的各种政治军事行动还可以被认为是一个区域强国为了自身利益本来就要进行的地缘政治博弈的话，那么这次远征山戎可以说是毫无疑义地表明，齐桓公试图承担起

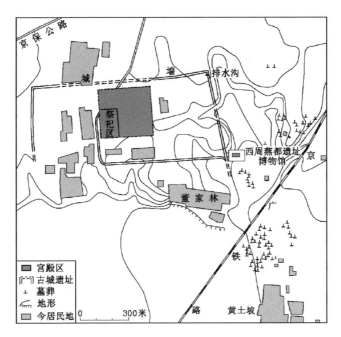

庄遗址图 2　琉璃河燕国故城遗址平面图（《先秦城邑考古》，2017 年）

周王室废弛已久的责任,像当年王室军队那样远征戎狄,保护北燕和中原诸侯的整体利益。在这个过程中,齐桓公做足了尊重和宣扬周礼、谦让同盟诸侯的姿态,让各主要诸侯国认识到,如果连孤悬北方、长期与中原不通消息的北燕都能得到他亲自出兵的保护,如果连只是参与了前期谋划的鲁国都能得到他亲自献捷的礼遇,那么各国的利益和地位在齐桓公所领导的同盟国体系中一定能够得到保障和尊重。

庄公三十一年·二

[地理] 鲁见庄闵地理示意图 1。鲁、秦见庄闵地理示意图 4。

[春秋] 秋,〔我〕筑台于秦。

　　【秦】[正] [杨] [补] 在今河南莘县古城镇南、河南范县东北金堤河南岸。鲁地。参见《图集》26—27④2。《图集》标注不准确,本书示意图依据《图志》标注。

　　○[补]《春秋》书此事,表明其违背土木工程之时(见庄二十九·五)。

庄公三十一年·三

[地理] 鲁见庄闵地理示意图 1。

[春秋] 冬,〔我〕不雨。

庄公三十二年·一

地理 齐见庄闵地理示意图 1。齐、谷见庄闵地理示意图 4。

人物 管敬仲(庄八—庄九—庄十·三)

春秋 三十有(又)二年,春,[我]城小谷。

【小谷】 正 杨 补 即谷,见庄七·四·春秋。

左传 "三十二年,春,城小谷",为管仲管敬仲也。

○ 正 杨 鲁庄公感念齐桓公之德,故为其肱股之臣管敬仲修筑采邑城墙。据昭十一·十·二,"齐桓公城谷而置管仲焉",可与此文互证。

庄公三十二年·二

地理 宋、齐、楚、郑见庄闵地理示意图 1。宋、齐、梁丘见庄闵地理示意图 4。

人物 宋桓公(庄十一·二·二·二)、齐桓公(庄八—庄九—庄十·春秋)

春秋 夏,宋公宋桓公、齐侯齐桓公遇于梁丘。

【遇】 补 见隐四·二·春秋。【梁丘】 正 杨 补 在今山东成武东北三十里。宋邑。参见《图集》24—25③6。

○ 正 补 齐桓公重视宋桓公请求先相见的美意,因此在发往鲁的通告中将宋桓公排在自己前面,《春秋》因而书之。

左传 齐侯齐桓公为楚伐郑之故,请会于诸侯。宋公宋桓公请先见于齐侯。"夏","遇于梁丘"。

○ 正 楚伐郑事见庄二十八·四。此次齐桓公召集诸侯会面，是谋划
为郑报楚。

庄公三十二年·三

地理 周见庄闵地理示意图 1。虢（西虢）、周、莘见庄闵地理示意
图 2。

人物 周惠王（庄十六·六·二）、内史过、虢公丑（庄十八·一·一）、
祝应、宗区、史嚚

左传 【一】 秋，七月，有神降于莘 shēn。

【莘】 正 杨 补 在今河南三门峡陕州区张茅乡西。西虢地。参见
《图集》22—23⑪16。

○ 补 据下引《国语·周语上》，此次降临西虢国的是丹朱之神。

【二】 惠王周惠王问诸（之于）内史过 guō 曰："是何故也？"

【内史过】 补 周内史，名过。【内史】 补 见桓元—桓二·三·三。

○ 补 自桓五年周王室夺郑伯政之后，西虢是周王室最为倚重的诸侯
国，其国君虢公为周王室卿士，承担诸如代表周王室传达使命（庄十
六·六·一）、为周王征伐叛变的畿内国（庄二十九—庄三十）等重大
任务。因此有神降于莘，而周王室会密切关注。

［内史过］对曰："国之将兴，明神降之，监其德也。［国之］将亡，神
又降之，观其恶也。故有得神以兴，亦有以亡。虞、夏、商、周
皆有之。"

○ 正 四代所降之神详见下引《国语·周语上》。

王周惠王曰："若之何？"

［内史过］对曰："以其物享焉。其至之日，亦其物也。"

○ 正 杨 补 ［内史过］回答说："以相应的祭品、祭服来祭祀它。某神始至之日［对应的祭品祭服］，也就是将用来祭祀该神的祭品祭服。"据《礼记·月令》，则甲、乙日至，祭用脾，玉用苍，服上青；丙、丁日至，祭用肺，玉、服皆赤；戊、己日至，祭用心，玉、服皆黄；庚、辛日至，祭用肝，玉、服皆白，壬、癸日至，祭用肾，玉、服皆玄。

王从之。

【三】内史过往，闻虢 guó 请命［于神］，反（返），曰："虢必亡矣。虐［于民］而听于神。"

【闻虢请命】正 杨 补 听说西虢［向神灵］请求［赐予之］命，即下文所述虢公丑享神求土田之事。《左传》先叙内史过之事完毕，再叙虢公丑之事。

○ 补 下启僖五年晋灭西虢（僖五·八）。

> ○ 正 杨 补 **传世文献对读**：《国语·周语上》叙此事甚详，而且与《左传》多有不同，可扫码阅读。

【四·一】神居莘六月。虢公 虢公丑 使祝应、宗区、史嚚 yín 享焉。神赐之土田。

【祝应】正 西虢太祝，名应。【祝】正 补 太祝，西虢内朝官，职掌包括享神。

【宗区】正 西虢宗人，名区。【宗】正 补 宗人，西虢内朝官，职掌包括享神。周王室内朝官有宗伯，为掌礼之官。《左传》所见，除西虢之外，鲁（文二·五·一）、宋（襄九·一·一）、卫（襄十四·五·五·四）皆有宗人（鲁称宗伯）。另外，鲁（昭二十五·五·八）、晋（成十七·二）、郑（襄二十二·四·一）卿大夫家亦有宗人。

【史嚚】正西虢太史,名嚚。【史】正补太史,西虢内朝官,其职掌包括享神。

【四·二】史嚚曰:"虢其亡乎! 吾闻之,'国将兴,听于民;将亡,听于神'。神,聪、明、正、直而壹者也,依人而行。虢多凉德,其何土之能得!"

【聪】正听和为聪。【明】正视正则明。

【正】正正己为正。【直】正正人为直。

【壹】正一心一意。

【依人而行】正杨补降福于有德者,降祸于无德者。

【虢多……能得】正补虢多的是薄德之事,能得到什么土地! 凉,薄。结合庄二十七·五士蒍所述晋国故意向虢公丑示弱促使其穷兵黩武、待其失去民众支持后再行攻灭之的策略,史嚚的言下之意似乎是,神此次降临西虢国是来观恶降祸的,它答应赐予虢公丑土地的目的同样是为了促使虢公丑穷兵黩武侵略扩张,最终西虢国将灭亡,攻占的土地都将丧失。

○补下启僖五年晋灭西虢(僖五·八)。

> ○补**传世文献对读**:《论语·雍也》:"子曰:'务民之义,敬鬼神而远之,可谓知矣。'"可与史嚚此言印证。
>
> ○补杜甫《病柏》"神明依正直"典出于此。

庄公三十二年·四

地理鲁、齐、陈见庄闵地理示意图1。

人物僖叔、鲁庄公(桓六·七·春秋)、公子般、共仲(庄二·二·春秋)、孟任、女公子、邓扈、成季(庄二十五·六·春秋)、鍼巫、鲁闵公

春秋秋,七月癸巳四日,公子牙僖叔卒。

【公子牙】　正　补　僖叔。姬姓，名牙，谥僖，排行叔。鲁桓公（隐元·一·一）之子，鲁庄公（桓六·七·春秋）、共仲（庄二·二·春秋）同母弟，文姜（桓三·六·春秋）所生。鲁大夫，官至卿位。庄三十二年被成季指使鍼巫所杀。其后代为鲁"三桓"之一的叔孙氏，其族长称为"叔孙"。

八月癸亥五日，公鲁庄公薨于路寝。

【路寝】　正　杨　补　春秋时诸侯三寝，一间路寝（又名正寝、大寝），两间燕寝（又名小寝、少寝、外寝）。平时居燕寝，斋戒或疾病时居路寝。依礼制，诸侯国君及其夫人去世均应在路寝，也就是所谓的"寿终正寝"。《春秋》所载鲁十二公，薨于路寝者，庄、宣、成三公而已。

冬，十月己未二日，子般公子般卒。

【子般】　正　补　公子般。姬姓，名般。鲁庄公之子，孟任所生。庄三十二年被立为国君，同年被共仲指使邓荤所杀。
○正公子般实被杀，而《春秋》书"卒"，是避讳国恶。

公子庆父共仲如齐。

○正　补　此条《春秋》无对应《左传》。共仲杀公子般后，得不到国人的支持，于是前往齐，其目的应该是希望说服齐桓公拥立他自己为嗣君。当时共仲以出访为名前往齐，因此《春秋》书"公子庆父如齐"。此次求援应该是以失败告终，因为齐桓公决定支持的是成季一党。

左传【一】初，公鲁庄公筑台，临党 zhǎng 氏。[公]见孟任，从之。[孟任]闷（闭），而[公]以夫人言。[孟任]许之，割臂盟公。[孟任]生子般公子般焉。

【台】　杨　在今山东曲阜东北八里有故庄公台。
【党氏】　正　杨　鲁大夫。此处指党氏之家。

【见孟……盟公】正杨补[鲁庄公]见到孟任，就跟随她。[孟任]闭门[拒绝]，[鲁庄公]提出[立孟任为]夫人。[孟任]答应了鲁庄公，并割破自己手臂出血，与鲁庄公歃血盟誓。参见庄八·一庄九·一庄十·一公孙无知许连称从妹为夫人之事。【孟任】正补鲁党氏女，任姓，排行孟。鲁庄公妾，公子般之母。

【二】雩yú，讲于梁氏，女公子观之。圉yǔ人荦luò，邓荦自墙外与之女公子戏。子般公子般怒，使鞭之邓荦。公鲁庄公曰："不如杀之，是不可鞭。荦邓荦有力焉，能投盖于稷门。"

【雩】补见桓五·四·春秋。

【讲于梁氏】正杨在鲁大夫梁氏家中演习雩祭礼仪。

【女公子】正杨鲁庄公之女，公子般之妹。

【圉人荦】正杨补邓荦。鲁圉人，邓氏，名荦。【圉人】正杨补养马人，一般由奴隶担当。除鲁之外，宋（襄二十六·六·二·三）、齐（襄二十七·四·三）、晋（襄三十一·四·一·一）皆有圉人。圉人亦可泛指男奴隶，见定八·七·三。

【戏】正补调戏。

【能投盖于稷门】正杨补此句是举例说明邓荦有勇力。杜注认为是能快跑之后自己蹿跳到城门上；孔疏引刘炫说认为"盖"即为"车盖"，是能把质轻兜风的车盖扔过稷门；杨注认为"盖"通"盍"，也就是"阖"（门扇），是能把稷门的门扇扔出去。

【稷门】正杨鲁都南城正南门，又称"南门"。鲁僖公改建后，改称"高门"。

【三】公鲁庄公疾，问后于叔牙僖叔，[僖叔]对曰："庆父fǔ，共仲材。"

【公疾，问后于叔牙】补鲁庄公生病，向[同母弟]僖叔询问[他所支持的]继承人。鲁庄公先前一直没有明确此事，可能是因为一方面想要立孟任之子公子般为太子；另一方面又担心早立公子般会惹怒齐人。

[公]问于季友_{成季}，[季友]对曰："臣以死奉般_{公子般}。"公曰："乡_{（向）}
_{xiàng}者牙_{庆叔}曰'庆父材'。"

【乡】补先前。

成季使以君命命僖叔待于鍼_{qián}巫氏，使鍼季_{鍼巫}鸩_{zhèn}之，
曰："饮此，则有后于鲁国。不然，死且无后。"[僖叔]饮之，归，
及逵泉而卒。[我]立叔孙氏。

【鍼巫】杨 补鍼氏，名巫，排行季。鲁大夫。

【鸩】正 杨鸟名，其羽毛有毒，古人用来制作毒酒杀人。这里做
动词。

【逵泉】正 杨 补泉名，在今山东曲阜南五里。鲁地。

【叔孙氏】补僖叔排行叔，其后为叔孙氏。

○补据闵二·三·三，"共仲通于哀姜，哀姜欲立之"。则鲁国内支
持公子般者有成季，而支持共仲者有僖叔、哀姜。公子友杀公子牙，
为何不用刀刺绳勒，而要用鸩毒？联系后来晋文公试图鸩杀关押在
周王室监狱的卫成公，后因毒药被稀释而没有杀死一事（僖三十·
二·一），可知鸩毒的效果是可以通过改变剂量来调控的。笔者怀疑
公子友党羽鍼巫逼公子牙喝下的应该就是稀释过的毒药，使得公子
牙没有在鍼巫家中立即死去，而是行走一段之后，在与鍼巫家有相当
一段距离的逵泉死去。这样一来，公子友一党在当时便可撇清与公
子牙之死的关系，而是用"在逵泉暴病身亡"来解释公子牙的死亡。
也正因为如此，公子友一党才能在公子牙死后以"秋七月癸巳，公子
牙卒"这样用来描述正常死亡的体例向各国发情况通报，而不是以
"秋七月癸巳，鲁杀其大夫公子牙"这样用来描述国杀罪臣的体例向
各国发通报。既然公子牙并非因有罪而被刑杀，他的家族自然也可
以如公子友所承诺的那样，在鲁继续发展下去。与情况通报写法相
一致的是，公子牙死后得到的谥号是"僖"，这是一个偏褒义的谥号，
应该是公子友掩盖公子牙罪行、确保公子牙家族日后生存发展空间
的配套措施。

○补 笔者对鲁庄公在立太子问题上的思虑和安排有详细分析，请见专著《陵迟：鲁国的困境与抗争》（出版中，暂定书名）相关章节。

○补 **传世文献对读**：《公羊传·庄公三十二年》叙此事与《左传》有所不同，可扫码阅读。

《左传》版本和《公羊传》版本最关键的不同点，在于公子牙支持公子庆父继承君位的理由。《左传》版本里，公子牙的理由是庆父很有才能，这本身并不是一个很有说服力的理由。而在《公羊传》版本中，公子牙的理由是：鲁的君位传承是"父死子继"和"兄终弟及"交替进行的，也就是所谓的"一继一及"。既然从桓公到庄公是"父死子继"，那么从庄公再往下传就应该是"兄终弟及"。其实这两个版本的理由并不互相矛盾，如果将他们合并起来就是：庆父很有才能，又是庄公最年长的弟弟，而鲁君位继承又轮到了"兄终弟及"，所以应该立庆父为君。

如果我们梳理一下从西周建国到庄公时的鲁君世系，会发现公子牙说的"一继一及"并非空穴来风：

伯禽—考公：父死子继

考公—炀公：兄终弟及

炀公—幽公：父死子继

幽公—魏公：兄终弟及（弟弑兄而立）

魏公—厉公：父死子继

厉公—献公：兄终弟及

献公—真公：父死子继

真公—武公：兄终弟及

武公—懿公：父死子继

懿公—（伯御）—孝公：兄终弟及（懿公侄伯御弑懿公而立，周宣王伐鲁杀伯御，立懿公弟称，是为孝公）

孝公—惠公：父死子继

惠公—隐公：父死子继

隐公—桓公：兄终弟及（弟弑兄而立）

桓公—庄公：父死子继

有学者认为，"一继一及"是西周时期鲁的特殊君位传承制度，是商周之际"父死子继""兄终弟及"两种制度斗争的孑遗，并来源于鲁始封君周公旦的政治作为。也有学者认为，自西周初年周礼奠定之后，鲁君位继承制度的正统就是嫡长子继承制，或者至少是"父死子继"制，而"兄终弟及"大多源于非正常事件（比如弟弟杀了哥哥而自立为君等）；正因为如此，所以公子友宣称要以死捍卫庄公之子即位。不可否认的是，"一继一及"是西周至春秋早期鲁君位传承的"既成事实"，或者说是不可回避的"传统"，因此公子牙才会抬出它来作为支持公子庆父继承君位的重要依据。

【四】"八月癸亥，公薨于路寝"。子般_{公子般}即位，次于党氏。

【次】⟦补⟧出居在大夫家。

【五】冬，十月己未_{二日}，共_{gōng}仲使圉人荦_{邓荦}贼子般_{公子般}于党氏。成季奔陈。［我］立闵公_{鲁闵公}。

【闵公】⟦正⟧⟦杨⟧⟦补⟧鲁闵公。姬姓，名启方，谥闵。鲁庄公庶子，鲁僖公（闵二·三·二）庶弟，叔姜（闵二·三·三）所生。闵元年即位，在位二年。闵二年被共仲指使卜齮所弑。

○⟦补⟧据《公羊传》"然后诛邓扈乐而归狱焉"，则邓荦最终被公子庆父当作替罪羊杀掉。

○⟦补⟧据闵二·三·三，"闵公，哀姜之娣叔姜之子也，故齐人立之"。则共仲贼公子般之后，齐桓公决定介入鲁国内乱，促成鲁国内部支持"父死子继"、反对共仲的卿大夫集团立鲁闵公为国君。正因为鲁闵公并非共仲所立，所以有闵二年共仲杀鲁闵公之事（闵二·三·二）。

庄公三十二年·五

地理 邢1见庄闵地理示意图2。

春秋 狄伐邢。

【狄】补 晋东狄,主力应为赤狄,参见宣三·六·春秋。

○正 补 本节《春秋》对应《左传》在闵元·二。

閔 公 |

扫描二维码，
阅读参考资料

闵公元年·一

地理 鲁见庄闵地理示意图1。

人物 鲁闵公（庄三十二·四·五）

春秋 元年，春，王正月。

左传 "元年，春。"[《春秋》]不书[公]即位，乱故也。

闵公元年·二

地理 齐见庄闵地理示意图1。齐、邢1见庄闵地理示意图3。

人物 管敬仲（庄八—庄九—庄十·三）、齐桓公（庄八—庄九—庄十·春秋）

春秋 齐人救邢。

左传 狄人伐邢。管敬仲言于齐侯齐桓公曰："戎狄豺狼，不可厌也；诸夏亲昵，不可弃也；宴安鸩 zhèn 毒，不可怀也。《诗》云：'岂不怀归，畏此简书。'简书，同恶 wù、相恤之谓也。请救邢以从简书。""齐人救邢"。

【狄人伐邢】 正 对应《春秋》在庄三十二·五·春秋。

【厌】 杨 满足。

【诸夏】 正 补 中原华夏诸侯国。

【宴安鸩毒】 正 补 安逸如同毒药。鸩见庄三十二·四·三。

【岂不怀归，畏此简书】 正 杨 补 《毛诗·小雅·出车》有此句，可译为"难道不想归去，因为怕辜负竹简上的告急文书"。

【简书……谓也】 正 杨 补 所谓"竹简上的告急文书"，就是共同厌恶［敌人］、相互体恤［救助］的意思。

闵公元年·三

地理 鲁、齐、陈见庄闵地理示意图 1。

人物 鲁庄公（桓六·七·春秋）、齐桓公（庄八—庄九—庄十·春秋）、成季（庄二十五·六·春秋）、仲孙湫、共仲（庄二·二·春秋）

春秋 夏，六月辛酉七日，葬我君庄公鲁庄公。

秋，八月，公鲁闵公及齐侯齐桓公盟于落姑。季子成季来归。

【落姑】正 齐地。

冬，齐仲孙仲孙湫来。

【仲孙】正 补 仲孙湫。姜姓，仲孙氏，名湫。公孙无知（庄八—庄九—庄十·春秋）之子。齐大夫，官至卿位。

左传［一］夏，六月，葬庄公鲁庄公。乱故，是以缓。

○正 杨 据隐元·五，诸侯五月而葬。鲁庄公薨于上年八月，因鲁有内乱，至此已过十一月，方得安葬，于礼为缓。

［二］"秋，八月，公及齐侯盟于落姑"，请复季友成季也。齐侯许之，使召诸（之于）陈，公次于郎以待之。［《春秋》书］"季子来归"，嘉之也。

【使召诸陈】补 庄三十二年成季奔陈，今年鲁闵公召其回国。

【郎】杨 见隐九·四·春秋。

【季……之也】正 杨 补 《春秋》不书"公子友"而书"季子"，称其排行，是表示对他的嘉许。公子友忠于鲁庄公，拥立其子公子般，不与作乱的公子庆父同流合污，这是他值得嘉许之处。参见桓十七·四"'蔡季自陈归于蔡'，蔡人嘉之也"。

【三·一】冬，齐仲孙湫 jiǎo 来省 xǐng 难。[《春秋》]书曰"仲孙"，亦嘉之也。

【省难】|杨||补|视察鲁国内祸难情况。

【书曰"仲孙"，亦嘉之也】|正||补|《春秋》不书"仲孙湫"而书"仲孙"，不书其名，也是表示对他的嘉许。仲孙湫归国后力劝齐桓公平息鲁难，这是他值得嘉许之处。参见庄二十五·一"陈'女叔来聘'，始结陈好也。嘉之，故不名"。

【三·二】仲孙仲孙湫归，曰："不去庆父 fǔ，共仲，鲁难 nàn 未已。"

○|正||补|共仲于庄三十二年指使邓荤杀公子般之后，前往齐国，此前也已返鲁。

公齐桓公曰："若之何而去之共仲？"

[仲孙]对曰："难不已，[庆父]将自毙，君其待之。"

【毙】|正||补|跌倒，引申为失败。

公曰："鲁可取乎？"

[仲孙]对曰："不可。[鲁]犹秉周礼。周礼，[国]所以本也。臣闻之，'国将亡，本必先颠，而后枝叶从之'。鲁不弃周礼，未可动也。君其务宁鲁难而亲之！亲有礼，因重固，间 jiàn 携贰，覆昏乱，霸王之器也。"

【秉】|杨|执。

【因重固】|正||杨|依靠厚重坚固[的国家]。

【间携贰】正 杨 补 离间内部离心不团结［的国家］。携，离心。贰，有二心。

【覆昏乱】正 补 颠覆昏暗动乱［的国家］。

○正 补 鲁闵公为鲁庄公哀姜陪嫁女叔姜之子。哀姜于庄二十四年至鲁，叔姜应随行。即使叔姜当年即怀孕，生子亦不得早于庄二十五年。至于今年，鲁闵公至多不过八岁。因此请求使成季回国，应该不是出于鲁闵公本人的意愿，而是其背后鲁大夫的决定。据闵二·三·三，"闵公，哀姜之娣叔姜之子也，故齐人立之"。因此，鲁闵公党应与齐有密切联系。综合上述齐人对于共仲的否定态度，可以推测：此时齐桓公已决意使共仲落败，而扶植成季来安定鲁。

○补 杜甫《寄狄明府博济》"几人卓绝秉周礼"典出于此。

闵公元年·四

地理 晋、吴见庄闵地理示意图 1。晋、耿、霍、魏、曲沃见庄闵地理示意图 2。

人物 晋献公（庄十八·一·一）、共太子申生（庄二十八·二·一）、赵夙、毕万、士芳（庄二十三·七）、吴太伯、卜偃、辛廖

左传【一·一】晋侯晋献公作二军。公晋献公将上军，大（太）子申生共太子申生将下军，赵夙御戎，毕万为右，以灭耿、灭霍、灭魏。［晋师］还，［晋侯］为大（太）子共太子申生城曲沃，赐赵夙耿，赐毕万魏，以为大夫。

【晋侯作二军】正 晋本一军，参见庄十六·六·一。

【赵夙】杨 补 嬴姓，赵氏，名夙。周穆王御者造父（封于赵）之后。晋大夫，任戎御，闵元年后任耿邑大夫。食采于耿。嬴姓赵氏与嬴姓秦国公族同源，他们的最后一位共同祖先是飞廉。从飞廉经季胜、孟增、衡父至造父，造父封于赵，因此造父之后以封地为赵氏。【赵】

杨 补 在今山西洪洞赵城镇官庄村东已发现其遗址(官庄遗址,详见下)。本为周穆王(昭四·三·二·一)御者造父(嬴姓)采邑或封国。此时地已入于晋。参见《图集》17—18①3。

【毕万】正 杨 补 姬姓,毕氏,名万。周文王(僖五·八·一)之子毕公高(封于毕)之后。本来居住在周王畿,后仕于晋,任戎右,闵元年后任魏邑大夫。其后为魏氏。战国时魏国之祖。

【御戎】【为右】补 见《知识准备》"车马"。二人为晋献公御、右。

【耿】正 杨 补 周时国,姬姓。在今山西河津东南。闵元年赵夙助晋献公灭耿,遂封于耿。参见《图集》17—18②3。

【霍】正 杨 补 周时国,姬姓。周武王始封周文王之子叔处于霍,在今山西霍州市陈村。闵元年被晋所灭。先后为先且居、魏悼子采邑。参见《图集》17—18①3。

【为大子城曲沃】杨 补 共太子申生自庄二十八年起居于曲沃(参见庄二十八·二·二),今年晋献公为太子修筑曲沃城墙。【曲沃】见隐五·二。

○补 据下引《国语·晋语一》,则克霍者为共太子申生所帅下军,而克耿、魏者为晋献公所帅上军,故晋襄公以耿、魏赐于其戎御赵夙及车右毕万。

○补 **官庄遗址**:城址平面呈长方形,东西长约四百米,南北宽约一百五十米。

○补 **传世文献对读**:《国语·晋语一》载共太子申生伐霍前之事,可扫码阅读。

【一·二】士劳 wěi 曰:"大子共太子申生不得立矣。[君]分之都城,而位以卿,先为之极,又焉得立?[太子]不如逃之,无使罪至。为吴大(太)伯吴太伯,不亦可乎?犹有令名。与其及[于罪]也!且谚曰:'心苟无瑕,何恤乎无家?'天若祚 zuò 大子,其无晋乎!"

【分之……得立】正 杨 补 分给他都城,而给他卿的地位,先为他设置了[地位的]极限，又哪里能立[为国君]？"都城"指曲沃，因其有晋先君宗庙。据庄二十八·五·二，凡邑，有宗庙先君之主曰"都"。"而位以卿"指晋献公使共太子申生担任下军帅。参见庄二十八·二·三引《国语·晋语一》所载优施、骊姬定计陷害共太子申生之事。

【不如……及也】正 杨 补 即"与其及也，不如逃之，无使罪至。为吴太伯，不亦可乎？犹有令名"。可译为"与其遭遇祸难，不如逃走，不要让罪过到来。做吴太伯，不也可以吗？这样还可以保有好名声"。士㧑意谓，共太子申生应该效仿吴太伯让国于季历之事，主动让国给骊姬之子，并出奔以避难。《论语·泰伯》称"子曰：'泰伯，其可谓至德也已矣。三以天下让，民无得而称焉。'"可见春秋时人对吴太伯让国大德的推崇。

【吴大伯】正 补 吴太伯。吴始祖。姬姓，排行伯。周太王（僖五·八·一）之长子。周太王欲立其幼子季历为太子，太伯与其二弟仲雍于是让国于季历，而出逃至荆蛮，初创吴国基业（有争议，详见下）。《论语·泰伯》："子曰：'泰伯，其可谓至德也已矣：三以天下让，民无得而称焉。'"可见孔子对此人极度推崇。【吴】补 周时国，子爵（金文资料显示春秋时期其国君自称为"王"），姬姓。商朝末年，周太王之子太伯与其弟仲雍为避让幼弟季历而出奔至陕西陇县一带，初创吴国基业（有争议，详见下）。周灭商之后，太伯无后，于是周王室封仲雍后代于两地，一地位于今山西南部，就是后来的虞国（桓十·二），一地位于江苏省南部，就是后来的吴国。西周到春秋前期吴都城地望，传统认为是在梅里，位于江苏省无锡市新吴区梅里古镇，然而争议很大（详见下）。吴王诸樊时已南迁，传统认为都城位于江苏苏州，也有争议（详见下）。哀二十二年被越所灭。无锡之吴见《图集》17—18④8。苏州之吴参见《图集》29—30⑤12。

【恤】杨 忧。

【天若……晋乎】杨 上天若保佑太子[得善终]，就一定不要[让他留在]晋了吧！

○正 下启僖四年共太子申生被逼自缢（僖四·二·三）。

○补 **吴国早期历史及地望**：传统观点认为太伯、仲雍出奔之地就是江苏南部地区，他们就是在那里初创吴国。然而，此观点受到诸多学者质疑。第一，按《史记·吴太伯世家》说法，太伯、仲雍出奔之地是"荆蛮"。荆蛮应指荆山地区的蛮族，也就是长期与楚人相关联的蛮族，而商朝末年楚人不在江苏南部，而在陕西南部商洛地区（参见桓二·三"楚"）。此地距离周国核心区域较近，更合情理。第二，在陕西陇县西南有吴山，陇县附近也是矢国铜器集中分布的地区，而矢、吴、虞三字可互通。有学者认为，陇县一带可能就是传世文献记载的、与商代芮国（桓三·八）争讼的商代虞国所在，也就是金文中记载的"矢国"。在此基础上，有学者认为，太伯、仲雍最初出奔之地在陕西南部的荆蛮地区，而他们后来初创的吴国就是陕西陇县的矢/吴/虞国。也有学者忽略荆蛮问题，直接认为太伯、仲雍最初出奔之地就是陇县的矢/吴/虞国。还有学者认为，太伯、仲雍前往荆蛮、初创吴国并非出奔，而是周国为了发展而进行的开拓和分封，《毛诗·大雅·皇矣》"帝作邦作对，自大伯、王季"，描述的就是分封出去的太伯吴国与季历所继承的周国配对互助的情事。

○补 **西周至春秋前期吴国都城地望**：传统观点认为，东吴从在江南立国，到南迁至苏州之前，都城一直位于梅里，位于今江苏无锡新吴梅里古镇，《图集》即采用此说法。2018 年，考古工作者在梅里古镇也的确发现了一个面积约六万平方米的遗址（梅里遗址），出土大量商代、西周、春秋、战国时期的遗物。然而，除此之外，学者还提出了如下几个疑似吴国都城：

一、宜。20 世纪 50 年代在江苏镇江出土了宜侯矢簋，铭文记载说，周康王将虞侯矢改封到宜地。有学者认为，虞侯矢就是被分封到江苏南部的虞仲雍后代，也就是早期吴国君主。这样一来，虞侯矢被封的"宜"地就成为吴国早期都城之一。春秋时期有粗地，位于今江苏邳州邳城镇泇口村（襄十·一·春秋），有学者认为这里就是作为吴国都城的"宜"地所在。

二、邗。一些出土器物铭文和传世文献将吴王称为"邗王""干王"，将吴称为"邗""干"，并且记载说吴王寿梦时期吴都城位于"江之阳"，也就是江水以北。有学者认为，吴国在西周时期灭了古邗国之后，将邗国都城作为了自己的都城，直到春秋时期吴王诸樊南迁之前。春秋时期有邗地，位于长江以北的扬州市西北蜀冈（哀九·五），有学者认为这里就是作为吴国都城的"邗"地所在。

三、朱方：考古工作者在今江苏镇江谏壁至大港之间的烟墩山、荞麦山发现了西周早期吴国一等贵族墓，有学者认为烟墩山墓的墓主人是长江下游吴国的第一任君主周章，荞麦山一等贵族墓的墓主人是周章之子、第二任吴君熊遂，而墓葬群附近的春秋时期城邑"朱方"（参见襄二十八·九·九·一）曾经是西周早期吴国都城之一。

四、鸠兹：考古工作者又在今安徽东汤家山发现了西周晚期一等贵族墓，有学者认为汤家山墓的墓主人也是西周时期吴国君主，而汤家山附近的春秋时期城邑"鸠兹"（参见襄三·一）曾经是西周晚期至春秋早期吴国都城之一。

五、葛城遗址。考古工作者在今江苏丹阳珥陵镇祥里村南葛陵组发现一处古城遗址（葛城遗址），并在其西北三里的神河头组发现一处高台祭坛遗址（神河头遗址）。葛城遗址中心部分为古城址，平面呈长方形，东西长约二百米，南北宽约三百米，城墙外有多道城壕。早期城墙的始建年代为西周中期，中期城墙始建年代为西周晚期至春秋早期，晚期城墙的始建年代为春秋中晚期，整个城址废弃于春秋晚期。神河头遗址原始地貌为一处四面环水的近覆斗形高台土墩，平面近长方形，已清理出西周至战国时期的祭祀坑三十座，应该是广义上的葛城遗址的一部分，并在葛城遗址被废弃后仍然沿用了很长时间。葛城遗址是目前所发现的最早的吴国城址，有学者认为葛城遗址应是吴国政治中心从宁镇地区迁往太湖平原地区十分重要的一个节点，并有可能是吴国早中期都城。

本书示意图仍采用《图集》观点，而在此提醒读者注意。

○补 **吴王诸樊南迁后吴国都城地望**：传统观点认为位于苏州市城区的苏州古城就是春秋时期吴王诸樊南迁后的都城，《图集》即采用此说法。然而,苏州城内尚未发现明确为春秋晚期的城墙基址和文物遗存,最早的遗存年代是战国早期。苏州市西郊木渎镇、胥口镇和穹窿山风景区一带发现一个具有都邑性质的大型古城遗址(木渎古城),古城范围内在西周晚期、春秋早期已有较高等级遗存,在春秋晚期出现了一处大规模的城址,有学者认为此处才是吴王阖闾修筑的都城。此外,今江苏无锡滨湖区马山镇和常州市雪堰镇之间有一处称为“阖闾城”的春秋晚期古城遗址,包括大城和大城内西北部的东、西小城,有学者认为阖闾城是吴王阖闾修筑的吴都城遗址,吴人先是迁都于阖闾城,吴王阖闾之后才定都于苏州市。本书示意图仍采用《图集》观点,而以此文提醒读者注意。

○补 **真山吴王墓:** 1992 年在江苏苏州西北郊真山主峰上发现一处凿山为穴的单墓道大型墓葬,年代为春秋晚期前段,墓主人可能是某位吴王。此外,邻近真山的树山被盗春秋墓、严山春秋玉器窖藏也有可能是吴王墓,吴王陵区应即分布在苏州西部山区。

卜偃曰:“毕万之后必大。万,盈数也。魏,大名也。以是始赏,天启之矣。天子曰‘兆民’,诸侯曰‘万民’。今名之大,以从盈数,其必有众。”

【卜偃】补 晋卜人,郭氏,名偃。任太卜。据《墨子·所染》,“晋文染于舅犯、高偃”,高偃即郭偃,亦即卜偃,可知卜偃是晋文公最重要的两位辅臣之一。【卜】正 补 卜人,晋内朝官,其职掌包括一、占卜,二、充当国君顾问。

【万,盈数也】正 补 万,是满盈的数。古代计数,从一到万,每进一阶都改单位,十、百、千、万,到万之后,则称一万、十万、百万、千万,万万才改称亿。因此古代以万为满盈之数。

【魏,大名也】正 杨 补 魏,是高大的名。魏,即巍,高大。李白《送王屋山人魏万还王屋》“魏侯继大名”典出于此。

【启】补 开,引申为赞助。

【二】初，毕万筮 shì 仕于晋，遇《屯 zhūn》☷☳之《比》☷☵。辛廖 liáo 占之，曰：

【筮】补 见《知识准备》。

【《屯》☳之《比》☵】正 补 此筮例为本卦一爻变，得之卦，而主要以《周易》本卦、之卦的卦名及卦象占之。《屯》☳，本卦，《震》☳下《坎》☵上。《屯》初九阳爻变为初六阴爻，故《屯》☳变为《比》☵。《比》☵，之卦，《坤》☷下《坎》☵上。主要以《屯》、《比》卦名及卦象占之。

【辛廖】正 杨 补 姒姓，辛氏，名廖。周王室大夫。

"吉。

《屯》固、《比》入，吉孰大焉？其必蕃 fán 昌。

【《屯》固、《比》入】正 补 《屯》坚固、《比》进入。《屯》，《震》下《坎》上，《震》为动，《坎》为险，动而过险，自身必坚固；《比》，《坤》下《坎》上，《坤》为土，《坎》为水，水润下而土受之，有亲比的意象，亲则得入。

【蕃昌】补 蕃衍昌盛。

《震》为土，车从马，足居之，兄长 zhàng 之，母覆之，众归之。六体不易，合而能固，安而能杀，公侯之卦也。

【《震》为土】正 杨 《震》变成土。《坤》为土。《屯》之《比》，上卦《坎》保持不变，而下卦《震》变为《坤》，故曰"《震》为土"。

【车从马】正 补 车跟从马。《震》为车，《坤》为马。《屯》之《比》，上卦《坎》保持不变，而下卦《震》变为《坤》，故曰"车从马"。

【足居之】正 补 脚踏在这里。《屯》下卦《震》为足。

【兄长之】正 补 哥哥抚育他长大。《屯》下卦《震》为长男。

【母覆之】正 补 母亲保护他。《比》下卦《坤》为母。

【众归之】正 补 大众归附他。《屯》、《比》上卦《坎》为众。

【六体不易】杨 《坎》数六。《屯》之《比》，上卦《坎》恒定不变，故曰

"六体不易"。

【合而能固】 正 补 亲合而能坚固。《比》亲合,《屯》坚固,故曰"合而能固"。

【安而能杀】 正 补 安定而又能杀伐。坤,安定;震,威武,故曰"安而能杀"。

【公侯之卦也】 杨 补 这是公侯的卦象。综合上面所述,《屯》之《比》,有土地,有车马,脚踏实地,有哥哥帮助,有母亲养育,有民众归附,亲合而能坚固,安定而能杀伐,因此论定为"公侯之卦"。所谓"公侯之卦",是化用《屯》卦卦辞"元亨利贞,勿用有攸往,利建侯"。

公侯之子孙,必复其始。"

○ 正 杨 补 公侯的子孙,必定回复到他祖先的地位上(指重新成为诸侯)。毕万为西周诸侯国君毕公高之后。毕参见僖二十四·二·二·一。

○ 正 补 魏氏后来发展为晋六大卿族之一,前四〇三年与赵氏、韩氏三分晋国,成为诸侯国(魏国),此为卜偃、辛廖预言之验。

○ 补 杜甫《奉送苏州李二十五长史丈之任》"公侯终必复"、《奉送二十三舅录事之摄郴州》"必见公侯复"典出于此。

闵公二年·一

|地理| 齐、晋见庄闵地理示意图 1。齐、阳见庄闵地理示意图 4。虢（西虢）、犬戎、晋、渭汭见庄闵地理示意图 2。

|人物| 虢公丑（庄十八·一·一）、舟之侨

|春秋| 二年，春，王正月，齐人迁阳。

【阳】 |正| |杨| |补| 周时国，姬姓。在山东沂南砖埠镇任家庄村以南、孙家黄疃村以北已发现其遗址（详见下）。闵二年，齐人迁阳。参见《图集》17—18②7、26—27④5。

○|正| 本年齐人强行迁走阳国民众，并夺取其地。

○|正| 此条《春秋》无对应《左传》。

○|正| **阳都古城遗址：**遗址先后为春秋时期阳国都城、汉代阳都县县城。遗址东傍沂河，北依汶河。城址平面呈不规则长方形，长 640 米，宽 270 米。

|左传|【一】 二年，春，虢 guó 公虢公丑败犬戎于渭汭 ruì。

【犬戎】 |补| 此部戎人，本为东夷，称"犬夷"。夏桀时，西迁至陕西彬县、岐山县之间，遂为西戎，从此称"犬戎"。夷、戎皆为中原人所加称号，而"犬"则为其本名。周穆王征犬戎之时，犬戎曾在雷首山（陕西省蒲城县境）设酒招待穆王。其后犬戎曾参与进攻宗周，杀周幽王。本年犬戎所在，则应靠近渭河入黄河处。

【渭汭】 |杨| |补| 渭水入河水处，当在今陕西华阴东北。西虢地。参见《图集》22—23⑦7。【渭】 |正| |补| 水名，今名渭河。发源于甘肃渭源鸟鼠山，东流经甘肃天水入陕西宝鸡，经宝鸡的陈仓、渭滨、金台、岐山、眉县、扶风，咸阳市的杨凌、武功、兴平、秦都、渭城，西安的周至、鄠邑、长安、未央、灞桥、高陵、临潼，渭南的临渭、大荔、华州、华阴、潼关等市、区、县，至潼关入黄河。春秋时渭水参见《图集》22—23⑥

2—⑦7。

【二】 <u>舟之侨</u>曰："[<u>虢公</u>]无德而禄，殃也。殃将至矣。"遂奔晋。

【舟之侨】 正 补 舟氏，名侨。之，语助词。本为西虢大夫，闵二年奔晋，为晋大夫。僖二十八年任戎右，同年被晋人所杀。

> ○ 杨 补 **传世文献对读**：《国语·晋语二》载舟之侨出奔之事甚详，且与《左传》全然不同，可扫码阅读。
>
> ○ 补 **传世文献对读**：《论语·泰伯》："子曰：'……危邦不入，乱邦不居……'"正可为舟之侨行为作注脚。

闵公二年·二

地理 鲁见庄闵地理示意图 1。

人物 鲁庄公（<u>桓六·七·春秋</u>）

春秋 夏，五月乙酉_{六日}，[<u>我</u>]吉禘于<u>庄公</u>_{鲁庄公}。

【吉禘于庄公】 正 补 在鲁庄公庙为[已去世的]鲁庄公举行终丧而即吉的禘祭。

> ○ 正 杨 补 **禘祭**：禘祭是一种从殷商时就已有的祭礼。根据甲骨文材料推断，殷代禘祭，祭主一般为殷王，祭祀对象很广泛，包括先公先王、四方神、自然神、动物神等。根据金文和传世文献材料推断，西周时期的禘祭，祭主为周王或王公大臣，祭祀对象是某位或多位先祖，一般写作"禘某某"。《春秋》《左传》中所记载的春秋时期的禘祭，是一种合祭历代先祖、审定昭穆之序的大祭。诸侯三年之丧二十五月完毕，此时合祭新死之君与历代先

君,终结丧礼而转为吉礼,故称"吉禘"。其他情况举行的禘祭则为常禘。《左传》中与禘祭相关的记载如下:

一、闵二·二·春秋:"夏,五月乙酉,吉禘于庄公。"这是在鲁庄公庙为鲁庄公举行的吉禘。

二、僖八·三·春秋:"秋,七月,禘于大庙,用致夫人。"这是在太庙举行的常禘。

三、文元·二·三·一:"凡君薨,卒哭而祔,祔而作主。特祀于主,烝、尝、禘于庙。"这是说,为新死之君举行的吉禘,是在宗庙举行。

四、襄十一·三·一:"鲁有禘乐,宾、祭用之。"这是说,鲁得到特许,可以在享贵宾和祭祀时用周王室禘祭所用乐舞。

五、襄十六·二·二:"冬,穆叔如晋聘,且言齐故。晋人曰:'以寡君之未禘祀,与民之未息,不然,不敢忘。'"襄十五年冬,晋悼公去世。晋人说,晋悼公的吉禘还没有举行,因此不愿出兵助鲁伐齐。

六、昭十五·二:"二月癸酉,有事于武宫。""春,将禘于武公,戒百官。""二月癸酉,禘。"这是在鲁武公庙举行的常禘。

七、昭二十五·五·一·三:"将禘于襄公,万者二人,其众万于季氏。"这是在鲁襄公庙举行的常禘。

八、定八·七·二:"冬,十月,顺祀先公而祈焉。辛卯,禘于僖公。"这是阳虎作乱之前为求先君保佑,为鲁僖公庙举行的禘祭。

[左传] 夏,"吉禘于庄公",速也。

○[杨] 鲁庄公卒于庄三十二年八月,应在闵二年八月举行吉禘。鲁庄公吉禘在五月举行,于礼为速。

闵公二年·三

[地理] 鲁、齐见庄闵地理示意图 1。鲁、邾、莒、齐、夷、密见庄闵地理

示意图 4。

人物 鲁闵公(庄三十二・四・五)、哀姜(庄二十四・三・春秋)、共仲(庄二・二・春秋)、卜齮、成季(庄二十五・六・春秋)、公子申/僖公、公子鱼、叔姜、鲁桓公(隐元・一・一)、卜楚丘、卜楚丘之父、成风

春秋 秋,八月辛丑二十四日,公鲁闵公薨。

○正 鲁闵公实被弑于武闱,《春秋》书"薨",又不书死所,皆是避讳国恶。

九月,夫人姜氏哀姜孙(逊)于邾。

【孙】 杨 见庄元・一・春秋。

公子庆父共仲出奔莒 jǔ。

左传【一】初,公鲁闵公傅夺卜齮 yǐ 田,公不禁。

【傅】 补 公傅,鲁内朝官,职掌辅导国君。周王室内朝官有太子傅(昭十二・九),职掌教导太子。《左传》所见,诸侯国相关官职情况如下:晋有曲沃君傅(桓二—桓三・二・一)、太子傅(僖四・二・二)、太傅(文五—文六・二)。齐有太子傅(襄十九・二・二)、少傅(襄十九・二・二,太子傅助手)。

【卜齮】 正 杨 补 卜氏,名齮。鲁大夫。

○正 补 据闵元・三分析,则至于今年,鲁闵公至多不过九岁,夺田之时年纪更小。不满九岁的小儿,信任依赖其傅,故傅夺卜齮田,鲁闵公不加禁止。

【二】秋,八月辛丑二十四日,共 gōng 仲使卜齮贼公鲁闵公于武闱。成季以僖公公子申/鲁僖公适邾。共仲奔莒 jǔ,[成季]乃入[国],立之

公子申/鲁僖公。[我]以赂求共仲于莒,莒人归之。[共仲]及密,使公子鱼请。[我]不许,[公子鱼]哭而往。共仲曰:"奚斯公子鱼之声也。"乃缢。

【武闱】正 杨 补"武"当为"虎"。闱,宫中门。虎闱为路寝旁门。路寝见庄三十二·四·春秋。

【僖公】正 补此时为公子申,后为鲁僖公。姬姓,名申,谥僖。鲁庄公(桓六·七·春秋)庶子,鲁闵公庶兄,成风所生。闵二年适莒,同年归于鲁。僖元年即位,在位三十三年。僖三十三年卒。

【密】正 杨 补在今山东费县北。鲁地。参见《图集》26—27④5。《图集》标准不准确,本书示意图依据《图志》标注。

【公子鱼】正 杨 补姬姓,名鱼,字奚斯。共仲党羽。闵二年随共仲奔莒。【请】补请求赦免。

【不许,哭而往】杨 补[鲁人]不答应[公子鱼的请求],[公子鱼]哭着返回。据《公羊传》,公子鱼在汶水南岸向北面大哭。

【乃缢】补于是[共仲]自缢而死。据《公羊传》,共仲利用车辀自缢而死。○杨 补《毛诗·鲁颂·閟宫》是公子鱼在鲁僖公老年时创作的、称颂鲁僖公能兴祖业、复疆土、建新庙的诗,也是《毛诗》中最长的一首诗。此诗风格铺张炫耀,极尽歌功颂德之能事,由此可见公子鱼是当时鲁国大夫中善作称颂文辞之人,无怪乎年轻时共仲使其为己请命。

【三】闵公鲁闵公,哀姜之娣dì 叔姜之子也,故齐人立之鲁闵公。共仲通于哀姜,哀姜欲立之共仲。闵公之死也,哀姜与 yù 知之,故孙(逊)于邾。齐人取而杀之哀姜于夷,以其尸归[齐]。僖公鲁僖公请而葬之哀姜。

【娣】补见隐四·二·一·一。【叔姜】补齐女,姜姓,排行叔。哀姜(庄二十四·三·春秋)之娣,鲁庄公妾,鲁闵公之母。

【共仲通于哀姜】补共仲为鲁庄公庶弟,而哀姜为鲁庄公夫人,因此共仲与哀姜为叔嫂通奸。

【齐人……葬之】正 补事在僖元年(僖元·三、僖元·七)、僖二年

（僖二·二·春秋）。此处《左传》为探后言之。

【四·一】<u>成季之将生也</u>，<u>桓公</u>鲁桓公<u>使卜楚丘之父卜之</u>，曰：

【卜楚丘】正补鲁卜人，名楚丘。【卜】补卜人，鲁内朝官，其职掌包括：一、掌龟卜；二、掌解读卦象与繇辞。

"男也。

其名曰'友'，在公之右。

【在公之右】正补在君主之右。意谓执政用事，辅佑国君。

间 jiàn 于两社，为公室辅。

〇正杨补处于周社、亳社之间［的外朝］，作为鲁公室的辅弼。鲁公宫有三门，外门称库门，中门称雉门，寝门称路门。鲁有三朝，曰外朝、正朝（治朝）、内朝（燕朝、寝朝）。外朝在库门与雉门之间，是正卿们治事、断狱之所，君不常视。正朝在雉门与路门之间，是君臣每日相见行朝礼之所。内朝在路门之内，为君臣议论政事、臣进言、君发命之所。早朝之时，臣先于君入，立于正朝。君自路门出，立于宁，遍揖群臣，此为朝礼。随后君退入路寝（见<u>庄三十二·四·春秋</u>），在内朝听政，而不直接与君议政的卿大夫们则各至其官府办理公务，其中正卿们的办公地点即在外朝。鲁公宫有二社（土地神坛，参见<u>庄二十三·三·春秋</u>），一为周社，位于雉门外右侧。鲁公室为周王室之后，周社是姬姓鲁国公室建立之社，是鲁国的国社。一为亳社（<u>襄三十·六·二·一</u>），是亡国殷商之社，位于雉门外左侧。综上所述，"间于两社"是指在雉门之外、两社之间的外朝办公，也就是担任正卿。

<u>季氏</u>亡，则鲁不昌。"

【季氏】杨 补 成季排行季,其后以始祖排行为氏。

○ 正 杨 补 自成季之后,季氏族长终春秋之世,世代为鲁上卿。费为季氏采邑,据《史记·楚世家》,战国楚顷襄王十八年(前 281 年)时,楚人游说楚顷襄王时说"驺、费、郯、邳者,罗鸴也",可见此时以费为根据地的季氏仍然存在,被当时人看成是一个实际上的小政权,这也与季氏在鲁国的地位相当。因此,很可能季氏与鲁国的确是共同灭亡的。此为卜楚丘之父预言之验。

[卜楚丘之父] 又筮 shì 之,遇《大有》☰☰ 之《乾》☰,曰:"同复于父,敬如君所。"

【筮】补 见《知识准备》"筮"。

【《大有》☰☰ 之《乾》☰】正 补 此筮例为本卦一爻变,得之卦,主要以筮者临时编撰之辞/其他筮书中《大有》六五爻辞占之。《大有》☰☰,本卦,《乾》☰ 下《离》☰ 上。《大有》☰☰ 六五阴爻变为九五阳爻,故《大有》☰☰ 变为《乾》。《乾》☰,之卦,《乾》☰ 下《乾》☰ 上。

【同复于父,敬如君所】正 杨 补 [此子]复有其父鲁桓公之尊,所受敬重如同国君。这并不是《周易》中《大有》六五爻辞,一说是筮者临时编撰之辞,一说是其他筮书中《大有》六五爻辞。复,行故道之意。《离》为子,《乾》为父。《大有》之《乾》,下卦《乾》不变,上卦《离》变为《乾》,是象征其为子而与父同,尊行父之道,故曰"同复于父"。《离》为臣,《乾》为君。《大有》之《乾》,下卦《乾》不变,上卦《离》变为《乾》,是象征臣所受的尊敬与君所处的尊敬相同,故曰"敬如君所"。如,往。所,处。

及 [成季] 生,有文在其手曰"友",[桓公] 遂以命之。

【四·二】成风闻成季之繇 zhòu,乃事之,而属(嘱)僖公鲁僖公焉。故成季立之。

【成风】正 补 须句女,风姓,谥成。鲁庄公妾,鲁僖公之母。僖元年鲁庄公原配夫人哀姜（庄二十四·三·春秋）被齐人所杀后升为夫人。文四年卒。【繇】正卦、兆之占辞。

【乃事之】杨补于是［私下］事奉成季［作为外援］。

【而属僖公焉】补而将鲁僖公（当时为公子申）嘱托给成季保养。

○补通行本中，此小节（闵二·三·四·二）原在闵二·七·四"……与其危身以速罪也"之后。本小节与闵二·三·四·一在文理上紧接，都是为了呼应闵二·三·三"僖公请而葬之"，补充说明鲁僖公身世及背后党羽势力。若本小节不在此处，则闵二·三·四·一论述成季将为公室辅弼之预言与闵二·三·三没有任何直接联系。据上述理由，因而有此调整。

○补"庆父之乱"平息之后，鲁国直到战国时灭亡，除了昭公、定公之时由于内乱而出现一次"兄终弟及"，其余十五君都是"父死子继"。也就是说，在以公子友为首的鲁国卿大夫的努力和霸主齐桓公的支持下，鲁国抛弃了自西周以来的"一继一及"的独特传统（庄三十二·四·三），确立了以嫡长子继承制为正统、以"父死子继"为底线的君位继承制度。昭三十二年晋国太史蔡墨评价说公子友"有大功于鲁，受费以为上卿"（昭三十二·六·二），很重要的就是指他在平定此次内乱、确立君位继承制度中所起到的关键作用。

闵公二年·四

地理齐、鲁见庄闵地理示意图 1。

人物高敬仲（庄八—庄九—庄十·八）

春秋冬，齐高子高敬仲来盟。

○正补霸主齐桓公派其上卿高敬仲前来，助鲁稳定局势（参见僖二·一所引《国语·齐语》）。高敬仲至鲁之时，鲁僖公新立而君位不稳，高敬仲遂与鲁僖公盟以定其位。《春秋》不书"高傒"而书"高子"，是表明对他的嘉许。

○ 补 **传世文献对读**：《公羊传·闵公二年》叙高敬仲立僖公而城
鲁之事，可扫码阅读。

闵公二年·五

地理 卫1、卫2、宋、齐见庄闵地理示意图1。卫1（朝歌）、卫2（曹）、
宋、齐、许、共、荧泽、河水见庄闵地理示意图3。

人物 卫懿公、石祁子（庄十二—庄十三·三）、宁庄子、夫人、渠孔、子
伯、黄夷、孔婴齐、华龙滑、礼孔、卫惠公（桓十三·二·春秋）、昭伯、
宣姜（桓十六—桓十七·一·一）、齐子、卫戴公、卫文公、宋桓夫人、
许穆夫人、宋桓公（庄十一·二·二·二）、齐桓公（庄八—庄九—庄
十·春秋）、武孟

春秋 十有（又）二月，狄入卫。

【狄】 正 杨 补 晋东赤狄，见宣三·六·春秋。据杜预《后序》引《竹
书纪年》云"卫懿公及赤狄战于洞泽"，则此狄为赤狄。据清华简二
《系年》，则此次伐卫之赤狄，由其君长留吁帅师。
○ 正 补 此次狄实灭卫，故《左传》书"灭"。据襄十三·二，《春秋》书
"入"，表明狄人虽入卫都，而终不能有其地。

左传 [一] 冬，十二月，狄人伐卫。

[二] 卫懿公好hào鹤，鹤有乘轩者。将战，国人受甲者皆曰：
"使鹤！鹤实有禄位，余焉能战！"公卫懿公与石祁子玦jué，与
宁níng庄子矢，使守，曰"以此赞国，择利而为之"；与夫人绣
衣，曰"听于二子"。渠孔御戎，子伯为右，黄夷前驱，孔婴齐
殿，及狄人战于荧泽，卫师败绩。[狄]遂灭卫。卫侯卫懿公不去
其旗，是以甚败。

【卫懿公】补 姬姓，名赤，谥懿，清华简二《系年》作"幽侯"，《论衡·儒增》作"卫哀公"，疑为三字谥懿、幽、哀，不同文献缩写不同。卫惠公(桓十三·二·春秋)之子。庄二十六年即位，在位九年。闵二年被狄人所杀。

【轩】正 杨 大夫及以上官员乘坐的车，曲辀，有侧壁及顶篷。

【与石祁子玦】正 补 玦应该是射箭时佩戴在拇指上用来勾弦的扳指，详见下。赐予石祁子玦，寓意当有决断。

【与宁庄子矢】正 补 箭。赐予宁庄子矢，寓意当御敌。玦用来勾弦，勾弦用来发矢，因此卫懿公很可能还有让石祁子和宁庄子通力合作的寓意。【宁庄子】正 杨 补 姬姓，宁氏，名速，谥庄。宁穆仲之子，宁文仲(庄五—庄六·三)之孙。卫大夫，官至卿位。

【赞】正 助。

【与夫人绣衣】正 补 绣衣有文章顺序。赐予夫人绣衣，寓意当服顺于二卿。

【二子】杨 石祁子、宁庄子。

【御戎】【为右】补 见《知识准备》"车马"。此二人为卫懿公御、右。

【荧泽】正 补 杜预所引《竹书纪年》作"洞泽"，清华简二《系年》作"睘"。在今河南滑县西北。参见《图集》24—25③5。

○补 **玦之形制**：《左传》中提到的春秋时期的玦，其标准材质应为玉，因此闵二年晋献公赐金玦(参见闵二·七·二)，专门在玦前加"金"，以表明此玦材质特殊。玦之形制，一说认为是有缺的佩玉，对应出土玉器中一类环形而有细长缺口的玉；一说为射箭时套在拇指上用以勾弦的器具，即扳指，又称"韘"。

笔者以为玦为扳指的可能性更大，理由有四：

第一，"玦"字关键构件"夬"的古文字字形象手指上佩戴环形器物之形(见闵字形图1)，这是玦实为扳指的文字学证据。上海博物馆所藏趞曹鼎铭文记载周恭王在周新宫射庐中习射并对趞曹进行了赏赐，赏赐物有"史趞曹赐弓、矢、夬、櫜、胄、盾、殳"，

"夬"在弓、矢之后，也提示夬（玦）是与弓、矢相关器物。

第二，《毛诗·芄兰》首章首句"童子佩觿"，毛传："觿，所以解结，成人之佩也。"二章首句"童子佩韘"，毛传："韘，玦也，能射御则佩韘。"从毛传及注疏可知，觿和韘/玦都是成人佩戴的，具有实用功能或意味的佩饰，觿是角制的解结锥，而韘/玦则是射箭时勾弦用的扳指。包山楚墓出土玦内侧残存有皮质护垫，有学者认为，"韘"可能本来是玦内部的皮质护垫，后来逐渐用以指代它所衬垫的玦。

第三，两周墓葬中出土了不少玉质或黄金质的扳指，且很可能有佩饰功能（见闵器物图 1）。以梁带村芮国墓地 M27（春秋早期）为例，此墓出土了四件扳指，二件黄金扳指位于墓主左侧，一件玉镶黄金扳指、一件玉质扳指位于墓主右侧。黄金质扳指的出土，正呼应了《左传》闵二年记载的"金玦"。墓主不可能左右开弓，提示这种扳指很可能除了实用之外还有佩戴装饰功能。此外，根据考古发现可以推断，扳指可能是通过革带、丝绳与玉勒、玉管组成一个佩串挂在手腕上，这更强化了其作为佩饰的可能性。

第四，《左传》中记载了两次国君赐玦，均在闵二年，一次在本段，卫懿公在国都保卫战前赐石祁子玦、宁庄子矢以守国；一次在闵二·七·二，晋献公在公子申生帅师出征讨伐东山皋落氏之前赐申生金玦，两次都是在军事行动前赐予，赐玦寓意"决断"或"诀别"，均与"缺"无涉，而与战斗中射箭用的扳指最为贴合。

1 商·前 4.1.2《甲》	2 商·甲 449《甲》	3 周中·毁簋《金》	4 戰·齊·陶彙 3.739
5 戰·楚·包山 2.260《楚》	6 戰·楚·望二策《楚》	7 秦·睡·日書乙 1094《篆》	8 秦·睡 18.158《篆》
9 秦·睡 14.84(抶)《篆》	10 秦·睡 16.118(陜)《篆》	11 東漢·熹平石經·易《篆》	

闵字形图 1（《说文新证》，2014 年）

闵器物图 1.1　陕西韩城梁带村芮国墓地 M27 出土韘(玦)，从左到右分别为玉质镶金、玉质、金质、金质，春秋早期(《韘及韘佩——以梁带村芮国墓地 M27 出土韘为例》,2014 年)

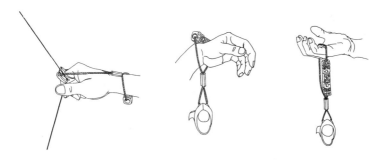

闵器物图 1.2　韘(玦)的佩戴和使用方式示意图(同上)

○ 补 **古文字新证：**"婴齐"是春秋时常见人名。除此处之孔婴齐，还有滕之滕子婴齐(见僖十九・二・春秋)、晋之赵婴齐(见僖二十三—僖二十四・十三・二)、楚之王子婴齐(见宣十一・二・一)、宋之乐婴齐(见宣十五・二・一)、鲁之公孙婴齐(见成元—成二・春秋)、鲁之仲婴齐(成十五・二・春秋)、郑之罕婴齐(昭十六・四・三)。其中，罕婴齐字齹，齹为"牙齿参差不齐"之义，据先秦时名字相应的规则，婴齐很可能是"象'婴'一般齐整"之义。《说文》："婴，颈饰也。从女賏。賏，其连也。"就是说"婴"的造字本义是指佩戴在脖子上的绳穿贝壳饰物。这种说法得到了"婴"字字形演变情况的证实(闵字形图 2)，殷金文"婴"从大（人）、賏，会人颈部有绳穿贝饰之意，而且此饰物很有特色，是戴在脖子上，左右各有一条悬垂下来。结合"婴"之造字本义以及出土文物推断，先秦礼书之所叙"冠缨""妇之缨"，应该是指一种丝线穿玉石而成的佩饰，"婴"不仅是"缨"的声旁，而实际上是"缨"的本字。这样看来，所谓"婴齐"，很有可能是"像婴的左右两垂一般齐整"或"像婴上的贝壳/玉石一般齐整"之义。

1 商.婴父乙盤《金》	2 商.且癸爵《金》	3 商.亞壺《金》	4 商.婴觶《金》	5 春.王子婴次盧《金》
6 春戰.侯馬1:74《璽》	7 戰.齊.璽彙2109《璽》	8 戰.齊.陶彙3.739《璽》	9 戰.楚.包278反《楚》	10 戰.楚.曾57《楚》
11 秦.璽彙609	12 秦璽.集粹《湯》	13 秦.睡.封86《張》	14 西漢.老子甲108《篆》	

闵字形图 2（《说文新证》，2014 年）

○补 李白《赠宣城赵太守悦》"迁人同卫鹤，谬上懿公轩"、杜甫《投赠哥舒开府翰二十韵》"轩墀曾宠鹤"典出于此。

【三】狄人囚史华龙滑与礼孔，以逐卫人。二人曰："我，大（太）史也，实掌其祭。[我]不先[至]，国不可得也。"[狄人]乃先之。[二人]至[国]，则告守曰"不可待也"，夜与国人出。"狄入卫"，遂从之，又败诸（之于）河。

【史】补 太史，卫内朝官，其职掌事务有：一、充当卫君顾问；二、参与占卜、释兆。三、祭祀。

【华龙滑】补 华氏，名龙滑。卫太史。

【礼孔】补礼氏,名孔。卫太史。

【不先,国不可得也】正补[我们二人如果]不能先行[回到国都],国都是不可能得到的。两位太史抓住狄人敬畏鬼神的特点,谎称他们需要先行回到国都祭告鬼神,狄人才能占据国都。

【又败诸河】杨补又在河水岸边打败了卫人。【河】补水名,古四渎(江、河、淮、济)之一。今名黄河,发源于青海省巴颜喀拉山脉,自西向东流经青海省、四川省、甘肃省、宁夏回族自治区、内蒙古自治区、山西省、陕西省、今河南、山东省,在山东垦利入渤海。春秋时河水参见《图集》20—21③5 至③7。

【四·一】初,惠公卫惠公之即位也少 shào。齐人使昭伯烝 zhēng 于宣姜。[昭伯]不可,[齐人]强之。[宣姜]生齐子、戴公卫戴公、文公卫文公、宋桓夫人、许穆夫人。文公为卫之多患也,先适齐。

【初,惠公之即位也少】正卫惠公之父卫宣公在位共二十年。卫宣公即位之后纳宣姜,先后生公子寿、公子朔,公子朔即卫惠公。据此推断,则卫惠公即位之时大概为十五六岁。

【昭伯】正杨补姬姓,名顽,谥昭,排行伯。卫宣公(隐四·二·春秋)之子,太子急(桓十六—桓十七·一·一)同母弟,夷姜(桓十六—桓十七·一·一)所生。【烝】补见桓十六—桓十七·一·一。昭伯为卫宣公之子,而宣姜为卫宣公夫人。

【齐子】补姬姓,字齐。昭伯之子,宣姜(桓十六—桓十七·一·一)所生。其后为齐氏。

【戴公】补卫戴公。姬姓,名申,谥戴。昭伯之子,宣姜所生。闵二年即位,在位不足一年。闵二年卒。

【文公】补卫文公。姬姓,本名启方(据清华简二《系年》),僖十九年前已改名燬,谥文。昭伯之子,卫戴公之弟,宣姜所生。闵二年前曾奔齐。僖元年即位(有争议),在位二十五年。僖二十五年卒。

【宋桓夫人】补卫女,姬姓。昭伯之女,宣姜所生,宋桓公(庄十一·二·二·二)夫人,宋襄公(僖八—僖九·春秋)之母。

【许穆夫人】 补 卫女,姬姓。昭伯之女,宣姜所生,许穆公(隐十一·二·五)夫人。

○ 补 桓十二年冬十一月卫宣公去世,卫惠公灵前嗣位。桓十四年冬十二月齐僖公去世,齐襄公灵前嗣位。桓十六年冬十一月卫惠公出奔,公子黔牟立为国君。公子黔牟立为君后,齐、卫成为敌对状态,齐襄公必不能再操纵卫都内的昭伯和宣姜,因此上述五个孩子都应该是在桓十二年冬十一月至桓十六年冬十一月之间的四十八个月内受孕。五个孩子如果是连续受孕的话,至少需要四十个月,如果有多胞胎情况的话,则所需时间可以更短。笔者怀疑很可能有多胞胎情况,不然时间实在太过于紧张。从此事行事风格看,应该是强势"无常"、全力推进"小霸"事业的齐襄公所为,有可能齐襄公尚为公子之时已经以齐国卿大夫身份在推动此事。

【四·二】 及败,宋桓公逆诸(之于)河,宵济卫之遗民男女七百有(又)三十人,益之以共 gōng、滕之民为五千人,立戴公卫戴公以庐(旅)于曹。

【逆】 补 迎。

【宵济】 补 晚上[帮助卫国遗民]渡河。济,使……渡河。

【共】 杨 补 见隐元·四·一。此时已为卫邑。【滕】 正 卫邑。

【曹】 正 杨 补 又作"漕",在今河南滑县东。卫邑。闵二年至僖二年曾为卫都。参见《图集》24—25③5。

许穆夫人赋《载驰》。

【赋】 补 创作。

【《载驰》】 正 补 《毛诗·鄘风》有《载驰》。

○ 补 **传世文献对读**:《毛诗·鄘风·载驰》(分章方式与通行本不同,本书分章依据参考文十三·五·二),可扫码阅读。

齐侯_{齐桓公}使公子无亏_{武孟}帅车三百乘 shèng、甲士三千人以戍曹。[齐人]归(馈)公_{卫戴公}乘 shèng 马，祭服五称 chèn，牛、羊、豕 shǐ、鸡、狗皆三百，与门材；归(馈)夫人鱼轩，重锦三十两。

【公子无亏】正 杨 补 武孟。姜姓，名无亏，号武，排行孟。齐桓公（庄八—庄九—庄十·春秋）庶子，长卫姬（僖十七—僖十八·一）所生。僖十七年被易牙立为君。僖十八年被齐人所杀。

【乘马】杨 驾乘车之马。

【称】正 补 套。

【门材】正 杨 做门户的木材。

【鱼轩】正 以鱼皮为装饰的轩车。

【重锦】正 杨 "锦"指用各色丝织成的有彩色花纹的绸缎，其中熟细的品种为"重锦"。

【三十两】正 杨 即三十匹。春秋时布帛，一匹为四丈，分为两段，每段二丈，称为一"端"。两端布帛合卷，故称"两"；好似匹偶，故又称"匹"。

闵公二年·六

地理 郑、陈见庄闵地理示意图 1。郑、陈、清、河水见庄闵地理示意图 3。

人物 高克（闵二·六）

春秋 郑弃其师。

左传 郑人恶 wù 高克，使[高克]帅师次于河上，久而弗召。师溃而归，高克奔陈。郑人为之赋《清人》。

【高克……弗召】杜 杨 高克为郑大夫，好利而不顾其君，郑文公厌恶他又没有其他办法疏远他，于是抓住狄人伐卫的机会，以防备狄人渡河侵郑为理由，派高克帅清邑之人陈兵河水南岸以备不测，派出去之后就不闻不问,试图用这种办法逼走高克。

【赋】杨 创作。

【《清人》】正 补《毛诗·郑风》有《清人》。【清】杨 补 在河南中牟境。郑邑。参见《图集》24—25④4。

○补 传世文献对读:《毛诗·郑风·清人》,可扫码阅读。

闵公二年·七

地理 晋、东山皋落氏见庄闵地理示意图2。

人物 晋献公(庄十八·一·一)、共太子申生(庄二十八·二·一)、里克、狐突、先友、梁余子养、罕夷、先丹木、羊舌突、辛伯(桓十八·三·一)、周桓公(隐六·八)

左传【一】晋侯晋献公使大(太)子申生共太子申生伐东山皋落氏。

【东山皋落氏】正 杨 补 又称"皋落氏""皋落狄",赤狄别种,隗姓。此时分布在山西垣曲县皋落乡,后来被晋国所迫北迁至山西昔阳县皋落镇。后被晋所灭。垣曲之皋落参见《图集》22—23⑥8"东山皋落氏2"。昔阳之皋落参见《图集》22—23④10"东山皋落氏1"。《图集》标注颠倒了始居地和后迁地,本书示意图依据《图志》标注。

○补 晋献公攻打东山皋落氏的一个重要原因,可能是要打通从晋所在的临汾盆地—运城盆地东进中原的快速通道——轵关陉道,因为东山皋落氏所在的山西垣曲县是轵关陉道西段的关键控制点。轵关陉道参见僖二十五·二·二。

○补 在被晋国击败之后,赤狄皋落氏不再见于《左传》记载,而僖二十三—僖二十四·一·二记载了一个新的赤狄族群"廧咎(gāo)如"。有学者认为,"皋落""咎如"古音相近,皋落氏北迁至昔阳之后,被视为一个新的族群,其族群之核心名称"皋落"被记为新名"咎如",廧咎如就是北迁以后的皋落氏。此说法有两方面证据:

一、关于廧咎如地望,一说在山西太原附近,一说在河南安阳西南。考之军事地理,据僖二十三—僖二十四·一·二,位于河水以西的白狄曾讨伐廧咎如,如果廧咎如在安阳西南,则白狄需要横穿晋国核心区才能到达,不合事理。如果廧咎如在太原附近,则当时晋国北界在山西霍州的霍太山,白狄从霍太山以北绕过晋国到达廧咎如居地,合情合理。而北迁后皋落氏所在的昔阳县皋落镇也正在太原附近。而安阳西南的廧咎如地望,则有可能是皋落氏迁徙途中的中间驻地。

二、战国布币"咎奴方足布"的"咎奴"就是"皋如""咎如",而这种布币的地望很可能就是太原附近。

里克谏曰:

【里克】正 杨 补 偃姓,里氏,名克,排行季。皋陶(庄八·一·二)之后。晋大夫,官至卿位。僖十年自杀而死。

"大子奉冢祀、社稷之粢 zī 盛 chéng,以朝夕视君膳者也,故曰'冢子'。君行则[大子]守,有守则[大子]从[君]。从曰'抚军',守曰'监国',古之制也。

【冢祀】正 杨 宗庙之祀。冢,大。
【粢盛】补 见桓六·二·三。

"夫帅师、专行 háng 谋、誓军旅,君与国政之所图也,非大子之事也。师在制命而已,[大子]禀命[于君]则不威,专命[不禀]则不孝,故君之嗣適(嫡)不可以帅师。

【专行谋】正 杨 补 专断军行谋略。【誓军旅】正 杨 号令军队。

【国政】正 杨 国之正卿。

【禀命……不孝】杨 ［太子］遇事便请示［君父］就会失去威仪，专权发令［不请示君父］就是不孝。

【嗣適】杨 补 应嗣位为君的嫡子。

"君失其官，帅师不威，将焉用之？且臣闻皋落氏将战。君其舍之！"

【君失其官】正 杨 国君丧失任官之道，即任命不应帅师的共太子申生为主帅。

【帅师不威】正 补 里克意谓，共太子申生是孝子，不会"专命而不孝"，因此会导致"帅师不威"的后果。

【且臣闻皋落氏将战】补 里克意谓，太子申生此番出征将"帅师不威"，晋师战力堪忧；而皋落氏狄人又将严阵以待、一场恶战难以避免，如此则太子有生命危险，导致国无嗣嫡的严重后果。

> ○ 补 传世文献对读：《礼记·文王世子》记载了周王太子朝夕问君安、视君膳的礼制，可扫码阅读。

公晋献公曰："寡人有子，未知其谁立焉！"

○ 补 里克提醒晋献公太子出征恐怕会有生命危险，晋献公对此回应说，并非一定要太子申生继位，太子要是死了，其他儿子也可以考虑立为嗣子。这句回答暴露出晋献公已经有了废太子的想法。实际上，根据下引《国语·晋语一》，伐东山皋落氏本来就是晋献公听信骊姬谗言、试图加害太子的一步棋。

> ○ 补 传世文献对读：《国语·晋语一》记载的晋献公回绝里克劝谏的话与《左传》不同，可扫码阅读。

[里克]不对而退。

[里克]见大(太)子共太子申生。

大(太)子曰："吾其废乎？"

[里克]对曰："[君]告之以临民，教之以军旅，[子]不共是惧，何故废乎？且子惧不孝，无惧弗得立。修己而不责人，则免于难 nàn。"

【告之以临民】杨 告诉您治理民众。指晋献公使共太子申生居曲沃以临治其民。

【教之以军旅】杨 教导您熟悉军事。谓闵元年晋献公命共太子申生将下军，今年又命其帅师伐东山皋落氏。

【不共是惧】杨 即"惧不共"。如"共"读为"供"（金泽文库本即作"供"），则可译为"[您]怕的是不能完成任务"；如"共"读为"恭"，则可译为"怕的是临事不够严肃认真"。

【且子……于难】补 "子惧不孝"，其实是告诉共太子申生，宁可"禀命而不威"，也不要"专命而不孝"。此外，里克还告诫太子只管自身修德，而不要去指责他人的失德行为。很明显，里克这些建议主旨就是劝太子明哲保身，一方面通过"孝""修己"来减少晋献公对太子的猜忌，从而减少骊姬之党编造谗言的由头；另一方面通过"不责人"来降低触怒其他卿大夫而树敌的可能性。

【二】大(太)子共太子申生帅师，公晋献公衣 yì 之偏衣，佩之金玦 jué。狐突御戎，先友为右。梁余子养御罕夷，先丹木为右。羊舌大夫羊舌突为尉。

【大子帅师】正 补 共太子申生代晋献公将上军，罕夷将下军。

【偏衣】正 杨 《国语·晋语一》作"偏裻之衣"。裻，背缝，在衣背中间,正当脊梁所在。以裂为界,左右不同色,因此称为"偏裂之衣",省称为"偏衣"。从下文"衣身之偏",则该偏衣有一半与晋献公衣服相似。

【金玦】杨补 用铜或黄金制作的玦。玦参见闵二·五·二。

【狐突】正补 姬姓,狐氏,名突,字行,排行伯。太伯之子,唐叔虞(僖十五·九·三·一)之后。晋大夫,闵二年任戎御。僖二十三年被晋怀公所杀。

【御戎】【为右】补 参见《知识准备》"车马"。此二人为共太子申生御、右。

【梁余子养】杨补 梁氏余子,名养。晋大夫,闵二年任御者。余子,卿大夫嫡长子同母弟,参见宣二·三·六·一。一说梁为氏,余子为字,养为名;一说梁余为氏,子养为字,录以备考。

【羊舌大夫】正杨补 羊舌突。姬姓,羊舌氏,名突。晋武公(桓二—桓三·六)之子之后。晋大夫,闵二年任军尉。据《大戴礼记·卫将军文子》,孔子谈到:"晋平公问祁奚曰:'羊舌大夫,晋国之良大夫也,其行如何?'祁奚对,辞:'不知也。'公曰:'吾闻女少长乎其所,女其阖知之。'祁奚对曰:'其幼也恭而顺,耻而不使其过宿也;其为大夫也,悉善而谦,其端也;其为公车尉也,信而好直,其功也;至于其为和容也,温良而好礼,博闻而时出,其志也。'公曰:'嚮者问女,女何曰弗知也?'祁奚对曰:'每位改变,未知所止,是以不知。'盖羊舌大夫之行也。"

【尉】正杨补 军尉,晋外朝官,是军中政务官,级别在将佐之下,其他官员之上。其职掌事务包括:一、军中政事;二、诸军帅兵车驾驭之事。此时仅有一人。晋立三军之后,分设中军尉、上军尉(成十八·三·一),以中军尉为最尊。晋又有舆尉(襄十九·一·一·二)。

○正 此次出征,上军:共太子申生为帅,狐突御戎,先友为右。下军:罕夷为帅,梁余子养御,先丹木为右。羊舌突为尉。

先友曰:"[子]衣 yi[君]身之偏,握兵之要,在此行也,子其勉之!

偏躬无慝 tè，兵要远灾，亲以无灾，［子］又何患焉！"

【衣身之偏】正杨补［您］穿着［国君］身上［衣服］的一半。先友意谓其偏衣半边与国君服色相同。

【握兵之要】杨补杨注将"要"解释为"权柄"，整句译为"手握着军队的权柄"。有学者认为，"衣身之偏"对应上文"衣之偏衣"，"握兵之要"则对应上文"佩之金玦"，"兵之要"是实指兵符，在这里就是指金玦。金玦佩戴在手上或腕部，本来寓意是决断，可能有类似于后世兵符的作用。

【偏躬无慝，兵要远灾】正杨补［国君］分出一半衣服没有恶意，兵权在手可以远离灾祸。躬，身。慝，恶。

狐突叹曰："时，事之征也；衣，身之章也；佩，衷之旗也。故敬其事，则命以始；服其身，则衣 yì 之纯；用其衷，则佩之度。今［君］命以时卒，闷（閟）其事也；衣之尨 máng 服，远其躬也；佩以金玦，弃其衷也。服以远之，时以闷（閟）之；尨，凉；冬，杀；金，寒；玦，离；胡可恃也？［大子］虽欲勉之，狄可尽乎？"

【狐突叹曰】正狐突认为先友不知君心，因此先叹气，再说自己的看法。

【征】补验。

【衷】正杨内心。

【故敬……之度】正杨补如果要看重［伐狄］这件事，就应该在［一年］开始的时节发布命令；要把衣服穿在别人身上，就应该用纯色；要得到别人的衷心，就应该给他佩戴合乎礼度［的饰物］。

【时卒】正十二月，四时之末。

【尨服】正杨杂色衣服。

【尨，凉】杨杂色，［意味着］凉薄。

【冬，杀】杨冬天，［意味着］肃杀。

【金，寒】杨铜，［意味着］寒冷。

【玦，离】杨补玦［意味着］分离。晋献公赐玦，其公开的寓意可能与闵二·五·二卫懿公赐石祁子玦一样,表示战斗中当有"决断",而知晓内情的狐突则将其寓意诠释成"诀别"。参见闵二·五·二。

【虽欲勉之,狄可尽乎】杨 补虽然要勉力而为,狄人难道可以消灭干净吗?据下文"[君]曰'尽敌而反'",则晋献公在晋军出征时命令太子"把敌人消灭干净再回来"。

梁余子养曰:"帅师者受命于庙,受脤 shèn 于社,有常服矣。[大子]不获[常服]而龙,[君]命可知也。[大子]死而不孝,不如逃之。"

【受脤】正 杨 补古代出兵前祭祀土地神(社),完毕后官员得到分赐的祭肉,称为"受脤"。祭肉总言之为"胙",分言之,则社稷祭祀之胙为"脤",宗庙祭祀之胙为"膰"。杨注则认为,"脤"为生祭肉,"膰"为熟祭肉。

罕夷曰:"龙奇无常,金玦不复。虽复何为? 君有心矣。"

【君有心矣】正国君已有[加害太子之]心。

先丹木曰:"是服也,狂夫阻之。[君]曰'尽敌而反(返)',敌可尽乎![大子]虽尽敌,犹有内谗,不如违之。"

【是服也,狂夫阻之】杨 补这种衣服,即使是疯子也不愿意穿。阻,难。《国语·晋语一》此句作"且是衣也,狂夫阻之衣也",与此同。

【内谗】补出自内宫的诬陷言语。参见下引《国语·晋语一》里记载的骊姬谗言。

【违】正 补离开。

[三] 狐突欲行。羊舌大夫羊舌突曰:"不可。[大子]违命不孝,[子]弃事不忠。虽知其寒,恶不可取。子其死之!"

【狐突欲行】正 补狐突见梁余子养、罕夷、先丹木都同意自己对形势的判断,更加确定,于是想要出奔避祸。

【四】 <u>大</u>(太)<u>子</u>共太子申生 <u>将战</u>。<u>狐突</u>谏曰:"不可。昔<u>辛伯</u>谂 shěn
<u>周桓公</u>云:'内宠并后,外宠二政,嬖 bì 子配嫡,大都耦国,乱
之本也。'<u>周公</u>周桓公弗从,故及于难。今乱本成矣,立可必乎?
孝而安民,子其图之! 与其危身以速罪也。"

【昔辛……于难】 [正] 参见桓十八·三。【谂】 [杨] 深谏。【内宠】 [正]
[补] 女宠,此处对应骊姬。【外宠】 [正] [补] 男宠,此处对应梁五与东关
嬖五。【嬖子】 [正] [补] 受宠的庶子,此处对应公子奚齐、公子卓。
【大都】 [正] [补] 规模大的城邑,此处对应曲沃。

【立可必乎】 [补] [您还] 一定能被立[为嗣君]吗?

【孝而……罪也】 [正] [杨] [补] 即"与其危身以速罪也,不如孝而安民。
子其图之!",可译为"与其危害自身而招致罪恶,[不如设法]尽孝道
而安定民众,请您打算一下"。速,招致。这是劝太子不战而逃亡。
奉身逃亡为孝,不战为安民;战则危身以速罪。

○ [正] [杨] [补] **传世文献对读**:据《国语·晋语一》,骊姬以巧言迷
惑晋献公,使其猜忌共太子申生,并同意通过伐东山皋落氏来算
计太子,可扫码阅读。

○ [杨] [补] **传世文献对读**:狐突劝谏太子申生不要出战之事,在
《国语·晋语一》里有另外一个版本,其中不但有狐突的谏言,还
有申生的回答,可扫码阅读。

闵公二年·八

[地理] 齐、卫2、卫3见庄闵地理示意图1。齐、邢1、邢2(夷仪)、卫2
(曹)、卫3(楚丘)见庄闵地理示意图3。

[人物] 鲁僖公(闵二·三·二)、齐桓公(<u>庄八—庄九—庄十·春秋</u>)、
卫文公(<u>闵二·五·四·一</u>)

左传【一】 僖鲁僖公之元年，齐桓公迁邢于夷仪。二年，封卫于楚丘。邢迁如归，卫国忘亡。

【夷仪】 杨 补 在山东聊城西南十二里。闵二年至僖二十五年为邢都。僖二十五年卫灭邢，地入于卫。定九年前地已入于晋。参见《图集》24—25②6。

【楚丘】 杨 补 在河南滑县东北。僖二年至僖三十一年为卫都。参见《图集》24—25③5。

【二】 卫文公大布之衣，大帛之冠，务材、训农，通商、惠工，敬教、劝学，授方、任能。元年，革车三十乘 shèng；季年，乃三百乘。

【大布之衣，大帛之冠】 正 补 粗布衣，厚缯冠。这大概是诸侯君主谅闇守丧期间的衣服。杜甫《送从弟亚赴河西判官》"帝曰大布衣"典出于此。

【授方】 杨 ［向臣下］传授为政的常法。

【元年】 补 卫文公元年，应该在僖二年。详见下"卫戴公、文公之际史事新探"。

【季年】 正 补 卫文公执政末年。卫文公于僖二十五年去世。

○ 补 卫戴公、文公之际史事新探

关于卫戴公、卫文公之际的卫国史事，在传世文献中有两种主要说法：

一、据《左传·闵公元年》，卫文公在狄伐卫之前就已出奔至齐国，卫戴公立于闵二年冬十二月狄伐卫之后。据《史记·十二诸侯年表》，卫戴公元年为闵二年，卫文公元年为僖元年。此外，《左传》又将卫文公即位之后励精图治的事迹列于闵二年末。在这些记载基础上，《左传正义》孔颖达疏提出的说法是：卫戴公在闵二年末即位，十几天后就去世了。先前出奔齐国的公子启方随即在闵二年末即位，就是卫文公，僖元年正式改元。如此，则卫文公即位时，卫国君民仍然寄居在曹邑，至僖二年诸侯城楚丘之后才迁入楚丘。

二、据《史记·卫康叔世家》，则"戴公申元年卒。齐桓公以卫数乱，乃率诸侯伐翟，为卫筑楚丘，立戴公弟燬为卫君，是为文公。文公以乱故奔齐,齐人入之"。据《左传》,则诸侯城楚丘在僖二年正月。综合上述记载,则另一种说法是:卫戴公在闵二年末即位,同年去世。齐桓公在僖元年末率诸侯伐赤狄,并为卫国筑新都楚丘,然后立了由于内乱而出奔在齐的公子启方为君,就是卫文公。

第二种说法得到了新近出土文献的支持。清华简二《系年》所载相关史事如下:"周惠王立十又七年,赤翟王留吁起师伐卫,大败卫师于燮,懿侯灭焉。翟遂居卫。卫人乃东涉河,迁于曹,焉立戴公申,公子启方奔齐。戴公卒,齐桓公会诸侯以城楚丘,□公子启方焉,是文公。"

《系年》说法中,公子启方并不是在狄人伐卫前出奔到齐国,而是在哥哥公子申即位之后才出奔,似乎符合兄弟争权、败者出奔的套路。卫戴公去世后,齐桓公率诸侯先城楚丘,然后立公子启方为君。

实际上,《左传》闵二·八虽然编排在闵二年,但它从一开始叙述的就不是闵二年的史事,而是"预告"齐桓公在僖元年率诸侯城夷仪迁邢、僖二年率诸侯城楚丘迁卫的霸业功绩。这样看来,接在后面的卫文公事迹完全可能是在僖二年之后才发生的,而且结合《史记·卫康叔世家》、清华简二《系年》,这种理解可能是最为合理的。

综上所述,笔者认为可能性最大的卫戴公、卫文公史事如下:

闵二年冬十二月狄人伐卫,卫人东迁至曹邑,立公子申为君,是为卫戴公,其弟公子启方奔齐。卫戴公在即位不久后由于不明原因去世,曹邑卫人政权可能经历了一段无君时期。僖元年末,齐桓公率诸侯伐狄,然后在僖二年正月城楚丘,完工后将卫人迁入,并将公子启方送入楚丘即位,是为卫文公。卫文公元年应该在僖二年。